华中师范大学政治学
一流学科建设成果文库 | 新时代乡村治理研究丛书

中国乡村治理

历史与现实

李华胤 著

New Era Rural
Governance
Studies Series

中国社会科学出版社

图书在版编目（CIP）数据

中国乡村治理：历史与现实 / 李华胤著. -- 北京：中国社会科学出版社，2024.11. -- （新时代乡村治理研究丛书）. -- ISBN 978-7-5227-4557-2

Ⅰ.D638

中国国家版本馆 CIP 数据核字第 2024LX2867 号

出 版 人	赵剑英
责任编辑	李　立
责任校对	谢　静
责任印制	李寡寡

出　　版	中国社会科学出版社
社　　址	北京鼓楼西大街甲 158 号
邮　　编	100720
网　　址	http://www.csspw.cn
发 行 部	010-84083685
门 市 部	010-84029450
经　　销	新华书店及其他书店

印　　刷	北京君升印刷有限公司
装　　订	廊坊市广阳区广增装订厂
版　　次	2024 年 11 月第 1 版
印　　次	2024 年 11 月第 1 次印刷

开　　本	710×1000　1/16
印　　张	21.25
字　　数	365 千字
定　　价	118.00 元

凡购买中国社会科学出版社图书，如有质量问题请与本社营销中心联系调换
电话：010-84083683
版权所有　侵权必究

华中师范大学政治学一流学科建设成果文库总编委会

总编委会负责人：徐　勇　陈军亚

总编委会成员（以姓氏笔划为序）：

丁　文　韦　红　文　杰　田先红

江立华　牟成文　闫丽莉　江　畅

刘筱红　张大维　陆汉文　张立荣

陈军亚　冷向明　张星久　郑　宁

袁方成　唐　鸣　徐　勇　徐晓林

徐增阳　符　平　雷振扬

目录
CONTENTS

绪 论 …………………………………………………………………… 1

上篇 历史中的乡村治理

第一章 基于"家村关系"视角的中国村落社会异质性再认识 …… 9
 一 何为"家村关系" ………………………………………… 9
 二 从村落社会起源看"家村关系"的基本内涵 …………… 13
 三 "关系强度"维度下的"家村关系"类型 ………………… 17
 四 "家村关系"是精准认识村落社会的有效视角 ………… 22

第二章 授权式协商：对传统时期乡村矛盾纠纷治理逻辑的解析 … 24
 一 传统乡村社会矛盾纠纷何以治理 ……………………… 24
 二 "说公"：村落矛盾纠纷治理的历史实践 ……………… 27
 三 授权式协商："说公"治理有效的内在逻辑 …………… 31
 四 "说公"作为农村协商治理方式的当代启示 …………… 37

第三章 可协商性规则与传统时期村落治理的秩序基础 ………… 40
 一 传统村落治理规则之问 ………………………………… 40
 二 村落"田间过水"规则的历史实践及类型 ……………… 42
 三 可协商性规则："田间过水"的秩序基础及运行机理 … 46
 四 可协商性规则对农村协商治理的实践价值 …………… 50

第四章　国家治理视角下的农村治理规则变迁与中国经验 … 54
  一　有效规则与农村治理的关系 … 55
  二　农村治理规则的中国实践与比较 … 59
  三　国家治理现代化与农村治理规则安排 … 73
  四　国家治理与农村治理规则安排之间的关系模式 … 76

第五章　吸纳性规制：传统宗族村落的市场秩序及公共性运作 … 81
  一　血缘宗族的延续与内部市场秩序建构 … 81
  二　吸纳性规制的分析框架 … 83
  三　高利贷行为公共化的宗族村实践 … 85
  四　高利贷行为公共化的内在逻辑与功能 … 89
  五　吸纳性规制能力与血缘共同体的活力 … 94

中篇　村民自治与乡村治理

第六章　村民自治有效实现的民族状况 … 99
  一　民族状况与村民自治的关联性 … 99
  二　不同民族状况下村民自治有效实现的三个阶段 … 105
  三　不同民族状况下村民自治有效实现的探索 … 110

第七章　政策落地：探索村民自治基本单元的现实因素 … 112
  一　政策落地与村民自治基本单元的有效性 … 112
  二　政策落地与村民自治基本单元的发展：历史与实践 … 117
  三　基于政策落地单元的村民自治基本单元 … 122

第八章　家户联结：探索村民自治基本单元的社会因素 … 124
  一　家户联结、自治基本单元与村民自治的有效实现 … 124
  二　家户联结与村民自治基本单元的实践：历史与发展 … 128
  三　基于家户联结单元的村民自治基本单元 … 134

第九章　乡村振兴视野下单元有效与自治有效的关系 ········ 137
一　单元有效是治理有效的基础 ········ 137
二　单元有效与自治有效的关联性 ········ 139
三　自治单元的历史嬗变与农村自治有效的考量 ········ 141
四　新时期创新探索并重构自治单元，推进自治有效 ········ 145
五　在单元有效中探索治理有效 ········ 147

第十章　行政助推自治：单元下沉改革中的政府介入与自治生长 ········ 151
一　将政府力量带进自治 ········ 151
二　单元下沉改革中的乡镇政府与村寨自治 ········ 154
三　单元下沉实现有效自治的政府要素与内在机制 ········ 158
四　行政助推自治：政府介入与自治生长的互动关系 ········ 164
五　实现自治的行政力量 ········ 167

第十一章　21世纪以来村民自治研究的范式转换与趋势展望 ········ 169
一　"制度—价值"范式与村民自治研究的兴盛和反思 ········ 170
二　"条件—形式"范式与村民自治研究的转型 ········ 172
三　"规则—程序"范式与村民自治研究的提升 ········ 175
四　"治理—有效"范式与村民自治研究的深化 ········ 177
五　村民自治研究的范式比较与趋势展望 ········ 179

下篇　乡村治理现代化的实践

第十二章　乡村治理的变迁与经验 ········ 185
一　改革开放前"政社合一"的治理体制 ········ 187
二　改革开放后村民自治与"乡政村治"格局 ········ 191
三　探索多元有效的乡村治理体系 ········ 195
四　乡村治理探索的基本经验与发展趋势 ········ 197

第十三章　基于有效视角的农村基层治理体制实践与发展 ········ 203
一　有效视角与70年来农村治理体制实践 ········ 203

二　集体化时期：组织化治理体制与管理有效 ………………… 205
　　三　改革开放后：以自治为基的治理体制与动态有效 ………… 207
　　四　新时代的善治体制与多元治理有效 ………………………… 211
　　五　农村基层治理体制建设的经验与趋势 ……………………… 213

第十四章　农村基层建制单元的重组逻辑及治理取向 ………… 218
　　一　单元重组与治理的理论之争 ………………………………… 218
　　二　"重组浪潮"：农村基层建制单元调整的三种实践 ………… 221
　　三　走向治理有效的三种路径：重组逻辑的比较 ……………… 225
　　四　均衡行政与自治的单元重组 ………………………………… 229

第十五章　公共服务优先安排与农村基层治理体制的挑战 …… 232
　　一　当前农村基层治理体制的特点 ……………………………… 233
　　二　公共服务优先安排对农村基层治理体制的挑战 …………… 236
　　三　公共服务优先安排导向下农村基层治理体制的调整 ……… 239
　　四　建构服务优先的基层治理体制 ……………………………… 245

第十六章　基于公共服务优先安排的农村基层治理体制重构 … 249
　　一　公共服务与基层治理体制的重塑 …………………………… 249
　　二　清远市"服务重心下移"的创新实践、效应与逻辑 ……… 252
　　三　农村基层服务性治理体制的重构逻辑 ……………………… 257
　　四　服务下沉的体制创新对服务优先战略的启示 ……………… 261

第十七章　权威引导式协商与新时代乡村善治的有效形式 …… 264
　　一　从"矛盾纠纷化解"看乡村治理 …………………………… 264
　　二　基层协商的天长实践：以矛盾调解为例 …………………… 266
　　三　权威引导式协商实现村庄有效治理的内在逻辑 …………… 269
　　四　权威引导式协商与乡村善治体系的建构 …………………… 274

第十八章　治理型中坚农民与乡村治理有效的内生性主体 …… 278
　　一　乡村治理有效的有效主体之问 ……………………………… 279

二　中坚农民类型化：基于"意愿性—能力性"的分析框架 ……… 282
　三　治理型中坚农民与乡村治理的实践图景 …………………… 286
　四　治理型中坚农民推进乡村治理有效的内在作用机制 ……… 289
　五　基于有效主体的乡村善治探索 ……………………………… 293

第十九章　箱式治理：自治、法治与德治的作用边界与实践效应 ……… 295
　一　"三治结合"的理论研究 …………………………………… 295
　二　"箱式治理"：自治、法治与德治的结构体系 …………… 298
　三　"箱式治理"的实践图景 …………………………………… 302
　四　"箱式治理"的效应：失效、低效与高效 ………………… 306
　五　"箱式治理"结构与乡村善治 ……………………………… 308

参考文献 ………………………………………………………………… 310

后　记 …………………………………………………………………… 331

绪　论

本书是在 2016 年之后发表的有关乡村治理的论文的基础上整理完善而成的。

就本书而言，对于乡村治理的研究遵循着两条线索展开。一是历史的线索。以深度村庄调查为基础，探究村落社会的历史形态，在还原村落社会历史形态的基础上对乡村社会的性质进行再认识，进而探究历史中的乡村社会治理形态及其内在机制。二是现实的线索。从现实实践出发，从乡村治理的制度、结构、规则、行为、体系等多重维度出发，在国家治理体系和治理能力现代化的时代视野之中，探究乡村治理的新形式和新发展。总体来说，无论是历史线索还是现实线索，都是为了深入探究和回答以下三个问题："在皇权不下县的传统国家时期乡村社会是什么样的以及乡村社会的治理形态如何""进入现代国家建构一体化进程之中的中国乡村社会如何变化以及乡村社会治理又是如何演进的""国家治理和基层治理现代化的背景下乡村社会治理的发展样态及其内在规律是什么"。这既是笔者所在单位作为教育部人文社会科学重点研究基地的重要研究领域，也是笔者从事乡村治理研究集中关注的核心议题。因此，本书具有以下三个方面的特点。

（一）从历史深处探寻乡村治理

众所周知，乡村治理是国家治理的重要内容。乡村治理的研究对象是乡村社会。中国的乡村社会具有两大特点。

一是历史延续性。在几千年的历史演进中，中国的乡村社会历史未曾断裂。当下的乡村社会也是在传统的乡村社会的基础之上一步一步演化和发展而来的。乡村社会的延续性和发展性决定了乡村治理的非断裂性。内生于乡村社会之中的一些因素或机制，在历史演进中或者以多种形式得以延续下来，或者伴随着历史发展而表现出新的形式或新的载体，并在当下的乡村治理中发挥作用，影响着乡村治理并构成乡村治理的社会因素或社会条件。

二是区域差异性。中国不仅是一个农业农村大国，也是一个规模大国。由于历史、地理、文化等因素的差异，中国南北、东西的乡村社会具有极大的差异性，各地的乡村社会都有其独特性。这种差异性进而也直接影响和决定着乡村治理。无论是历史中的乡村治理还是当代现实中的乡村治理，乡村社会本身的性质都是影响乡村治理的一个重要变量。徐勇老师在《"分"与"合"：质性研究视角下农村区域性村庄分类》一文中基于"'分'与'合'"的视角将中国乡村社会分为七大区域，[①] 并由此在 2015 年启动了"七大区域深度中国村庄调查项目"。笔者于 2015 年在广东省梅州市丰顺县的坪村驻村调查 62 天，撰写并出版了 45 万字的《因规而合：穷家小族的延续与发展——粤北坪村调查》[②]；2016 年在湖北省宜都市的余家桥村驻村调查了 68 天，撰写并出版了 92 万字的《均衡相依：长江中游小农村落的关系与治理——长江区域余家桥村调查》[③]；2016 年在河南省驻马店市遂平县蔡岗村驻村调查了 65 天。基于三个村落的深度调查资料，笔者提出了"家村关系"概念，将其作为乡村社会异质性认识的新视角，并从纠纷治理、协商方式、治理规则、村落秩序等方面对中国乡村治理的历史形态进行了深入分析。

当下中国正处在传统乡土中国向现代的城乡中国的巨大历史转变之中，中国乡村社会经过 70 多年的发展，发生了翻天覆地的变化，也在朝着现代乡村社会转型。这也进一步要求探索和建构现代化的乡村治理体系。当下的乡村社会既是历史的延续，也表现出新的特点。要研究当下乡村治理的特征、变化及发展趋势，就必须尝试运用新的范式、新的方法。在"深度村庄调查"的基础上，尝试拉长历史，运用历史的方法，在认识乡村社会特性的基础上

[①] 参见徐勇《"分"与"合"：质性研究视角下农村区域性村庄分类》，《山东社会科学》2016 年第 7 期。

[②] 该报告收录于徐勇、邓大才主编《中国农村调查》（总第 2 卷·村庄类第 1 卷·华南区域第 1 卷），社会科学文献出版社 2017 年版。

[③] 该报告收录于徐勇、邓大才主编《中国农村调查》（总第 9 卷·村庄类第 8 卷·长江区域第 1 卷），社会科学文献出版社 2017 年版。

认识"历史之中的乡村治理",进而探究当下乡村治理。一方面,将"历史之中的乡村治理"与"社会之中的乡村治理"结合起来,提高中国乡村治理研究的历史深刻性;另一方面,在乡村治理"变"与"不变"的历史与现实的比较中,深层次地探究中国乡村治理历史演进和发展变迁的内在逻辑和一般规律。总之,目的是将中国乡村治理研究上升到历史、国家和现代化的高度,既建构中国乡村治理研究的自主性知识体系,也为乡村治理体系和治理能力现代化的实践探索提供理论解释的依据。

(二)村民自治有效实现

人民公社解体之后,在一段时间内,乡村治理出现了短暂的"真空",替代集体化时期"三级所有、队为基础"的乡村治理体制是什么,需要国家制度安排。但乡村社会里的农民群众对于治理的需求并不会因为人民公社制度的解体而减少,反而有所增加。在这样一个背景下,乡村农民群众出于自身内在的安全需要创新探索出了村民自治,后经过国家反复的考察论证,最终得以上升为国家的制度安排,成为国家的基本政治制度之一。村民自治作为一种制度安排,以一种自上而下的方式在基层社会推行,极大地填补了人民公社解体之后农村社会治理的"真空",既有效地解决了乡村农民群众对于治理的内在需要,也维系了农村社会的秩序与稳定。

作为一种制度安排,村民自治既具有自治属性,乡村农民群众以行政村为基本地域单位,开展自治活动;也具有行政属性,这是由国家建构属性所决定的,村民自治委员会虽不是乡镇政府的下属机构或派出机构,但在一定程度上也承担着乡镇政府下派的行政任务。也正因如此,进入21世纪,尤其是在"合村并组"之后,村民自治逐渐行政化。但无论如何,村民自治不仅是国家对基层社会治理的制度安排,也是乡村农民群众积极参与国家治理或基层社会治理的重要载体和路径。在这个意义上,村民自治具有很强的实践属性。

在治理实践的意义上,村民自治制度只有在乡村社会落地运行,才能真正产出相应的治理绩效。由此,村民自治有效实现、村民自治的有效实现形式、村民自治有效实现的基本单元、村民自治有效实现的基本条件和要素、村民自治有效实现的程序与规则、村民自治有效实现与国家治理的关系等相关命题成为农村税费改革之后村民自治研究的主要命题。笔者从两个方面进行了研究：一方面，从汉族与少数民族切入探究了村民自治有效实现形式的民族状况；另一方面，从政策落地、集体行动、家户联结、共同体等要素出发探讨了村民自治有效实现的基本单元问题。但两方面的研究都遵循了两条线索：一是历史的线索，历史地去看自治的有效实现以及有效实现的基本单元问题；二是现实的线索，从现实实践出发分析村民自治有效实现和有效实现的基本单元的影响要素问题。

当然，伴随着国家对基层社会治理的调整与安排，具有建制性特征和国家建构性特性的村民自治也逐渐被完全纳入国家对基层治理的一体化进程之中。无论是理论话语还是实践话语，村民自治不再是一个"一级议题"，而是作为"自治、德治、法治"相融合的乡村治理议题之下的"二级议题"。2021年中央发布的《关于加强基层治理体系和治理能力现代化建设的意见》以及党的二十大报告，则将村民自治带进了基层治理这一更大的范畴。这些变化，一方面说明了村民自治作为国家的基本政治制度之一，进入了国家通道，村民自治已经不再简单的是群众自治，而是进入国家对基层社会治理的一体化进程之中的群众自治，是具有国家属性的自治；另一方面也说明了村民自治的研究要进一步转换研究范式，要从"制度—价值""条件—形式""规则—程序"进入"国家—基层治理"范式，要将国家、国家治理带入村民自治研究之中去探究村民自治在国家治理、基层治理中的方位和发展趋势。这也是基层治理现代化对自治的基本要求。自治是基层治理的重要内容，现代化的基层治理需要现代化的自治。现代化的自治体系、自治机制、自治组织、自治形式等如何建构和实践，需要以中国式基层治理现代化为方位。从这个意义上看，村民自治研究不应该也不会成为"冷门绝学"，而是要在新的时代和新的伟大实践中焕发出新的理论生机和光芒。

（三）乡村治理现代化的实践

党的十八大以来，国家加大了对农村治理的力度，推进了包括精准扶贫、乡村振兴等在内的一系列重大战略，旨在以国家力量推进农业农村的现代化转型。其中，乡村治理现代化是重要内容之一。如何推进乡村治理体系和治理能力现代化，既是国家治理的重要基础，也是乡村振兴重大战略的重要内容。

乡村治理现代化是进入了国家治理范畴的实践议题。在新的时代背景之下，乡村治理现代化是国家治理现代化的重要内容，也是重要的基础支撑。乡村治理包括国家对乡村社会的治理，也包括乡村社会的自我治理。在这个意义上，乡村治理是国家与乡村社会的共同治理，是多个主体的合作共治；同时，在治理方式上，也应该是法治、德治、自治、智治等多种治理方式的融合。换句话说，无论是从哪个角度、哪个维度去分析和研究乡村治理，都应该将国家带进乡村治理之中，去分析国家在乡村治理中扮演的角色与发挥的功能，将乡村治理置于国家治理的范畴之下去审视乡村治理体系和治理能力的提升。

乡村治理现代化依赖于成体系的治理体制与治理机制的创新。乡村治理现代化是一项系统工程。既涉及乡村治理体系，也涉及乡村治理能力。乡村治理现代化是在党的领导下推进的，涉及乡村治理的组织化、社会化、法治化、服务化、专业化和数字化等多个维度。要实现这些多维联系的目标，必须探索和实践出一整套彼此联系、有机一体的治理体制和治理机制。在治理体制上，乡村治理表现为"县、乡、村、组、户"多级联动的治理体制，也表现为"法治、德治、自治、智治"相融合的治理体系；在治理机制上，乡村治理还依赖于能够高效运转起来的治理机制，比如参与机制、协商机制、表达机制、回应机制、组织动员机制、激励机制、考评机制以及整合机制等。这些机制如果彼此联动、有效运转起来，就可以极大地提升乡村治理的能力。

乡村治理现代化要在考虑城乡融合基础之上去推进。虽然乡村治理是乡村社会的治理，但不能简单地就乡村社会去看乡村治理。在以县域为单位推进乡村振兴战略的时代背景下，要把乡村治理与县域城乡融合结合起来去审视。在现代化的维度上，城与乡不是分离的，而是融合的。城乡融合不仅体现在制度、社会层次上，更体现在治理层次上，也就是说，乡治与城治也应融合。乡村治理现代化要考虑在城乡融合的基础上去探索和实践。基于城乡融合逻辑的乡村治理将会焕发出更大的活力和生机。当然，"乡村治理的城乡融合逻辑"目前还需要进一步深化理论研究。

上 篇
历史中的乡村治理

第一章
基于"家村关系"视角的中国村落社会异质性再认识[*]

村落"是一个由各种形式的社会活动组成的群体,具有特定的名称,而且是一个为人们所公认的事实上的社会单位"[①]。无论是乡村研究还是乡村调查,均把村落作为一个基本单元。在国家治理的历史进程中,村落不仅具有政治(或行政)属性,也具有社会自治属性。无论是传统时期还是当下,村落均是国家治理的基本单位,也是家户从事生产和社会交往的地域空间,更是村落社会自治的基本单位。因此,准确认识村落社会是认识国家治理和村落自治特征的前提。中国幅员辽阔、区域差异较大,很显然,不同区域的村落表现出不同的特征。那么,中国的村落社会的差异性在何处?又怎样去准确认识中国村落社会的异质性?本章拟通过对中国村落的深度调查和研究来找到认识中国村落社会的新视角。

一 何为"家村关系"

(一)问题的提出

中国自秦汉就建立了以"家户"为基本单元的"能够不断再生亿万

---

[*] 本章以《家村关系:中国村落社会异质性认识的新视角——基于"深度中国农村调查"材料的分析》为题,发表于《广西大学学报》(哲学社会科学版)2019年第1期。

[①] 费孝通:《江村经济——中国农民的生活》,商务印书馆2001年版,第21页。

自由家户小农的制度"①,"几千年来都是个体经济,一家一户就是一个生产单位"②。徐勇教授把中国农村的基本组织制度概括为"家户制度"。家户是中国的本源型传统,是基本的经济单元、社会单元和政治单元。家户作为独立单元,独立自主地开展农业生产和社会交往活动,而村落则是家户生产和社会活动发生的地域单位。村落是农村社会成员的地域聚落,农民的生产、生活和社会交往基本在村落内完成,村落也是国家治理的基本单位。③ 在组成结构上,家户是村落社会的基本细胞,无数个相对独立自主的家户组成一个完整的村落社会。在地理属性上,村落是家户生产空间、生活空间和社交空间的集合;在社会属性上,村落是家户对外社会关系网络空间的集合。费正清认为:"村是中国社会的基石,由家庭单位构成;村子通常由一群家庭和家族单位(各个世系)组成,他们世代相传,永久居住在那里,靠耕种某些祖传土地为生。"④ 费孝通先生也认为:"村落是中国乡土社会的基本单位。"⑤ 因此,家户是基本的生产经营单元、消费单元、生育单元、政治责任单元,是国家治理的根基;村落由若干个家户构成,是国家治理的基础和基本单位。这样一来,村落、家户则成为认识和研究村落社会的两个重要概念,也是不可忽视的两个重要单位。

在国家治理能力(尤其是公共服务能力)很弱的传统时期,家户虽然可以独立自主地开展生产经营、消费,但是并不能完全自给自足。在生产和生活中,家户有各种各样的需求,这些需求涵盖经济生产、社会交往、文化生活、公共治理等各个方面,这些多样性的需求仅仅依靠家户单元很难自给自足,只能依靠村落社会,即与村落社会的其他家户进行社会交往,以交换、互助或合作的方式来解决。因此,村落不仅是家户生产和生活的空间,也是家户脆弱性得以弥补的对象,较大单元的"村落"弥补了"家户"单元的非自给自足性,实现了家户单元的延续,保证了村落的完整性与稳定性,进一

---

① 徐勇:《中国家户制传统与农村发展道路——以俄国、印度的村社传统为参照》,《中国社会科学》2013年第8期,第102—123、206—207页。
② 《毛泽东选集》(第3卷),人民出版社1991年版,第931页。
③ 参见徐勇《"分"与"合":质性研究视角下农村区域性村庄分类》,《山东社会科学》2016年第7期,第30—40页。
④ [美]费正清:《美国与中国》,张理京译,世界知识出版社1999年版,第25页。
⑤ 费孝通:《乡土中国》,人民出版社2008年版,第5页。

步稳固了国家统治的根基。因此，家户和村落之间发生了丰富的联系，而不是彼此之间毫无关系，家户的非自给自足性产生了"家村关系"。那么，家户与村落之间的关系（家村关系）究竟是什么呢？在不同的地域，"家村关系"有什么差异呢？

（二）既有文献梳理

学界关于村落社会的认识基本上都围绕着"家户""村落"两个单元展开，或有侧重，总的来说，对于家户与村落之间关系的认识主要有四种普遍的观点。

1. 村落地域空间论

马克思以法国小农为研究对象，在《路易·波拿巴的雾月十八日》中对村落进行了经典的阐释："小农人数众多，他们的生活条件相同，但是彼此之间并没有发生多种多样的关系。他们的生产方式并不是使他们互相交往，而是使他们相互隔离。他们没有丰富的社会关系。每一个农户差不多都是自给自足的，都是直接生产自己的大部分消费品，因而他们取得生活资料多半是靠与自然交换，而不是靠与社会交往。各个小农彼此之间只存在地域的联系，他们利益的同一性并不使他们彼此间形成共同关系。"[①] 在马克思看来，在以"一家一户"为基本单元的法国农村，家户是独立自主的，与村落社会不发生丰富的社会联系，村落仅仅作为家户们的居住地域而存在，村落社会只是简单的拼凑和相加。虽然马克思的研究对象是法国农村，但是同样作为小农经济社会的中国，马克思的关于小农社会的定义对理解和认识中国村落也有一定的参考价值。摩尔从中国村落出发，认为"中国的乡村更像是众多农民家庭聚集在一起居住的一个场所"[②]。因此，在马克思和摩尔看来，中国村落的"家村关系"仅仅是一种地域关系。

2. 村落共同体关系论

20世纪日本学界有一场著名的"中国村落共同体之争"。"共同体肯定

[①] ［德］卡尔·马克思：《路易·波拿巴的雾月十八日》，中共中央马克思恩格斯列宁斯大林著作编译局编译，人民出版社2015年版，第109—110页。

[②] ［美］巴林顿·摩尔：《专制与民主的社会起源——现代世界形成过程中的地主和农民》，王茁、顾洁译，上海译文出版社2012年版，第213页。

论"学者以平野义太郎、清水盛光、横川次郎等为代表。横川次郎认为，中国的村落是氏族共同体（或农村共同体）的性质；平野义太郎对村庄组织和村民扶助进行考察后认为，中国村落社会存在强有力的共同体关系。清水盛光认为，中国专制政治之所以存在，就是因为具体而微的共同体的存在。村落社会的治理有两种：一种是村落自身是一个小王国，以士绅与农民为主，可以进行自我治理，也叫"自主性自治"或"自律性自治"；另一种是以保甲为基础的"他律性自治"。自律性自治的根源在自然村，它得以建立的基础就是村落的共同体性质。在这场"村落共同体论证"之后，诸多学者继续对华北村落共同体展开了讨论，柳田节子（1970）、丹乔二（2005）、仁井田升（1956）等继续支持"中国村落共同体的存在"这一观点。因此，共同体理论认为，村落是共同体关系的基本单位，村民们之间的社会关系在村落单位内发生。在村落范围内，村民们结合的基础是共同关系，共同的意识、共同的利益、共同的组织、共同的互助与合作，使得村落共同体关系得以建立。也就是说，中国村落社会的"家村关系"呈现出一种共同体关系。

3. 家户制理论

家户制理论对村落社会的认识，是在与庄园制、村社制的比较中，从中国具体国情出发去认识村落社会的。费孝通先生认为"家庭是最早的也是最基本的生活集团"[①]，"中国家庭是自成一体的小天地，是个微型的邦国，社会单元是家庭而不是个人，家庭才是当地政治生活中负责的成分。中国社会基石的农村，是由家庭单位构成的，家庭既是社会单位，又是经济单位"[②]。金耀基先生也认为："在传统中国，家不只是一个生殖单元，并且还是一个社会的、经济的、教育的、政治的，乃至宗教的、娱乐的单元。"[③] 徐勇教授以俄国、印度的"村社制"为参照对象，提出了"家户制"，认为家户制下的村落是家户基础上自然形成的自然村，由家户扩大而形成。由此，家户是国家治理的根基，也是社会自治的单元，形成"家国共治"的农村社会治理体系。[④] 因此，家户制强调家户的个体组织性与独立性，家户是最基本的组织单

[①] 费孝通：《生育制度》，生活·读书·新知三联书店2014年版，第260页。
[②] ［美］费正清：《美国与中国》，张理京译，世界知识出版社1999年版，第22、25页。
[③] 金耀基：《从传统到现代》，中国人民大学出版社1999年版，第24页。
[④] 参见徐勇《中国家户制传统与农村发展道路——以俄国、印度的村社传统为参照》，《中国社会科学》2013年第8期，第102—123、206—207页。

位，村落的群体组织性相对较弱。

综上所述，三种理论对"家村关系"的认识均有特点和侧重，但也存在一定的局限性。如表1-1所示，村落地域空间论认为家户与村落之间没有联系，忽视了村落单元；村落共同体关系论认为家户与村落之间是共同体关系，忽视了家户单元；家户制理论强调家户个体性与独立性，忽视了村落单元。这三种观点均解释不了家户与村落之间究竟是一种什么关系，这种关系由何种因素决定。既然村落、家户是认识村落社会和解释"家村关系"绕不开的两个单元概念，这就需要我们从历史深处去进行探究。

表1-1　　　　　　　四种"家村关系"理论的比较

理论	"家村关系"的认识	限度
村落地域空间论	小农社会特性，家村无联系	忽视了村落单位，不能解释家户因非自足性而产生对村落社会的依赖性
村落共同体关系论	家户与村落是共同体关系	忽视了家户单位，因研究区域的限制，对村落社会缺乏更广泛的认识
家户制理论	独立的家户构成村落	忽视了村落单位，忽视了家户与村落之间的关系

资料来源：作者自制。

二　从村落社会起源看"家村关系"的基本内涵

村落并不是凭空产生的，它是因人们从事农业生产并伴随着其他人类活动而逐渐形成的一个居住单位和社会单位。要认识村落就要从村落的起点开始，在村落的形成历史中认识村落。2015年，华中师范大学中国农村研究院对东中部的村庄开展了深度的历史形态调查，涉及180多个村庄，涵盖了不同类型的村庄，本文从分布区域（华南区域、长江流域、黄河流域）的村庄中选择一些样本进行类型化的个案分析，然后再对所有样本进行总体归纳。

（一）华南区域的村落起源与"家村关系"特点

因历史原因，南方村庄距离皇权中心较远，进入国家建制也较晚，形成了较多的单姓村。这样的村庄通常由一家一户不断繁衍壮大而来。

广东省丰顺县的坪村，是一个单姓氏的村庄。明初，先祖蓝氏百一公为了躲避"蓝玉案"的牵连，携妻儿几经迁徙至无人居住的坪村，并在此定居繁衍，以垦荒种稻为生。至第三代时，族人修建了"百一公祠"，以祭奠坪村蓝氏宗族的开基始祖百一公。至第十二代时，男丁兴旺，繁衍壮大，在族长的主持下，蓝氏宗族分为两个大房支，至第十三代时，两个大房支又分为八个小房支。在居住形式上，整个蓝氏聚族而居，各个房支有自己独立的属地，以房支为单位集中居住。其他姓氏的家户不得随意搬迁至坪村居住，也不能租佃蓝氏土地，外人进出坪村都要经过族长的同意。

浙江省建德市新叶村，是玉华叶氏集居的单姓村。宋嘉定十二年（1219）先祖坤公为谋求生计，迁入玉华，入赘母舅夏氏家中，在此定居繁衍。至第三代东谷公时，大兴水利，修建"万翠堂"和"有序堂"，祭祀先祖，团结族人。自此，玉华叶氏宗族繁衍壮大。至第八代时，人口百十户，开始分立房派，分六房，每房另建分厅。传至第九代，长房、二房、四房继续分支，形成房支林立的格局。但是，叶氏宗族仍然聚族而居，团块居住。村落以"双溪"为界，其他姓氏不得越界。族内公田按先房后族的顺序租种或买卖，不能随意卖于外人。

福建省沙县的廷坑村，是一个范姓村民占据70%以上的主姓村。元末明初，开基始祖五九公为了躲避沙县战乱，以入赘的方式迁居至廷坑村，并在此定居繁衍，以种植水稻和渔猎为生。由于范氏宗族人丁一直不兴旺，就没有正式分支，但族人习惯于生下一个儿子就立一房，名为分房分支，实则都在族长的统一管辖之下。所有族人围绕着"五九公"的祖屋差序分布，由内向外辈分逐渐降低，呈现出高度聚居的状态。直到民国中后期，范氏宗族都不允许外姓家户搬迁至本村居住，范氏宗族的田地也从不对外租售，外人出入"祖先山"都要经过族长同意。

从三个案例来看，村落多为单姓村，一村即一族，聚族而居，家户彼此之间有着共同的血缘纽带关系，血缘寓于地缘，并生发出共同的利益关系。

（二）长江流域的村落起源与"家村关系"特点

长江流域的村庄种植水稻，地势平坦，水资源较为丰富，因村里水系发达、塘沟纵横而成为"水网社会"或"稻作社会"，村民分散居住。

湖北省宜都市的余家桥村，在清代康熙年间"湖广填四川、江西填两湖"的移民政策下，余家桥村20多个姓氏户的原居民被迫迁徙至四川，江西南昌的10多个居民迁徙进村。先迁徙进村的居民或向乡政府购买土地，或"纳草为基"占领无人耕种之地，后迁徙进村的居民只能以租佃为生。村内居住着40多个姓氏的村民，彼此之间没有共同的血缘纽带，没有祠堂，家户"围田而居"、分散居住，家户之间的房屋距离较大，在居住格局上形成了"宁家湾、七岭荒脚下、铜盆祠、彭家冲"等四个小聚落，共同构成了余家桥自然村。自然村开放，任何人可以自由进村而不受约束。

湖南省临澧县的回龙村，受元末战乱影响，原居民早已消亡殆尽，仅剩的少数村民也迁往他地居住。明朝洪武初年（1368），很多村民从江西迁出，辗转数地最终落户于该村。迁徙至此的村民以"插草为界，锄草为边"的原则占有荒芜土地，多为3—6人规模的小家庭。至民国时期，村里有9个姓氏的29户村民居住，各姓氏之间没有太强的血缘联系，没有任何一个姓氏建立血缘组织、祠堂或公产。在地域上，村民们分属坡子铺和苏家南场等两个聚落，每家每户房屋之间有5—19米的间距，并以道路、树木、界石等分界物明确标记边界，即使邻居是自己的至亲也是如此。该村虽与周边聚落有明确划定的边界，但边界不具有任何约束力，任何人都能自由进出。

四川省遂宁市的旷家坝村，元末明初为无主荒地，江西吉安府旷姓兄弟两人游山玩水至遂宁县，因弟弟遇害，哥哥为守护遗骸，于是在此开荒辟地，定居农耕。经数代繁衍，旷姓人分为三房，分散居住在五个聚落。此外，因土地买卖、土地租佃、雇工、姻亲等缘故，旷家坝村先后迁入周、陈、赵、向、杨、张、王、石、康、刘等多姓村民，最终形成赵家院子、构林湾、周家湾、石家土城等11个聚落。同姓村民多集中于同一聚落，但傍田起屋，彼此房屋相离，分散居住；石家土城与赵家院子多为佃户，杂姓聚落，家户随田而迁的流动性极强。从三个案例来看，村落的血缘关系纽带不强，家户彼此之间没有共同的血缘关系；分散居住、因田而居，以及多个小聚落构成村落，地缘关系也不紧密。家户的个体性较强，彼此之间因利益关系结合。

（三）黄河流域的村落起源与"家村关系"特点

黄河流域的村庄种植小麦等旱地作物，水资源有限，地势平坦，围绕

"水井、麦作"形成的是水井社会或麦作社会，村民集居。

河南省遂平县的蔡岗村，清代中期黄河泛滥，为躲避水灾，居民向西迁徙。待水灾退去之后，徐姓大家户带着一些村民返回村庄，重新划定土地边界，复业复田重建村庄。以大财主徐姓家户为核心，所有家户集中居住，家户之间的距离近，村庄分为"东街、西街"两个部分。至清代后期，村里共有五十多个姓氏的居民居住，彼此之间没有共同的血缘纽带，只有大户徐姓在村里建有祠堂，但祠堂开放，任何人可以自由出入，由外姓人看守。至民国时期，为了防止匪患，由徐姓大户组织修建了寨墙、寨海子以及东、西、南、北四个方位的四座碉楼，所有村民出资出力，共同防卫。

山西省新绛县的席村，南、韩、张三大姓氏因躲避灾害、躲避战乱分别迁入该村，同最早在此的席姓共同构成了席村的"四大家族"，除此之外，席村还有柴、杨、李等34个姓氏。众多姓氏居民集中居住，形成了六个居住单元，分别是西甲、南甲、北甲、石坡、八甲和柴家疙瘩。四大姓氏的居住区域内均建有家庙和支祠，由家户长和支长负责管理。席村村墙由村长组织修建，费用及村墙日常的维护由全体村民共同分担。

山东省济宁市的军王村，清代时，王姓村民从军张王屯迁出，在军张王屯的南面另立新村并取名军王，并与李姓村民共同居住此地。后来陆续有赵、周等姓氏村民迁入，村民们以庙坑为中心，向四周扩展建房，形成了以庙坑为中心的集居格局。

从上述案例来看，村落多姓聚居，血缘纽带较弱，但地缘关系较强，因防卫等需要，产生了共同的利益，结成了共同的利益关系。

综上所述并结合其他一百八十多个村落案例发现，华南区域、长江流域、黄河流域等三个区域的村落社会差异性较大，存在着某种关系纽带把所有的家户联系在一起，组成一个村落。从关系角度看，在不同区域的村落，存在三种基本的"家村关系"，即血缘关系、地缘关系、利益关系。这三种基础性的社会关系均可以将若干个家户联系成为一个完整的村落。这是"家村关系"的共同性，也是所有村落社会的共同性。血缘、地缘、利益等三组基本关系，在三个村落都存在，在家户与村落社会之间发挥着重要的联结功能。

三 "关系强度"维度下的"家村关系"类型

如前所述，在三大区域内的村落，"家村关系"的基本内涵是相同的，但是在不同区域的村落社会，其表现强度是不同的，这决定了村落社会异质性，并使村落社会具有与其他村落所不同的特点。

(一)"关系强度"：关系比较的维度

村落是一个关系社会，村落社会里的家户之间有着丰富的社会关系，也无时无刻不在发生着社会关系。社会关系可以分为原生性社会关系和再生性社会关系。原生性社会关系是在村落起源和形成时就已经具备的关系；再生性社会关系是在原生性社会关系基础上生发出来的次级社会关系。再生性社会关系以原生性社会关系为基础。原生性的社会关系决定了村落社会的特点，构成"家村关系"的基本特征。从深度调查材料来看，血缘关系、地缘关系、利益关系等三种关系在华南区域、长江流域、黄河流域等三大区域的村落里一致性存在。但是，在关系表达程度上，却存在着较大的差异性。血缘关系、地缘关系、利益关系在三类不同村落社会的差异性表达，实际表现为三种关系的强度不同。因此，关系强度可以从"关系密度、关系关联性"两个维度去测量。关系密度是指单位地域内关系所能联系的家户数量。单位地域内这种关系所能联系的家户数量越多，关系密度越大。关系关联性是指这种关系下家户之间的联结性程度。某种关系下家户之间的联结性越高，关系关联性越高。关系密度越大，且关系关联性越高，关系强度就越高。那么，这种关系将家户联系成为一个完整村落社会的作用力就越大，而这种关系也是家户与村落社会发生关系的路径依赖所在，是村落社会的基础性社会关系，是村落社会的"家村关系"内涵所在。

(二) 不同区域村落社会的"家村关系"比较

从"关系密度、关系关联性"两个维度去测量血缘关系、地缘关系、利益关系在三大区域村落社会的强度，可以发现村落社会之间的差异性。

1. 血缘关系的强度差异

如表1-2所示,华南区域的村落居住着一个单姓宗族,所有家户之间有着共同的祖先,彼此之间有着共同的血缘纽带关系。宗族聚族而居,血缘寓于地缘,合二为一,血缘关系所联系的家户数量是整个宗族,以任意一个家户为血缘关系的中心,基本上可以辐射到全族,关系辐射半径大,关系密度高。宗族不仅有共同的经济基础,也有共同遵守的规则体系,家户对血缘团体的依赖性较强,血缘团体对家户的约束性较大,家户之间的血缘关联性高。任何家户的行为均不能破坏宗族的整体性。因此,在这样的村落,血缘关系的强度很高。黄河流域的村落大多是杂姓、共居,彼此之间没有共同的血缘纽带关系;在村落内部仅有数量较多的家户形成了宗族组织,但共同的经济基础薄弱、宗法体系的约束力较弱,宗族仅仅是一种仪式化的存在。长江流域的村落大多是杂姓、散居状态,家户之间的血缘纽带不仅很弱而且分散,家户之间只存在松散的亲属关系。无论从关系密度,还是从关系关联性上看,长江流域和黄河流域的村落都没有形成像华南区域那样稳固的宗族制度,血缘关系的密度、关联性都比较低,村落社会的血缘关系强度都比较弱。

表1-2　　　　　　　　　血缘关系的强度比较

区域	关系密度	关系关联性	关系强度
华南流域	大	高	高
长江流域	小	低	低
黄河流域	较小	较低	较低

资料来源:作者自制。

2. 地缘关系的强度差异

乡与土是构成农民社会的联系纽带。[①] 地缘关系表现为家户之间的地缘依赖与对土地的依赖。如表1-3所示,华南区域的村落是单姓宗族聚族而居之地,从族到房支,血缘内聚带来地缘集居。家户的集聚程度高,以房支为单位集中居住,单位地域内的家户数量集中而多,家户之间的距离近,地缘关

---

① 参见王晓毅《血缘与地缘》,浙江人民出版社1993年版,第35页。

系的密度大。同时，家户受到房支、族的约束性较大，家户不能随意脱离宗族，地缘关系的强度较大。这种高强度的地缘关系是建立在高强度的血缘关系之上的。黄河流域的村落由多个姓氏家户集中居住。集居格局带来单位地域内家户数量多，家户之间距离近，地缘关系密度高。共同的生产、防卫、信仰、文化、交际等因素进一步带来家户对地域较高的依赖性，带来较高的地缘关联性。长江流域的村落由多个姓氏的家户分散居住。散居格局带来单位地域内的家户数量较少，家户之间的距离较远，地缘关系的密度低。村落布局分散、凌乱、无中心，内聚性程度低，开放的地域带来高度的流动性，家户随地流动，对地域的依赖性低，最终导致家户之间的地缘关系强度低。

表1-3　　　　　　　　　　地缘关系的强度比较

区域	关系密度	关系关联性	关系强度
华南区域	大	高	高
长江流域	小	低	低
黄河流域	大	高	高

资料来源：作者自制。

3. 利益关系的强度差异

如表1-4所示，华南区域的村落是建立在共同的血缘纽带基础上的血缘共同体，为了血缘共同体的生存和延续，宗族组织设置了各种单位的共有产权。所有家户之间不仅有着共同的血缘纽带关系，更有着共同的经济利益关系。而且任何家户个体或个人个体均不能为了私利而损害宗族的共同利益。在这样的村落，利益关系的密度和关联性都非常强，这种高强度的利益关系是建立在高强度的血缘关系基础上的。在黄河流域的村落，家户之间的血缘纽带作用弱；杂姓共居的村落没有形成共同的经济基础。但是，村落作为所有家户共同的居住空间和生产空间，所有家户在防卫、生产、信仰等方面有着共同的利益关系。集聚格局带来单位地域内利益关系联系的家户数量多，关系密度大；家户之间的利益关联性高，导致利益关系强度较大。但是，这种高强度的利益关系是基于高强度的地缘关系之上的。在长江流域的村落，家户之间的血缘关系、地缘关系均不强，家户个体性强,利益本位突出。一个家户就是一个利益单元。因在生产和生活上无法自给自足,家户需根据不同的利益,与其他家户缔结共同的利益关系共同完成。同时,在诸如水利、安全等方面还存在共同的利益关系。每个家户都有属于自家的利益关系圈层,与村落共同的利益关系交织在一起,构成村落复杂的利益关系网络。在这个网络里,利益关系密度大,利益关联性强,带来村落高强度的利益关系。

表1-4　　　　　　　　　利益关系的强度比较

区域	关系密度	关系关联性	关系强度
华南区域	大	高	高
长江流域	大	高	高
黄河流域	大	高	高

资料来源:作者自制。

综上所述,血缘、地缘、利益三种关系在三个村落的表达程度存在差异性,关系的强度有所不同。如表1-5所示,在华南区域的村落,血缘关系强、地缘关系强、利益关系强;但先有高强度的血缘关系,后有高强度的地缘关系和利益关系。在黄河流域的村落,血缘关系弱,地缘关系强,利益关系强;但是,高强度的利益关系基于高强度的地缘关系之上。在长江流域的村落,血缘关系弱,地缘关系弱,利益关系强。

表1-5　　　　　　三大区域村落社会的"家村关系"比较

区域	血缘关系强度	地缘关系强度	利益关系强度
华南区域	大	高	高
长江流域	小	低	高
黄河流域	小	高	高

资料来源:作者自制。

(三)"家村关系"的三种基本类型

关系强度的差异性决定了"家村关系"的三种不同类型。如表1-6所示,根据血缘关系、地缘关系、利益关系的关系强度,可以把"家村关系"

分为三种基本类型。

第一种类型：以血缘关系为基础的团聚型"家村关系"。在这种村落社会，所有家户之间有着共同的血缘关系，且血缘关系的纽带性强，血缘关系的密度大、强度高，带来高强度的血缘关系。先有共同的血缘关系，后有地缘聚居关系，血缘寓于地缘，合二为一，并进一步产生共同的利益关系。在团聚型"家村关系"下，血缘关系是原生性关系，强度大，在此基础上形成的村落社会是血缘关系社会。

第二种类型：以利益关系为基础的结合型"家村关系"。在这种村落社会，所有家户之间没有共同的血缘纽带关系，居住分散也没有形成紧密的地缘纽带关系，整个村落社会以家户为行动主体，依靠以家户为中心的私人利益关系联结起来。在结合型"家村关系"下，血缘关系松散，地缘关系分散，利益关系紧密、强度大，在此基础上形成的村落社会是利益关系社会。

第三种类型：以地缘关系为基础的联合型"家村关系"。在这种村落社会，所有家户之间没有共同的血缘纽带关系，但地缘聚居使得所有家户之间有着共同的地缘关系，且地缘关系紧密、强度高，并进一步形成共同的利益关系。在联合型"家村关系"下，地缘关系强度大，血缘关系强度小，地缘关系的高强度带来共同利益关系的高强度，在此基础上形成的村落社会是地缘关系社会。

表1-6　　　　　　　　"家村关系"的三种类型

区域	血缘关系强度	地缘关系强度	利益关系强度	"家村关系"类型	"家村关系"特征
华南区域	大	高	高	团聚型	以血缘关系为基础
长江流域	小	低	高	结合型	以利益关系为基础
黄河流域	小	高	高	联合型	以地缘关系为基础

资料来源：作者自制。

四 "家村关系"是精准认识村落社会的有效视角

党中央提出乡村振兴战略，村落社会是乡村振兴的载体，只有充分准确地认识村落，才能有的放矢地开展乡村振兴。因为"当下是历史的延续，中国的发展和中国的道路是在长期历史过程中形成的"[①]，因此，要精准认识村落就必须从历史深处着手，从村落起源和形成中把握其"家村关系"的特点。

（一）"家村关系"是认识村落社会的有效视角

中国是一个巨型国家，幅员辽阔，地形复杂，东西、南北地域之间的差异性很大。"由于自然、社会、历史的条件不同，分与合在一个国家内不同农村区域的表现形式不一样，使得某些村庄在一定区域存在多一些，某些村庄在一定区域存在少些，由此构成不同的区域性村庄。"[②] 即使"从村庄社会结构角度看，中国农村也存在南北方的区域差异"[③]。因此，中国的村落社会在不同区域存在着很大的差异性。若干家户在村落地域空间里生活和生产，对外存在诸如经济、社会、文化、政治等诸多需求，这种需求的满足需要借助对外的社会交往，从而使家户与村落社会发生了丰富的联系。正是家户的非自给自足性才结成了稳定的村落社会，这个社会不是机械的拼凑，而是关系的叠加。因此，村落不只是一个地域单元，更是一个社会单元。村落社会关系的形成有其内在的逻辑。不同的村落社会，因生态环境、居住形态、历史过程、家户结构等方面的差异较大，导致家户与村落的联系机制不同。

精准认识村落社会，既要注意到村落的地域属性，更要注意到村落的关系属性。村落作为家户生产和生活的空间，是一个关系社会。关系决定了村

[①] 徐勇：《历史延续性视角下的中国道路》，《中国社会科学》2016年第7期，第4—25、204页。

[②] 徐勇：《"分"与"合"：质性研究视角下农村区域性村庄分类》，《山东社会科学》2016年第7期，第30—40页。

[③] 贺雪峰等：《南北中国：中国农村区域差异研究》，社会科学文献出版社2017年版，第6页。

落的特点。这个关系的起点是家户,由家户的非完全自给自足性所决定,家户无法自给自足的需求依靠村落社会解决,其行为路径是关系,也就是"家村关系"。也就是说,家户与村落之间并不是完全独立的,而是存在着丰富的联系。家户与村落之间存在着一定的关系,即"家村关系"。这种关系决定着村落社会的特质性,决定着村落里的经济、社会、文化和政治活动。村落社会不同,其"家村关系"也不同。通过对"深度中国农村调查"材料的认识,华南区域、黄河流域、长江流域的村落社会截然不同,表现出不同类型的"家村关系",而这种"家村关系"又根源于村落社会的起源之中。因此,"家村关系"是认识村落社会的一个有效视角,"家村关系"视角强调从关系出发去精准认识村落。以"家村关系"来认识村落社会,要注意从村落起源和形成的历史深处着手,因为"家村关系"视角下,村落社会具有历史延续性。

(二) 以"家村关系"认识村落社会的关键是异质性

从"深度中国调查"发现,不同的村落社会,具有不同的"家村关系"类型。以"家村关系"来准确认识村落社会,关键在于认识到中国村落社会的异质性,而非均质性。以往学界在从事农村研究中,或者模糊了"村落"概念把村落作为一个同质性很强的社会,或者以地域、区域为单位来划分和认识村落,这两种做法要么忽略了村落社会的异质性,要么以点带面地认识村落。精准认识村落有两个层次:第一,不仅要从地域属性上认识村落,更要在社会属性上认识村落;第二,在把握关系的基础上,注意村落社会的异质性。把村落看作一个关系社会,须知关系建立在特定的社会土壤之上,土壤不同,生发出来的关系也不同。如华南区域的村落"由家而族",整个村落是一个单姓宗族,在这样的土壤上生发出来的强有力关系是团聚型的血缘关系;在长江流域的村落,家户分散居住,杂姓共居,彼此之间没有较强的血缘纽带和地缘纽带,如此生发出来的强有力关系是结合型的利益关系;在黄河流域的村落,杂姓聚居,彼此之间的血缘纽带弱,如此生发出来的强有力关系是联合型的地缘关系。因此,以"家村关系"来认识村落社会关键在于认识村落社会的异质性,只有认识到了村落社会的异质性,才能理解在村落社会上发生的经济、社会、文化和治理行为,才能理解农民的行为逻辑。结合当下"乡村振兴"来看,以"家村关系"认识村落社会异质性,精准把握村落的多样性、差异性,才能有效制定符合村落特点的乡村振兴策略。

第二章

授权式协商：对传统时期乡村矛盾纠纷治理逻辑的解析[*]

党的十九大报告提出了"基层协商"的重要命题，2018年中央一号文件和2018年9月中央发布的《乡村振兴战略规划（2018—2022年）》继续提出"多层次基层协商格局"的命题，这说明在新时代乡村振兴背景下，协商对于构建乡村善治体系有着重要意义。中国是一个农业大国，在"县下皆自治"的长期历史实践中，协商是自治的重要形式，村落也存在着多类型、多样化的协商形式，这种本土化的协商直接带来了"皇权不下县"时的乡村自治有效。通过深度调查农村协商的历史形态，挖掘这种传统治理资源背后所蕴含的协商价值和治理价值，对于新时代乡村振兴背景下以协商促进农村治理有效，具有重要的启发性。

一 传统乡村社会矛盾纠纷何以治理

传统乡村社会以自然村落为基本地域单位，由若干个相对独立的家户组成。家户是村落社会的细胞，也是国家治理的根基。在生产力并不发达的传统乡村，家户是基本的生产经营单位，家户独立自主经营并在消费和分配上拥有自主性；但家户并不能完全自给自足，其在生产和生活中存在

---

[*] 本章以《授权式协商：传统乡村矛盾纠纷的治理逻辑及当代价值——以鄂西余家桥村"说公"为例》为题，发表于《民俗研究》2020年第1期。

着各种各样的需求，必须通过对外的社会交往来满足。因此，在乡村社会，家户之间存在着丰富的横向联系，彼此并不是互不联系的"马铃薯"，或是"一盘散沙"。但是，家户在对外进行生产交往和生活交往的过程中，不可避免地会与其他家户产生摩擦、矛盾或纠纷。矛盾纠纷的调解主要关乎乡村社会生活性和生产性矛盾纠纷的治理，学界通常将其放在乡村治理事务大类中进行讨论和研究。总体看来，主要有三个方面的研究。（1）"主体调解论"。传统乡村社会存在多种类型的权威精英，如绅士、族长、长老、先生等都是矛盾纠纷的治理主体，以他们为主构成乡村自治的主要力量，在"无讼"或"厌讼"的历史大背景下，由乡村精英负责对矛盾纠纷进行调解。如秦晖认为，传统时期，"国权不下县、县下唯宗族、宗族皆自治、自治靠伦理、伦理造乡绅"[1]。林语堂认为，中国乡村由长者凭借自己的威望从精神上予以领导，也由绅士们凭借自己对法律及历史的知识从精神上予以指导。[2] 徐勇教授也认为，包括绅士、地主在内的乡村精英凭借财富、威望、文化获得对乡村矛盾纠纷调解的权力。[3] 由此，乡村社会矛盾纠纷的治理主要依赖于乡村社会精英的介入。（2）"规则治理论"。存在于乡村社会的非正式制度或规范是矛盾纠纷治理的基础。持此类观点的学者较多，如费正清、韦伯、费孝通、瞿同祖、钱杭、王沪宁、秦晖、金太军等。在传统社会，国家上层的法律对于村落社会而言，始终是高高地超越农村日常生活水平的、表面上的东西。[4] 乡民不必依靠强力性的外来王法来维持彼此之间的关系，他们通过涵盖社会生活的方方面面的礼俗，来调整公共生活中发生的冲突，维护乡村共同体内部的秩序。[5] 可见，内生于乡村社会的宗族家法、习惯法、惯习等在乡村矛盾纠纷治理中发挥着重要作用。费孝通把这些内生性的规则统称为"礼俗"，也就是"传统"，是乡村社会公认的行为规范，[6] 是矛盾纠纷缓和的调节器。狄金华认为，地方性规则（俗称"小道理"）是村落矛盾纠纷解决的

---

[1] 秦晖：《传统十论》，东方出版社2014年版，第8页。
[2] 参见林语堂《中国人》，浙江人民出版社1988年版，第178页。
[3] 参见徐勇《非均衡的中国政治：城市与乡村比较》，中国广播电视出版社1992年版，第56—57页。
[4] 参见［美］费正清《美国与中国》，张理京译，世界知识出版社1999年版，第113页。
[5] 参见费孝通《乡土中国》，人民出版社2008年版，第59—60页。
[6] 参见费孝通《乡土中国 生育制度》，北京大学出版社1998年版，第48—53页。

主要规则。① 总之，村落社会的内生性规则是矛盾纠纷得以有效治理的条件。（3）"自然消解论"。传统乡村社会是一个熟人社会，村落社会也相对封闭，大家彼此熟知，在这样的社会结构中会形成一种稳固的舆论场域，矛盾纠纷通常通过村落社会的舆论力量得以消解，因为在讲究"关系"和"面子"的大背景下，被孤立的成员在村落中的生存将变得十分困难，大多数矛盾纠纷通过或长或短的时间得以自然消融。②

综上所述，关于传统乡村社会矛盾纠纷治理的研究，基本持有相对一致的观点，即传统乡村社会是一个"没有朝廷官员的自治居民点"③，各种生活性纠纷、生产性纠纷主要以"自治"的方式得以治理。无论是"主体调解论"，还是"规则治理论"，抑或是"自然消解论"，乡村社会矛盾纠纷治理均遵循着"村庄内部发生—内部调解—内部化解（或消解）"的基本逻辑。这些理论主要解释了乡村社会矛盾纠纷的治理规则、路径或主体性等问题，强调了"乡村权力主体"或"内生于乡村社会的规则、伦理道德规范或舆论"在矛盾纠纷治理中的积极作用，体现出一种"权力主体主动性介入"的特点，但忽略了这样一个客观事实，在乡村社会，矛盾纠纷产生于家户之间的日常生产和生活的交往之中，随时都有可能发生，不可避免也难以避免，矛盾纠纷在发生学上属于大概率事件、高频度事件。那么，问题就来了：在一个由若干家户构成的村落社会，对于"无时不有、无处不在"的矛盾纠纷，权力主体能够做到"事事主动介入"吗？同时，上述三种理论对矛盾纠纷治理的过程、内在机制和逻辑，以及纠纷治理中的权力配置和互动等，并没有展开深入的阐述。也就是说，传统乡村社会中，在发生学上属于大概率事件的矛盾纠纷究竟是通过什么机制或路径得以治理的呢？对此，学界并未展开深入的探讨。

2016年5月至8月，笔者在湖北省宜都市枝城镇余家桥村开展"长江流域村落历史形态考察"，在长时段的田野作业中，对"矛盾纠纷治理"进行了深度调查并发现，在1949年前的余家桥村，生产和生活中的矛盾纠纷时有发生，并

---

① 参见狄金华《被困的治理：河镇复合治理与农户策略（1980—2009）》，生活·读书·新知三联书店2015年版，第200页。
② 参见卢明威、李图仁《农村社会纠纷化解：从传统到法治》，《学术论坛》2015年第5期，第85—90页。
③ ［德］马克斯·韦伯：《中国的宗教：儒教与道教》，康乐、简惠美译，广西师范大学出版社2010年版，第141页。

按照"说公"这一本土化的机制得以有效治理。"矛盾纠纷"构成村落公共事务之一,它的有效治理既不依赖于村落权威主体的主动介入,也不依赖于家户普遍遵守的地方性规则,也不依赖于村落范围内的舆论力量,而是依赖于一套完整的机制体系。基于此,本章以"说公"为研究对象,对其运作过程进行"深描",以挖掘被既有理论所遮蔽的治理逻辑及其背后的治理价值,并探讨这一机制对新时代乡村振兴背景下探索构建有效的农村协商有着怎样的启发意义。

二 "说公":村落矛盾纠纷治理的历史实践

余家桥村位于鄂西北平原地区,是一个长江边上的村落。传统时期,村民以种植水稻为生,在日常生产和生活中,家户之间的矛盾纠纷时有发生。为了调解这些矛盾纠纷,维护村落秩序,村民在实践中探索出了一种"说公"的治理方式。

(一)"说公"之由:矛盾纠纷的治理缘起

在余家桥村,"说公"也叫"说公道"。"公"指的是村民们普遍认可和遵守的公道、公理。对于"说公",老人们如此解释和理解:

> 矛盾也好,吵架也好,只要是不和气的地方,都可以说公。说公就是讲公道、摆公道,有啥事情,找几个人物在一起讲一讲,讲清楚咋发生的,不服气的理由。事实就是事实,说清楚了,不公道的一方、不占理的一方自然就清楚了。大道理不用讲,每个人心里都清楚,只不过要拿出来说一说,大家才清楚。

在与村中老人的访谈中发现,在余家桥村,"说公"作为一种治理工具,适用范围广泛,既包括家户之间在日常生产和生活的交往中所产生的摩擦和冲突,也包括家户内部的矛盾纠纷。具体来说,有以下两大类。

第一,家户之间的利益之争。这一类矛盾纠纷主要发生在家户外部。家户作为独立的社会单位,在日常生产和生活中与其他家户交往中发生的利益纠纷,是村落内部最普遍、发生频度最高的矛盾纠纷。在访谈中,江光沛老人列举了以下几种纠纷类型:(1)邻里矛盾,如自家脏水流到了邻居的门口,自家喂养的鸡鸭、耕牛、猪等踩坏了邻居的菜地或篱笆墙，邻居偷摘了自家菜地的菜或院子里的果子；（2）耕牛在喂养中踩坏了其他农户的田埂，或偷吃了水稻；（3）水田灌溉中的争水、抢水，以及偷扒开了其他农户的灌溉口带来的争执；（4）借钱、借粮食、借农具等的农户逾期不还；（5）在合作培育秧苗、换工、伙养耕牛，以及共用水塘或灌溉渠中的矛盾；（6）土地买卖、土地租佃、农作物或牲畜（耕牛等）买卖中的纠纷；（7）边界纠纷，如田埂上的树木归属纠纷、瓜果蔬菜过界纠纷、田界划定纠纷等；（8）与其他农户在交际和娱乐活动（如打牌）中产生的口角之争。

第二，家户内部的情感纠纷。这一类纠纷矛盾主要发生在家户或家族内部，比较典型的有三种：（1）家庭成员之间的争吵，如婆媳矛盾、妯娌矛盾、姑嫂矛盾、父子矛盾、兄弟矛盾等；（2）家庭成员未履行义务带来的矛盾，如养老矛盾、殴打妻子、丧葬矛盾等，其中，养老矛盾、丧葬矛盾较为普遍；（3）分家以及老人财产继承中的矛盾。

（二）"和事佬"的邀请与介入

当发生矛盾纠纷之后，利益受损的一方农户 A 通常会主动去找伤害自身利益的农户 B 去"理论"①，若对方没有赔偿或道歉之意，利益受损的一方为了讨回公道，通常就会发起"说公"。村里的老人告诉笔者：

> 那个时候，两家发生不愉快的事了，村里也没人主动去管。你自己不讨公道，就只好吃闷亏了。一般都是吃亏的那一家去讨公道，自己上门讲道理，人家也不会理你。最后也只能找有权有势的人帮你讨公道。

根据村中老人的讲述，民国时期，"绅士老爷"王松英、"则夫先生"彭则夫②、知客先生、教书先生等都是村里威望最高的人，受到全村村民的敬重，也是"说公"中的权威人物。当农户 A 上门讨公道未果的情况下，他就会拿着礼物去登门拜访村里的权威人物并向其陈清事情原委，并请其代表自

---

① 在余家桥村，"理论"的意思是"讨说法"。
② 民国时期，余家桥村王松英是前清秀才，村民尊称其为"绅士老爷"；彭则夫是村里纸厂的老板，因家中富裕并接受过新式教育，村民尊称其为"则夫先生"。两人在村里地位很高。

己介入协调,以挽回利益损失和颜面。因为都是本村村民,被请到的权威人物一般都会答应帮助协调,并亲自去 B 的家里告知其要"说公"。此时,为了不吃亏也不得罪 A 请的权威人物,B 会在村里另请一位权威人物,请其代表自己与 A 请的权威人士一起"说公"。被 B 请到的权威人物,一般都会答应 B 并介入协调。对此,村里的老人也详细讲述了其中缘由:

> 绅士老爷、则夫先生、知客先生、教书先生这些人物,都是识文断字的,懂道理、说话算数,在村里威信高,村里的人都蛮尊重他们的。请他们说公,给的什么结果,都没话说,公道。大家都住在一个圈子里,乡里乡亲的,抬头不见低头见,有啥事找到你了,又不是啥力气活,都会答应出面帮忙调解的。

在"说公"中,两位权威人物被称为"和事佬"或"公正爷",取其"权威极高、断事公正"之意。由此可见,"说公"的参与主体有四位:矛盾纠纷的双方家户(A、B)、A 请的权威人物、B 请的权威人物(如表 2-1)。

表 2-1　　　　　　　　　　"说公"的参与主体

"说公"参与主体	矛盾纠纷的一方	矛盾纠纷的另一方
	农户 A	农户 B
	农户 A 所请的"和事佬"	农户 B 所请的"和事佬"

资料来源:作者自制。

(三)"说公"的地点确定

当 B 请好"和事佬"之后,这位"和事佬"就会主动与 A 所请的"和事佬"碰头,并约一下"说公"的大致时间、地点。民国时期,"说公"的时间、地点由发起"说公"的一方所请的"和事佬"决定。根据村里的老人的讲述,"说公"的地点在大多数情况下会定在"和事佬"自己的家里。"说公"地点的选择,有两个原因,一是满足 A 情感上的优势感。"你是吃亏的一方,肯定要占据主动权,必须叫对方跑路上门,这样才有了说公的气势。"二是使"说公"在仪式空间上显得更加公正、权威。"和事佬"与 A 约好具体的"说公"时间之后,亲自去告知 B 所请的"和事佬",再由 B 所请的"和事佬"告诉 B。

（四）"说公"流程："和事佬"与方案讨论

在约定好的那天，农户 A、B 以及两家所请的"和事佬"会按时到先前议定好的地方"说公"，即 A 所请"和事佬"的家里。"说公"由 A 所请的"和事佬"主持，大致分为以下几个环节。(1) 由 A 陈述事情原委，把纠纷产生的原因、过程以及上门"讨说法"未果的全部过程具体说一遍，并表达自己的诉求。(2) B 针对 A 的陈述中存在"不属实、造假、夸大事实"等进行反驳，并补充陈述，同时表达自己的意见。(3) A、B 陈述结束之后，两位"和事佬"展开深入讨论，在讨论中，A、B 不能插话，只有当两位"和事佬"询问时才能说话。这个过程也被村民们称为"摆道理"。(4) 在兼顾 A、B 双方诉求的前提下，两位"和事佬"会协商出一套解决方案，供 A、B 参考。若 A、B 同意该解决方案，点头表示默许。若有一方不同意，由不同意的一方陈述理由，两位"和事佬"展开新一轮的协商，并协商出一套改进的解决方案。这个环节用时较长，只要有一方不同意，就会一直讨论，直到协商出彼此均满意的解决方案为止。

和事佬们讨论的时候，是开放的，两方农户都在场，可以听着，随时准备答话。这个过程很长，有的时候两三轮商量就有了都满意的结果。有的时候会持续一两天，反正不管多少轮讨论，都会有一个相对满意的结果。

对于讨论出来的解决方案，需要签订纸质合约，由其中一位"和事佬"当场书写纸质合约，一式两份，双方农户、两位"和事佬"均要在上面签字，每位农户各执一份。

在余家桥村，"说公"是一种非常正式的活动。只要"说公"，矛盾纠纷双方就要平心静气地坐下来讨论，以解决事情为目的，不允许胡搅蛮缠，不讲道理，破坏"说公"秩序。"讲歪理"的农户会被两位"和事佬"骂退。农户在村里的恶名就此传开，直接影响其与其他农户开展互助合作、结亲家等。"权威保证、村落公认"既是余家桥村"说公"治理纠纷矛盾的基本前提，也是"说公"有序进行的根本所在。

（五）"说公"的结果执行与监督：喝"同意酒"[①]

"说公"讨论出了双方农户均一致认可的解决方案之后，由理亏的一方在

[①] "同意酒"是指说公之后的宴请，喝酒之后，就表示彼此都同意了解决办法。

自家摆一桌好酒好菜（必须有酒有肉），请两位"和事佬"以及另一方农户吃饭。在这里，"请客吃酒"有两层含义。第一层意思是表示道歉，有言和之意。在饭桌上，理亏的一方要向另一方"多敬几杯酒"，表示歉意。第二层意思是表示感谢，主要是感谢"和事佬"。因为"和事佬"介入"说公"，不收取任何一方的劳务报酬，纯属义务性调解。

经过"说公"讨论出来的解决方案，只要双方均认可，就必须严格执行，任何一方不得反悔。两位"和事佬"共同监督执行，若任何一方拒不执行，两位"和事佬"就会在村里散播其恶名，以至于这位农户在村里颜面扫地。村落熟人社会的关系网络也是保证"说公"结果执行力的基础。对此，村里的老人这样谈道：

> 说公就是为了解决矛盾的，既然大家当场都同意"和事佬"提出的解决办法，都是签字画押了的，还喝过同意酒了的，事后你想反悔，那不可能，"和事佬"不同意，大家都不同意。这样做人，像换工、合伙养牛、修沟挖渠、搭亲家，都不跟你搞，你都找不到合伙的，那你在这地方都活不下去了。

三 授权式协商："说公"治理有效的内在逻辑

从中国农村研究院"长江流域村落深度调查"材料来看，类似于余家桥村"说公"治理矛盾纠纷的形式普遍存在。村落社会是一个熟人社会，熟人社会依靠关系维系，关系网络的圈层性、多样性导致矛盾纠纷的复杂性，在"国法不及"的情况下，村落内生出了一套"土办法"，有效化解了复杂、多样、多变的矛盾纠纷。

（一）基于"公理"的协商："说公"治理的基本特点

余家桥村矛盾纠纷的调解在本质上是一种自治，但并不是当事人直接参与的自治，而是由权威主体介入并代表当事人进行协商的自治。当矛盾纠纷发生之后，围绕当事人双方以及矛盾纠纷形成一个准治理场域，处于弱势的一方主体为了维护自身利益，向另一方主体发起维权的邀约，建构出一种以

"讨说法、要赔偿"等为主要内容的协商空间。矛盾双方通过植入村落权威，以开放式的协商、讨论、对话等方式来解决矛盾纠纷。由此看来，"说公"也是维护家户正当性权利的有效渠道。

首先，家户理性是协商空间建构的起点。家户是村落社会的细胞，是独立的经济、社会、文化和政治单元。家户独立自主对外交往。在单元属性上，家户是自由的个体单位，家户之间是平等的，由此家户也是一个相对独立的权利单位。当家户正当权利受损时，独立的家户单元表现出极强的家户理性，家户利益至上，家户正当权益不容侵犯。家户在这一正当的理性动机下采取一种"维权"的理性行动。但在所有理性行为策略中，以协商的方式治理矛盾纠纷，成本最低、效率最高。协商无论对于决议的质量还是对决议的合法性来说都是利大于弊。[①] 村里的老人说道：

> 自家的利益受损了，不仅是钱的事，更是涉及脸面的事。在村里，你种田，我也种田，没啥高低之分，你凭啥欺负我。去吵架、打架，太花精力了，（利益或脸面）也不一定要得回来，还伤了和气。商量是最好的办法，不伤和气，还解决问题。

其次，公理是协商得以实现的规则基础。传统村落社会是一个熟人社会，维护这一熟人社会的主要规则是"礼"，礼是社会公认合式的行为规范[②]，而"国法不下县"，国家法律"只是作为一种制度外壳将乡村社会包裹起来，而未能深入延伸到乡村社会内部"[③]。"礼"的主要体现形式是存在于村落社会内部的各种"公理"，它们是家户们在长期的生产和生活交往中逐渐形成的高度统一认可的规则体系，是公认的道理，也是约束人们行为的"底线规则"或"底线伦理"。在余家桥村，"谁都不能无缘无故欺负谁、谁都不能以强欺弱、谁都不能以大欺小"就是农户们的公理。任何人不得触碰这一"公理"，突破了"公理"的家户将无法在熟人社会立足和生存。因此，广泛存在于村

---

① 参见［美］詹姆斯·D.费伦《作为讨论的协商》，载［美］约·埃尔斯特主编《协商民主：挑战与反思》，周艳辉译，中央编译出版社2009年版，第23页。
② 参见费孝通《乡土中国》，人民出版社2008年版，第61页。
③ 徐勇：《"法律下乡"：乡土社会的双重法律制度整合》，《东南学术》2008年第3期，第19—27页。

落社会的"公理"给予了正当性权利受损的家户得以维权的正当性基础，这是协商发起后得以运行的规则基础。

因此，协商是"说公"治理矛盾纠纷的基本特点。"说"即为讨论、商量或协商。"公"即为村落社会内部的"公理"。"说公"即为"讨论公理"，为正当性权利受损的家户讨回公道，有效治理矛盾纠纷，维序村落良性秩序。

(二)"请来"村落权威：扩展"说公"治理的协商空间

"主体治理论""规则治理论""自然消解论"等理论均认为村落矛盾纠纷以自治的方式得以调解，自治的主体是村落权威主体，自治的规则是地方性规范。村落精英对于矛盾纠纷的治理表现为一种积极治理，即村落精英主动介入。但是，在余家桥村，对于"无时不在发生着"的纠纷矛盾，村落精英并不是主动介入的，而是体现为一种消极治理。在"说公"中，以"绅士老爷""则夫先生"为主的村落精英并不是主动介入矛盾纠纷的治理，而是以"请"的方式被动介入。在具体实践中，表现为一种"请治"，即矛盾纠纷双方邀请村落精英介入治理，而村落精英则是"应约"介入治理。村落精英以"请治"的方式被动介入，是"说公"的第一步，也是协商治理的前提，这有着深厚的社会根源。

首先，"请治"源于深层次的家户理性。这有两个层面。一是矛盾双方农户的面子理性。面子是广受中国人重视的一种声誉。[①]"爱面子"是中国人的底色。任何农户——哪怕明知自己理亏——都不愿意直接向矛盾对立面的农户低头赔罪。但"说公"则建构了一个"认错"的理性"台阶"。二是权威人物虽威望高，但也是独立的家户单元。对于习以为常的矛盾纠纷，囿于人情关系、成本等因素，也不会主动介入。但"请治"一则消弭了村落精英的情感或物质顾虑，二则增强了精英的权威实践与表达。如村里的老人所说：

你是吃亏的一方，你找他（另一方）要说法，想叫他自觉道歉、赔偿，基本不可能，人家主动了，要么面子上过不去，要么要吐出点东西

[①] 参见黄光国、胡先缙等《人情与面子：中国人的权力游戏》，中国人民大学出版社2010年版，第45页。

来（指赔些钱财），都不太现实。即使人家明知自己是理亏的，那也要找个台阶下，不然脸搁哪里。绅士老爷、先生，一有纠纷就去，也不现实，纠纷太多了，主动去得罪谁都不好。你要去请，还显得自己地位高。理亏的人也有台阶了，即使认错，那也是因为这些有权势的人，不是因为你，也好接受一些。

其次，"请治"弥补了家户先天的不平等，构建了一个平等协商的平台。家户虽然是平等的权利单位，但因财富、文化、家族等因素导致家户之间存在明显的先天性不平等。有效协商基于平等主体间的平等协商。"请治"请来了地位相对平等的权威人物，弥补了家户先天的不平等，构建了一个平等空间，家户在这个空间里可以平等、开放地对话和讨论。

最后，"请治"拓展了协商空间，实现了公共性转换。矛盾纠纷属于农户间的私领域的事务，"请治"所请来的是代表村落权力的公共权威，使矛盾纠纷从"私领域"向"公领域"的空间转换，赋予了"说公"治理矛盾纠纷以更强、更高的公共性质。更大空间下的公共协商会产生更高的治理效应。

（三）以"授权"建构平等的协商空间

卷入矛盾纠纷的双方是矛盾纠纷治理场域下的主体，享有治理权。但农户之间因财富、家族势力等因素而具有先天性的不平等性。加上弱势农户很难依靠自己的力量"自我维权"，只能请村落精英介入治理。马克思认为，如马铃薯一般的小农户不能自己代表自己，必须要由他人来代表自己。[①] 如图2-1所示，家户将自身所拥有的治理权授权给自己所邀请的村落精英，由村落精英代表自己介入矛盾纠纷治理，以维护正当性权益。同样，与弱势家户所请的村落精英相比，矛盾纠纷的另一方在权力、地位上相对较低，必须也请一位村落精英来代表自己。

面对复杂的问题，每个人都希望通过讨论而做出最佳的选择。[②] 在一个夹

---

① 参见［德］卡尔·马克思《路易·波拿巴的雾月十八日》，中共中央马克思恩格斯列宁斯大林著作编译局编译，人民出版社2015年版，第111页。
② 参见陈家刚《协商民主中的协商、共识与合法性》，《清华法治论衡》2009年第1期，第110—121页。

杂着人情、利益的熟人社会里，家户力量弱小，很难自己代表自己进行维权。加上家户之间因"财富、社会地位、家族势力"等多种因素的限制，双方之间存在着实质的不平等，自我协商和讨论很难达成。因为"协商需要一种具体的平等，需要提出说服性观点的平等能力，其核心是非强制性地提出或接受合理的观点"①。因此，为了弥补客观上的不平等，通过"授权"的方式，农户把自身合理享有的治理权让渡给自己信任的村落权力主体，这样就弥补了"先天性不平等"，建构出一种平等的协商场域，让村落权力主体代表自己去协商，维护自己的正当性权利。"授权"是以"说公"治理矛盾纠纷的协商性建构，关键在于弥合纠纷主体家户之间的不平等地位，建构出一种相对平等且具有协商能力的协商空间。"授权"之前的协商是基于先天平等性主体之间的非平等性协商；"授权"之后的协商弥补了先天不平等性，是平等主体之间的平等性协商。如村里的老人所说：

> 两家人自己去沟通、商量，强的那一家不会理你的，都瞧不上你，不可能商量个结果出来。各自找个权威人物，这些有头有脸的人都有权势，他们去沟通，就可以好好商量了。

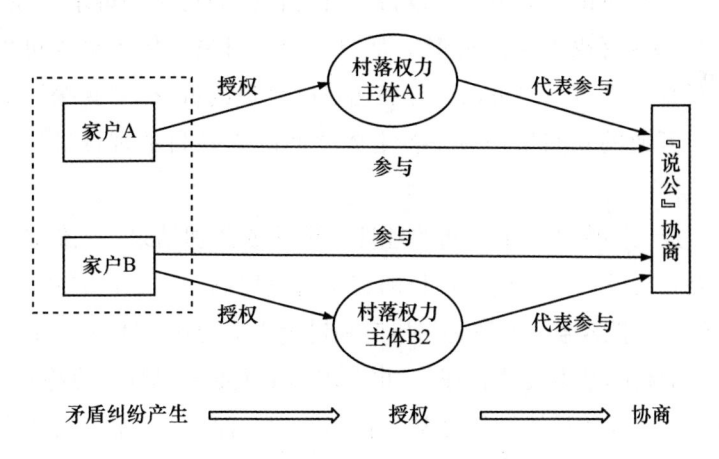

图 2-1　"授权式协商"的逻辑结构

资料来源：作者自制。

---

① ［美］詹姆斯·博曼、威廉·雷吉主编：《协商民主：论理性与政治》，陈家刚等译，中央编译出版社 2006 年版，第 213—214 页。

(四) 授权协商:"说公"治理的运行逻辑

在余家桥村,矛盾纠纷的双方农户向村落权力主体"邀约"代表协商,村落权力主体"应约"之后,村落权力主体与当事人之间的"委托代理"关系达成。经过"授权",当事人的直接协商权或治理权,让渡给了村落权力主体。当事人之间的直接性协商转变为村落权力主体之间的间接性、代表性协商。同时,"授权"协商权与治理权,也促使矛盾纠纷治理从低层次的家户私下协商转变为高层次的村落权力主体之间的公共协商,赋予了协商治理矛盾纠纷以更高的公共性、权威性。这种协商的本质是一种"授权协商",也可以称为"代表协商"或"委托代理协商"。

第一,授权协商在开放的公共空间下进行。协商的基本要求是平等主体间在公开的场合进行讨论和对话,因为"在开放的公共集会上进行讨论和对话,理性的质量可能提高"[①]。余家桥村"说公"的时间、地点、场所等由当事人所授权的村落权力主体彼此协商而定,协商的空间是开放的,双方当事人以及当事人所授权的村落权力主体均要参加"说公"的全过程。

第二,授权协商基于自由的、理性的对话与讨论。有效的协商在于每个人都具有参与讨论的能力,可以自由表达自己的意见和诉求。在"说公"中,所授权的村落权力主体负责主要的磋商、讨论,但当事人可以陈述矛盾纠纷的过程和细节,也可以公开表达自己合理的诉求。"说公"是在一种相对自由、开放的空间里进行,各主体之间基于各自的理性进行平等的对话和协商。

第三,授权协商基于主体间的理性一致达成治理结果。人们选择协商是因为协商倡导共识。[②]"说公"的目的在于通过协商的方式达成共识,维护双方当事人的正当性权益。在陈述、申辩和讨论方案的各个环节,"说公"既要求当事人不能超越基本的"公理",也要求当事人必须理性、冷静地提出合理合规的方案。协商的最终结果是基于相同的理性而融合,而不是根据不同理

---

① [美] 詹姆斯·博曼:《公共协商:多元主义、复杂性与民主》,黄相怀译,中央编译出版社 2006 年版,第 78 页。

② 参见 [澳] 德雷泽克《协商民主及其超越:自由与批评的视角》,丁开杰等译,中央编译出版社 2006 年版,第 160 页。

性达成共识。①"说公"的重要功能在于通过讨论促成当事人的理性一致，达成共识，而非"感情用事"，是在一种理性让步与妥协中产生"折中的解决方案"。

（五）以社会共同体约束来保障"说公"的治理效应

公共协商因为其产生的结果而具有价值。②"说公"产生的是一致认可的解决方案，双方当事人都必须遵照执行。为了保障"说公"的治理效应，村落也内生了一套非制度性的保障体系。一是舆论性保障。某一方农户拒不执行"说公"结果，即被认为是挑战村落权威，所有的村落权威将该农户排斥在外，在一种不被村落权威认可的可能性压力下，农户也会自觉服从村落共同的权威体系。二是结构性保障。某一农户拒不执行"说公"结果，被视为全村品行最差的人，进而衍生为一种公共舆论压力，会打破该农户在村里的人际关系网络。这样的网络一旦破裂，生产生活交往的成本和难度将会变大，导致该农户的生存成本也会变大。因此，在这种"互相依赖"的社会结构下，任何农户都不敢触碰"说公"治理的底线。

四 "说公"作为农村协商治理方式的当代启示

虽然"说公"治理矛盾纠纷是"国法不下乡"的传统村落社会内生的治理形式，但其所蕴含的协商价值，对新时代实现乡村振兴背景下的农村治理有效，仍有很大的价值和启示。

（一）作为治理的协商在中国乡村具有深厚的社会土壤

协商有两种路径的理解，一是价值性的协商，强调协商的民主价值；二是工具性的协商，强调以协商实现治理。西方侧重前者，中国侧重后者。在

---

① 参见［美］詹姆斯·博曼《公共协商：多元主义、复杂性与民主》，黄相怀译，中央编译出版社2006年版，第78页。
② 参见［美］詹姆斯·博曼、威廉·雷吉主编《协商民主：论理性与政治》，陈家刚等译，中央编译出版社2006年版，第185页。

中国乡村，作为治理的协商有着深厚的社会土壤和根基，普遍存在于乡村社会。

第一，国家治理的低能力催生了协商。在"皇权不下县"的传统社会，国家治理能力较弱，国家法律"始终是高高地超越农村日常生活水平的、表面上的东西"①，各种矛盾纠纷只能依靠非正式的渠道自我调解。由此，在远离国家权力和法律的乡村社会土壤中内生出一种协商空间，产生了丰富多样的协商形式。人是天生的协商主体。②对于理性的家户来说，选择以协商自治各种矛盾纠纷，也是效率最高、治理成本最低的治理方式。这种协商源自国家治理的低能力，也弥补了国家治理的不足，维系了乡村社会的有序和良治。

第二，家户单元的"二重性"生成了"授权协商"。家户是独立的经济社会单元，也是独立的权利单元。当家户的正当性权利受到侵犯时，自然产生一种"维权意识"，家户构成独立自主的"维权单位"。但以治理矛盾纠纷为主要内容的"维权"要求主体具有较高的政治能力，而家户并不具备这样的能力，只能依赖于村落权威，由村落权威代表自己，行使自我治理权。由此，家户的"权利单位独立性"与"政治能力弱势性"催生了"授权协商"。

第三，在历史变迁中，协商的乡村社会土壤并没有改变，"协商基因"仍广泛存在于乡村社会。1949年之后，伴随着现代民族国家的建构，国家权力的触角延伸到了乡村社会的每一个角落。但乡村社会的自治性一直延续下来，并构成现代农村基层治理的主要形式。协商的"基因"也藏于自治之下，以一种新的活力助推着自治。近几年，党中央鼓励农村创新自治形式，各地农村结合实际，挖掘协商资源，创新出如"协商议事会、村民议事会、调解委员会或纠纷调解小组、调解员制度、7+X协商委员会"等多种形式的协商。这都说明，"协商基因"并没有因农村体制变迁而消逝，而是在历史中延续并以新的形式发挥着治理效能。

（二）授权协商对新时代农村协商自治的价值

党的十九大报告指出："有事好商量，众人的事情由众人商量，找到全社会意愿和要求的最大公约数，是人民民主的真谛。"这说明在新时代，协商自

---

① [美]费正清：《美国与中国》，张理京译，世界知识出版社1999年版，第113页。
② 参见林尚立、赵宇峰《中国协商民主的逻辑》（修订版），上海人民出版社2016年版，第56页。

治是构建乡村善治体系的有效路径。当今中国农村正处于经济社会快速发展时期，社会结构的分化和利益诉求的多元化，形塑着多样化、开放性的农村社会基础。如何在高度分化、诉求多元的农村社会形成共同的、一致认可的社会秩序和规则体系，是当下农村社会有效治理面临的难题。

公民有序参与是实现基层民主发展的关键路径。[①] 基层协商则为农民有序参与治理提供了有效的路径。但是，参与只是有效治理的第一条件，第二条件是参与主体的能力。由于农户在国家政策、法律、地方法规、政府文件等的了解和理解上存在差异，并不是每一个农民都具有平等的、充分的参与能力和协商能力。这种差异性上的不平等性也必然会影响对话质量、协商效果。那么，"授权协商"形式则可以有效弥补这一不足。它的重要价值是在一个高度分化的社会里，为不具有参与能力、协商能力的主体，尤其是弱势群体，提供一种参与协商的路径，通过授权给有权威、有能力的主体代表协商，共同达成一致的共识，确立秩序，促成善治。如恩施州地处山区，农民的法律意识淡薄，通过实施"律师进村"项目，律师为农民讲法，为农民代言，在法治框架下协商调解矛盾纠纷，促进法治落地。另外，"授权协商"也有助于激活农民的公共性，进而构建一种常态化的公共协商空间。基于此，充分挖掘"授权协商"的治理价值，激活其活力，建构与实际相适应的协商机制或形式，以协商自治助推农村治理有效。

---

① 参见陈家刚《协商民主与当代中国政治》，中国人民大学出版社2009年版，第211页。

第三章
可协商性规则与传统时期村落治理的秩序基础[*]

一 传统村落治理规则之问

"没有规矩，不成方圆。"人类社会从起源开始就一直孕育着各种各样的规则，任何一个群体或一种人类行为都需要规则来规范秩序。规则是行为的规范和表意性符码，是在社会实践的实施及再生产活动中运用的技术或可以一般化的程序。[①] 治理作为人类公共行为也不例外。规则是治理的基础和条件，有效的规则决定治理的有效性。在"皇权不下县"的传统时期，乡村社会依靠自我治理。规则与自治有着天然联系，规则是自治有效运转的秩序保障。[②] 那么，乡村社会在自治实践上，究竟依靠什么规则？这种规则又具有什么特点？

关于传统乡村社会"依何而治"（规则）的问题，不是一个新话题，国内外学者早有研究。总的来说，可以分为五类。（1）礼俗治理。传统乡村是一个"礼治社会"，即依靠社会公认的行为规范——"礼"而治，维持"礼"的是"传统"。[③] 马克斯·韦伯认为，中国村庄是一个没有朝廷官员的自治居

---

[*] 本章以《可协商性规则：传统村落"田间过水"的秩序基础及当代价值——基于鄂西余家桥村的深度调查》为题，发表于《社会科学研究》2019年第4期。

[①] 参见［英］安东尼·吉登斯《社会的构成：结构化理论大纲》，李康、李猛译，生活·读书·新知三联书店1998年版，第85页。

[②] 参见白雪娇《规则自觉：探索村民自治基本单元的制度基础》，《山东社会科学》2016年第7期，第41—47页。

[③] 参见费孝通《乡土中国 生育制度》，北京大学出版社1998年版，第48—53页。

民点。① 费正清也认为，中国农民在困苦的生活条件下能维持一种高度文明的生活，答案在于他们的社会习俗。②（2）宗法治理。传统时期，"国权不下县、县下唯宗族、宗族皆自治、自治靠伦理、伦理造乡绅"③。宗族家法是家族本位政治法律的理论基础，每个家族能维持其单位内之秩序而对国家负责，整个社会的秩序自可维持。④ 因此，家族宗法是乡村自治的规则。（3）习惯法治理。传统时期，乡村社会依靠自生自发的民间规约自我治理。民间规约也称为"习惯法"，即"生长于民间的法律"，它有各种各样的形态，也称"民间法"，是民间的自发秩序与规则，是在"国家"以外生长起来的制度⑤，并构成乡村自治的规则基础。（4）官僚法治理。虽然国内外大多数学者认为在传统中国，以官僚法为主的国法对乡村社会并不发生实质性作用，但美国学者昂格尔却认为，春秋中叶之后，中国社会依靠"官僚法"来维持。⑥（5）关系规则治理。乡村社会广泛存在的关系决定着规则，即"关系规则"，关系不同，治理规则也不同。家庭关系基础上的伦理规则、亲族关系基础上的混合规则、村落关系基础上的市场规则等构成乡村自治的规则体系。⑦

综上所述，传统乡村社会是自治的，良治秩序依赖于内生性规则。"礼俗、宗法、习惯法、官僚法"等是对村落自治规则的一种表象性概括或归纳，均是一种静态的规则；对规则是如何治理乡村社会纷繁复杂的事务并维系秩序的问题，并未进行深入探讨。虽然"关系规则"这一概念从关系出发，看到了关系与规则的关联性，对规则的认识是从静态视角到动态视角，认为"规则在关系中，关系变化，治理规则也相应变化"，但"关系规则"这一概念也并未对"关系的多样性所带来的规则多元性"的内在机制

---

① 参见［德］马克斯·韦伯《中国的宗教：儒教与道教》，康乐、简惠美译，广西师范大学出版社2010年版，第141页。
② ［美］费正清：《美国与中国》，张理京译，世界知识出版社1999年版，第21页。
③ 秦晖：《传统十论》，东方出版社2014年版，第8页。
④ 参见瞿同祖《中国法律与中国社会》，商务印书馆2010年版，第30页。
⑤ 参见梁治平《清代习惯法》，广西师范大学出版社2015年版，第28页。
⑥ 参见［美］昂格尔《现代社会中的法律》，吴玉章、周汉华译，译林出版社2001年版，第91—95页。
⑦ 参见陈燕芽《关系规则：乡村治理的秩序基础及运行机制——基于赣东北塔湾村的历史考察》，《中国农村研究》2021年第2期。

进行深入探讨。

2016年5—8月，笔者在湖北省宜都市枝城镇余家桥村开展"长江流域村落历史形态考察"，对"田间过水"进行深度调查发现，在1949年以前的余家桥村，稻田灌溉中存在普遍的"过水"现象，过水遵循着一套动态性的规则体系。"过水"规则既不是"礼俗、宗法、习惯法、官僚法"，也不是亲族关系或村落关系基础上的"关系规则"。基于此，本章以广泛存在于长江流域的"田间过水"案例为研究对象，挖掘被既有理论所遮蔽的动态的"乡村治理规则"特点及其运行逻辑。

二 村落"田间过水"规则的历史实践及类型

民国时期，余家桥村村民以种植水稻为生。水是稻田灌溉的生命之源。如图3-1所示，稻田紧密相连，成片分布，农户A、B的稻田紧邻，但A的稻田距离公共水渠近，可以直接引水灌溉；B的稻田不能直接引水灌溉，只能从A的稻田过水灌溉。在调查中发现，"田间过水"并不是随意的，而是遵循着一套规则体系。过水规则也不是固定的、静态的，而是动态变化的。过水规则因关系条件（A与B的关系状况①）、资源条件（水资源存量状况②）的不同而有所不同。如村中老人所说："给不给过水，跟关系好坏有关系，就是这两家的关系还是不好，还跟水多不多有关系。"

图3-1 "田间过水"示意（直接从稻田过水）

资料来源：作者自制。

---

① 农户A、B的关系状况是指A与B的社会关系状态，有"佃户关系、邻里关系、亲属关系、普通村民关系"四类，每一类关系又可分为正常关系、非正常关系两类。
② 水资源存量状况是指用于灌溉的水资源存量状态，分为两类：一是正常年份，水资源存量充沛；二是非正常年份，水资源存量有限。

（一）"正常年份、正常关系"下的过水规则

在降雨量较多的正常年份，而且 A 与 B 的关系比较正常的情况下，过水规则如下。

（1）A 与 B 是佃户①关系。A 与 B 为同一个地主②的佃户，A "无条件地"允许 B 直接从稻田里过水；否则，B 会把 A 状告至地主，地主介入调解后并训诫 A，甚至还会向 A 提出退佃。A 与 B 为不同地主的佃户，A 一般允许 B 直接从稻田里过水，但 B 要不间断地给 A 一些礼物（如瓜果蔬菜等，下同），或逢年过节请客。

（2）A 与 B 是邻里关系。A 与 B 之间存在换工、伙养或人情往来等比较亲密的人际关系，A "无条件地"允许 B 直接从稻田里过水。A 与 B 之间不存在换工、伙养或人情往来等人际关系，每次过水之前，B 必须向 A 提出申请，得到 A 的允许后可以直接从稻田里过水；但 B 要不间断地给 A 一些礼物。

（3）A 与 B 是亲属关系。A 一般 "无条件地"允许 B 直接从稻田里过水。

（4）A 与 B 是普通村民关系。A 与 B 之间存在换工、伙养或人情往来等比较亲密的人际关系，A 一般 "无条件地"允许 B 直接从稻田里过水。A 与 B 之间不存在换工、伙养或人情往来等关系，每次过水之前，B 必须向 A 提出申请，得到 A 的允许后可以直接从稻田里过水；但 B 要不间断地给 A 一些礼物。

（二）"正常年份、非正常关系"下的过水规则

在降雨量较多的正常年份，而且 A 与 B 关系破裂（不正常）的情况下，过水规则如下。

（1）A 与 B 是佃户关系。A 与 B 为同一个地主的佃户，A 一般会允许 B 直接从稻田里过水，但每次过水之前，B 必须向 A 提出申请并得到 A 的同意；同时，B 每年要请 A 和地主吃一顿饭。A 与 B 为不同地主的佃户，当 B 请 A 以及双方地主吃饭，由双方地主介入调解说情之后，A 会允许 B 直接从稻田

---

① 佃户是指 1949 年之前租种土地的农户。
② 地主是指 1949 年之前出租土地的农户。

里过水；但 B 每年要给 A 一些礼物。

（2）A 与 B 是邻里关系。当 B 请 A 吃饭，并向 A 一次性支付 2—5 升稻谷的过水费，A 会允许 B 直接从稻田里过水。每次过水之前，B 要向 A 提出申请。

（3）A 与 B 是亲属关系。当 B 请 A 和家族中的长者吃饭，由长者介入调解说情，并向 A 一次性支付 2—3 升稻谷的过水费，A 会允许 B 直接从稻田里过水。每次过水之前，B 要向 A 提出申请。

（4）A 与 B 是普通村民关系。当 B 请 A 以及村里的"绅士老爷"或"则夫先生"吃饭，由"绅士老爷"或"则夫先生"介入调解说情，并向 A 一次性支付 10 升稻谷的过水费，A 会允许 B 直接从稻田里过水。每次过水之前，B 要向 A 提出申请。

（三）"非正常年份、正常关系"下的过水规则

在降雨量不多的非正常年份，且 A 与 B 的关系比较正常的情况下，过水规则如下。

（1）A 与 B 是佃户关系。A 与 B 为同一个地主的佃户，A 必须"无条件地"允许 B 过水，但不能直接从 A 的稻田里过水，可以在 A 的稻田之侧挖一条过水沟用来过水（如图 3-2）。A 与 B 为不同地主的佃户，A 一般允许 B 过水，但不能直接从 A 的稻田里过水，可以在 A 的稻田之侧挖一条过水沟用来过水；同时，B 要不间断地给 A 一些礼物。

（2）A 与 B 是邻里关系。A 与 B 之间存在换工、伙养或人情往来等比较亲密的人际关系，A 一般允许 B 直接从稻田里过水，每次过水之前，B 要向 A 提出申请，得到 A 的允许后方可过水。A 与 B 之间不存在换工、伙养或人情往来等关系，A 一般允许 B 过水，但不能直接从 A 的稻田里过水，可以在 A 的稻田之侧挖一条过水沟用来过水；同时，B 要不间断地给 A 一些礼物。

（3）A 与 B 是亲属关系。A 一般允许 B 直接从稻田里过水，每次过水之前，B 要向 A 提出申请，得到 A 的允许后方可过水。

（4）A 与 B 是普通村民关系。A 与 B 之间存在换工、伙养或人情往来等比较亲密的人际关系，A 一般会"无条件地"允许 B 直接从稻田里过水；每次过水之前，B 要向 A 提出申请，得到 A 的允许后方可过水。A 与 B 之间不存在换工、伙养或人情往来等关系，A 一般允许 B 过水，但不能直接从 A 的

稻田里过水，可以在 A 的稻田之侧挖一条过水沟用来过水；同时，B 要不间断地给 A 一些礼物。

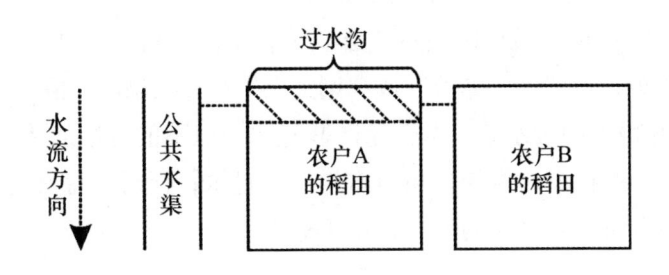

图 3-2 "田间过水"示意（过水沟过水）①

资料来源：作者自制。

（四）"非正常年份、非正常关系"下的过水规则

在降雨量不多的非正常年份，且 A 与 B 关系破裂（不正常）的情况下，过水规则如下。

（1）A 与 B 是佃户关系。A 与 B 为同一个地主的佃户，由 B 请地主介入协调说情，并请 A 和地主吃饭，A 一般允许 B 过水，但不能直接从 A 的稻田里过水，可以在 A 的稻田之侧挖一条过水沟用来过水；每次过水之前，B 要向 A 提出申请，得到 A 的允许后方可过水；而且 B 要不间断地给 A 一些礼物。A 与 B 为不同地主的佃户，A 一般不允许 B 过水，除非 B 请 A 和双方地主吃饭，由双方地主介入调解说情，并向 A 一次性支付 15 升稻谷的过水费，A 才会允许 B 过水；但不能直接从 A 的稻田里过水，可以在 A 的稻田之侧挖一条过水沟用来过水，每次过水之前，B 要向 A 提出申请，得到 A 的允许后方可过水。

（2）A 与 B 是邻里关系。当 B 带着礼物去 A 家说情，请 A 吃饭，并向 A 一次性支付 20 升稻谷的过水费，A 会允许 B 过水；但不能直接从 A 的稻田里过水，可以在 A 的稻田之侧挖一条过水沟用来过水；每次过水之前，B 要向 A 提出申请，得到 A 的允许后方可过水。

（3）A 与 B 是亲属关系。当 B 请 A 和家族中的长者吃饭，由长者介入调

---

① 无论什么关系、什么条件下的"过水沟"过水，"过水沟"均由农户 A 挖掘。

解说情，并向 A 一次性支付 25 升稻谷的过水费，A 会允许 B 过水；但不能直接从 A 的稻田里过水，可以在 A 的稻田之侧挖一条过水沟用来过水；每次过水之前，B 要向 A 提出申请，得到 A 的允许后方可过水。

(4) A 与 B 是普通村民关系。当 B 请村里的"绅士老爷"或"则夫先生"和 A 吃饭，由"绅士老爷"或"则夫先生"介入调解说情，并向 A 一次性支付 30 升稻谷的过水费，A 会允许 B 过水；但不能直接从 A 的稻田里过水，可以在 A 的稻田之侧挖一条过水沟用来过水；同时，每次过水之前，B 要向 A 提出申请，得到 A 的允许后方可过水。

三 可协商性规则："田间过水"的秩序基础及运行机理

根据中国农村研究院"长江流域深度农村调查"，"田间过水"现象普遍存在，并成为村落公共事务之一。村落是一个熟人社会，熟人社会依靠关系维系，关系网络的圈层性、多样性导致村落公共事务的复杂性，在国家法律"不及"的情况下，仅仅依靠家法、族规、礼俗是不够的，还需要一套因关系、条件的变化而变化的动态性规则体系，才能得以维系秩序。

(一) 可协商性："田间过水"规则的特性

规则是指有关什么行动是必需的、禁止的或允许的，以及不遵守规则时会受到何种制裁的规定。[①] 因此，规则通常是静态的。但是，从余家桥村田间过水灌溉的实践看，过水规则具有动态性、可协商性的特点。第一，动态性。过水规则既不是成文的规则，也不是大家约定俗成、一成不变的惯习，其在实践中是变动的，因过水情境的不同而有所不同。过水规则表现为一种动态性的规则体系。在彼此关系正常这一维度下，从水资源丰富到水资源紧缺，过水规则从简单到复杂，过水门槛与成本也越来越高；同样，在彼此关系不正常这一维度下，从水资源丰富到水资源紧缺，过水规则也逐步升级，过水

---

① 参见［美］奥斯特罗姆等《规则、博弈与公共池塘资源》，王巧玲、任睿译，陕西人民出版社 2011 年版，第 39 页。

门槛与成本也越来越高。第二，可协商性。动态的过水规则是过水主客体之间协商产生的，主客体双方根据水资源存量、人际关系等要素，在彼此的"底线"内协商出双方均能接受的规则，依据这种规则过水。也正是这种"可协商性规则"的存在，才保证了因水资源存量、关系状态等不断变化的、纷繁复杂的过水事务得以治理，维系了村落正常的秩序。

过水规则的动态性来源于村民在日常生活中的互动关系，来源于水资源存量的不稳定性与人际关系的不稳定性。因此，无论水资源存量如何，也无论人际关系状态如何，过水主客体双方都会依据过水主客体之间的关系状态、水资源存量这两个因素协商出一种彼此均可以接受的具体性规则。这种规则"具体性较高，能够较好地把握村民的需要和诉求，兼顾公共事务"[①]。正是在这种"可协商性规则"体系下，村民通过自主协商的方式形成具体性的过水规则，以维系过水灌溉的秩序，形成了良性运行的"协商性秩序"[②]。

（二）底线伦理："田间过水"规则可协商性的社会土壤

余家桥村"田间过水"规则具有可协商性，不仅在于"灌溉"之水的存量与人际关系的不稳定性和动态性，更在于村落社会存在的一种普遍认可的"底线伦理"。村中的老人说："无论关系多差、水多紧张，都要给对方一条活路，不给过水就活不下去了。"这就是田间过水的底线伦理。"底线伦理"即"公认的道德规范"，不是正式的文本规范，而是根植于村民长期的生产实践中并为村民们普遍认可和遵守的行为规范，是不言自明的"隐性规则"。这一"底线伦理"保证了无论什么情况下，所有村民都有生存的机会和权利。任何村民都不会突破村落的"底线伦理"，因为一旦突破这一"底线伦理"，不给有过水需求的"邻田"村民过水，就会遭到整个村落的鄙弃和责备。因此，在"底线伦理"——"无论什么情况下都必须给对方过水，保证邻田灌溉"——之下，就存在一个"如何过水"的问题，亦即过水的具体性规则。具体的过水规则产生于"底线伦理"之下过水主客体双方依据关系状态、水

---

① 吴昊、郑永君：《规则落地与村民自治基本单元的选择》，《南京农业大学学报》（社会科学版）2018年第2期，第66—76、159页。

② 晏俊杰：《协商性秩序：田间过水的治理及机制研究——基于重庆河村的形态调查》，《学习与探索》2017年第11期，第77—83页。

资源存量等条件进行的协商。水资源存量不同、关系状态不同，具体性的过水规则也不同。水资源存量的多与少、关系状态的亲近与疏远程度，是动态变化的，是不稳定的，这就给具体性的过水规则留下了大量的可协商性空间。因此，广泛存在于村落社会的"底线伦理"一方面保证了村落的整体性和稳定性，一方面也给村落治理留下了广阔的自由空间，给治理规则营造了良性生长的社会土壤。地理位置的不平等产生了处于弱势地理位置的农户必须过水灌溉的客观事实，但"底线伦理"弥补了这一不平等性，使过水主客体之间可以在"底线伦理"的基础上平等协商，为"可协商性"规则提供了肥沃的生长土壤。

（三）关系、资源："田间过水"可协商性规则的变量

从调查材料可以看出，"田间过水"规则的动态性受两个因素的影响：一是主观变量，农户 A 与 B 的人际关系状态，即关系条件；二是客观变量，水资源存量状态，即资源条件。关系条件、资源条件共同构成了"田间过水"规则可协商性的基础。

第一，"过水规则"因过水主客体之间的人际关系状态的不同而有所不同。家户是基本的社会交往单位。在村落社会，家户与其他家户无时无刻不发生着交际，但是彼此之间的交际关系状态也不尽相同。过水农户之间的人际关系存在正常、非正常两种状态。村落社会是集"血缘、地缘、利缘"为一体的社会，无论是在正常关系还是在非正常关系下，均又存在"佃户关系、邻里关系、亲属关系、普通村民关系"等四类关系。如表 3-1、表 3-2 所示，在正常关系下，如果水资源存量多，过水规则较为简单，主客体之间的协商较少，是一种低度协商；关系亲密的农户之间表现为一种直接过水，关系疏远的农户之间表现为一种基于"人情关系维护"基础上的直接过水。如果水资源存量少，过水规则较多，是一种中度协商；关系亲密的农户之间是一种基于"人情关系维护"基础上的直接过水，关系疏远的农户之间是一种基于"低额付费性"基础上的间接过水。在非正常关系下，如果水资源存量多，过水规则多，主客体之间的协商较多，是一种中高度协商，关系亲密的农户之间是一种基于"低额付费性"基础上的间接过水，关系疏远的农户之间是一种基于"高额付费性"基础上的间接过水；如果水资源存量少，过水规则最多，是一种高度协商，无论关系亲疏，均是一种基于"高额付费性"

基础上的间接过水，但关系越疏远，协商成本、过水成本也越高。总之，人际关系状态变量与过水规则高度相关，人际关系的正常或不正常状态、人际关系的亲密或疏远，决定着过水规则的可协商程度以及规则的复杂性程度。

第二，"过水规则"因水资源存量状态的不同而有所不同。水作为灌溉的物质资源，直接决定着过水规则的具体性和可协商性程度。当水资源存量多时，过水不会影响地邻农户的稻田灌溉，在利益不受损的情况下，无论关系正常与否、亲疏与否，过水规则均较少且规则的协商性程度较低。随着人际关系的"由亲到疏"，过水形式也从"直接过水"到"间接过水"，过水的成本也越来越高。当水资源存量少时，过水会影响地邻农户的稻田灌溉，因自身利益存在受损的可能性，因此过水农户必须予以补偿；无论关系正常与否、亲疏与否，过水规则较多且规则的协商性程度较高。总之，随着人际关系的"由亲到疏"，过水形式也从"直接"到"间接"，过水成本也越来越高。

第三，关系变量、资源变量共同影响"田间过水"规则。如表3-1、表3-2所示，关系越正常、越亲密，水资源存量越多，过水规则就越简单、越少，过水门槛与过水成本也越低，规则的协商性程度也越低，过水形式也越简单。反之，关系越不正常、越疏远，水资源存量越少，过水规则就越复杂、越多，过水门槛与过水成本也越高，规则的协商性程度也越高，过水形式也越复杂。

总之，余家桥村田间过水规则的实践反映了传统乡村治理规则并不是静态的，而是动态的，这种动态来自治理主客体之间基于"主观变量（人际关系状态）、客观变量（水资源状况）"的比较和权衡之中产生的一套可协商性规则体系。这种可协商性规则构成了田间过水规则的良性秩序基础。

表3-1　　　　关系变量、资源变量与可协商性规则的关系

	水资源存量多	水资源存量少
正常关系	低度协商 过水规则较少 关系亲密，则直接过水 关系疏远，则直接过水＋ 人情维护性过水	中度协商 过水规则较多 关系亲密，则直接过水＋ 人情维护性过水 关系疏远，则间接过水＋ 低额付费性过水

续表

	水资源存量多	水资源存量少
非正常关系	中高度协商 过水规则多 关系亲密，则间接过水＋低额付费性过水 关系疏远，则间接过水＋高额付费性过水	高度协商 过水规则最多 关系亲密，则间接过水＋高额付费性过水 关系疏远，则间接过水＋高额付费性过水

资料来源：作者自制。

表3-2　水资源不变情况下的关系变量与可协商规则的关系

	关系程度	规则繁简度	过水成本	协商过程	规则可协商度
正常关系	亲密	较少	低	简单	低
	疏远	少	较低	较复杂	较低
非正常关系	亲密	较多	较高	复杂	较高
	疏远	多	最高	最复杂	高

资料来源：作者自制。

四　可协商性规则对农村协商治理的实践价值

"可协商性规则"源于对传统村落的深度调查以及对"被既有理论所遮蔽的现象"的重新认识，对重新理解传统乡村治理规则以及新时代农村协商自治有一定的启示。

（一）可协商性规则：传统乡村社会自治规则的新认识

传统中国社会由不同的人和组织构成，并根据相应的规则进行自我治理。[1]

---

[1] 参见徐勇《用中国事实定义中国政治——基于"横向竞争与纵向整合"的分析框架》，《河南社会科学》2018年第3期，第21—27页。

但是，国家法律"始终是高高地超越农村日常生活水平的、表面上的东西"①，乡村社会依靠各种内生性规则自我治理。黄宗智及李怀印强调村社内部的地方性规范是传统乡村民事纠纷治理的主要规则；其"对治理规则的强调为传统农村治理研究开启了更为广阔的空间"②。在传统乡村治理场域中，治理规则对治理的影响要远远大于对治理主体的影响。在没有官员的村落，村落精英所能治理的只是大型公共事务，但更多的与农户生产和生活高度关联的"毛细血管式"事务，则是农户通过适应性强的动态规则，实现自我治理。

以往对传统乡村治理规则的强调，无外乎是类似于礼俗、村规之类的"非正式文本"，这种静态的非正式文本能在复杂动态的治理情境中指导治理主体采取行动吗？大多数乡村事务如余家桥村的"田间过水"一样，受到关系、资源等因素影响，治理情境复杂而动态变化。肖瑛从"制度—生活"视角解释了正式制度与农民日常生活的互动中所产生的权力与行动③，谢岳等提出了"结构—行动"范式，强调结构因素与行动者之间的相互影响④；这种视角均不能有效解释传统时期村落社会结构下的农民行为。因为，传统乡村是一个关系社会，家户之间的关系决定着农民行为，在特定治理情境下，行动者的行为受到关系以及结构要素的双重影响。这正是"制度—生活""结构—行动"等视角所忽略的。因此，"可协商性规则"这一概念尝试在"关系—结构—行为"视角下对传统乡村治理规则进行分析，强调规则在关系、结构要素的互动中产生。

余家桥村的"田间过水"规则是一种"活"的地方性规范，根源于治理者在生产实践中的互动，治理者之间的关系与结构性要素都会影响治理行动。在"无论什么情况都必须给对方过水，保证邻田灌溉"的"底线伦理"规范下，治理者在特定的治理情境下，依据彼此之间的关系以及影响治理的结构

---

① ［美］费正清：《美国与中国》，张理京译，世界知识出版社 1999 年版，第 113 页。
② 狄金华、钟涨宝：《从主体到规则的转向——中国传统农村的基层治理研究》，《社会学研究》2014 年第 5 期，第 73—97、242 页。
③ 参见肖瑛《从"国家与社会"到"制度与生活"：中国社会变迁研究的视角转换》，《中国社会科学》2014 年第 9 期，第 88—104、204—205 页。
④ 谢岳、戴康：《超越结构与行动范式》，《复旦学报》（社会科学版）2018 年第 3 期，第 180—188 页。

性要素，协商出一套动态的规则体系，治理者依据这一规则实施治理行为。从规则切入传统乡村治理，个体的行为是被他生存其中的（非正式或正式的）制度所刺激、鼓励、指引和限定的。[①] 也就是说，在不违反村落"底线伦理"的前提下，特定的治理情境下衍生出特定的规则，实现了治理。按照"关系—结构—行为"的分析路径，动态的田间过水规则之所以因不同的治理情境而能衍生出新的不同的规则，其来源于规则的衍生性，这种衍生性来自治理者之间的平等协商。在特定的治理情境下，治理者之间的关系以及特定的结构性要素影响着治理者的行动，在这种关系、结构下，治理者可以平等协商出一套动态的规则体系，指导治理者的治理行为。

因此，以普遍存在的"田间过水"规则为案例，从"关系—结构—行为"视角切入，对传统乡村治理规则进行再认识，提出"可协商性规则"的概念，来解释被既有理论所遮蔽的现象。在"可协商性规则"分析路径下，对传统乡村治理规则的关注从静态到动态，从关系到结构，可以深层次剖析作为熟人关系社会的乡村是如何在变动的人际关系和复杂的治理情境中实现治理的。

（二）规则协商对新时代农村协商自治的价值

党的十九大报告提出："有事好商量，众人的事情由众人商量，找到全社会意愿和要求的最大公约数，是人民民主的真谛。"协商的前提是必须有一个大家普遍认可和遵守的规则，在这种规则下才可以有效协商。有着不同视角和利益的人们，一起解决某个问题，必须以对问题的一致理解为起点。[②] 彼此认可的规则是协商的起点。在新时代，经济社会快速发展带来农村社会的急剧转型，以精准扶贫、城乡一体化、公共服务供给、生态保护、土地确权等为主要内容的农村社会发展问题突出，加上农村开放性和市场化带来社会分化及利益诉求多元化，给治理带来极大的困境。如何在"众口难调"的多元社会，共建彼此认同的社会秩序和规则体系，是实现治理有效的基础。

"可协商性规则"为解决农村社会问题、实现有效治理提供了一个思路。

---

① 参见张静《基层政权：乡村制度诸问题》，浙江人民出版社2000年版，第11页。
② 参见［美］詹姆斯·博曼《公共协商：多元主义、复杂性与民主》，黄相怀译，中央编译出版社2006年版，第50页。

针对特定的治理问题，发动治理主体积极参与其中，在不违背国家法律、政策文件以及相关规定的原则下，主体间充分表达各自的诉求，并依据特定的治理情境，结合可能会影响治理的结构因素，协商出一套彼此认同和接受的规则体系，依据此规则体系行动并实现治理。在解决农村治理难题的时候，"可协商性规则"关注的焦点是规则，强调共同认同和遵守的规则产生于特定的治理情境，来自治理主体间的协商。因此，不同的治理情境下，有不同的规则体系，它是动态变化的，这一规则体系总体上不违背大的原则。从实践上看，"可协商性规则"体系特别适用于农村民事纠纷调解，对于实现农村基层的协商自治有一定的价值。

第四章

国家治理视角下的农村治理规则变迁与中国经验*

规则是治理的基础。纵观中国农村基层治理的历史与现实，农村治理规则无外乎两类：一是横向规则，即民间规约；二是纵向规则，即国家法律。当前国家关于农村基层治理现代化的基本思路是法治化，进一步推进法律进村入户、法律落地。如果仅仅在现代法治的视域下认识农村治理，将法律作为农村基层治理的规则，着眼于法治化，是远远不够的。法治化是国家治理现代化的一个主要内容，在国家治理视角下，认识农村基层治理规则及其变迁，某种程度上可以拓展农村治理规则研究的外延与历史深度。在不同的历史时期，国家治理与农村治理规则的关联性有着不同的表现形式。

传统中国是一个农业大国，在"皇权不下县"的条件下依靠什么规则进行自我治理、实现自身的持续运转呢？其中，一个最重要的因素是"乡村各个治理主体或组织具备一定的规则生产能力，自我生产多样化的、多层次性的治理规则，维持其内部秩序的同时，与国家法律保持有序联系与良性互动"。这一"规则生产机制"是传统农业社会持续运转的规则基础。徐勇教授认为，历史决定现在和未来。[①] 治理规则与治理方式高度相关，忽视了农村治

---

* 本章以《国家治理视角下的农村治理规则变迁与中国经验——以民间规约为考量对象》为题，发表于《领导科学论坛》2017年第9期。

① 参见徐勇《中国家户制传统与农村发展道路——以俄国、印度的村社传统为参照》，《中国社会科学》2013年第8期，第102—123、206—207页。

理规则的历史，就无法理解农村治理规则的变迁及其内在规律性，也就无法理解农村治理变迁及其规律性。

一 有效规则与农村治理的关系

对于任何规模的治理单元，其治理必定依赖于一定的治理规则。没有有效的规则就没有有效的治理，国家如此，乡村亦如此。

（一）国家治理与"规则基因"

国家治理就是国家运用公共权力管理公共事务的活动和过程。[①] 恩格斯认为："社会陷入了不可解决的自我矛盾，分裂为不可调和的对立面而又无力摆脱这些对立面；而为了使这些对立面，这些经济利益互相冲突的阶级，不致在无畏的斗争中把自己和社会消灭，就需要有一种表面上凌驾于社会之上的力量，这种力量应当缓和冲突，把冲突保持在'秩序'的范围以内；这种从社会中产生但又自居于社会之上并且日益同社会相异化的力量，就是国家。"[②] 以此为基础，列宁进一步认为："国家是系统地使用暴力和强迫人们服从暴力的特殊机构。"[③] 可见，国家就是调和社会冲突或矛盾的主体，目的在于实现社会的有序运转。要实现社会的有序运转，国家必须依赖于一定的工具、规则。一套系统的治理规则或工具是国家治理的基础。在不同的国家形式，所使用的规则也不一样，即列宁所说的"技术手段的差别，如原始时代的棍棒、奴隶时代较为完备的武器、中世纪的火器、20世纪出现的现代化武器等"[④]。国家治理与治理规则高度关联。社会越进化，民众的需求越是多样化，社会矛盾越是多样化，对国家治理能力的要求越高，对治理规则的要求越高。但

[①] 参见邓大才《中国农村产权变迁与经验——来自国家治理视角下的启示》，《中国社会科学》2017年第1期，第4—24、204页。

[②] ［德］恩格斯：《家庭、私有制和国家的起源》，中共中央马克思恩格斯列宁斯大林著作编译局编译，人民出版社1999年版，第177页。

[③] 《列宁全集》（第37卷），中共中央马克思恩格斯列宁斯大林著作编译局编译，人民出版社1986年版，第62—63页。

[④] ［俄］列宁：《国家与革命》，中共中央马克思恩格斯列宁斯大林著作编译局编译，人民出版社2015年版，第134页。

是，不能说，治理规则的完善必然带来国家治理能力的强大。可以说，规则是国家治理的基因。好的规则产生善的治理。

中国作为一个农业大国，大国治理依靠什么规则呢？在中国，运用法律来实施统治是一种极其久远的传统。① 法家崇尚"缘法而治""君臣上下贵贱皆从法""不别亲疏，不殊贵贱，一断与法"等思想。自秦朝"商鞅变法"以来，每一个朝代都有大量的法律典章留下来，如《秦律》《汉九章》《汉律》《新律》《晋律》《唐律》《大明律》《大清律例》等。王朝国家法律依靠由儒生构成的庞大官僚集团来执行，虽有法，却不是公共法，而是私法，法治淹没在人治之下。在"皇权到县"的传统时期，只有郡县设有刑狱机构，负责行使司法权；县以下，民众不知法为何物。也只是到中华民国时期，才在"乡"一级建立了警察所。对此，韦伯认为"中国的行政史充满了皇权政府试图将其势力贯彻于城外地区的实例，是一点也不夸张的"②。这说明，作为传统中国最重要的国家治理规则的"法"只在城市内部地区起作用，事实上，皇权的官方行政只实施于都市地区和次都市地区，出了城墙，行政权威的有效性便大大地受到限制。③ 在县以下，是没有官员的。同样，费正清也认为王朝的法律"始终是高高地超越农村日常生活水平的、表面上的东西"④。可见，作为国家治理规则的"法"与农村、农民的生活是没有什么关系的。

既然在县以下没有官员，没有刑狱机构与司法机构，作为国家治理的规则的"法律"只在"县"这样的都市地区发挥了作用，那么，国家治理在县以下的农村社会的治理靠的是什么呢？

在马克思·韦伯、孙中山等看来，在传统中国，农村之于国家，只有两种作用，一是赋税的来源，二是兵役的来源。"人民对于皇帝只有一个关系，就是纳粮。"⑤ 另外，马克思认为东方国家也在一定程度上承担着水利设施建设的国家职能。"在东方社会，由于文明程度太低，幅员太大，不能产生自愿

---

① 参见梁治平《清代习惯法》，广西师范大学出版社2015年版，第14页。
② ［德］马克斯·韦伯：《中国的儒教与道教》，康乐、简惠美译，广西师范大学出版社2010年版，第140页。
③ 参见［德］马克斯·韦伯《中国的儒教与道教》，康乐、简惠美译，广西师范大学出版社2010年版，第141页。
④ ［美］费正清：《美国与中国》，张理京译，世界知识出版社1999年版，第113页。
⑤ 孙中山：《三民主义》，岳麓书社2000年版，第89页。

的联合，因而需要中央集权的政府进行干预。每一个专制政府都十分清楚地知道它们首先是河谷灌溉的总管。"① 在魏特夫看来，治水是专制主义的起源；国家治水的主要目的是保持自己的专制主义统治以及赋税的正常汲取。② 可见，国家不愿意也没有兴趣掌控农村基层社会。历朝历代的王朝政府，只能依靠地方士绅、地方精英管理地方事务、地方自治，以实现费孝通先生所说的"皇帝无为而天下治"。

在国家治理上，西方社会强调个体之间的自由与平等的权利，国家立法保障个人财产与契约缔结，走的是一条法治之路。与此不同的是，在传统中国，为了解决国家治理在农村社会的"鞭长莫及"，通过不一样的规则安排与规则生产，在国家默许与国家法的框架之下，乡村社会成为一个"规则的生产机器"，生产多层级、多样性和适用性强的民间规约维持秩序与稳定。

（二）规则生产与"农村治理规则之问"

在传统中国的农村治理研究中，侧重于"治理主体"的研究，对"治理规则"的关注不够，或只是一笔带过。关于规则，哈耶克将规则分为人工设计的规则、自生自发的规则③，孟德斯鸠认为"法是源于事物本性的必然关系。就此而言，一切存在物都各有其法"，法是人类的理性，因为它治理着地球上的所有民族，将法分为自然法与人为法④。韦伯认为"惯例和法律均是正当性的秩序，都可以提供正当性的基础"，但是，惯例有效，法律更合法。⑤ 一般来说，规则作为人类社会的一种秩序，不是天然的，而是人为生产的。对于农村治理规则而言，规则的生产有两种渠道：一种是"他我生产"，即国家生产的制度性规则，自上而下地输入农村；另一种是"自我生产"，即农村

---

① 《马克思恩格斯选集》（第1卷），中共中央马克思恩格斯列宁斯大林著作编译局编译，人民出版社1995年版，第850—851页。

② 参见［德］卡尔·A·魏特夫《东方专制主义——对于极权力量的比较研究》，徐式谷等译，中国社会科学出版社1989年版，第97、114页。

③ 参见［英］弗里德利希·冯·哈耶克《法律、立法与自由》（第1卷），邓正来等译，中国大百科全书出版社2000年版，第67页。

④ 参见［法］孟德斯鸠《论法的精神》（上卷），许明龙译，商务印书馆2012年版，第9、12—15页。

⑤ 参见［德］马克斯·韦伯《经济与社会》（第1卷），阎克文译，上海人民出版社2010年版，第128、322—324页。

自己生产的非正式规约。

在传统中国，国家法始终悬浮于农村上空。在国家治理不及农村的情况下，乡村依靠什么规则治理呢？与西方的"法律治理"不同，中国走的另一条道路——礼俗治理。对此，孟德斯鸠将其称为"中国人的反常道路"，即中国把治家等同于治国，把法律、习俗与风尚混为一谈，习俗代表法律，风尚代表习俗。① 费正清认为"农村的大部分纠纷是通过法律以外的调停以及根据旧风俗和地方上的意见来解决"②。金观涛提出"通过儒生实现国家管理，宗法伦理观念不仅维护国家统一，而且管理家族家庭"③。秦晖教授提出"国权不下县，县下唯宗族，宗族皆自治，自治靠伦理，伦理造乡绅"④。费孝通先生指出："乡土社会是礼治的社会，礼是社会公认合式的行为规范，维持礼这种规范的是传统。"⑤ 马克斯·韦伯也认为：村落是无官员的自治地区⑥，地方精英依权威而治。梁治平认为，在传统中国，国家治理依靠两类法律：一类是国家法，另一类是民间法。民间法是在民间的自发秩序与规则，是在"国家"以外生长起来的制度，又以这样那样的方式与国家法发生联系，且广泛为官府认可和依赖。⑦

可以看出，传统中国国家治理走的是一条不一样的道路，这条道路只是被一直以来学界的"传统中国农村治理主体"的研究范式所遮蔽，以至于对"治理规则"少有关注。自黄宗智提出的"第三区域"说之后，有学者呼吁"传统中国农村治理研究的范式转变"，即"从主体到规则的转向，应该是传统中国农村基层治理研究的一个新的范式"。⑧

无论如何，学界大多承认这样一个事实：传统社会的农村治理依靠的是

---

① 参见［法］孟德斯鸠《论法的精神》（上卷），许明龙译，商务印书馆2012年版，第364、367—368页。
② ［美］费正清：《美国与中国》，张理京译，世界知识出版社1999年版，第113页。
③ 金观涛、刘青峰：《兴盛与危机：论中国社会超稳定结构》，法律出版社2011年版，第52页。
④ 秦晖：《传统十论》，东方出版社2014年版，第8页。
⑤ 费孝通：《乡土中国》，人民出版社2008年版，第60—61页。
⑥ 参见［德］马克斯·韦伯《中国的儒教与道教》，康乐、简惠美译，广西师范大学出版社2010年版，第141页。
⑦ 参见梁治平《清代习惯法》，广西师范大学出版社2015年版，第28页。
⑧ 狄金华、钟涨宝：《从主体到规则的转向——中国传统农村的基层治理研究》，《社会学研究》2014年第5期，第73—97、242页。

从民间生长出来的各种民间规则，它们构成了农村治理的规则制度。这一套规则得以产生是基于国家治理的"规则安排"，即国家治理依靠国家法，基层治理依靠民间规则；在这一"规则安排"下，民间有了"规则生产能力"，开始大量生产各种各样自己需要的、现实可行的规则，治理农村事务。但是，这一套"治理规则"又是什么？如何被生产出来的？目前的学界既没有系统性的阐述与研究，也没有研究国家治理与农村治理规则之间的关联性与规律性。笔者将此称为"农村治理规则之问"。

近年来，随着中央高层提出"国家治理能力现代化"与"法治化"的宏大命题，如何在广大的农村社会实现农村基层治理能力的现代化与法治化，是重点，也是难点。这其中暗含了一个治理规则的命题，即"将国家法律作为国家治理与基层治理的唯一性规则"。因此，深入历史考察农村治理规则的基本形态及其变迁，及其与国家治理之间的关联性、规律性，显得迫切而有必要。

二 农村治理规则的中国实践与比较

"一家一户"是中国农村的基本经济组织单位，家户私有是其本质特征。由这样无数个"一家一户"构成了无数个村落。在村落内部，家户内部成员之间、家户与家户之间、家户与市场之间、家户与村落之间的矛盾、纠纷或冲突如何解决呢？在传统中国，乡村社会以其强大的"规则生产能力"生产出无数的、为人们所认同和遵守的"民间规约"，自我治理自己的事务。

（一）多层多类的民间规约：传统中国农村的治理规则体系

2015—2017年，中国农村研究院对50个宗族村庄、62个长江流域村庄以及70个黄河流域村庄进行了实地调查，所有报告收录在《中国农村调查》（村庄类）中。从中，我们可以发现：在国家法律（王法）没有进入农村社会的传统中国，在国家的默许下，赋予乡村社会"规则生产"的能力与空间，通过生产乡土规则来治理村落事务。

1. 家户单元的规则：规范家庭治理

国有国法，家有家规。家户既是国家治理的根基，也是社会自治的单元。① 家户治理好了，国家就稳定了。家户内部治理遵循一定的规则，形成了"家法、家训、家约、家规"等治理规则。根据《中国农村调查》的调查资料来看，家户单元的治理规则主要有以下三个类别。

（1）成文的"家训"类，以训导、教化、劝诫为主，偏重于思想教育与行为引导。如坪村的《蓝氏家训》、呈坎村的《罗氏家训》、白鹭村的《钟氏家训》、上岳村的《先贤文公家训》《伯庐公治家格言》以及《伯庐公劝言四则》、枧村的《钟氏家训十则》、杨家坊村的《杨氏家训》、符竹村的《郭氏家训》、三溪村的《刘氏家训》、下镇村的《陈氏家训文化》、玉华村的《叶氏家训》、廷坑村的《范氏家训四则》、浦源村的《家训十六条》与《郑氏家训》，等等。②

（2）成文的"家法"类，以惩罚、规制、执行为主，偏重于对纠错与刑罚。如山池村的《谢氏家法》、俞源村的《俞源治家赞词》、新城村的《曾氏家规》、福岭村的《陈氏家训》、杨家坊村的《杨氏家法》、桂山村的《廖氏家法》、符竹村的《郭氏家法》、查村的《泾川查氏睦族文》以及《嗣韩公查氏家规》、余家桥村的《杨氏家法二十条》、建节村的《谢氏家约》、芳心村的《戴氏家约》、雷河坝村的《赖氏家规》，等等。③

（3）不成文的规则，以口口相传为主，没有形成固定的正式文本。如符竹村的"儿不孝，子媳同罚"；蔡岗村的"长辈先进食、妇女不上桌"；坪村的"不得与彭氏通婚"的先祖遗言、雄村的"族人不得仕"的先祖训斥，等等。

从《中国农村调查》来看，家户作为最小的血缘治理单元，其治理秩序的维持，不仅仰仗于儒家学说的"三纲五常"，更重要的是家规。从根源上看，家户治理规则的主要来源有五种。第一种为本家先祖所制定的、成文字

---

① 参见徐勇《中国家户制传统与农村发展道路——以俄国、印度的村社传统为参照》，《中国社会科学》2013 年第 8 期，第 102—123、206—207 页。

② 参见徐勇、邓大才主编《中国农村调查·村庄类》（第 1—8 卷），社会科学文献出版社 2017 年版。

③ 参见徐勇、邓大才主编《中国农村调查·村庄类》（第 1—8 卷），社会科学文献出版社 2017 年版。

类的规则，由历任"家长"一代一代往下传承而来。第二种是历任"家长"在本家家规的基础上，借鉴其他家规，根据形势需要，不断更新成新的家规。第三种由同一祖先制定，并为本族之下所有家庭共同参照遵守执行。这在广东、安徽、福建、江西等宗族村庄比较普遍。第四种由本家去世的前辈口头制定，并相传下来的规定，如遗言、禁忌等。第五种为村落或地域内为所有家庭共同认可并遵守的"约定俗成"或道德规范，如尊老爱幼、孝子贤孙、睦四邻、爱朋友等。

家户治理规则有这样四个特点。一是系统性，其规定了家庭生活的方方面面。如查村的《嗣韩公查氏家规》分为"家本、家范、家政、家礼、家庙、家统、家族、家训、家业、家声、家劝、家戒"等二十条。二是家长是家规的主要传承者与执行者。三是家庭成员在家规面前的平等性。四是家规的外延性，与族规、国法等相互一体，家、族、国同构。在治理功能上，家规在家户治理中有这样三个功能。第一，从血缘传承性与同一性方面，家长权威得到了稳固与认可，为家长治家提供了基本依据。第二，在日常生活的方方面面，规范了家庭成员的行为，如吃穿住行、交际、婚姻、丧葬、教育等。第三，家法家规等还具有一定的教育教化功能。

2. 宗族性规则：规范宗族治理

宗族是政治与地方组织[①]，也是血缘共同体。族是比"家"更大的血缘单位，不仅体现在规模上，还体现在组合上。要维持一个族的内部秩序，依赖于一定的规则，这种规则必须为族人共同认可和遵守，才能依规治族。

（1）祖赋"祖训"，带有很强的教化性、劝诫性。如：山池村的《谢氏祖训》、坪村的《蓝氏祖训》、呈坎村的《罗氏祖训》、燕坊村的《鄢氏祖训十则》、司前村的《吴氏祖训》、上岳村的《劝族俚言》、枧村的《钟氏祖训十二则》、新城村的《刘氏祖训》、符竹村的《祖训二十条》、桂山村的《廖氏祖训十则》、杨家坊村的《杨氏祖训》、三溪村的《刘氏广传公祖训》、新叶村的《"九思"祖训》与《白崖公祖训》、下镇村的《陈氏祖训二十条》与《民国祖训三十二字》、芳心村的《戴氏祖训十

[①] 参见［英］莫里斯·弗里德曼《中国东南的宗族组织》，刘晓春译，上海人民出版社2000年版，第2页。

条》，等等。①

（2）族规，带有执行性、惩戒性。如山池村的《谢氏族规》、坪村的《蓝氏族规》、呈坎村的《宗仪八则》、白鹭村的《钟氏族规》、俞源村的《俞氏规约十二条》、司前村的《吴氏族规》、枧村的《钟氏族规》、福岭村的《陈氏家规》、桂山村的《廖氏祖规十二则》、杨家坊村的《杨氏族规》、浦源村的《宗祠法规十条》、雄村的《新安曹氏族规》与《祠规》、《曹氏宗族仁祠填簿规则》、新岭村的《伯澜公家传箴规》与《潘氏上祖箴规》、新叶村的《祖先谕族规条》、下镇村的《陈氏族规》、廷坑村的《范氏族规十则》与《范氏族禁八则》、铜山口村的《朱氏祠规》、建节村的《谢氏族规》、芳心村的《戴氏族约》，等等。②

（3）不成文的宗族规定，侧重于日常生活中的具体事务。如：新城村的《刘氏俗规》中的"禁赌、禁盗"。俞源村俞氏宗族规定：东溪、西溪，每天早晨八点之前不允许洗涤，只供村人挑饮食用水，秽桶等不得在溪中洗刷；不准上午放鹅鸭下溪；不准扫地垃圾倒入溪中；不准人畜尿粪倒入溪中；不准水牛入溪。违者俞祠派人出面处理。凤岭村的刘氏宗族规定：耀祖笔③为全村共同拥有的山林，村里人都可以在这个地方砍树烧炭。其他的山林只能在每年规定的几天时间内到山上砍树和割芦箕，④ 这几天时间称为"开山"。三溪村的刘氏宗族规定：严禁砍伐族林，违者请全族族人吃糖，并在房长的监督下游行整个三溪村，敲锣警示族人，由房长带进祠堂跪拜祖先；严禁偷鸡摸狗；严禁乱伦和通奸，等等。⑤

宗族作为"扩大化"的血缘单位，是无数个家庭血缘单位的组合体。其有效治理依赖于其强大的规则，取决于规则的生产力、执行力与约束力。根据《中国农村调查》，宗族性治理规则有这样几个特点：一是祖赋规则，不仅赋予了宗族治理规则的血缘合理性，而且可以先天地带来族人遵守的

---

① 参见徐勇、邓大才主编《中国农村调查·村庄类》（第1—8卷），社会科学文献出版社2017年版。

② 参见徐勇、邓大才主编《中国农村调查·村庄类》（第1—8卷），社会科学文献出版社2017年版。

③ 村中林地的地理名称。

④ 芦箕，一种草本植物。

⑤ 参见徐勇、邓大才主编《中国农村调查·村庄类》（第1—8卷），社会科学文献出版社2017年版。

共同性。二是规则的多层次性、多样性，教化与惩罚并重，成文规定与口头规约并重。也正是基于这两个特点，宗族性治理规则可以最大限度地发挥治理族内事务、处理族内纠纷、凝聚族人的功能。同时，宗族性治理规则依托"族长、房长、家长"一体化的纵向权威，以及宗族组织的组织权威等，得以高效施行。

3. 地域性规则：规范乡村治理

乡村是国家治理的基本单位，乡为社会的自然单位①。根据《中国农村调查》，以"乡、村"等地域为单位的规则主要集中在北方集中居住的村庄以及聚族而居的宗族村庄。

第一类：成文字的乡约。如上岳村的《文公增订蓝田乡约》与《两岳乡规十条》、福岭村的《福岭乡规》、蛟塘村的《村规民约》《长治县村民会议办法》《翟城村村治制度及乡规民约》，等等。② 在豫西，为了让村民熟悉乡规，一些大村还设立"讲约所"，每月初集中全村人，请"约正""耆老"或"村夫子"讲解村规民约内容和意义，回答村民不明白的问题。

另外，在赵沟村，村民定有《陕县赵沟村村规民约碑记》、《五知条例》（知业、知教、知禁、知防、知工）。为了更好地执行村规民约，村长指派五位"村执事"进行监督，并在每年四个季度的月终，召集全村各户户长，齐聚在一起总结，将公文账簿宣读于众，再由村长和户长们一起商议有关本村的各项事宜，并根据五位"村执事"所呈报的村民执行"五知"的情况，分别以酒食钱物和巾帨花簪来奖励遵守《五知条例》的模范村民，同时责罚违犯者。

第二类：口头约定的乡约，主要是"习俗或惯例"。如朱洼村的"守寨民约"规定：家内18—45岁的男性壮劳力均要看寨，轮班守夜；家庭土地在18—45亩者，由寨里发枪；其他家庭必须自己购买一支枪。外来户也要参与看寨，必须购买两支枪，一支交给寨里，一支自持；独子者家庭，统一编成"孤子队"，受训守寨。再如军王村发生火灾的时候，所有成年男丁都要去救火；外庄人入侵的时候，全庄所有人必须出动抵抗。如雷河坝村的"碉楼契约"：家庭男娃多者，出人守夜巡逻，不出灯油费；家庭无男娃者，要出灯油

---

① 参见杨开道《中国乡约制度》，商务印书馆2015年版，第69页。
② 参见徐勇、邓大才主编《中国农村调查·村庄类》（第1—8卷），社会科学文献出版社2017年版；牛铭实编著《中国历代乡规民约》，中国社会出版社2014年版。

费。如曲水村的"桥首事会约"规定：桥首事由6名首事组成，两村各占3名，3年任期，由桥周边的所有农户公开选举，等等。

应该说，成文字的乡约、村规比较少，大多以口头性的规约为主。村落精英人物，如绅粮（绅士）、村长、寨首、会首等，以其道德威望或经济地位等，在村里享有较高的威望，制定了各种维持内部秩序的村规村约，并为村民共同遵守。因此，这些人也是主要制定者、执行者。这样的村规村约，带有很强的地域规模性、针对性。

4. 教育性规则：规范教育治理

传统中国，国家设有"贡院、翰林院"等国立教育机构。在乡土社会，村民们自发兴办教育，如私塾学校、义学、社学、宗族书院等。为了维持正常的教育秩序，也产生了相应的教育规则。

第一类是成文字的规约。如：呈坎村的《文会公约》；雄村设立"文会"，负责管理竹山书院、蒙童馆、私塾学校等；浦源村的《业儒》，祠董会管理私塾学校；查村的"发蒙制度"以及济阳家塾的《会长同编》《震山书院记》《劝输略》等均是"分甲私塾、济阳家塾、震山书院"的教育管理制度；江村的《江氏蒙规》从二十三个方面规定了私塾教育制度；等等。[1]

第二类是"约定俗成"的惯习。如坪村祠堂私塾的"斗谷问学""学不教，跪祠堂"等惯例；山池村的"养子过学堂"等；江村的《毓文书院》规定：书屋和学堂只允许江氏学龄儿童入学就读，绝不允许外村和非江氏宗族的族人进入书院学习；余家桥村的"三不欠"，即不欠先生的学费、不欠赌博佬的赌债、不欠嫖资等；蔡岗村的私塾学校规定：严禁先生随便摊派学款，如有发现可向八大保长举报，查实者，逐出联保；等等。[2]

在基础教育公共服务由乡村自我供给的传统中国，教育治理也由村落自我治理，乡村读书人办私塾，村落精英监督，通过制定成文字的或口头式的规约，规范私塾教育行为，一方面约束私塾先生的行为，另一方面达到劝学督教的目的。

---

[1] 参见徐勇、邓大才主编《中国农村调查·村庄类》（第1—8卷），社会科学文献出版社2017年版。

[2] 参见徐勇、邓大才主编《中国农村调查·村庄类》（第1—8卷），社会科学文献出版社2017年版。

5. 生产性规则：规范生产秩序

家庭是独立的经营单位，但是与其他农户以及村落之家的生产交往在所难免。在生产方面，农户们依据长期以来的"习俗"或"惯例"行事。

第一类，土地产权惯例。如余家桥村的"田埂树木产权规则"，水田归上坎、旱田归下坎；余家桥村的"田埂产权界定规则"，你一半、我一半，各不过半；余家桥村的"雨水产权界定"，水从谁的坡上流下来，雨水就归谁；朱洼村的"公共沟地芦苇砍伐规则"，平时任何人不得随意砍伐，必须在规定的时间，统一砍伐芦苇；曲水村的"田埂产权规则"，上管下，高管矮，左右归邻居；罗家坝村的"田埂产权规矩"，田埂为界，共有公用，上不弓腰，下不抬头；鄢村的"屋台边界规约"，落桩为界，不可私自挪桩，不可越桩建房，种树为界，栽树守界口，界口三尺远，巷道为界，滴水不可过界；等等。

第二类，水利产权与灌溉的惯例。如沱口村的"水权认定"，下从上，上顾下，上不拦湖打挡；龙池村的"抢水规则"，干旱的时候，先抢公共的小池塘，再抢公共的大池塘；在统一的时间，用水农户同时开始抢水；余家桥村的"拦水开挡规则"，上挡矮一尺，下挡高一尺，上挡留一手，下挡自可活；乌珠湖村的"用水规则"，上管下，高管低；曲水村的"清白江与锦水河的灌溉规矩"，雨水天上落，鱼水不分家，道口分段，中心为界；曲水村的《堰务简章》；等等。

当然，根据《中国农村调查》，在传统中国，关于"生产方面"的治理规则，远远不仅限于上述两类，另有关于"挑堤修坝、挖掘沟渠、清淤挖沟、车水、过水、筑田埂"等诸多方面的治理规则。虽然在不同区域的村庄，规则的内容不一，但是均有这样两个共同点：一是细致性，对生产中各个环节可能会有的问题等均有相关的规约；二是习惯性，这些规则大多是先辈们一代一代积累下来的惯习，村民们沿袭惯习并共同遵守。

6. 生活性规则：规范生活秩序

余家桥村有这样的习惯：瓜果过界归别人；牛粪落地归地主；塘鱼本一身，鱼出水来自由身；田埂之树只可修不可砍，砍树烂树根，地陷坏了别家粮，要赔偿；用水者修井洗井，不修不洗不用水；宁吃自家糠，不盗别家粮；落水是命，与主家不相干；见人叫人，不失一分脸；有礼没礼，请人断一断；等等。

蔡岗村有这样的规定：左右街坊共修井，共淘井，先来后到，不抢不争，近者守井敬井神，污井者淘井；地邻相互看坡，房邻早晚照应；富家瓦门楼，穷家草门楼；孤田栽树好纳凉，共田栽树招是非……

当然，根据《中国农村调查》，在传统中国的农村，生活性的规则多种多样，涉及农民日常生活的方方面面，诸如"交际、借还、人情往来、水井、救济、帮忙、买卖、信仰、节庆、文化活动"等。这一类规则多以"惯习"为主，口头相传，共同遵守；同时，在"水井、桥梁、公共土地、寺庙、祠堂、祖庙或家庙"等基础设施之旁，以竖立石碑的形式，订立文本性的规则。

7. 市场性规则：规范市场秩序

施坚雅认为，"农村市场可以满足农民家庭所有正常的贸易需求，农民是生活在一个自给自足的基层市场社区"[1]。根据《中国农村调查》，传统社会，村庄市场层级包括"村庄内部集市、邻村集市、乡镇集市"等，还有流动性的"商贩"以及"牛市、猪行、米行、粮行、布行"等多种专业性的市场场所。维护市场秩序的规则包括以下四类。

第一类：集市规约。坪村的"堂居小市场"规定，在开圩之日，蓝氏族人自由地在市场上变卖农副产品，无须交租；外姓之人则要得到族长的同意才能进入集市摆摊，每月交租10个铜板。为了规范市场秩序，市场实行"公称"制度；等等。

第二类：特定市场的规则。在余家桥村、龙池村、蔡岗村等村的"牛行"或"牛市"，无论是买牛还是卖牛，都由"牛经纪""牛倌儿"或"行夫"等出面，讲价议价在袖套里进行，不公开；在辛集村，经纪人撮合变卖牲畜时，必须遵循"牲口不吃不喝，三天管（负责）六天倒（退）"的规则；等等。

第三类：流动市场的规则。在坪村，禁止流动摊贩进村贩卖；在马图村，只允许"蓝、彭"等几大姓氏的村民进村贩卖；在余家桥村，流动商贩可以随意进村；等等。

第四类：农民私下交易惯例。对于变卖家庭私有土地，坪村村民遵循"血缘由近到远、由本族到外族"的原则；余家桥村村民"先问水田的四邻，地邻优先，价高者得之"；蔡岗村村民"先问居住的四邻，四邻优先，价高者得之"；在乌珠湖村的"房屋买卖"中遵循"上买起青天，下买起黄土三尺"；等等。

---

[1] ［美］施坚雅：《中国农村的市场与社会结构》，史建云、徐秀丽译，中国社会科学出版社1998年版，第6、40页。

第五类：政府的制度性规则。在曲水村，民国十八年（1929）民国政府颁发了交易所法，规定在交易地点设置交易所。民国二十六年（1937）规定各地经纪、行户、行栈、居间商须呈报地方注册，领取营业执照，方可开业。民国三十四年（1945）规定非规定商店售卖的物品，移入公管市场出售，并按交易价格向卖方抽收一定的管理费。但是，这一类的制度性规则大多以"汲取资源"为主，治理的功能比较微弱。

8. 行业性规则：规范行业治理

由于农村生活与生产需求的多样化，催生了多种职业，从事各种职业的农民形成了各种行业团体，为了规范行业行为，制定了多种多样的行会规约、行帮规约。

在龙池村，木匠、篾匠、瓦匠、裁缝、剃头匠、石匠、铁匠等多种匠人，以合口乡镇为单位，联合成立了"工会"，并制定了"工会行约"。如在一个自然村，同类型的工匠，只能有一个在村里，不允许有第二个工匠存在；学徒期间不能入工会，出师之后，在师父的介绍下入会，入会后可以独立揽活；会员工匠每年缴纳3—5斗稻谷的会费。所有工匠的收费标准，由工会统一制定，工匠不能私自涨价或降价，如有私自涨价或降价，由工会进行处罚，严重者可以将其逐出工会，严禁在合口镇从事该行业。

在曲水村，以剃头匠为主体的"罗祖会"规定：非会员不能在本地从事理发的行业。初到马街集市的剃头匠，通过罗祖会能很快找到工作。会首负责调解理发匠之间的竞争纠纷、理发匠与顾客之间的纠纷。跟着师父学理发，要拜袍哥老大，缴纳保护费之后，当地的袍哥会保护师父与学徒的生意。在曲水村，还有很多商业帮会，会首、长老及会员共同制定行业内部规约，从业人员共同遵守。

在雷河坝村，各行各业均成立了行会组织，屠夫有"张爷会"、编织手工业者有"机仙会"、折扇手工业者有"永乐会"、陶器工匠有"尧王会"、酿酒师有"康王会"、木匠与石匠等有"鲁班会"、裁缝有"轩辕会"、郎中有"药王会"、厨师有"詹王会"、私塾先生有"大成会"、剃头匠有"罗祖会"、糕点匠有"雷祖会"……各行各业均有会头，采取会员制，加入行会，才能在本地揽活。各个行会均制定了详细的"行会规约"，包括会员制度、价格制度、学艺制度等。

根据《中国农村调查》，在传统农村社会，从事各行各业的村民，以一定的地域为单位自发成立本行业的行会组织，由本行业内部威望高、手艺好的人担任会首，会员们共同制定规则，大多以口头约定为主，规范与约束从业人员的市场行为，并以此为规则调停内部纠纷。

当然，在传统农村社会，由于"皇权不下县"，自然带来"国法不下县"，国法也就是王法，代表着王朝权力的王法，也仅在郡县一级设立了执法与审判机构，审理刑事案件以及农村社会的纠纷。在农村，村民们也崇尚"无讼社会"，不到万不得已，不会去县衙打官司。

（二）现代国家政权建设下的农村治理规则变迁

在传统时期，"国法不下乡"，国家法律只是作为一种制度外壳将乡村社会包裹起来，而未能深入延伸到乡村社会内部。即使中华民国政府开始了大规模的"政权下乡"与"法律下乡"，但是，民国时期的"法律下乡"未能取得明显成效，与传统国家一样，法律依然只是包裹在乡村社会的制度外衣。

1949 年之后，在中国共产党的领导下，建立了人民民主专政的现代国家政权，打破了传统秩序，并在全国范围内开始了以"政权下乡、政党下乡、行政下乡、法律下乡、政策下乡、服务下乡"为核心的现代国家建构。政治与法律相伴而行，现代法律以人民主权和公民权利为基础。

中华人民共和国成立后不久，建立了新的法律体系，特别是《中华人民共和国宪法》，人民开始行使法律赋予的权力。中国共产党领导国家和人民进行大规模的社会主义改造，因此，革命时期依靠党的政策进行治理的传统延续下来。延伸于乡土社会的政党和政权组织主要依靠党的政策进行制度整合，重点体现在集体化时期实行"三级所有、队为基础"的政社合一的体制。人民公社、生产大队、生产小队的治理规则均以国家颁布的各种政策为参照，主要政策包括：《关于人民公社若干问题的决议》《农村人民公社的工作条例》《中共中央关于社员私养家禽、家畜和自留地等四个问题的指示》《农业六十条》《农业十二条》《关于农村整风整社和若干政策问题的讨论纪要》，等等。

1984 年 3 月 13 日，彭真同志发表《不仅要靠党的政策，而且要依法办事》，指出："在战争时期，党也好，军队也好，群众也好，注意的是党的政策。一件事情来了，老百姓总要问，这是不是党的政策。毛泽东同志在党的七大开会期间，对各地的同志讲过，中央给你们的就是政策。当时，农村根据地长期被敌分割，交通不便，党中央给各地的，概括起来可以说就是政策。

建国以后，我们有了全国性的政权，情况不同了，不讲法制怎么行？要从依靠政策办事，逐步过渡到不仅靠政策，还要建立、健全法制，依法办事。"①在此之后，在乡镇一级设立司法所或司法站，专管法律事务，有的乡镇还设立了人民法庭，进行审判工作。同时，伴随着《中华人民共和国村民委员会组织法（试行）》（以下简称《村组法（试行）》）的颁布实施，大量涉农法律陆续颁布实施，如《农业法》《土地承包法》《渔业法》《农民承担费用和劳务管理条例》等，还有各级地方政府颁布的涉农的地方法规与条例。在这一时期，法律是农村治理的基本规则，依法办事、依法治理成为农村治理的主旋律。法律作为农村治理的主要规则，不仅延伸到了农村基层，在基层设立了司法机构与纠纷调停机构，而且国家通过各种形式的"普法工作"，从"一五普法"到"七五普法"，使法律进村入户，真正做到了"国法下乡入户"。

从依靠政策治理农村，到依靠法律治理农村，不仅是国家政权下沉的主要体现，也是乡村社会融入国家现代化建设的标志之一。在这个过程中，传统中国农村社会的各种乡土治理规则，包括成文字的规约与非文字性的惯习或习俗，逐渐淹没在国家建构的法律之下，其作用逐渐变小，有的规约甚至消失。

（三）国家治理下的农村治理规则的比较分析

在中国传统社会，"国家法"与"民间法"长期存在。"国家法"带有国家建构性，其生产主体是国家或政府，带有自上而下的强制性与约束性；"民间法"带有乡土内生性，其生产主体是乡土社会的农民或自组织，带有自下而上的共同性与引导性。

1. 传统时期农村治理规则的生成原因、特点及其局限性

"皇权不下县"伴随着的是"国法不下乡"。在国家制度性规则没有完全输入农村社会的传统中国，农村社会只能自我生产规则，用自我生产的规则自我治理。农村通过规则的自我生产进行自治，维持了农村内部秩序与稳定，二者恰好又符合中央王朝的统治目的。农村的稳定依靠乡土性规则，自我治理，不需要王朝花费过多的统治成本，就可以实现"赋税与兵役"的目标。因此，在王朝政府的默许之下，农村社会自成体系，也就是金观涛所说的"上层多动，下层不动"，下层不动也是因为农村有一整套自我治理的规则

---

① 《彭真文选》（一九四一——一九九〇年），人民出版社1991年版，第491—493页。

（见表4-1），这些规则为"生于斯，死于斯"的村民们所共同遵守。

表4-1　　　　　　　　　　传统中国农村治理规则明细

序号	类别	名称	规模单元	治理主体	性质
1	家户性治理规则	家训、家法、家规、非成文的规矩……	家庭	家长	家长制定
2	宗族性治理规则	祖训、族规、非成文的规矩……	族	族长、房长、宗族组织的会首	宗族制定
3	地域性治理规则	乡约、村规民约、非成文的规矩……	村	村长、保长、乡绅	村民制定
4	生活性治理规则	水井公约、非成文的惯习……	家户与家户之间	家长、先生、村长、保长、乡绅	家户之间约定俗成
5	生产性治理规则	非成文的惯习……	家户与家户之间	家长、先生、村长、保长、乡绅	家户之间约定俗成
6	市场性治理规则	非成文的惯习……	集市或市场	乡绅、村长、掌柜或老板	老板制定、约定俗成
7	教育性治理规则	蒙规、劝学条例、非成文的惯习……	学校	村长、乡绅、私塾先生	约定俗成
8	行业性治理规则	行会规约、帮会规约、非成文的惯习……	同行之间	会首或会头	从业人员联合制定

注：虽然在中华民国政府进行过某种程度的乡村建设与"国法下乡"，某种程度上来说，在乡村也存在一些政府制定的法规，但是，由于"国法下乡"的不深入性导致这些制度性法规依然只是悬浮状态，故而本文不予考虑，只考虑那些实际上发挥作用的治理规则。

资料来源：作者自制。

农村生产与生活的丰富性、复杂性，导致农村自我生产的规则带有指向性，"因需而生产"是传统中国农村治理规则生产的主要特点，由此带来两个主要的面上特征。第一，多样性、丰富性。传统时期，农村治理规则不是单一的，而是一套完整的治理规则体系，涵盖与村民日常生产生活密切相关的方方面面，如家庭内部、家族内部、村落内部、生产、生活、教育、市场交易、行业内部等。第二，多主体性。正是因为需要的多样性导致治理规则生产主体的多样性，既有家长、族长、房长、宗族组织、市场组织、行业组织、生产组织、生活组织等，也有先贤祖先与前辈遗留下来的训示与约定俗成等。

但是，传统农村社会在"国法不下乡"的情况下，依靠内生的乡土性规则进行自我治理，维持了千百年来农村社会的稳定，也孕育并延续了辉煌的中国农业文明。但是，我们也应该看到传统农村社会的这一套完整的治理规则体系也有其内在局限性。第一，传统时期的王朝国家的国法，并不是公法，某种程度上也只是为了自我统治的"私法"或"家法"，故而才有"治国等同于治家"。第二，传统时期，农村社会的流动性较小，农村治理事务相对简单，这些规则足以治理好内部事务，也不需要国家介入太多，并且国家治理能力比较弱，也无力介入。

2. 国家治理视角下的中国农村治理规则变迁的比较

政治学家阿尔蒙德认为国家治理能力可以分为"提取、规制、分配、符号和响应"等五种能力。[①] 但是，国家治理能力是一个变动的过程：从弱变强、从少到多、从简单到复杂。[②] 邓大才教授在总结马克思关于国家治理能力的论述之后，提出了国家治理能力包括"汲取、规控、供给"等三大能力[③]。但是，国家要实现这三大能力，还需要一个"规则的生产与输入能力"，没有规则，国家治理能力就是一种空谈。因此，本文基于治理规则，认为国家治理能力可以分为资源汲取、规制控制、服务供给、规则输入等四大类。这四种国家治理能力在不同的时期表现出不同的组合形式。与之相应的是，国家法律、民间规约在农村社会治理中的规则功能，也表现出了不同的状态。如表4-2所示，国家治理能力弱，农村社会治理依靠"自我生产"规则——民间规约进行自我治理；国家治理能力强，农村社会治理依靠"他我生产"规则——国家法律（或政策）进行治理。

[①] 参见［美］加布里埃尔·A. 阿尔蒙德、小 G. 宾厄姆·鲍威尔《比较政治学——体系、过程和政策》，曹沛霖、郑世平、公婷、陈峰译，东方出版社2007年版，第12页。

[②] 参见邓大才《中国农村产权变迁与经验——来自国家治理视角下的启示》，《中国社会科学》2017年第1期，第4—24、204页。

[③] 参见邓大才《中国农村产权变迁与经验——来自国家治理视角下的启示》，《中国社会科学》2017年第1期，第4—24、204页。

表4-2　　　　　　农村治理规则安排与国家治理能力之间的关系

项目		传统社会	集体化时期	改革开放之后
国家治理能力	资源汲取能力	强	强	较强
	规制控制能力	一般	强	强
	服务供给能力	弱	强	强
	规则输入能力	弱	强	强
治理规则安排	国家法律（或政策）	弱	强	强
	民间规约	强	弱	弱
农村治理状态	自我生产能力	强	弱	弱
	内部秩序	较稳定	稳定	稳定
	自我治理能力	较强	一般	一般

资料来源：作者自制。

传统时期，乡村社会之于国家来说，只有"赋税与兵役"两大需求，国家的资源汲取能力很强，规制控制能力一般，服务供给很弱，"国法不下乡"与"皇权不下县"相伴相随，国法没有进入乡村社会，只是作为一种外衣，包裹在乡村社会外部，国法在乡村社会并没有起到治理功能。在国家治理能力较弱的传统社会，乡村社会只能依靠自我生产的内生规则——民间规约进行自我治理。传统社会，乡村社会有一套完整的治理规则体系，保证了乡村社会的秩序稳定。

中华人民共和国成立之后，中国共产党领导全国人民进行社会主义改造，摒弃了传统的秩序与规则；伴随着政权下乡、政党下乡，国家治理能力逐渐变强，国家政策也输入乡村社会，农村依靠党和国家政策进行治理。由于要进行社会主义改造，传统时期的民间规约被作为封建残留或被清除，或被隐匿起来。但是，非文字性的惯习依然在村民们的生活、生产习惯中得以某种程度上的保留。

20世纪80年代之后，伴随着改革开放的深入，国家提倡"依法治国"与"以德治国"，与农村生产与生活密切相关的法律得以颁布实施，法律日益成为农村治理的唯一规则。法律下乡、服务下乡，国法得以向农村输入，国家治理能力进一步增强。

三 国家治理现代化与农村治理规则安排

在国家治理能力现代化下推进"农村基层治理法治化",是在国家治理能力增强过程中的又一特色的治理规则安排。国家法律将成为农村基层治理的重要规则,依法办事,依法治理。

(一) 法治、民约:国家治理现代化的农村治理规则安排

党的十八大以来,"国家治理能力现代化"这一核心命题在中央高层的文件中频繁出现,与之相对应的是"法治化"这一命题的频繁出现。可以说,农村是国家治理能力现代化与法治化建设的重镇,也是难点所在。

1. "法治化"是国家治理现代化的一种必然结果

传统中国,内生于乡土社会的民间规约之所以可以调整社会关系、规范和约束社会行为,是因为"民间规约"与国家法之间有着很强的同一性,国法可以利用民间规约整合乡土社会。1949年之后,建立了现代民族国家。现代国家要求建立统一主权的民族国家,要通过制度变革和统一的法律体系推进国家一体化。按照韦伯的三种权威的划分,现代民族国家建立在法理性权威基础之上,其成员基于对已制定的规则之合法性的信仰,其成员服从的仅仅是"法律"。[①] 因此,法律是现代民族国家的基础。20世纪以来,法律下乡带来民间规约,如疾风迅雨般隐匿于乡村社会;法律代替民间规约,走上治理舞台,成为农村治理的主要规则。

但是,由于传统的治理规则并没有完全消失,与法律存在一定的冲突;同时,随着农村经济社会的不断转型,农村社会矛盾日益突出,群体性事件、上访等日益加重,政府部门依法行政与依法治理、群众依法上访与依法维护自身合法权益,显得格外重要与紧迫。改革开放以来,中国的经济急剧增长,社会急速转型,逐步跻身于世界大国之列。建设一个现代国家尤为重要,现代国家需要现代法治。可以说,法治是国家治理的基本方式,法治化是国家

---

① 参见 [德] 马克斯·韦伯《经济与社会》(第1卷),阎克文译,上海人民出版社2010年版,第322—324页。

治理现代化的必由之路；国家治理法治化构成国家治理现代化的核心指标和主要标志。① 也正因为此，自党的十八大以来，着力加强"国家治理现代化"建设，"法治化"是国家治理现代化的一种必要选择，也是一种必然结果。

2. 法为主、约为辅：农村治理规则的一种特色安排

与传统社会相比，当下农村社会的复杂性与流动性增强，农民的需求多样化，农村自身治理事务多样而复杂，国家治理事务在农村的体现多样而复杂。在国家治理现代化背景下，法律作为主要的治理规则，是国家治理的必然选择。但是，法律作为文本性的规则，针对的是全国，而不是特定的地域，而特定地域的农村事务具有一定的地域性；宏观的法律条文并不一定能有效地、有针对性地治理特定地域农村的特定事务。加之，村民的"知法、懂法、用法"程度也会影响法律在农村治理中的功能限度。

因此，2015—2017 年的中央一号文件连续提出"要发挥乡规民约的积极作用"。从实际上看，21 世纪以来，民间规约在农村社会有一定的再生长。对于一些特定的具体事务的治理，不一定需要"法律出场"，依靠内生的民间规约，就可以起到"调解纠纷、维持秩序"的治理功能。因此，在国家治理现代化背景下，"法律为主、民间规约为辅"成为国家在农村治理规则中的一种特色安排。

（二）农村基层治理规则创新的当代样本

新世纪以来，许多农村在加强农村治理法治化的过程中，也逐步探索"民间规约"的积极作用，并取得了一定的成效。

1. 恩施经验：法律进村中的"村规民约"再生长

湖北省恩施州地处鄂西南，自然条件艰苦，经济资源缺乏，是土家族、苗族聚居区，传统的习惯法遗留较多，村民的法治意识淡薄。2015 年，恩施州政府开展"律师进村"项目。为了使法律更好地融入乡村社会，依托村民自治，强化了村规民约的制定流程。一是根据法律对现有的村规民约中的不法内容进行剔除，如在律师的引导下，利川市跌桥村将村规民约中"越法、违规、侵权"的内容一一剔除。二是对现有的村规民约进行完善补充，如跌桥村将"禁止整无事酒"纳入村规民约。三是根据需要制定新的村规民约，如在法律顾问的指

---

① 参见张文显《法治与国家治理现代化》，《中国法学》2014 年第 4 期，第 5—27 页。

导下，邬阳乡制定了《村规民约》，明令禁止"无事酒"等陋习；恩施市杨家山村《村规民约》还规定："不大操大办红白喜事，崇尚喜事新办，丧事从俭。红白喜事需向村委会报告，婚嫁事宜必须依法依规办理。严禁整、吃除婚丧嫁娶外的'无事酒'。积极开展文明卫生村建设，搞好公共卫生，加强村容村貌整治，严禁随地乱倒垃圾、秽物，建筑垃圾碎片要及时清理，柴草、粪土应定点堆放。"在专业律师的引导下，将法律与民间规约结合起来，在法治精神下，替换糟粕，升级规约，制定新规约，实现了"老少边穷山区"的"法律进村、法治落地"，在自治中探索出了一条农村治理法治化的新路子。

2. 都江堰样本：产权改革中的"规则"内生

四川省都江堰市利用2008年汶川地震重建家园的机会，一边推进农村产权制度改革，一边创新农村基层治理体系。以社区、院落为单位，重整自治单元，在法律的范围内，村委会、村民、社会组织等共同参与，民主制定更接地气的"规则"。一是以"院落、社区"为单元探索村民自治，并制定了相关的自治规程，如柳街镇黄家大院制定了《院规民约》，天马镇制定了《共建共约》《党建工作十五问》《天马镇社区党员干部行为准则》，九龙社区制定了《九龙社区村民自治章程》《中兴镇九龙社新居物业管理服务公约》等。二是针对特定的事务，制定了较有特色的规则，如柳街镇金龙社区泉水家园围绕"社区资金使用与管理"制定了《柳街镇金龙社区泉水家园资金管理制度》。三是为了规范社会组织的运行，使其更大限度地参与自治，服务经济和社会发展，如柳街镇制定了相关的《环境卫生保护协会章程》《老年协会章程》《平安协会章程》《村民议事会工作章程》等。在家园重建中，将产权改革、治理体系创新结合起来，引导农民积极参与，共同制定认同度、适应性更高的乡土性规则，既推进了产权改革进程，也促进了自治落地。

3. 佛冈案例："自然村"自治单元探索中的民间规约

佛冈县是粤北的贫困地区，人多地少，地块分散，农村大部分劳动力外出务工经商，行政村规模大，自治难以落地。为此，以"新农村建设"为契机，因地制宜，调整村庄规模，以"村民小组或自然村"为单位探索村民自治单元，成立村民理事会，民事民议民决。在佛冈县的农村，基本上每一个自然村就是一个家族、一个宗族的聚居地，传统的村规民约根深蒂固。在下沉自治单元的过程中，订立村规民约，引导村民参与，并利用宗族长老、乡贤理事会等资源使村规民约发挥作用。同时，对以往传统的村规民约进行修订，使之在现行的法律框架下运行。如该县"新农村建设示范点"大田村，由理事会先后起草并由村民大会讨论通过了《大田村经济合作社章程》《大田村理事会章程》《大田村理事会职责及议事规则》《大田村监事会职责》《大田村民主决策制度》《大田村村规民约》《大田村经济合作社章程》等规章，有效地规范了理事会成员的工作行为和农民的道德言行。

另外，在下沉自治单元（自然村落、自然屯）的创新探索中，湖北省秭归县、广西蒙山县等地的农村均结合实际情况，制定了一系列的"村规民约"，作为村民自治的行为规范，使自治依法、依规。

四 国家治理与农村治理规则安排之间的关系模式

通过对传统中国农村治理规则以及农村治理规则变迁与当下创新的实践考察，可以发现国家治理与农村治理规则生产之间存在着一种有规律性的关联。

（一）国家法、民间规约：农村治理的两种规则

民主要有成效，必须明智地选择它的行动规则。① 那么，明智的治理规则如何产生呢？无非是两种：一种是"他我生产"，一种是"自我生产"。国家法律是"他我生产"的规则，由国家制定并向农村输入的外部的合法性规则；民间规约是"自我生产"的规则，由民间主体制定，并为相应的成员提供行为准则与治理规则，是一种内生的合理性规则。如表4-3所示。

表4-3　　　　　　　　农村治理规则的特征比较

规则	生产主体	生产方式	特点
国家法律	国家	自上而下输入	外部性、合法性
民间规约	民间主体	自下而上内生	内生性、合理性

资料来源：作者自制。

无论是传统时期，还是集体化时期、改革开放之后，在农村治理中，一

---

① 参见［美］卡尔·科恩《论民主》，聂崇信、朱秀贤译，商务印书馆1988年版，第64页。

直有两套规则可循：一是国家法律，二是民间规约（包括惯习）。二者不同程度地在农村治理中发挥着不同限度的治理功能。二者同时作为治理规则，在农村治理中的作用并不是一成不变的，而是因时而动。如表 4-4 所示，在传统时期，国法是私法，不完备，国家没有能力将其输入农村社会，在农村社会的治理强度低，国法无为；但是，农村社会"自我生产"的民间规约比较完备，作用强度强，构筑了乡土社会中"无需法律的秩序"①。

进入现代国家建构时期，随着国家法律的不断完备，民间规约的效力降低，只在生产、生活中起着约束作用，农村以国法为主要规则进行治理。

表 4-4 国家法律与农村治理规则的作用比较

时段	传统社会		集体化时期		20世纪80年代至21世纪初		税费改革之后	
规则	国家法律	民间规约	国家法律	民间规约	国家法律	民间规约	国家法律	民间规约
完备程度	低	高	一般	低	高	低	高	较低
作用强度	弱	强	较强	弱	强	弱	强	一般
功能定位	无为	主导	主导	缺失	主导	缺失	主导	一般
规则角色	无	主	主	无	主	无	主	辅
作用范围	小	大	大	小	大	小	大	一般

资料来源：作者自制。

（二）民间规约体系：农村治理规则的中国经验

中国农村治理规则的安排与欧洲大不一样，进入中世纪之后，西方开始从"神的时代"进入"人的时代"，在追求"自由、平等、博爱、民主"的过程中，只有国家可以保护人权，逐步走上了一条法治道路。与此相反，中国农村治理规则是不同的道路：一是在传统中国，皇权不下县，国法不下乡，国法仅仅是悬浮在农村社会上空的一种制度，对于农民来说可有可无，农村社会的各种主体根据需要，自发制定各种各样的民间规约，或将祖祖辈辈们习以为常的规矩固定化，作为治理自我事务的规则，维持了一千多年来农村

---

① 于语和、张殿军：《民间法的限度》，《河北法学》2009 年第 3 期，第 52—57 页。

社会的正常秩序。一整套较为完备的农村自我治理的规则体系,是传统中国农村文明得以延续的"密码"。二是自农业税费改革之后,当前在国家治理现代化框架下,加强农村治理的现代化与法治化建设,进一步加强国家法律在农村治理规则中的强度,强化法律的治理规则功能。但是,由于农村传统的延续,旧有的村规民约或惯习依然很有市场,需要用法律对其进行改造和升级;加之,农村事务的"事无巨细",国家法律不可能"面面俱到",当前农民法治意识淡薄,为了促进农民的参与,催生村规民约的再生产,与法治结合,法治为主,民约为辅,共同治理农村。从长远看,这并不是传统的复归,而是现代国家法治化进程中的必要选择。

(三) 农村治理规则组合与国家治理的关系

国家法律与民间规约作为中国农村治理的两种规则,在历史上长期存在。在农村治理中,这两种规则不是一种"排他性"的存在,实际上是一种"组合式"的存在,其组合形式、组合程度取决于国家治理能力。国家法律的规则作用强度与国家治理能力成正比。当国家治理能力较弱时,国家无力制定多层多类的国家法律,也无力输入到农村;当国家治理能力增强时,国家有能力也必须制定多层多类的国家法律,并输入农村。民间规约的规则作用强度与国家治理能力成反比。当国家治理能力较弱时,国法无为,给民间规约提供了丰沃的土壤,容易内生出各种民间规约;当国家治理能力强时,法律下乡,也排挤了民间规约的生存空间。具体见图4-1所示。

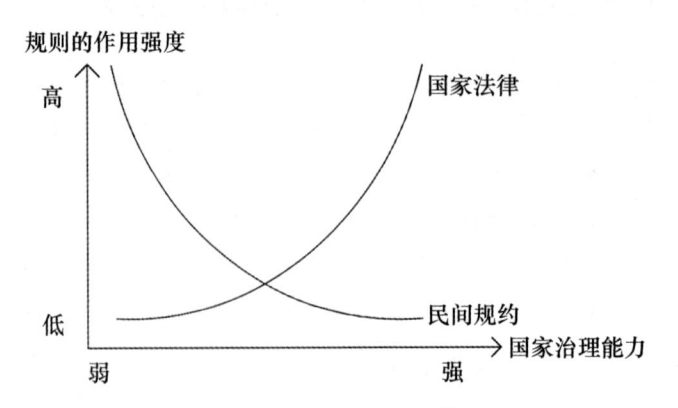

图4-1 农村治理规则组合与国家治理的关系

资料来源:作者自制。

前文已经谈到，国家治理能力可以具体分为：资源汲取、规制控制、服务供给、规则输入等四种能力。这四种能力不是静态存在，而是动态阶梯式存在。不同发展阶段的国家，其国家治理的能力有主次之分、排序之分。就中国来说，在传统时期，国家治理能力主要体现是"资源汲取"，农村是赋税与兵役的主要来源；集体化时期，国家治理能力主要体现为"资源汲取、规制控制、规则输入"，服务能力较弱；20世纪80年代至21世纪初，实行联产承包责任制，农业是国家财政的主要来源，国家治理能力主要体现为"资源汲取、规制控制、规则输入"，服务能力较弱；21世纪初，随着国力大增，进入工业社会，农村不再是国家财政的主要来源，伴随着农业税的取消，国家治理能力主要体现为"服务能力"，兼有"资源汲取、规制控制、规则输入"这三种能力。从国家治理能力的指向性来看，"资源汲取、规制控制、规则输入"这三种能力是单向度的，靠"国家法律"的权威就可以有效实现；但是，服务能力则是双向度的，农民个体多种多样、服务需求多种多样，公共服务供给也多种多样，要突出服务对象的主体功能，仅仅依靠"国家法律"不能有效实现。服务能力的实现要依靠服务对象的参与，要在法律的引导下，通过"民间规约"发挥村民的积极性，在"自治"中推进"法治"，在"法治"中规范"自治"。也正因为此，2017年中央一号文件继续强调"优良家风、文明乡风与新乡贤文化"的培育。

可以说，国家法律、民间规约作为农村治理的主要规则，二者之间的互动关系随着国家治理能力的不同而不同。国家治理能力由少到多、由简单到多样的过程中，国家法律逐渐成为农村治理的主要规则，民间规约趋于隐匿；国家的规控能力越强，民间规约越是趋于消失。国家法律与民间规约之间，是一种"排他性"互动关系。当国家治理的行政能力转向服务能力的时候，民间规约在国家法律的环境下生长，二者之间是一种"包容性"互动关系。如表4-5所示。

表4-5　不同国家治理能力下的国家法律、民间规约的不同组合形式

项目	传统社会	集体化时期	20世纪80年代至21世纪初	税费改革之后
国家治理能力的主要体现	资源汲取能力、规制控制能力	资源汲取能力、规制控制能力、规则输入能力	资源汲取能力、规制控制能力、规则输入能力	服务能力

续表

项目	传统社会	集体化时期	20世纪80年代至21世纪初	税费改革之后
农村治理规则的组合形式	民间规约为主、国家法律悬浮	国家法律为主、民间规约隐匿	国家法律为主、民间规约隐匿	国家法律为主、民间规约为辅
两种规则的互动关系	包容性互动	排他性互动	排他性互动	包容性互动

资料来源：作者自制。

（四）农村治理规则安排与国家治理的限度

国家治理能力是有限度的。[①] 无论国家治理能力有多么强大，农村治理事务总是繁多的、事无巨细的。国家也不可能针对这些特定的事务制定出一部又一部的法律。农村治理事务的治理也不一定是事事都需要"法律出场"；很多小事的处理，对于农民来说，"法律出场"的成本高。因此，民间规约作为内生的治理规则，在一定程度上可以弥补国家法律的不足。"法治化"作为"国家治理现代化"背景下的农村治理规则的高层安排，不仅有其必要性，也有其必然性。现代国家建构就是建设一个统一的人民主权国家，而统一的法律体系的建构是基础。因此，从长远来看，国家法律作为农村治理的主要规则是现代国家的安排，是国家治理的逻辑。

但是，国家法律作为农村治理的规则，也有其限度。法律无法满足农村"毛细血管式"的治理需求。因此，农村基层治理现代化需要一整套完备的治理规则体系，这需要做两种安排：一种是高层的安排，即国家法律；另一种是乡土的安排，即民间规约。但是，民间规约必须符合法治精神，不能与法治背道而驰。因此，乡村必须在现代法治的框架下，内生符合现代法治精神的现代民间规约。

[①] 参见邓大才《中国农村产权变迁与经验——来自国家治理视角下的启示》，《中国社会科学》2017年第1期，第4—24、204页。

第五章

吸纳性规制：传统宗族村落的
市场秩序及公共性运作[*]

一 血缘宗族的延续与内部市场秩序建构

20世纪80年代以来，学术界对宗族的关注甚多，对宗族问题的研究也较多，并已积累了大量的研究成果。总的来说，目前中国的宗族研究主要有三个类型：一是社会人类学亲属制度研究视野下的研究，二是从历史角度出发的研究，三是社会人类学亲属制度和历史学双重视野下的研究。[①] 总的来说，这些研究成果大抵都是在社会人类学、社会历史学的语境下研究宗族，而从政治人类学的语境下研究宗族者较少。毕竟建在血缘、地缘二元合一基础上的宗族共同体，它的维系与运行更多地体现为治理，即宗族如何利用内外各种资源实现自身的生存与延续。

学界普遍认为"族产与宗族延续有着必然联系"，因而也侧重于研究宗族内部的公共经济行为，"族田、族山"等族产构成了宗族的共同经济基础，既是联结族人的经济纽带，也是维系宗族延续的经济保障。因为"宗族共同体出于自身需要，拥有一定的集体财产；为了收族，以设置族田的方式作为宗

---

[*] 本章以《吸纳性规制：宗族村高利贷行为的公共化及其运行机制——基于粤北坪村蓝氏宗族的历史考察》为题，发表于《湖北民族学院学报》（哲学社会科学版）2017年第6期。

[①] 参见乔素玲、黄国信《中国宗族研究：从社会人类学到社会历史学的转向》，《社会学研究》2009年第4期，第196—213、245—246页。

族的经济基础,用族田收入祭祀祖先、建祠、修谱、赡养和教育族人,延续宗族"①。林耀华通过对义序的村庄调查,发现"族产是公共的,为全族人所公有,族人共同享受权利,负担义务"②,并得出了"祖产的集合责任制"的结论。同时,冯尔康等也认为:"族产作为宗族活动的公共经济,形成一种较为固定的族人之间的互助形式,这样睦族才不会流于心愿口说。"③ 吴祖鲲等认为,宗族共同财产是维持宗族正常运转并发展壮大的经济支柱。④ 可以说,目前学界对于宗族经济的研究均注意到了宗族的公共经济行为,共同持有"宗族维系与延续的经济基础"的观点;但是忽视了宗族内的私人经济行为,对宗族内外的带有私人性的市场经济行为关注不够,而正是市场行为使得宗族具有了流动性、开放性,而非一个完全封闭的社会。

宗族作为中国农村传统的社会性共同体,以血缘和地域为生存的基础;为了生存与延续,宗族并不完全是一个封闭社会,内部有族人之间的私人交易市场,外部与市场大环境有着密切的联系。这些市场主体或市场资源,或独立于宗族而存在,或遵循宗族逻辑运行,但可以说"宗族中有市场",这一点在"鼓励经商、富报桑梓"等族规中有明显的体现。弗里德曼在《中国东南的宗族组织》中论证了市场与宗族秩序、宗族延续之间有着紧密的关系,他认为:"在不发生流动的社会里,不能形成确定的社会秩序,现金经济、相对自由的土地市场、村落社区中流动的财富使得人们有可能期待拥有更多财富。村落中的经济运作依赖于一种假设,即家户是独立的经济单位,在原则上受市场自由运作的调整。"⑤ 但是,这一论点依然建立在"祀产是宗族运作的经济基础"之上,对"祀产"赖以存在的经济制度缺乏研究。恰如科大卫在《告别华南研究》中指出:"我们知道田产可以买卖,但是我们不问需要什么制度存在田产才可以买卖。"⑥ 葛学溥考察凤凰村之后认为,村落市场具有

---

① 常建华:《宗族志》,上海人民出版社1998年版,第314页。
② 林耀华:《义序的宗族研究(附:拜祖)》,生活·读书·新知三联书店2000年版,第50页。
③ 冯尔康、阎爱民:《中国宗族》,广东人民出版社、华夏出版社1996年版,第89页。
④ 参见吴祖鲲、王慧姝《文化视域下宗族社会功能的反思》,《中国人民大学学报》2014年第3期,第132—139页。
⑤ [英]莫里斯·弗里德曼:《中国东南的宗族组织》,刘晓春译,上海人民出版社2000年版,第21页。
⑥ 科大卫:《告别华南研究》,载于华南研究会《学步与超越》,香港:文化创造出版社2004年版,第26页。

服务性与连接性。① 他指出了宗族村落市场行为的一般性特征，但是也未能深入解释村落市场行为与宗族之间究竟是何种关系。那么，带有私人性、个体性的市场行为与宗族延续有什么关系呢？市场行为存在背后的宗族经济制度又是什么呢？

然而，笔者利用口述史研究方法，于 2015 年 8—11 月在广东丰顺县龙岗镇坪村的经济社会形态的田野调查中，却发现了 1949 年之前"高利贷"这一市场行为的另外一面：宗族组织将"高利贷"行为纳入宗族共同体框架内运行，并通过规则对其进行约束和规制，发挥其"族内救济"的经济功能，同时尊重"高利贷"行为的市场化本性，允许收取利息。鉴于此，本章提出"吸纳性规制"的概念，并试图解释高利贷行为与宗族延续之间的关系，并分析"高利贷行为公共化"的内在逻辑及其运行机制，回答"市场行为的宗族化"的一般性命题。

二　吸纳性规制的分析框架

"规制思想"最早可以追溯到英国的都铎和斯图亚特王朝时期（1485 年后）高度干预的政治体制，源于深受自由经济主义影响的自由资本主义时期，形成于 20 世纪 30 年代的经济大萧条时期。规制理论侧重于研究政府与市场的关系，政府为什么要规制市场，以避免市场失灵。其中，萨缪尔森、布坎南等对"国家干预"进行了早期研究，而凯恩斯从国家干预主义理论出发，在《规制经济学》中提出了"公共利益规制理论"。规制理论将"规制"看作一种约束方式，目标是服从公共需要。因此，规制（regulation）是指政府对私人经济活动所进行的某种直接的、行政性的规定和限制。② 它的本质是政府对私人经济行为的限制或管制，以实现政府的公共利益最大化目标，也称为公共规制。③ 另外，马克思主义经典作家对"规制"也有研究，并指出了

---

① ［美］丹尼尔·哈里森·葛学溥：《华南的乡村生活——广东凤凰村的家族主义社会学研究》，周大鸣译，知识产权出版社 2012 年版，第 61 页。
② 参见于立、肖兴志《规制理论发展综述》，《财经问题研究》2001 年第 1 期，第 17—24 页。
③ 参见安福仁《规制理论与中国政府管制》，《东北财经大学学报》1999 年第 1 期，第 34—41 页。

"规制主体与被规制主体的平等性，适当的制约是有序经济活动的基础"[1]。后来，激励性规制理论进一步发展了规制理论，将研究范式从"为什么规制"转向了"如何规制"，将激励作为规制的一种机制或方式。

规制理论对于我们理解宗族村的高利贷行为有着很大的启示价值，但是它不能准确解释"高利贷行为公共化"的三个问题。一是规制的内在逻辑是什么？二是规制的目的是什么？三是以何种方式规制，才能实现宗族整体性利益？鉴于此，我们引入"吸纳"的概念——吸纳体现为一个从体制外到体制内的过程，并按照体制内的游戏规则竞争和分配政治权力与利益[2]，或体现为一种控制模式[3]，或体现为一种合作模式[4]，并结合"规制"的性质、取向，提出"吸纳性规制"的概念。吸纳性规制是指某一组织将某种客观存在的事物、行为等纳入自己的组织框架内运行，并通过制定规则，对其进行约束和规范，在尊重事物原先本质性质的前提下，实现组织的整体性利益。它的主要特征是包容性、互补性、平等性。与之相对应的概念是"排斥性规制"，它是指某一组织对于组织内外的事物或行为进行制约、管制、监督，以约束、限制其运行。它的主要特征是管制性、制约性、等级性。

相对于学界流行的"政府规制理论"而言，"吸纳性规制"侧重于规制主体的本体论，同时兼顾被规制主体的本性，将二者看作一个"包容互补的整体，而非二元互斥的对立体"存在，强调规制的价值导向、方式取向、规制主体之间的平等性与依存性，看到了"被规制主体"的积极效应，提倡通过一种互动的方式看待规制主体之间的关系。

综上所述，"吸纳性规制"的概念可以帮助我们更好地理解坪村"高利贷行为公共化"的现象。具体来说，本章的分析框架如图 5-1 所示。

---

[1] 时家贤：《马克思主义经典作家政府规制理论探析》，《中国特色社会主义研究》2007 年第 3 期，第 43—46 页。

[2] 参见唐睿《体制性吸纳与东亚国家政治转型——韩国、新加坡和菲律宾的比较分析》，中央编译出版社 2014 年版，第 82 页。

[3] 参见郎友兴《政治追求与政治吸纳：浙江先富群体参政议政研究》，浙江大学出版社 2012 年版，第 250 页。

[4] 参见陈华《吸纳与合作：非政府组织与中国社会管理》，社会科学文献出版社 2011 年版，第 235 页。

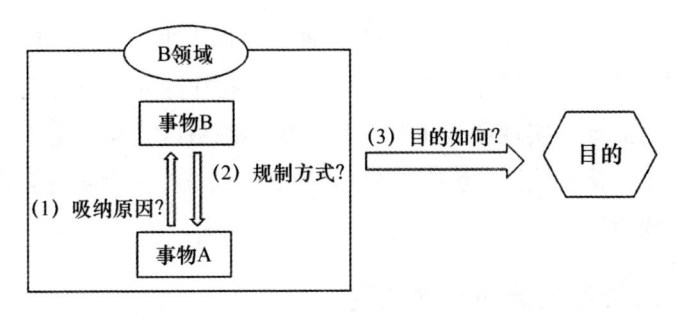

图 5-1 "吸纳性规制"的分析框架

资料来源：作者自制。

三 高利贷行为公共化的宗族村实践

坪村位于粤北山区，是一个大自然村，所辖 11 个村民小组，全村 300 户 1600 人，全村几乎全部姓蓝。蓝姓于明代永乐年间迁徙至此，现分为两个大房、八个小房，是典型的单一姓氏宗族村。永乐年间，开基始祖百一公规定："务本业，尚勤俭……禁我族人赌、嫖、贷，伤风化、辱祖宗；凡我族人为利而放贷者，或为而借贷者，乃违训者也，是其不孝也。不肖子孙，我族去之。"同时，为了使这一族规更加具象化、操作化，蓝氏宗族规定："凡是有借贷的，不能耕种祠堂田、学田与祭田。"但是，在民国中期以后，蓝氏宗族内部出现了"高利贷"现象，这一行为也得到了宗族的允许，并在宗族框架下运行。

（一）宗族吸纳"高利贷"，救济族人

明清时期，"高利贷"在蓝氏宗族是绝对不允许的，"放贷与借贷"被视为触犯族规的行为。但是民国中后期，由于频繁的战乱、征兵与赋税的增加以及自然灾害频发，使得仅有 15 亩族田的蓝氏宗族难以在灾难频繁之年对全族进行救济。因此，蓝氏宗族不得已破除族规，允许高利贷，帮助宗族救济贫困。将高利贷纳入宗族公共领域，实现了高利贷的宗族化。恰如 84 岁的蓝福墙老人所说："民末的时候呢，闹饥荒、粮食减产，大家都吃不饱，为了使族人都生存下去，只能允许借贷了。我们姓蓝的又不富裕，不能养那么多人，

借贷还是可以使好多口人活下去的。"因此，可以看出，在民国时期，蓝氏宗族内部以宗族的名义，将之前明令禁止的"高利贷行为"公开化，主要是出于救济族人的需要，实现族人生存与宗族延续的目的。而据老人们回忆，以前之所以禁止"高利贷"，是因为宗族要抑制高利贷行为带来的族内分化，进一步凝聚宗族力量。

（二）放贷者人选的宗族议定

"宗族吸纳高利贷"的第一步是设置严格的"高利贷准入门槛"。在民国中后期，蓝氏宗族每年只允许族内的一户农户放高利贷，不能多户，这样的农户一般是家里占有土地较多的农户，或是在外经商的农户。根据老人们的回忆，高利贷人选的确定实行"口头申请制"。如果哪一家农户今年有意向成为"放高利贷者"，这一家的家长必须在元宵节之后，向族长申请成为本年度的"放贷者"，只能向族长提出申请，其他人不行。在此之后，族长召集八大房长、大叔公等，召开"房亲会议"，共同商议决定放贷者人选。一般情况下，在春祭结束之时，由族长公布人选，以确保第一季稻谷的正常耕作。如果族人对"放高利贷者的人选"有异议，可以当场提出意见，族长及"房亲会"会当场对族人的疑问进行解释。如果对公布的人选当场不提出意见，之后便不能再提出意见。因为再提出意见，直接妨碍了"放高利贷人选"的确定，从而在时间上会影响或延迟春耕的正常进行。

"放贷者"的选定，蓝氏宗族有一套固定的制度规则。如果是族长、族人等多人申请放贷，则族人优先。放贷人选的确定，一般按照"信誉、财富、辈分"的标准确定人选。因为放贷属市场行为，信誉是保证秩序的前提；而只有财富较多的家庭，才具备一定的放贷能力。同时，蓝氏宗族规定："禁我族人向外族借贷，如有之，罚扫祖祠一旬。"可见，蓝氏宗族的内向凝聚力较强，具有较高的排他性。

（三）借贷利息的宗族确定

"高利贷利息的宗族规制"是蓝氏宗族高利贷行为公共化的显著特征，具体表为：在"高利贷利息的确定权"上，宗族优于且高于放高利贷者。"放高利贷者"本人并不具备制定利息的资格与权利。因为高利贷利息不是由放贷者决定，也不由借贷者决定的，而是由蓝氏宗族决定的。在每年的第二季稻谷收割之后，根据本年度的借贷者的收成，族长召集八大房长、大叔公，在蓝氏祠堂召开"房亲会议"，根据借贷者的收成以及家庭情况，综合考虑放贷者的利益诉求，大家共同商议确定利息。利息确定好之后，由放贷者、借贷者各自所属的那一房的房长通知放贷者、借贷者。如果借贷者、放贷者没有意见，就照此执行。如果二人有意见，可以反馈给房长，由房长反馈给族长，并再次召集八大房长、大叔公，在祠堂召开"房亲会议"。这一次的"房亲会议"是开放的，借贷者、放贷者必须参加，向"房亲会议"表达各自的利益诉求，由大家共同商量利息，直至借贷者、放贷者都满意利息的数额为止。但是，借贷者、放贷者只要同意了利息的数额，就不能再反悔，否则会受到族规的惩罚。

因此，每位借贷者的利息也不尽相同；确定利息的基本原则是"丰收年偏高，歉收年偏低"。以借贷稻谷为例，如果是在丰收之年，借贷1斗稻谷，还稻谷2斗，利率比为1:2；如果是在歉收之年，借贷1斗稻谷，还稻谷1.5斗，利率比为1:1.5。借贷现金的利率比也大致如此。但是，如果族长是放高利贷者，则利率是固定的，但是要低于歉收之年，利率比一般是1:1.2。

（四）契约签订的宗族参与

在访谈中了解到，对于一般的契约签订，如卖牛、卖田等，在传统中国，坪村蓝氏宗族内部的民间契约签订一般需要四人，即当事人双方、一位中人、一位执笔人。同时，中人、执笔人，由当事人自己请，并不固定一定是房长、族长，当事人有较大的自由处理权。

但是，老人们告知，唯独高利贷契约的签订，对"中人、执笔人"等人选，当事人没有自由选择的权利。在蓝氏宗族高利贷契约签订中，则掺入了宗族公共权力与权威的代表者与行使者，即族长、房长。根据老人的回忆，族长一般担任"执笔人"，负责执笔高利贷纸质契约；借贷者、放贷者所在的那一房的房长，一般担任"中人"，负责见证高利贷这一行为并做证。在高利贷契约签订中，族长、房长均是义务劳动，没有报酬，不需要借贷者或放贷者支付报酬，也不需要请族长、房长吃饭。

总体来说，在民国中后期，满足以下六个条件的高利贷契约才被蓝氏宗族视为合法、有效的契约。第一，凡是借高利贷，均要签订纸质契约；第二，签订契约须由五人参与：族长、放贷者及其房长、借贷者及其房长；第三，五人均需在契约上签字,族长是中间人,双方所属房支的房长是保人,如果借贷者与放贷者属于同一个房支,四人参与即可;第四,契约必须在祠堂或族长家中签订,不能在借贷双方农户的家里签订;第五,契约一式三份,一份由借贷者保存,一份由放贷者保存,一份由族长留存。族长将这一份放置于盛放族谱的匣子里,并悬吊于祠堂的房梁上,族长不能私自将其带回家里;第六,契约签好之时,借贷者须在祠堂门口放一串鞭炮,以告诉祖宗先人,并承认和致歉自己触犯之前祖先们所定的"禁贷"族规。

(五) 按时还贷的宗族见证

对于还贷的时间、地点、方式等,蓝氏宗族也有严格的规制。一般来说,借贷的周期是半年。即当年春祭之后借贷,当年的稻谷收获之后,就要准备还贷了。还贷的时候,借贷者要自觉提出还贷的申请。如果逾期,由族长通知借贷者所在的那一房的房长,由房长通知借贷农户的家长。在蓝氏宗族的借高利贷的还款程序中,遵循"初始原则",即借钱还钱,借谷还谷,并规定还款日统一为"冬祭"之后。无论借贷者是否还得起借贷,均需提出口头申请,以便于"房亲会议"确定利息。利息确定之后,由借贷者所在的那一房的房长通知借贷者前往祠堂还款,还款者必须是签订契约的那个人,不能由家里的其他人代替。还款之时,当初参与签约的五个人均需参加,当面还清借款与利息,撕毁当初签订的三份契约,本次高利贷行为到此结束。

(六) 逾期还贷的宗族保护

既然宗族介入了高利贷行为,那么对于高利贷行为中"无法终结"现象,宗族也在某种程度上,尊重"高利贷"这一市场行为的"营利性",即"在最大程度地保护借贷人的生活延续的情况下,也最大程度地保护放贷者的利益"。

对于无法按期还贷的族人,蓝氏宗族还制定了一系列的保护措施,使吸纳与规制达到平衡:一是保护族人,确保其生存权;二是保护放高利贷者,承认其正当的收益权。如果借贷者在冬祭后不能正常还款,可以口头申请延迟还款;是否追加利息,由"房亲会"根据家庭情况而定。第一,如果借贷者家里有读书人,族长可用族田收入替其还款。第二,如果借贷者因家贫而无法还款,可以延迟还款,无须追加利息。第三,如果借贷者因"赌、嫖"而无法还款,则要以族规惩罚,一般罚"跪祠堂一天,且抄写族规100遍",

同时给放贷者做工，偿还所贷之款，直到还清为止。①

通过上述材料可以看出，"高利贷"这一行为在本质上属于市场行为，是一种私领域的私行为，只涉及"借贷者、放贷者"等双方的利益关系，并不涉及宗族的整体利益关系。但是，宗族是一个天然带有共同血缘纽带的血缘共同体。当宗族成员面临生存的威胁时，宗族共同体有责任、有义务对共同体成员进行救济与保护。但是，蓝氏宗族作为粤北山区的小宗族，经济基础薄弱，当宗族共同体成员所面临的威胁所需要的宗族救济力量，超过了蓝氏宗族所能承受的临界点，蓝氏宗族不得不借助市场的力量，而"高利贷"是最好的选择。作为市场行为的"高利贷"，在实际运作中必不可免地难以褪去其自身的"利益私性"，如果任其自由运行，那么必然带来"贫富分化"，并带来族人之间的矛盾，并很快以市场的力量瓦解宗族。因此，抑制"高利贷"的分化力量的最佳举措，便是以宗族共同体的力量去压制"高利贷"行为的分化力量，用共同体的"合"去抑制"高利贷"的"分"。因此，宗族共同体的力量贯穿于"高利贷"行为发生的全过程，包括"高利贷人选的确定、利息确定、契约签订、还款、逾期还款的处理"等。

四　高利贷行为公共化的内在逻辑与功能

在民国中后期的蓝氏宗族，允许"高利贷"行为在族内的存在，并将高利贷行为纳入宗族框架内运行，以宗族的公共力量，对其进行规制与约束，一方面实现了高利贷行为的宗族化，另一方面也利用市场活动的力量实现了宗族救济的功能。

（一）宗族生存：高利贷行为公共化的逻辑起点

自明朝永乐年间，百一公搬迁至坪村开基建村，族人繁衍到民国时期，与周围村庄的宗族相比，蓝氏宗族可以算是一个比较小的宗族。一是人口规

---

① 根据老人们的回忆，在民国中后期的蓝氏宗族内部的高利贷行为中，还没有发生过一例纠纷。由此可见，蓝氏宗族为了救济族内农户，将高利贷引进来，成功地实现了宗族共同体对高利贷行为的公共化，并有效遏制了高利贷行为在族内的泛化与分化。

模较小。《蓝氏族谱》记载，民国二十四年（1935），蓝氏族人260余人，而马图饶氏族人600余人，江坑朱氏族人800余人，新华彭氏族人2000余人。二是共同的经济基础薄弱。蓝氏宗族仅有祠堂田5亩、学田5亩、祭田5亩、房支田18亩。三是族人经济状况较为贫困。民国二十四年，蓝氏宗族人均土地不足2亩，而相邻的江坑朱氏宗族人均土地达5亩之多。

民国中后期，由于战乱频仍导致赋税加重、征兵较多，加之旱灾频发，坪村地处山区，稻谷耕作的连年减产，导致蓝氏族人面临着极大的生存威胁。在正常年景，蓝氏宗族依靠自身的救济机制，可以实现族内赈济。但是，在内忧外患的民国中后期，仅有的33亩族田无法实现赈济近乎260人的目标；为了赈济族人、延续宗族，以"族长、大叔公"为领导核心的"房亲会"召开"房亲会议"，同意废除开基始祖"百一公"的"禁贷"族规，特许"一年一位放贷者"的存在。同时，制定一系列的规则，对"高利贷"行为进行一定的制约，使其在宗族框架内运行。

出于"宗族救济、族人生存"的逻辑出发点，蓝氏宗族充分考虑并利用市场，发挥"高利贷"这一市场行为的救济功能。这也说明宗族具有很强的包容性、自我伸缩性。宗族可以依靠自身生存和延续的时候，禁止"高利贷"行为，因为高利贷会带来财富的过度集中，带来财富分化，进而导致宗族内部的分裂与分离，对于规模较小的蓝氏宗族，高利贷的分裂力度会更强；但是，由于外力导致宗族无法实现自我救助、自我依存的时候，宗族又可以利用其宗族权威，将"高利贷"这一市场化行为吸纳进入宗族公共领域，利用市场的力量实现宗族公共利益，并用宗族规则降低市场行为的分化力。在这里，宗族共同体似乎扮演着一种宏观调控的经济体的角色，一方面对高利贷行为进行宏观规控，另一方面又对高利贷行为的具体细节、借贷与房贷当事人双方的行为等进行微观的调节。总之，如果说"凝聚宗族、避免高利贷分化宗族"是制定"禁贷"族规的逻辑出发点，那么，"族人生存、宗族延续"则是"废除族规、特许高利贷存在"的逻辑基点。

（二）吸纳性规制：高利贷行为公共化的运行机制

"吸纳性规制"强调吸纳的包容性、规制的平等性。蓝氏宗族以宗族力量、宗族规则，将"高利贷"行为吸纳进入宗族内部，从私领域让渡到公领域，实现市场行为的宗族化；但是，宗族并不否定"高利贷"的私性，在尊

第五章 吸纳性规制：传统宗族村落的市场秩序及公共性运作　91

重其市场营利性的基础上予以利用，使"高利贷"行为带有私人性与公共性、市场性与宗族性等双重性质，在"宗族与市场"结合的基础上，最终实现了宗族生存的公共利益。（具体见图 5-2、表 5-1。）

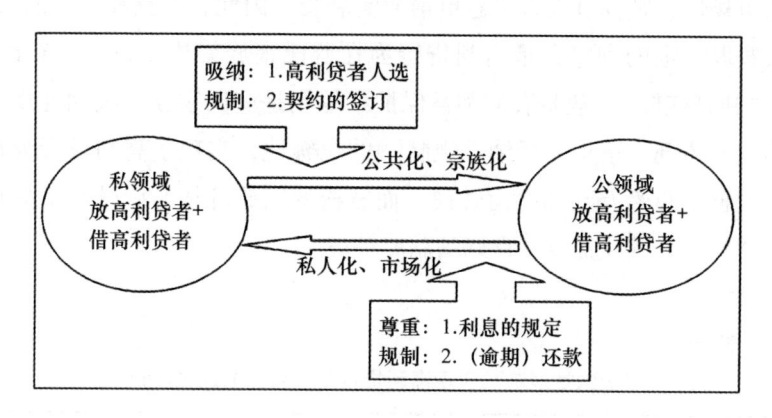

图 5-2　高利贷行为公共化的运行机制

资料来源：作者自制。

首先，宗族吸纳是高利贷行为公共化的基础，其实质内容表现为市场行为的宗族化。在民国中后期，对于经济基础薄弱、人力有限的蓝氏宗族，面对灾难的威胁，出于"续族"的考虑，吸纳市场资源进入宗族领域，以市场力量补充宗族力量，实现"续族"。吸纳方式具体体现为："高利贷行为"从"宗族禁令禁止"到"宗族特许特行"，并且按照宗族逻辑运行，而不是市场逻辑；同时，以宗族权威赋予其特殊角色，使"高利贷行为"从"私"到"公"，承担一定的"救济功能"。宗族吸纳的结果表现为"宗族与市场"的结合，宗族利用市场救济族人，市场依附宗族获取利益。

其次，宗族规制是高利贷行为公共化的关键，主要在于规制市场行为的分化力。蓝氏宗族允许"高利贷"行为的初衷是利用其资源配置，实现救济族人的目的，而高利贷本身带有牟取暴利的本性；因此，为了最大限度地发挥高利贷的救济功能，必须用宗族权威、宗族力量对其进行一定的制约，使其与宗族同步运转。其中，"高利贷准入机制的严格限定"（如放贷者人选、人数等）、利息的"房亲会"议定、"契约签订"的宗族介入、"还款"的宗族参与、"逾期还款"的宗族保护等都是蓝氏宗族"吸纳性规制"中最重要的手段。如果仅仅吸纳而不规制，高利贷的市场分化性就会带来宗族的分裂。

最后，高利贷行为公共化的根本在于尊重市场行为的属性，即营利性。高利贷作为一种纯粹的市场行为，其存在的本质目的是营利。如果忽视了高利贷的市场性，则没有族人愿意申请放高利贷。因此，尊重高利贷的市场性、允许其收取一定的利息，是高利贷行为在蓝氏宗族架构下正常运行的根本。其中，"利息杠杆""放贷者的利益保护"等则是蓝氏宗族"吸纳性规制"包容性的主要体现。正是"吸纳性规制"的包容性，实现了高利贷行为在"私与公"之间的良性互动和自由转换，而宽松的宗族环境与弹性化的宗族规则为高利贷行为公共化提供了良好的制度环境。

表 5-1　　"吸纳性规制"实现高利贷行为公共化的逻辑解析

	类别	实现形式	功能体现
基础	宗族吸纳	1. 必要条件：宗族面临灾难，无法实现自我救济； 2. 吸纳方式：宗族解除"高利贷"禁令，赋予其存在合法性； 3. 绝对条件"高利贷"按照宗族逻辑运行，而不是纯粹的市场逻辑。	宗族利用市场力量，延续宗族
关键	宗族规制	1. "高利贷准入机制"的严格限定（人选、人数）； 2. "利息"的宗族议定； 3. "契约"的宗族介入； 4. "还款"的宗族参与； 5. "逾期还款"的宗族保护（族人与放贷者）。	宗族以其合法生产规则的能力，规范"高利贷"，抑制其市场分化力
结果	"宗族与市场"的结合	"吸纳性规制"下的高利贷公共化	市场行为的宗族化

资料来源：作者自制。

（三）宗族延续："吸纳性规制"下高利贷公共化的功能体现

民国中后期，蓝氏宗族在"安全—生存"的动力驱使下，将高利贷纳入宗族公共领域，并使其在"吸纳—规制"框架下运行，将放贷者的个体利益与宗族的公共利益高度结合在一起，使得高利贷行为最大限度地发挥了"宗族生存与延续"的功能。

第一，"高利贷行为公共化"体现了宗族具有高度的自我救济功能。在宗族自身救济能力有限的情况下，利用市场的力量，救济族人，延续宗族。对于经济基础薄弱的蓝氏宗族而言，以市场补充宗族，将宗族的救济功能转嫁到高利贷行为之上，赋予高利贷行为一定的公性。以族长为首的房亲会，作为蓝氏宗族的权威组织，对族内一切事务、资源都有着至高无上的支配权、控制权；但是这一权力的合理性存在缘于族人共同的血缘认可，它的合法性使用取决于其是否以维系宗族共同利益为出发点。高利贷行为的公共化，与实现宗族公共利益的取向和程度紧密相关。

第二，"高利贷行为公共化"反映了宗族具有规避分化的功能。市场行为天然地具有分裂性。马克思认为："商业对各种已有的、以不同形式主要生产使用价值的生产组织，都或多或少地起着解体的作用。"[①] 高利贷作为典型的商业行为，其直接后果就是财富的过度集中，带来族人"穷与富"的两极分化，进而导致宗族内部的分裂。为了避免分化，蓝氏宗族以其制定规则的垄断性权威，通过限制"放贷户数、契约签订、利息确定、还款程序"等，将高利贷带来的过度市场化风险降到最低，从而规避市场行为带来宗族分化的可能性。

第三，"高利贷行为公共化"映射了宗族具有较强的治理平衡性、自我协调性功能。在面临生存威胁时，宗族选择利用市场力量，并通过制定规则，以"丰收年偏高、歉收年偏低"的利息机制来协调宗族公共利益与市场个体利益，使二者保持较高的平衡性，而不至于出现"过度市场化、过度干预"的现象。蓝氏宗族"房亲会"在"吸纳—规制—尊重"高利贷的过程中，宗族的自我协调性、平衡性，使得高利贷行为在"公与私"之间得以良性互动。

蓝氏宗族作为经济基础薄弱的宗族共同体，当其外部威胁的力量大于共同体自身所能承受的能力，其出于共同体共同利益的考虑，借助外部力量，或是国家的力量，或是市场的力量。无论是市场力量，还是国家力量，外部力量或多或少地带有一定的分化力。如何借助外部力量，实现共同体共同利

---

① [德] 卡尔·马克思：《资本论》（第三卷），人民出版社 2018 年版，第 371 页。

益,又规避外部力量的分化,蓝氏宗族共同体选择的是"吸纳—规制",以宗族共同体的整体性吸纳外部力量,在尊重外部力量的行为的本质属性的基础上,又以宗族共同体的力量对外部力量的行为进行规制,实现包容性的共赢。

五 吸纳性规制能力与血缘共同体的活力

粤北坪村的田野调查启示我们:一是注意到宗族组织的吸纳能力与规制能力,二是注意到宗族村庄市场行为的宗族化、公共化现象。"吸纳性规制"是对坪村蓝氏宗族"高利贷行为"的界定和解释,这说明对于资源相对贫乏的弱小宗族,也可以掌握生存权——通过宗族制度,将宗族外的市场性资源或力量宗族化。这与周大鸣等提出的"经济发达的宗族才能掌握生存权"[①]相对,周大鸣认为,宗族经济基础强大,是宗族自身强大,不被别的宗族或自然因素所打垮的必然条件之一;并进一步认为,经济基础强大的宗族,可以利用家庭或宗族的血缘与地缘关系,实现与市场经济的互补作用。周大鸣的观点是基于广东大宗大族的考察而得出的。但是,在广东,并不是所有的宗族都属于经济基础强大的大宗大族。那么,对于经济基础薄弱的小宗小族,当面临威胁时候,如何掌握和利用"生存权",实现救济族人、实现自我延续呢?可以说,强大经济基础的宗族共同体的"生存权"是一种静态的"生存权",是一种不需要借助外部力量就可以获得的。而经济基础薄弱的宗族共同体也可以掌握"生存权",只不过这种"生存权"是一种动态的、发展的"生存权",是需要借助外部力量才可以获得的。蓝氏宗族的"高利贷行为"从一个侧面反映了宗族具有较强的合法性生产能力、规则生产能力。宗族的合法性生产能力决定了对于"高利贷行为"的吸纳能力,宗族的规则生产能力决定了对于"高利贷行为"的规制能力;而"高利贷行为"发挥宗族救济功能的程度取决于吸纳能力与规制能力的适度平衡。

在"吸纳性规制"框架下,"高利贷行为公共化"可以具体解释为"宗族吸纳市场、宗族规制市场、宗族尊重市场"。"吸纳性规制"可以有效地解释"市场行为宗族化"的一般性现象,一方面体现了宗族制度具有统制性与

[①] 周大鸣等:《当代华南的宗族与社会》,黑龙江人民出版社2003年版,第358页。

包容性等双重性质，一方面印证了"宗族与市场经济相互依赖、互为支柱、相得益彰"的观点。"高利贷行为"在宗族制度的特许下，存在于宗族内部；又在宗族制度的规制下，运行于宗族内部；更是在宗族制度的包容下，还原自身营利的市场私性。在"吸纳性规制"框架下，高利贷行为的个体利益与宗族整体的公共利益之间，形成了一个封闭的循环互动系统，最终实现宗族救济、宗族生存的现实目标。这也正是宗族共同体得以生存、维系及运行的核心所在。

"吸纳性规制"的解释框架也从另一个侧面反映了蓝氏宗族的吸纳能力、规制能力。吸纳能力是指宗族利用市场力量，补充自我、实现自我目的的能力；规制能力是指宗族规范市场行为，规避市场私性与分化的能力。通过对蓝氏宗族"高利贷行为公共化"的调查可以发现，蓝氏宗族具有较强的吸纳能力、规制能力。在"吸纳性规制"解释话语中，吸纳能力是基础性变量，规制能力是关键性变量；"吸纳性规制"的实施首先取决于"吸纳能力"，其效果取决于"吸纳能力与规制能力"的均衡性。如果吸纳能力高于规制能力，宗族无法规避或抑制市场力量的分化，导致宗族分裂；如果吸纳能力低于规制能力，宗族无法最大限度利用市场力量的救济功能。而"吸纳能力与规制能力"的均衡性取决于宗族合法生产规则的能力，规则生产力是"吸纳性规制"发挥作用的限度，这也是自由与民主产生的根源。

与"吸纳性规制"相对的概念是"排他性规制"，即"规制能力远高于吸纳能力"。"排他性规制"主要依循自我本位逻辑，规制主体的主观意志表现突出，占据主导地位。规制主体也制定了一系列规则，对规制对象加以约束和限制，但是，这种规则主要对规制对象加以打压、消除，将其排除在本领域之外，二者的主体地位是不平等的。"排他性规制"结构中，不容易实现合作与共赢，宗族与市场之间的自洽性程度较低，很容易出现"过度市场化、过度管制化"现象，这也是目前研究"政府与市场关系"学者所忽视的。

本章以粤北坪村的蓝氏宗族为个案考察，以"吸纳性规制、排他性规制"来认识和解剖1949年之前宗族村庄中"高利贷行为公共化"现象，有助于我们进一步辨识宗族与市场的关系，有助于解释"市场行为的宗族化"这一一般性命题，进而成为理解"当代中国政府与市场关系"的一个理论视角。这也是本章所希望作出的贡献所在。

中 篇
村民自治与乡村治理

第六章
村民自治有效实现的民族状况[*]

2014年中央一号文件提出"探索不同情况下村民自治的有效实现形式"命题，2015年再次提出"探索符合各地实际的村民自治有效实现形式"。这说明，村民自治要分情况讨论，不同情况下村民自治的实现形式是有区别的。我国自古以来就是一个多民族国家，各民族交错杂居，在物质基础、历史底色、民俗宗教、文化传统等方面的差异性较大，分民族状况讨论村民自治有其必要性。那么，民族状况如何影响村民自治呢？不同民族情况下村民自治又有何区别，又如何有效实现呢？

一 民族状况与村民自治的关联性

民族的概念是在资本主义兴起之后才有的，是现代国家的特有属性。吉登斯认为，"民族指居于拥有明确边界的领土上的集体，此集体隶属于统一的行政机构"[①]。费孝通认为，"民族是在人们共同生活经历中形成的一个实体"[②]，各民族对内部事务享有自主权和自决权，自我处理民族地域内的一切

---

[*] 本章以《汉族与少数民族：村民自治有效实现的民族状况》为题，发表于《东南学术》2016年第2期。

[①] ［英］安东尼·吉登斯：《民族—国家与暴力》，胡宗泽等译，生活·读书·新知三联书店1998年版，第141页。

[②] 费孝通：《简述我的民族研究经历和思考》，《北京大学学报》（哲学社会科学版）1997年第2期，第5—13、159页。

事务。作为族群属性的民族状况与自治紧密相关。

（一）民族状况的基本类型：汉族、少数民族

费孝通在"中华民族多元一体格局"中提出："中华民族所包括的五十多个民族单位是多元，中华民族是一体。"[1] 基于此，本章根据自治的传统、动因、资源和治权性质等，将民族状况的基本类型分为汉族、少数民族。在表6-1中，对二者进行了简要比较。

表6-1　　　　　　　　　　民族情况基本类型的比较

民族状况	自治传统	自治动因	自治资源	自治权的性质
汉族	郡县制下的士绅治乡	因利益而自治	物质资源较多	正式性较强
少数民族	地方自治下的长老治寨	因文化而自治	文化资源较多	非正式性较强

资料来源：作者自制。

1. 汉族与少数民族农村有着不同的自治传统

为了解决边疆民族的治理问题，封建王朝对少数民族地区实行地方自治。中央王朝敕封少数民族地区的首领，赋予其合法权力，对民族内部事务实行自决，如明清时的土司制、蒙旗制和门宦制等。"皇权不到边"的少数民族一直有地方自治的传统，而在少数民族农村，依照风俗习惯、宗教信仰、老人权威等自我处理村寨事务，具体表现为习惯法治理、长老治理和头人治理等。

秦汉以来，汉族地区实行郡县制。中央王朝试图将权力的触角延伸至乡村社会，在县以下施行乡（亭）里制或保（里）甲制；皇权试图统治乡村的同时又赋予乡村一定的治权，导致乡村权力体系具有行政权与自治权的二元特征，在这两种权力相互作用下实现乡村治理，直接表现为地主士绅对乡村社会的统治。[2] "县下皆自治"依靠的是士绅，他们是乡村自治的实施者。因此，"从自治的一般意义上说，中国古代也存在自治，主要表现为与宗法关系

---

[1] 叶江：《对50余年前汉民族形成问题讨论的新思索》，《民族研究》2009年第2期，第1—10、108页。

[2] 参见徐勇《非均衡的中国政治：城市与乡村比较》，中国广播电视出版社1992年版，第74—82页。

联系密切的族民自治,其实质是士绅治乡"①。恰如韦伯所说,传统的村落自治"在法律上或事实上都具有地方自治团体的行动力,是组织化的自治"②。

2. 汉族与少数民族农村有着不同的自治动因

少数民族历来居于经济落后山区,日常生产和生活需要彼此帮助,由此导致社会单元是族群而不是家庭,村民按族群组成村寨。在共同生活中形成了共同的风俗习惯、宗教信仰等,这种民俗文化既维系着民族共同的血缘,也围绕文化在村寨地域内形成了一种稳定的共同体。这种寓于习俗、服饰、宗教等多种形式的文化成为少数民族族群认同的纽带,也在无形之中孕育了一种带有"互助、内聚"等属性的自治文化。在这种自治文化下,族民之间互帮互助,共同处理内部事务。因此,少数民族农村是"因文化而自治"的,而民族之间的差异性恰恰在于其不同文化人群的归属感,其基础是群体的自我称谓、语言、历史神话、宗教、精神和物质文化。③ 汉族则居于经济稍好的东中部地区,"社会单元是家庭而不是个人,村民们按照家族制度组织起来"④,以血缘、亲缘关系为基础形成宗族共同体,开展自治。宗族内的族长和士绅依靠土地、权势和声望成为乡村社会的权力主体,联结乡村社会内外,是乡民利益的代表者与保护者。国家通过士绅阶层汲取乡村利益,士绅阶层的利益来源于乡民,士绅阶层通过为乡民提供保护以保证国家和自身利益的稳定性。成员依靠共同体才能维持生存,聚居在村落地域内而不得离开,形成了村落共同体的聚合力。在"连坐"的保甲制下,大家"一荣俱荣、一损俱损",彼此之间,利益紧密相关。可以说,汉族村落是"因利益而自治"的。"宗族成员不一定亲自决定谁代表他们,但通常村公会从适当的宗族中挑选与己类似的乡绅"⑤,说明了共同利益是宗族治理的出发点。

3. 汉族与少数民族农村有着不同的自治资源

村民自治作为一种共同行动,依赖于一定的资源占有与资源利用;自治

---

① 徐勇:《中国农村村民自治》(增订本),生活·读书·新知三联书店 2018 年版,第 79 页。
② [德] 马克斯·韦伯:《中国的宗教:儒教与道教》,康乐、简惠美译,广西师范大学出版社 2010 年版,第 143 页。
③ 参见 [俄罗斯] B. A. 季什科夫《民族政治学论集》,高永久、韩莉译,民族出版社 2008 年版,第 148 页。
④ [美] 费正清:《美国与中国》,张理京译,世界知识出版社 1999 年版,第 22 页。
⑤ [美] 杜赞奇:《文化、权力与国家:1900—1942 年的华北农村》,王福明译,江苏人民出版社 2010 年版,第 90—91 页。

资源主要有物质资源、人力资源和文化资源。少数民族与汉族所依赖的自治资源有着质与量的差异。少数民族地区的乡村自治中，文化资源优于物质资源和人力资源。少数民族地区主要是西南山区、西北高原或北部草原，地理偏僻，自然条件较差，历来都是经济欠发达地区，可供自治利用的物质资源较少。但是，少数民族在历史传承中孕育了深厚的民俗文化，其中蕴含着丰富的自治基因，如族规、习惯法、宗教信条等，可以形成一种较强的凝聚力，便于村寨自治。由此，在共同的文化认同基础上形成了多样化的自治形式，如长老治理、宗教治理、礼俗治理等。

在汉族乡村自治中，物质资源比较丰富，人力、文化资源次之。"一个国家越富裕，它准许民主的可能性就越多。"[①] 汉族地区主要是黄河和长江中下游的中部和东部，自然条件好，水土肥沃、地势平坦、物产丰富，乡村商业相对繁荣，紧密了人们之间的利益联系，为自治准备了较充分的物质基础。较强的经济基础带来了耕读、科举等儒家文化在乡村的繁荣，为乡村集聚了一大批乡贤精英，主导着村庄治理；儒家思想所倡导的伦理道德为汉族村庄的自治提供了秩序的保障，在家户制下形成的宗族文化、家族文化为乡村治理提供了稳固的文化资源。因此，在自治资源充沛的汉族乡村形成了"宗族治理"等自治形式。

4. 汉族与少数民族农村有着不同性质的治权

少数民族在中华人民共和国成立前实行地方自治，少数民族村寨根据民俗和传统对村寨事务自决。人们通过长老制、头人制等组织形式实现村寨自决与自治，村寨长老、头人或首领凭借年龄、资格、权威等获得自治权，代表族民处理村寨事务。这种自治权内生于村寨，没有地方首领授权，是一种非正式的自治权。中华人民共和国成立后，在国家建构的影响下，这种非正式的自治权依然凭借其较强的社会土壤活跃于乡村治理舞台。尤其是在那些国家建构较不完备的边疆少数民族农村，族长仍然是裁决村中大小事务的主体，如在云南文山、西双版纳等地村寨中的很多事务，村干部首先要询问族长的意见。可见，非正式的自治权依然活跃于乡村治理之中。

汉族地区在中华人民共和国成立前实行士绅治乡，这些士绅是考取国家

---

① [美] 西摩·马丁·李普塞特：《政治人：政治的社会基础》，张绍宗译，沈澄如、张华青校，上海人民出版社2011年版，第23页。

功名的读书人；传统社会以科举考试录用国家公务人员，考取功名就意味着进入皇权统治体系并成为其中一分子。故而，很多乡绅被上级政府任命为乡吏，以联结基层民众与国家政权，而对村庄行使一定的治理权。它虽然"实际上是农村少数上层人士的统治，一般村民不可能享有平等的权力"①，但从统治合理性的角度看，它是一种正式的权力。中华人民共和国成立后，无论是人民公社制度还是1987年颁布的《村组法（试行）》下的建制村自治，村民自治权都来源于国家层面，有一定的法定效力，是一种正式的权力。恰如徐勇教授所言："村民自治是基层直接民主的一种形式，村民自治权最终属于村民。"②

（二）民族状况影响村民自治的有效实现

自治是指某个人或集体管理其自己事务，并且单独对其行为和命运负责的一种状态。③ 由此，自治本身就带有群体属性。村民自治中，汉族、少数民族作为民族状况，在某种程度上影响着村民自治的有效性。这一点可以从共同体、国家建构两个维度去考量。

1. 民族共同体与村民自治的有效性

民族作为一种共同体形式，是族民"持久的和真正的共同生活，其意志具体表现为信仰，整体表现为宗教"④。对于民族村来说，自治是村庄自我管理、自我服务的一种有效形式，二者之间存在一定的内在联系（见表6-2）。第一，民族共同体的共同点越多，越容易产生自治。在少数民族农村，族员们在共同生活中形成了共同的历史、生产方式、传统习俗、宗教信仰等，它们将族员紧密地联结在一起，这种持久的共同生活容易产生自治。1980年，合寨大队出于"安全防卫"的共同考虑，自发地成立了第一个村民委员会。汉族农村处于中央王朝的统治之下，战争、瘟疫等带来的社会流动性相对较大，村庄共同体的不稳固带来共同点较少，不便产生自治。第二，民族共同

---

① 徐勇：《中国农村村民自治》（增订本），生活·读书·新知三联书店2018年版，第160页。
② 徐勇：《中国农村村民自治》（增订本），生活·读书·新知三联书店2018年版，第249页。
③ 参见［英］戴维·米勒、韦农·波格丹诺编《布莱克维尔政治学百科全书》，邓正来主编，中国政法大学出版社1992年版，第693页。
④ ［德］斐迪南·滕尼斯：《共同体与社会：纯粹社会学的基本概念》，林荣远译，商务印书馆1999年版，第321页。

体的单元越小，越便于自治。"政治共同体的规模要适度，不能太大，也不能太小"①；"小国在比例上要比大国坚强得多。"② 民族聚居形成了一种"地缘"共同体，其规模大小决定了自治的程度。少数民族农村主要以山头、寨子等较小地域单元划定，如"无山不瑶""苗王寨"等，少数民族以其单元小、人口少，形成一种强共同体，族员之间利益关系紧密，更有利于组织自治。但是汉族乡村在国家政权影响下单元不断变化，使自治单元处于变动之中，不便自治。第三，民族共同体凝聚力越强，越能促进自治。少数民族农村依靠共同的文化凝结成共同体，开展自治；汉族村庄依靠共同的利益凝结成共同体。自治作为一种集体行动，依赖于一种特定的凝聚力；而文化的凝聚力要比利益的凝聚力来得更持久。

因此，从共同体的规模、共同点和凝聚力三个角度来说，少数民族农村共同体的规模小、共同点多、凝聚力强，是一种强共同体；汉族农村共同体的规模大、共同点少、凝聚力弱，是一种弱共同体。共同体越强，越容易产生自治；共同体越弱，自治的可能性越小。因为强共同体容易具备利于自治的条件：利益相关、地域相近、文化相连、规模适度和群众自愿。

2. 国家建构程度与村民自治的有效性

"社会自治越发展，民主政治就越发达。"③ 村民自治作为农村基层民主的直接体现形式，其有效性取决于国家建构的程度。村民自治属于建构性的民主制度，直接受制于农村国家政权建设的完备性。民族国家建构程度越高，越便于开展村民自治。在那些边疆少数民族农村，还未彻底完成国家政权建设，国家建构程度较低，直接影响了村民自治的开展（见表6-2）。第一，国家建构的程度影响自治开展的有效性。封建社会由于"皇权不到边"，在国家政权触角延伸不到的地方，基本依靠"地方"进行治理。现代国家中，"政权下乡、政党下沉"等各种国家治理的下移，增强了村民自治建构的有效性。但那些边远农村，社会转型慢，还未彻底完成国家在基层的政权建设，国家建构尚不完善，深刻地影响了自治的有效开展；而以汉族为主的中东部，基层治理与国家治理的对接较快，则较容易开展自治。第二，国家建构程度影

---

① ［古希腊］亚里士多德：《政治学》，吴寿彭译，商务印书馆1965年版，第293页。
② ［法］让·雅克·卢梭：《社会契约论》，何兆武译，商务印书馆2003年版，第59页。
③ 俞可平：《论国家治理现代化》，社会科学文献出版社2014年版，第121页。

响自治方式。在国家建构较为完善的汉族农村，经济条件好，农村市场较为活跃，新农村建设、城镇化、农村各项改革等均已起步，导致自治方式趋于现代转型，很多农村依托农民合作组织建构起协商理事会、村民议事会等。但是在很多少数民族农村，由于国家建构程度不高，传统的族长治理与村民委员会自治并行，要更多地借助传统性的治理资源，进行自治。可见，国家建构程度直接影响着村民自治的有效性与自治方式的选择。

表6-2　　　　　　　　不同民族状况与村民自治的有效性

民族状况	民族共同体	国家建构程度	自治有效性
汉族	较弱的共同体（规模大、共同点少，凝聚力弱）	较高	较高的村民自治
少数民族	较强的共同体（规模小、共同点多、凝聚力强）	较低	较低的村民自治 较高的长老治理

注：图中"村民自治"指的是《村组法（试行）》下的"村民委员会自治"。
资料来源：作者自制。

二　不同民族状况下村民自治有效实现的三个阶段

徐勇教授认为，探索不同情况下的村民自治中的"不同情况"是一个界定，要求村民自治形式不能"一刀切"。[①] 从民族状况来看，村民自治经历了三个主要阶段。

（一）传统时期：区分汉族与少数民族的村民自治

秦汉以来的历代中央王朝均考虑了民族差异性和特殊性，分不同民族状况进行治理。边疆各少数民族番邦臣服于中央王朝，向皇帝称臣纳贡，承认皇权统治的权威。在这个前提下，中央政府敕封各少数民族番邦，将其纳入王朝统治体系，从而实现皇权对各少数民族地区的统治和控制。各

[①] 参见徐勇、赵德健《找回自治：对村民自治有效实现形式的探索》，《华中师范大学学报》（人文社会科学版）2014年第4期，第1—8页。

少数民族地区拥有对本民族内部事务高度的自决权,实行地方自治,如对恩施土家族、云南哈尼族和纳西族实行"土司制",对蒙古族实行"蒙旗制",对广西壮族等实行"首领制"。在这种"地方自治"格局下,民族村寨则根据各自的特点进行自治,形成了有民族特色的"寨老治理""礼俗治理"等形式。这些富有民族特色的自治制度充分考虑并尊重少数民族在宗教信仰、文化习俗和历史发展等的差异性,族民对村寨内部事务自行处理,既节省了王朝政府施政成本,也促进了族民之间在农业生产和社会管理方面的良好合作。

"郡县制"下的士绅治乡是传统时期汉族农村治理的基本形态。由于深受儒家文化的影响,汉族乡村集聚了一批士子,形成士绅阶层,凭借声望、财富等享有乡村权威,主导着乡村治理。受村落家族文化的影响,传统时期汉族农村实质是建立在血缘关系基础上的村落家族共同体。[①] 宗族组织则是村落家族共同体的组织体现形式,祠堂、祖坟等宗族文化实体则是村落家族共同体的文化载体和纽带。士绅阶层是村落家族利益的代表者和保护者,在村庄事务的处理上享有决定权和治理权。这种基于血缘关系的士绅治乡、宗族治理基于乡民共同生活和生产的内生需求。乡绅可以治村是因为他们控制着村庄的经济资源、政治资源和文化资源,凭借宗族观念牢牢地将乡民们圈定在宗法关系网络之中,为自治提供了源源不断的内动力。

传统时期区分民族状况的村民自治,既实现了各民族乡村的差异化治理,也使"中华民族一体格局"得以形成,它具有以下特点。(1)较强的民族共同体自治。尽管士绅治乡、寨老治理、头人治理等带有传统色彩,不具现代意义,但均考虑到了民族共同体自身的特点,这种小共同体使得村寨自治、宗族自治得以形成。(2)内生自治。在国家建构不完善的传统时期,汉族与少数民族农村在治理上都依靠地方,利用传统的宗族治理、长老治理等方式聚集乡邻与族民,在共同生活的村落中自我管理。(3)较好的适应性。自治的运作离不开相应文化的支撑,自治本身内嵌于传统文化之中[②]。少数民族有

---

① 参见王沪宁《当代中国村落家族文化——对中国社会现代化的一项探索》,上海人民出版社1991年版,第23页。
② 参见任路《文化相连:村民自治有效实现形式的文化基础》,《华中师范大学学报》(人文社会科学版)2014年第4期,第23—28页。

着悠久而特殊的传统文化，自治只有与这些文化形式相适应才能有效，而以"土司制"为代表的地方自治制度解决了少数民族乡村治理的适应性难题。(4) 依照历史传统进行自治。少数民族村寨依照习惯法、宗教信条、民俗民约等对村寨事务自决，汉族乡村依照祖宗家法、族规、儒家信条等对本族或本村事务自决。

（二）现代国家建构时期：不区分汉族与少数民族的村民自治

中华人民共和国成立后，中央政府对获得解放的少数民族聚居区实行民族区域自治制度，建立自治机关，如自治区、自治县。在乡村治理上，国家政权下沉至乡村，打破"皇权不下县"的传统，打破首领、头人主导的村寨自治，在全国农村建立村级行政机构。在国家建构下，仅仅在土改中，区分了民族情况，对少数民族地区实行"和平土改"；在自治中，对少数民族和汉族不再作严格区分，实行统一化的自治形式。

1957年后在全国农村统一实行"三级所有、队为基础"的人民公社制度，并建立"政社合一"管理制度。在生产大队建立大队管理委员会，由社员代表选举产生；在生产队设立队委大会，实施民主办队，队委成员由社员选举产生。但这仅仅局限于文本，实际上干部均由上级任命，群众少有发言权与选举权。实际上，生产队是经济核算单位也是生产单位，直接组织生产和收益分配。在生产队一级，村民对生产任务、政治学习等有较局限的参与权与发言权。因此，人民公社时期村民自治实际上是"生产队自治"。80年代初期，家庭联产承包责任制逐步取代人民公社制。在广西罗山、宜县的少数民族农村出于社会治安管理的迫切需要，农民自发组建了一种全新的基础性权力共同体——村民委员会，它的性质也逐渐向群众性自治组织演变。《村组法（试行）》规定村民委员会试行村民自治，并将村民自治制度在全国推广实施。同时，《村组法（试行）》规定"村民委员会一般设在自然村"。自此，全国不分民族状况统一实行村民自治委员会制度。实践中主要有两种做法：一是大部分地方将村民委员会设在生产大队一级，生产大队转化为"行政村"，实行"小行政村自治"；二是部分地方将村民委员会设在生产队一级，在村民委员会与乡镇之间设立乡镇派出机构"村公所"，如广西壮族自治区，实行"自然村自治"。2000年后为降低行政成本在全国大规模进行的"合村并组"改革，将地域相近的行政村或村组合并为一个大行政村，在合并后的行政村设立村委会，实行"大行政村自治"。

现代国家建构时期，不区分民族状况而实行统一的村民自治，具有如下特点。(1) 忽视了少数民族共同体的特点。村民委员会自治以"行政村"为单位，而少数民族居住以"村寨共同体"为单位，导致村民自治的"上浮"与"空转"。在贵州、云南等地，"鼓楼议事""寨老议事"与村民委员会自治并行不悖。(2) 忽视了国家建构程度。一些边疆地区农村还未彻底完成政权建设，导致村民自治在运转上必然"不接地气"，出现"水土不服现象"。(3) 忽视了自治传统的延续性，自治的适应性较差。少数民族和汉族乡村治理的历史传统虽称不上现代化的自治，但由于历史惯性，这些自治传统或多或少会有所遗留，与国家建构的自治相冲突，制约自治。在少数民族村寨，很多事务的调处不在村民委员会而在于村中长老，不依照法律而是习惯法或宗教信条。(4) 对各民族传统自治资源的挖掘和利用不够。少数民族更乐于接受传统性的自治习惯，导致村民委员会自治的生长空间较小。哈尼族由于土司制的历史背景，族民非常信任神职人员，没有求助于法律的习惯，很多人认为人情大于法情，亲情大于原则，导致村民委员会自治与族长治理并行于村庄治理舞台。

正是由于没有考虑少数民族的自治传统，忽视了国家建构程度，使得很多少数民族和汉族地区在建制村基础上的村民自治有效性较低，自治"悬浮"。特别是少数民族农村，传统的长老治理、族规、习惯法、宗教信仰依然主导着村级治理。

(三) 自主探索时期：考虑汉族与少数民族差异的村民自治

为了解决自治"落地"难题，许多地方政府进行了有益探索。徐勇教授认为，当下在建制村之下内生外动的自治探索是村民自治的第二波，开始注意区分民族状况。

清远位于广东北部，是中原文化与岭南文化的交汇处，保留了完整的农村自然形态，大多数自然村有家族传统。近些年，该市运用自然村的自治力量兴办公益事业，解决了很多自治难题。在此基础上，该市推进了农村基层治理体制改革，将村民委员会下沉到自然村，在乡镇和村民委员会之间建立党政服务站；充分挖掘和发挥自然村宗族组织及宗族文化的自治活力，使自治回归到1998年之前的"自然村自治"体制。

广西以"美丽乡村·清洁广西"为契机创新乡村治理,下派大量干部到农村清洁乡村,整治环境,在那些没有干部负责的村庄则借助村庄力量进行。在建制村以下的屯设立理事会,自发组织本屯村民清洁乡村。充分考虑到少数民族农村自治传统,以屯为单位开展自治,并挖掘自治资源,成立理事会,推动自治。1980年,合寨大队"第一个村民委员会"的发起者主要是屯里的长老。对这种自治传统稍加利用,就会产生巨大的自治力量。

贵州黔东南州侗族、苗族等聚居村寨在历史上有着悠久的民俗文化,它们既是民族历史的见证,也是民族传承的纽带,其中不乏较有自治力的文化基因。"风雨桥、鼓楼"在历史上既是相亲约会、休憩和节日活动的场所,也是寨老们议事的地方。传统的"鼓楼议事"蕴含着较强的自治基因,因此现在很多村寨将村民会议安排在鼓楼举行,吸引了村民们的参与兴趣,使自治得以有效落地运转。

四川凉山彝族聚居村寨在历史上已经形成了一套规制人们行为的规范——习惯法。当下,习惯法的传统依然顽强地存在着,并在相当程度上规范着人们的行为,与国家法律相互抵消、重叠或合作,在受外部种种渗透的同时,依然能够生产和再生产自己独特的社会组织和习惯法传统,塑造了一种半自治的社会。现在很多村寨尝试着将这种传统的法文化纳入国家法治体系,给习惯法一定的生存空间,对接村民自治,在合作的关系中合理利用习惯法的自治因素,使自治落地运行。

以上案例说明自主探索时期的村民自治不仅考虑到了民族差异,而且考虑到了各民族内在的自治传统与资源,有以下特点。(1)传统的民族共同体有助于解决自治"落地"的难题。以村寨、屯、坝等自然村进行自治,回归"共同体助益自治"的起点,不仅考虑到了少数民族自治的传统,也解决了国家建构下村民委员会自治无法落地的难题。(2)在少数民族农村,注意挖掘传统自治资源,激发其自治活力,并实现与村民委员会自治的良性对接,促进自治。(3)自治传统的现代转型,对接村民委员会自治。区分民族状况谈自治,就是要考虑到各民族的自治传统,实现其现代转型。华南汉族地区的宗族理事会、苗族侗族的鼓楼议事会等都是运用传统性治理要素,发挥其在村民自治中的积极作用。

三 不同民族状况下村民自治有效实现的探索

探索不同情况下村民自治的有效实现形式包含三个层次：一是自治单元建立在什么层次，二是村民自治的有效实现形式，三是村民自治要考虑到哪些不同情况。目前清远、河池、秭归等地区将治理单元下沉至自然村，使自治"落地"运行。这些创新探索固然有其内在价值，很多地方在借鉴经验的时候往往只注意了前两层意思，没有考虑第三层意思。分民族状况探索村民自治的有效实现，有其必要性。

分不同民族状况进行村民自治，有着深厚的历史传统和现实基础。自汉唐至民国，少数民族与汉族地区的基层治理就有所区别，以至村民自治的实现各有差异。这说明，分民族状况讨论村民自治有着深厚的历史传统。历史往往具有惯性，村民自治的历史传统也不例外地会影响当下对村民自治的探索。中华人民共和国成立后实行民族区域自治制度，这为少数民族地区探索具有民族特色的村民自治提供了制度基础。虽然现代化进程加快了民族融合，使得很多少数民族汉化程度较高，但是某些民族传统、文化、习俗、信仰等根深蒂固于民族村落，并深刻地影响着村庄治理。因而，挖掘民族村传统自治资源用于村民自治，也是现实需求。

如何探索不同民族状况下村民自治的有效实现形式？在考虑民族差异的同时，更要考虑民族共同体的强度、国家建构程度以及自治的传统性资源等因素，尤其是少数民族农村。

第一，考虑民族差异，探索具有民族特色的村民自治。区分民族状况的村民自治要注意那些少数民族村庄或多民族村庄，注意其自治传统，要"注意自然状况……以及群众的生活习惯"。分民族情况探索村民自治的有效实现：在南方要考虑到汉族村庄中的宗族文化、乡规民约等，在贵州、云南等要考虑到少数民族的习惯法、礼俗、民俗宗教等。

第二，少数民族地区村民自治的探索要注意国家建构的程度。一些边疆少数民族地区农村历史上就处于中央政治统治的边缘，由传统社会直接进入现代国家，农村的传统性较强，影响了自治。汉族农村基本不存在国家建构的问题。因此，少数民族农村的自治探索要注重国家建构的第一性，特别注意政府在村民自治进程中扮演着的积极主动角色。建制村下的村民委员会自治在国家建构欠缺的农村是无法正常运转的，完善基层政权建设是少数民族农村实现自治的首要任务。

第三，要借助传统的自治资源，注意挖掘、利用和激活传统的自治资源。少数民族在历史传承中形成并积淀了众多自治资源，如习惯法、宗教礼法、议事组织、寨老议事等。它们作为少数民族村寨农村潜存着的丰富社会资本，是使村民自治得以落地运转的关键因素。如果将这些优秀的传统自治资源挖掘出来，将其纳入村民自治体系，激发其自治活力，将在很大程度上促进村民自治的开展。在汉族，要注重将优秀的传统自治资源纳入村民自治的探索中，促进其自治效力的最大程度发挥。

第四，注重优秀的传统自治资源的现代转型。在探索少数民族村民自治的过程中，注重传统的"延续性"与注重超越传统的"创新性"并重；要在传统与现代之间建立起必要的关联，才能形成具有民族特色的自治形式。因为很多自治资源潜藏于乡土之中，带有很强的传统性，与国家建构的村民委员会自治难以契合。如果将自治资源中那些具有凝聚力的优秀自治资源制度化，促使其现代转型，将会更有利于其治理效力的发挥。当前，一些少数民族村寨根据族规族约，制定新村规民约——如布朗族将"老根"的关系网络演变为诚信互助的民约——就是自治资源现代转型的有效方式。

第七章

政策落地：探索村民自治基本单元的现实因素*

2015年中央一号文件提出"在有实际需要的地方，扩大以村民小组为基本单元的村民自治试点"命题，这说明要进一步探索村民自治的基本单元。改进和完善村民自治基本单元的前提是厘清影响自治基本单元探索的因素。改革开放以来，各种惠农政策"下乡"，将政策输出到农民的日常生产和生活中，对农村社会产生了重要影响。那么，这里就有三个问题要思考：一是各种政策到底落到何处有利于提升政策效果呢？二是政策落地与村民自治有何关联？三是政策落地单元与村民自治基本单元有何关系呢？

一 政策落地与村民自治基本单元的有效性

公共政策是一个政府选择要做的任何事，或者它选择不去做的任何事。[①] 在农村社会，人们的生产和生活深受国家政策的影响。政策既推动着农村经济社会的转型，也不自觉地影响着农村的治理形态。

---

* 本章以《政策落地：探索村民自治基本单元的现实因素》为题，发表于《西北农林科技大学学报》（社会科学版）2016年第3期。

① 参见［美］托马斯·R·戴伊：《理解公共政策（第十二版）》，谢明译，中国人民大学出版社2011年版，第3页。

（一）政策落地与村民自治紧密相关

政策对于农村发展和农民命运有着至关重要的作用。① 党的历史上，一直强调"通过政策将政党意志贯彻渗透到农村社会"，并且在不同时期为实现不同的目标制定了不同的农村政策，这些政策深刻地影响着农村的治理方式。在抗战时期，毛泽东同志指出："政策和策略是党的生命。"为解决农村问题，党制定了各种各样的土地政策、税收政策、教育政策等，并强调政策"要使广大群众都能知道"，在《论政策》中强调"党要根据不同时期的任务制定和调整政策"。② 可以说，中华人民共和国成立前党主要依靠各种政策与农民取得联系，通过政策动员农民参与革命。政策也深刻地塑造着农村治理形态，形成了"农业生产合作社""三三制政权"等治理形态。

中华人民共和国成立后，党继续依靠各种政策治理农村社会。在相当长的时间里，"从土地改革到农业社会主义改造，再到人民公社及其农村改革，党不断制定和调整农村政策"③，以改造和整合农村社会。彭真在1984年指出："在战争时期，党也好，军队也好，群众也好，注意的是党的政策。建国后，农村工作不仅要靠党的政策，而且要让老百姓知道政策。"④ 这说明，政策落地与农村治理休戚相关，乡村自治深受国家政策的影响。

1987年《村组法（试行）》颁布意味着村民自治进入制度化时期。随着改革开放的深入，各种政策"下乡"强化了农民与国家的联系，使农民对政策的依赖性更强，农民的生活愈来愈受政策支配。各种中央政策和地方"土政策"依靠"村民委员会"得以落实，与村民委员会自治交织在一起，互相影响。尤其是后税费时代，"各种惠农政策嵌入乡村生活的过程中，不断重塑着乡村治理形态，推动乡村治理资源配置由汲取型向赋予型转变"⑤。恰如徐勇教授所说：村民自治的"运作状况在较大程度上取决于各级政府所作的政

---

① 参见徐勇《"政策下乡"及对乡土社会的政策整合》，《当代世界与社会主义》2008年第1期，第116—121页。
② 《毛泽东选集》（第2卷），人民出版社1991年版，第763页。
③ 徐勇：《"政策下乡"及对乡土社会的政策整合》，《当代世界与社会主义》2008年第1期，第116—121页。
④ 《彭真文选》（一九四一——一九九〇年），人民出版社1991年版，第491—496页。
⑤ 慕良泽、任路：《惠农政策的嵌入与乡村治理资源重组——基于对新型农村养老保险政策的调查分析》，《理论与改革》2010年第6期，第71—74页。

策选择，地方政府对村民自治看法的改变以及相应的政策选择，必然会影响村民自治的运作"①。因此，政策落地是影响村民自治的现实因素之一。

（二）政策落地与自治基本单元的内在关联性

既然政策落地是村民自治的影响因素之一，那么政策落地之"地"与村民自治之"地"（自治单元）有何关系呢？这里可以从政策距离、政策参与两个变量去考量政策落地与自治基本单元的内在关联性。

1. 政策距离影响自治基本单元的形成

政策距离是指政策落地单元与政策对象之间的时空距离，有两种体现形式：一是政策落地单元与政策对象之间的自然差距（交通距离），二是政策落地单元与政策对象之间的体制距离（政策单元与户之间的层级）。农村政策是为了实现对乡村资源有效整合的基层善治②，它的普惠性程度直接影响政策落地的准确性③；政策距离农民越近，体制层级越少，越有利于政策入户宣传，越有利于政策认知，也就越有利于政策落地运行。因此，距离民众最近的"一公里"才是政策落地之"地"，在这里会形成一种"政策共同体"，并与内生于村庄内的"血缘、亲缘"共同体的互动中，汇聚成一种基于"政策落地"的自治合力，最终形成"自治共同体"。于建嵘说："家庭的作用要远大于岳村"④，这说明村民看重的是"政策入户"而不是"政策进村"，而"政策落地和入户要考虑家户制自治体系中的基础性作用"⑤。因此，在政策距离农民越近、体制层级越少的地方，便于政策落地入户，也越容易形成利于政策落地的政策单元，也越有利于形成利于自治的基本单元。政策的自然距离、体制距离中，有一者较近，就会有利于政策入户，如北方的村庄、南方的自然村均是政策距离较近之地。

---

① 徐勇：《中国农村村民自治》（增订本），生活·读书·新知三联书店 2018 年版，第 163—164 页。

② 陈浩天：《民生服务：基层善治与乡村资源整合的政治逻辑》，《河南师范大学学报》（哲学社会科学版）2014 年第 3 期，第 26—30 页。

③ 谢来位：《惠农政策执行效力提升的阻滞因素及对策研究——以国家城乡统筹综合配套改革试验区为例》，《农村经济》2010 年第 3 期，第 77—81 页。

④ 于建嵘：《岳村政治：转型期中国乡村政治结构的变迁》，商务印书馆 2001 年版，第 409 页。

⑤ 徐勇：《中国家户制传统与农村发展道路——以俄国、印度的村社传统为参照》，《中国社会科学》2013 年第 8 期，第 102—123 页。

2. 政策参与影响自治基本单元的形成

科恩将"参与"视为民主和自治的关键变量,"民主取决于参与,即受政策影响的社会成员参与决策,自治就是参与跟自己有关的政策,自己决定目标并选择达到目标的手段""民主就是集体参与管理共同事务的过程,不论什么情况,必须要有持续性的参与,自治才会持续进行……如果一个社会有成员的普遍参与,就可以把这一社会称为自治的"。[1] 因此,"参与"作为自治的关键变量,同时也是农村政策落地的关键变量。参与带来的一个重要积极后果是"农民自主参与村务管理,并作为参与更大范围的公共治理的基础和条件,由自治通向民主"[2],从而"形成有序参与的行为和规则,激发自治的参与意识",这是培育自治的起点和基础。农民越是参与政策,越有利于政策落地运行;农民越是参与村民自治,越有利于自治的有效开展。因此,在"参与"维度上,政策落地与村民自治的基本单元紧密相关。在"有利于农民参与、有利于激发参与活力、有利于增强参与程度"的地方建立政策单元,有利于政策落地,也有利于农民围绕政策利益自发性地组织起来,参与共同事务的治理,形成自治单元。故而,参与性最好的地方既是政策落地单元,也是村民自治的基本单元。因为在这个基本单元上,政策参与、自治参与的程度都是较高的,由此带来村民自治的有效性也比较高(见图7–1)。

(三)基于政策落地的自治单元决定村民自治的有效性

政策距离、政策参与决定了政策落地的程度,进而影响村民自治基本单元的有效形成。在离农民距离较近、利于农民参与政策的地方建立政策单元,便于政策落地到"户";同时,以政策落地单元为自治的基本单元,将有利于村民开展自治。那么,政策落地程度、自治基本单元有效性与村民自治又有何关系呢?基于政策落地的自治单元决定村民自治的有效性。伴随着"小农社会化",农民过去服从治理的安排转向对治理需求的多样化,服务下沉、政策下移等都将有利于唤醒农民的利益、权利、参与和服务意识[3],但集"政策

---

[1] [美]卡尔·科恩:《论民主》,聂崇信、朱秀贤译,商务印书馆1988年版,第7—12页。
[2] 徐勇、赵德健:《找回自治:对村民自治有效实现形式的探索》,《华中师范大学学报》(人文社会科学版)2014年第4期,第1—8页。
[3] 参见邓大才《小农政治:社会化小农与乡村治理》,中国社会科学出版社2013年版,第138页。

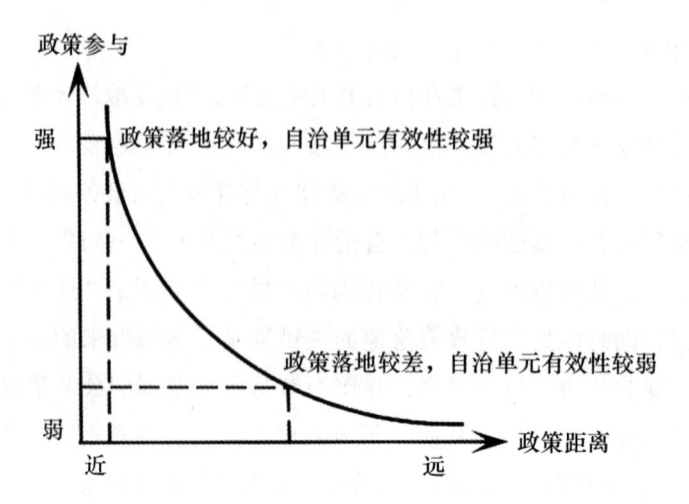

图7-1 政策参与、政策距离与村民自治基本单元的关系

资料来源：作者自制。

单元、自治单元"为一体的行政村单元，无法避免"政策与农民之间有一定空间距离"[①]的事实，导致政策落地与村民自治脱节。

在图7-2中可以看出，政策落地程度、自治单元划定的有效性是村民自

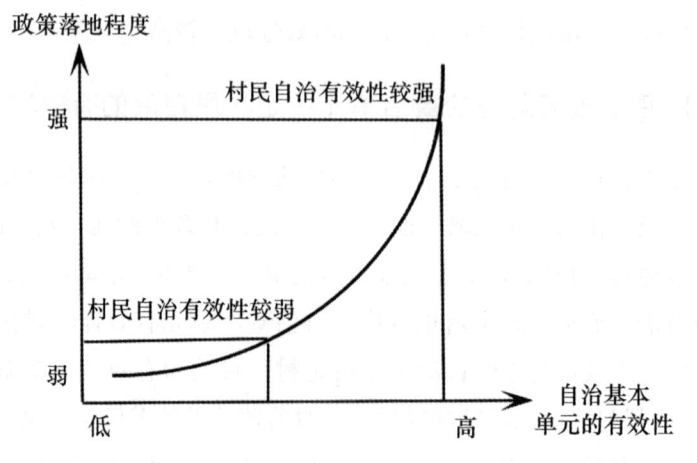

图7-2 政策落地程度、自治基本单元有效性与村民自治的关系

资料来源：作者自制。

---

① 周青年：《信息传递视角下的国家惠农政策农民接受研究——以华中师范大学中国农村研究院"百村调查"为分析基础》，《东南学术》2012年第1期，第139—148页。

治有效性的函数。政策落地程度越高，越容易形成有效的政策落地单元，进而越容易形成有效的村民自治基本单元，也就有利于农民开展自治，形成有效性较强的自治形式。

二 政策落地与村民自治基本单元的发展：历史与实践

历史上，自治单元的探索一直是村民自治的重要内容。政策落地作为基层治理中的主要内容，与自治基本单元的演变与发展有着紧密联系。

（一）"自然村落"单元自治与政策不进村不入户

在"皇权到县，乡绅治村"的传统时期，乡土社会以家户为基本的生产和生活单位，与国家较少发生联系，主要局限于赋税与兵役等。这一点在唐代地主"治家"原则"树之谷，芝之麻，养有牲，出有车，无求于人"中体现得淋漓尽致。如费孝通所说，传统国家权力"在人民实际生活上，是松弛和微弱的，是挂名的，是无为的"[1]。可以说，传统时期的乡村是没有国家公共政策渗透和下沉的，为了统治的需要，国家也曾实施过"重农抑商""轻徭薄赋"的政策，但是它的落地单元是"郡县"，即只到县不下乡，政策与农民距离较远。到民国，孙中山提出"扶助农工、耕者有其田"的经济政策，民国政府也曾实施"乡村建设运动"政策，但由于国民党政权建设的"内卷化"，导致这些政策未能真正进村，对农村影响甚小甚微。因此在传统时期，国家政策对农民来说是陌生的，更谈不上政策落地。

由于国家政策渗透的欠缺或失败，乡村社会内部事务只能依靠"乡绅治村"，以聚居村落为基本单元，开展自然村自治。到1928年，国民政府颁布《县组织法》《乡自治实行法》《地方自治全书》等，在乡村重组，凡100户以上的村落，组成一个行政单位"乡"，在此基础上，初步确立了乡村自治制度，并依托"保甲制"，开展以"自然村"为基本单元的乡村自治。可以说，自然村落既是农民长期聚居形成的居住单元，也是自治的基本单元，更是国

---

[1] 费孝通：《乡土中国》，人民出版社2008年版，第78页。

家统治乡村的政治单元。韦伯将这种"自然村"基本单元称为"乡村聚落",有时聚居数百人口,有时聚居数千人口,村庄公共事务与农民生产和生活紧密相关,与农民的距离较近,便于农民参与自治,从而在"无官员的自治地区"村落产生"组织化自治"①。

在没有政策渗入的传统乡土社会,以"自然村"为基本单元的自治是人们在长期的生产和生活中自然形成的,并不是基于"政策落地"考虑的。其自治有效性较好的原因主要如下。一是自治单元规模小、人口适中,血缘关系浓厚,社会联结性强,容易形成较强的村落共同体;二是村落单元缩短了农民与共同事务的距离,农民参与自治的成本低,便于自治开展。但值得注意的是,民国中期进行乡村重组,实施地方自治,虽然带有理想主义色彩,但已开始强调乡村自治中乡民参与"乡制者,使乡民成一自治团体,地方政府为之组织,与以治权,置办事人,有理事权;事属乡办,乡人自理之"②,并规定20岁以上的成年男女均有权参加"乡民大会"。

(二)"生产小队"单元自治与政策进村入户

中华人民共和国成立后,党组织全国性地向农村地区延伸,在广大农村建立了趋于完备的基层党政组织。但"政党的活动及其社会影响还是依靠政策,通过各种具体的政策将政党意志贯彻渗透到社会"③,深刻地影响着农村发展及其治理。

1957年全面实施"三级所有,队为基础"的人民公社制度。生产大队由若干个"自然村"组合而成,是一级行政化、扩大化的治理单元,而生产小队大多建立在过去的自然村基础上。对此,毛泽东同志强调:"要承认三级所有,重点是生产队所有制,'有人斯有土,有土斯有财',所有人、土、财都在生产队"④"所谓'队为基础'指的是生产小队,而不是生产大队"。因此,"生产小

---

① [德]马克斯·韦伯:《中国的宗教:儒教与道教》,康乐、简惠美译,广西师范大学出版社2010年版,第140—141页。

② [美]李怀印:《华北村治:晚清和民国时期的国家与乡村》,岁有生、王士皓译,中华书局2008年版,第251页。

③ 徐勇:《"政党下乡":现代国家对乡土的整合》,《学术月刊》2007年第8期,第13—20页。

④ 中共中央文献研究室编:《建国以来重要文献选编》(第12册),中央文献出版社1996年版,第128页。

队"是组织生产劳动的基本单位,是进行财务核算的基本单位,是落实国家政策的基本单位,也"只有在作为直接生产和核算单位的生产小队,生产队长的影响力更大一些"①。这说明,在农村治理的层面上,生产小队是自治的基本单元。

为解决农村问题,国家实施并调整了一系列的政策,如《中共中央关于在农村建立人民公社的决议》《关于人民公社若干问题的决议》《农村人民公社工作条例》《中共中央关于社员私养家禽、家畜和自留地等四个问题的指示》《农业六十条》《农业十二条》等。这些政策按照"三级所有"体制,最终由生产小队负责召集本队全体社员,将政策精神及指示宣传到户、落实到户,并在生产小队范围内采取具体措施落实政策,如"办夜校、四定一奖、放卫星、大炼钢、学大寨"等。如农民所说:"一有政策文件下来,生产队长去大队开会,回来后就召集所有农户,讲解政策内容。"可见,人民公社时期,国家的各种政策通过"三级所有"体制进队入户,生产小队是政策落地的基本单元。

人民公社时期,生产小队既是自治的基本单元,也是政策落地的基本单元。其主要特点是:一是距离较近,便于参与,有利于自治。生产小队的基本单元接近于自然村落,农民与小队之间的距离较近,有助于政策宣传和参与;农民在政策参与的过程中使政策落地,并产生了有效性较高的自治。二是政策落地单元与自治单元的一致性,使自治开展与政策落地相互促进。但是这种基本单元的形成带有较强的国家建构性。如毛泽东所说"采用生产队为基本核算单位,不致使我们脱离群众"②,但也说明了政策落地与自治基本单元的内在联系。

(三)"行政村"单元自治与政策进村不入户

20世纪80年代初,随着人民公社体制的解体,为缓解农村社会管理的"真空"状态,在乡镇以下设立村民委员会。1987年《村组法(试行)》在全国贯彻实施,逐步形成"乡政村治"体制。在"村民自治单元"上,《村组法(试行)》规定:"村民委员会根据村民居住状况、人口多少,按照便于群众自治的原则设立。村民委员会一般设在自然村;几个自然村可以联合设立村民委员会;大的自然村可以设立几个村民委员会。"这说明,自治基本单元

---

① 徐勇:《"政党下乡":现代国家对乡土的整合》,《学术月刊》2007年第8期,第13—20页。
② 《建国以来毛泽东文稿》(第8册),中央文献出版社1993年版,第111页。

设立的基本原则是"便于参与",以自然村开展自治。

为了统一规范村民委员会制度,1998 年修订通过《中华人民共和国村民委员会组织法》(以下简称《村组法》),从法律上对"村民自治基本单元"进行了重新界定:"村民委员会根据村民居住状况、人口多少,按照便于群众自治,有利于经济发展和社会管理的原则设立。"将自治基本单元的设立原则从"便于参与"调整为"便于发展经济",开始以"行政村"为单元的自治。21 世纪初实施"合村并组",继续扩大行政村的村域范围,使村民自治的基本单元由"小"变"大"。此时期,"国家对农政策由汲取到减免再到补贴的转变,村民的要求也开始由'少收点钱'转变为'多服点务'……合村并组中减少村干部、撤销村民小组长的做法,使得合并后的几个村干部要面对散居于数十平方公里的数个村民小组的数百个农户"①。由于距离、成本等各种限制因素,使得国家政策只能进村,很难跨越村民小组落地入户。因此,合村并组"只会强化村级治理的集权化、行政化倾向,不利于村民自治的发展"②。

在《村组法》的规制下,行政化的自治单元忽视了农民参与,地域范围的不断扩大,拉长了政策距离,统一由村委会负责落实政策,村民小组只负责政策传达,造成了政策信息沟通不畅、政策参与不积极等问题的出现,难以开展自治。恰如徐勇教授所说:"村组规模扩大,导致直接参与性的自治更难。"③

这一时期,村民自治的基本单元经历了"由小到大"的转变,农业政策落地之"地"也相应地随着自治单元的转换而不断转换。从自治的视角看,"行政村"基本单元的自治在现实中遇到了极大困难,也影响了国家政策的落地。一是"行政村"自治单元的地域范围较大、人口多,村干部负责事务过多,地理交通的限制,增加了村民会议召开的难度,降低了农民的参与积极性,直接制约了自治开展。二是对农政策经历了"汲取型"向"给予型"的转变,一些诸如养老医疗扶贫等政策与农民的切身利益直接挂钩,由于"行政村"与农民之间距离较远,制约了政策的入户,限制了农民参与,使政策无法真正落地入户,很多政策停留在村委会,实效性较低。

---

① 龚志伟:《农村社会组织的发展与村治功能的提升:基于合村并组的思考》,《社会主义研究》2012 年第 5 期,第 87—91 页。

② 吴理财:《合村并组对村治的负面影响》,《调研世界》2005 年第 8 期,第 39—40 页。

③ 徐勇、赵德健:《找回自治:对村民自治有效实现形式的探索》,《华中师范大学学报》(人文社会科学版)2014 年第 4 期,1—8 页。

（四）行政村之下的多单元自治与政策进村入户

在 2014 年中央一号文件的指导下，秭归、河池、清远、佛冈等地方政府结合实际情况，在行政村之下，对村民自治的基本单元进行了有益的探索。

湖北秭归为了解决自治落地的问题，按照"地域相近、规模适度、利益相关、共建同享、文化相连、便于凝聚"等原则，取消村民小组，将全县186个行政村划为2055个自然村落，每个村落居住30—80户居民，拥有1—2平方公里的地域面积。将村民自治基本单元下沉至"村落"，在村落建立村落理事会，设立"两长八员"①制，依托十个岗位对村落事务进行分类治理。将自治单元建立在离农民最近的"村落"，缩短了村、民之间的距离，使各项政策落在村落理事会，便于政策参与，有利自治。

广西河池通过下派大量干部到农村清洁乡村，整治环境，在行政村以下的"屯"建立理事会，组织农民参与清洁乡村运动。后来，又将党的基层组织与村民自治结合起来，创新发展了"党领民办、群众自治"机制，深入拓展了村民自治的内容和范围。将村民自治的基本单元回归到传统的"自然屯"，将自治单元放在离农民最近的屯子，便于农民参与自治。

广东佛冈为了协调行政与自治的矛盾，重塑村民自治体系，下移自治重心，将"乡镇—行政村—村民小组"调整为"乡镇—片区—（村）村民小组"模式，根据面积、人口、地形与交通联系等，将乡镇划分为若干片区，每个片区搭建党政公共服务站。原"行政村"村委会转变为党政公共服务站，以自然村为单位开展自治；在自然村设立"村民理事会、党支部、农民合作组织"等组织，负责自然村范围内事务的治理。"佛冈县将自治基本单元放在离农民较近的自然村，重新建立了村民之间的横向联系，使村民具有归属感、向心力，从而激活了村民自治的内在动力"②，使"门口自治"成为可能。

以上案例共性很大：一是划小自治单元，将自治的基本单元下沉至距离农民最近的地方，回归自然村（屯）自治、村民小组自治等，因地自治；二

---

① "两长八员"是指从党员中推选出1名党小组长、由村民选举产生1名村落理事长及8名村落事务员（经济员、宣传员、帮扶员、调解员、监督员、管护员、环卫员、张罗员）。

② 胡平江：《自治重心下移：缘起、过程与启示——基于广东省佛冈县的调查与研究》，《社会主义研究》2014年第2期，第128—134页。

是"自治入户",结合地域情况,在离农民最近的地域单元建立自治基本单元;三是自治基本单元的探索中重视农民参与,将"便于参与"作为关键变量来探索自治的基本单元。

三 基于政策落地单元的村民自治基本单元

有效的"自治单元"是村民自治开展的重要前提。在实践中要注意自治单元的影响因素,以"政策落地"为切入点探索村民自治的基本单元,有着较强的现实操作性。

(一) 将政策落地单元作为村民自治的基本单元

政策落地单元与村民自治基本单元紧密相关。如表7-1所示,在"政策距离越近、政策参与性越高"的地方建立政策落地单元,有利于政策落地,也容易形成有效性较高的村民自治基本单元。在新时期将"自然村(屯)"作为村民自治的基本单元,自然村本身就是村民聚居的村落,是村民的生活单元,离民众的距离很近,国家政策通过这一单元"落地",带来较高的政策落地程度和有效的自治。1980年,合寨成立全国第一个"村民委员会"的时候,就以"自然屯"作为村民自治的基本单元;相反,以"行政村"为村民自治的基本单元,政策参与性低、政策距离远,政策无法跨越"村小组"直接"落地入户",必然带来较低的政策落地程度和自治的"空转"。

表7-1　　　　　不同时期的政策落地与自治基本单元有效性的比较

自治的基本单元	政策距离	政策参与	政策落地单元	政策落地程度	自治有效性
传统时期:自然村落	—	—	自然村	不进村不入户	高
公社时期:生产小队	近	高	生产小队	进村入户	高
建制时期:行政村	远	低	行政村	进村不入户	低
当前:自然村(屯)村民小组	近	高	自然村(屯)村民小组	进村入户	高

资料来源:作者自制。

因此，以"政策落地"为现实因素探索村民自治的基本单元有着重要的实践价值。在"政策落地"视角下探索村民自治基本单元，"政策距离"和"政策参与"为其提供了现实依据。在"政策距离近、政策参与性高"的地方，建立政策落地基本单元，有利于政策"进村入户"，提高政策落地效率；以政策落地单元作为自治的基本单元，有利于自治落地运行。

（二）在政策落地中探索村民自治的基本单元

"政策离农民越近，政策参与性越高，越有利于政策落地入户，越容易形成自治的基本单元。"以"政策落地"为现实因素探索村民自治的基本单元，具有很强的现实性，但在实践上也要注意特殊性与差异性。

1. 将"政策落地入户"与"自治入户"结合起来，探索村民自治的基本单元。政策距离、政策参与既决定了政策落地单元，也决定了村民自治的基本单元。将自治的基本单元放在政策离农民最近、便于农民参与的地方，如"村落""自然村（屯）""村民小组"等较小的地理单元，便于开展自治。将政策落地与自治落地结合起来，就可以形成自治所要求的"能使社会成员普遍参与的地理条件"，即有效的自治单元。

2. 要考虑到农村政策的差异性，以与农民切身利益关联性紧密的"政策落地"探索自治单元。以"政策落地"探索自治基本单元，是指那些与农民切身利益关联性紧密的农民政策。因为并不是所有的政策都要离民众最近，有些行政性的政策反而在行政村一级落实，效果会更好，比如计划生育等政策；而有些补贴性政策放在乡镇一级落实，效果会更好，比如粮食直补、新农合等政策。那些与农民切身利益直接相关的扶贫开发、土地流转、水利建设、农技培训等政策，则需要放在离农民最近的地方落实，以这样的政策"落地"探索村民自治的基本单元，才具有现实性。

3. 以"政策落地"探索自治基本单元，要注意自治单元的多样性。政策距离越近、政策参与性强的地方有助于政策落地，比较容易形成有效的自治单元；但在实践中，要考虑到自治单元的多样性，切不可"一刀切"，要因地探索自治单元。南方村庄地形复杂，人口多，"自然村"或"村民小组"则是离民众最近的地方，是有效的政策落地之"地"，是有效的自治单元；而北方村庄"村民小组"或"行政村"就是离民众最近的地方，是有效的政策落地之"地"，是有效的自治基本单元。

第八章

家户联结：探索村民自治基本单元的社会因素[*]

2016 年，中央一号文件提出"在有实际需要的地方开展以村民小组或自然村为基本单元的村民自治试点"的命题，并专门印发了《关于以村民小组或自然村为基本单元的村民自治试点方案》，说明村民自治的有效实现离不开合理的自治基本单元。同时，与个体自治不同，村民自治作为村民共同处理公共事务的集体行为，需以各家各户之间的有效联结为前提。因此，家户联结、自治基本单元与村民自治有效实现三者之间存在一定关联。但这种关联到底是什么，还需做出理论分析。

一 家户联结、自治基本单元与村民自治的有效实现

家户是人类社会的基本组织单位，也是人类社会的"细胞"。传统时期，人们为抵御风险，维持生存，各家各户往往自发联结，自我治理。因此，家户联结与自治密切相关。

（一）家户联结与村民自治紧密相关

中国是一个由数亿农户构成的农民大国，"大国小农"构成中国社会的基

---

[*] 本章与侣传振合作，以《家户联结：探索村民自治基本单元的社会因素》为题，发表于《广西大学学报》（哲学社会科学版）2017 年第 6 期。

本底色。"中国几千年来都是个体经济,一家一户就是一个生产单位。"[1] 在历史上,家户作为主要生产单位早于秦一统中国时即已实现,随后,"社会单元是家庭而不是个人,家庭才是当地政治生活中负责的成分"[2]。金耀基先生曾言:"传统中国,家不只是一生殖的单元,并且还是一社会的、经济的、教育的、政治的,乃至宗教、娱乐的单元。它是维系整个社会凝结的基本力量。"[3] 因此,与西方的庄园制、印俄的村社制不同,家户制是中国村落社会的内核,具有政治社会意义。对此,徐勇教授指出:"以强大的习俗为支撑的完整的家庭制度和以强大的国家行政为支撑的户籍制度共同构成的家户制度,是中国农村社会的基础性制度或本源型传统。"[4]

家户的集聚与扩展构成了村落。"中国的村庄与其说是生活和功能性的共同体,不如说是许多农家的聚居地。"[5] 在村落范围内,家户虽然能够以家长式权威自主解决部分日常生活生产事务,但是却无法有效解决超越家户的公共事务,这就需要家户之间彼此联结,集体行动,共同治理。费孝通先生指出:"在中国乡土社会中,不论政治、经济、宗教等功能都可以利用家庭来承担,但为了经营这些事业,家的结构不能限于亲子的小组合,必须加以扩大。"[6] 日本学者清水盛光和平野义太郎也认为,在中国,各家各户在农村生活中的农耕灌溉、治安防卫、祭祀信仰等方面常常联结互助,形成了一种共同体意义的相互依存关系。[7] 可见,家户联结与村民自治息息相关,是影响村民自我治理的重要因素。

(二)家户联结与自治基本单元密切关联

村民自治不是空中楼阁,需以一定的自治单元加以运作与实现。既然家户联结与村民自治紧密相关,那么家户联结与自治基本单元有何关联?这就需要引入家户规模与利益关联度两个关键变量加以分析。

---

[1] 《毛泽东选集》(第3卷),人民出版社1991年版,第931页。
[2] [美]费正清:《美国与中国》,张理京译,世界知识出版社1999年版,第23页。
[3] 金耀基:《从传统到现代》,中国人民大学出版社1999年版,第24页。
[4] 徐勇:《中国家户制传统与农村发展道路——以俄国、印度的村社传统为参照》,《中国社会科学》2013年第8期,第102—123、206—207页。
[5] [美]巴林顿·摩尔:《民主和专制的社会起源》,拓夫、张东东等译,华夏出版社1987年版,第2页。
[6] 费孝通:《乡土中国 生育制度》,北京大学出版社1998年版,第40页。
[7] 参见陆学艺主编《内发的村庄》,社会科学文献出版社2001年版,第33页。

1. 家户规模与自治基本单元

规模影响自治。家户规模是指居住在一定地域范围内的家户数量及其空间距离,因此,家户规模大小需要家户数量与空间距离加以衡量。首先,家户数量。一般而言,数量越多,规模越大,自治越难。柏拉图认为,人口数量不宜太多,适当的数量应该是能够让所有的公民都相互认识和彼此了解。[1] 亚里士多德认为,适当的人口数量是足以达成自给生活所需而又是观察所能遍及的最大数额。[2] 达尔等认为,公民的数量越多,试图说服其他公民的成本也就越高,自治也就越困难。[3] 其次,空间距离。空间距离越大,越不利于自治。托克维尔认为,乡镇自治的空间距离不能太大,否则居民无法实现其共同利益。[4] 卢梭认为,一个体制最良好的国家所能具有的幅员是有界限的,小国在比例上要比大国坚强得多。[5] 涂尔干认为,地域越大,距离越远,越不利于自治活动的开展。[6] 虽然这些经典作家以城邦或国家作为论述对象,但道理与村民自治相通,即在家户数量较少,距离空间较近的地方,家户彼此熟悉,联结紧密,便于自治基本单元形成,实施自治。

2. 利益关联度与自治基本单元

利益关联是自治的首要条件。对此,卢梭认为:"个别利益的一致才使得社会的建立成为可能。正是这些不同利益的共同之点,才形成了社会的联系……因此,治理社会应当完全根据这种共同利益。"[7] 马克思认为,"公社的存在本身自然而然会带来地方自治",而公社的自然形成"最初只是为了维护共同利益"。[8] 恩格斯认为,家庭共同体、氏族共同体、国家共同体因共同利益的减少而依次更替,治理方式也从家长制到自治制,再到国家制。其中,利益关联度较高的氏族公社,自治程度较高。[9] 孟德斯鸠认为,"在一个小的

---

[1] 参见 [古希腊] 柏拉图《法律篇》,张智仁、何勤华译,上海人民出版社2001年版,第148页。
[2] 参见 [古希腊] 亚里士多德《政治学》,吴寿彭译,商务印书馆1965年版,第361页。
[3] 参见 [美] 罗伯特·A. 达尔、爱德华·R. 塔夫特《规模与民主》,唐皇凤、刘晔译,上海人民出版社2013年版,第64页。
[4] 参见 [法] 托克维尔《论美国的民主》(上卷),董果良译,商务印书馆1988年版,第67页。
[5] 参见 [法] 卢梭《社会契约论》,何兆武译,商务印书馆2003年版,第59页。
[6] 参见 [法] 涂尔干《社会分工论》,渠东译,生活·读书·新知三联书店2000年版,第183页。
[7] [法] 卢梭:《社会契约论》,何兆武译,商务印书馆2003年版,第31页。
[8] 《马克思恩格斯全集》(第3卷),人民出版社2012年版,第101页。
[9] 参见《马克思恩格斯全集》(第23卷),人民出版社1972年版,第395—396页。

共和国里，公共的福利较为明显，较为人们所了解，和每一个公民的关系都较为紧密；弊端较少，也较为受到庇护"①。可见，利益关联度是影响家户联结的重要因素，也是影响自治的关键变量。家户利益关联度越高，家户之间越容易围绕共同利益自发联结起来，共同处理公共事务，进而形成自治基本单元，促进自治落地。所以，家户利益高度关联之地，也是自治基本单元所在之地。具体如图8-1所示。

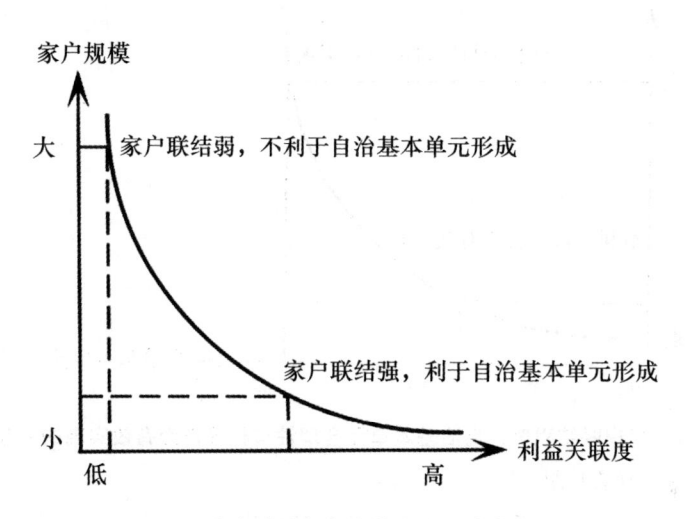

图8-1 家户联结与自治基本单元的内在关系

资料来源：作者自制。

（三）基于家户联结的自治基本单元决定村民自治的有效实现

从上面分析可以看出，家户联结与村民自治密切相关，同时，家户联结又影响着自治基本单元的形成，那么家户联结、自治基本单元是否也影响着村民自治的有效实现呢？

实践证明，家户联结与自治基本单元是村民自治有效实现的函数。一方面，家户规模越小，利益关联度越高，家户联结程度也就越强，自治基本单元也就越易形成；另一方面，将自治基本单元放在家户联结程度较高的地方，自治基本单元也就越合理，家户之间也就越容易围绕公共事务采取集体行动，开展有效自治。简言之，基于家户联结的自治基本单元决定村民自治的有效

---

① ［法］孟德斯鸠：《论法的精神》（上册），张雁深译，商务印书馆1961年版，第124页。

实现。家户联结程度越强，自治基本单元越合理，村民自治也就越有效。例如，与行政村不同，自然村内，家户数量较少，空间距离较近，利益关联度较高，家户之间联结较为紧密，因此，以自然村为基本单元开展自治，更加能够激活农村内部的主体性力量，共同处理自然村内的公共事务与公益事业，促进村民自治再度活跃。① 具体如图 8-2 所示。

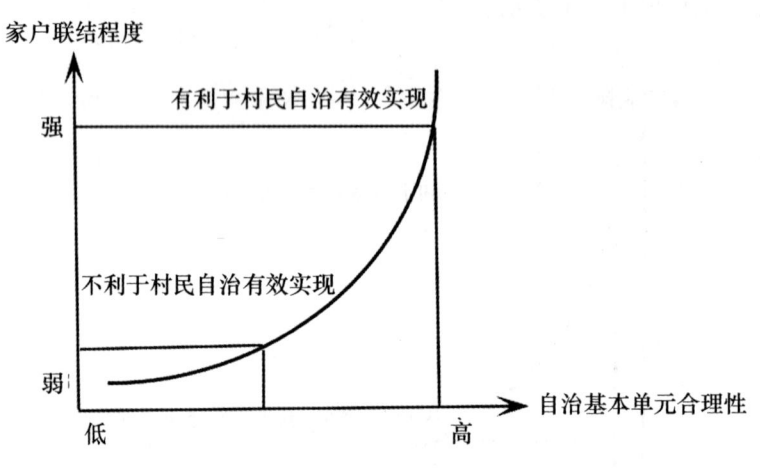

图 8-2　家户联结程度、自治基本单元合理性与村民自治有效实现的内在关系

资料来源：作者自制。

二　家户联结与村民自治基本单元的实践：历史与发展

在历史上，家户联结与村民自治基本单元的形成、演变与发展紧密相关，并深刻影响着村民自治的有效实现。这一过程大体经历了以下四个阶段。

（一）传统时期[②]：强化家户联结与村落自治

传统中国，一家一户是基本的生产与生活单位。但是，家户之间并非孤

---

① 参见徐勇、赵德健《找回自治：对村民自治有效实现形式的探索》，《华中师范大学学报》（人文社会科学版）2014 年第 4 期，第 1—8 页。

② 传统与现代在时空维度上并没有确定的绝对坐标点，更多是对社会发展进程的宏观概括与把握。为表述方便，本书将传统时期界定为民国及其以前的历史时期。

立，而是彼此联结，形成村落，由此构成国家治理的社会根基。亚里士多德认为，为了适应更广大生活需要而由若干家庭联合组成的初级形式，便是村坊。① 与现代村庄不同，传统村落家户规模一般较小。例如，成都平原的村落，每村一户至七八户不等，少有十户以上者。村内住宅密集，组织紧密，形成散居中的小聚居。② 华北平原的村落规模虽大，但也在百户左右，多以团聚状为主。③ 同时，村落内家户利益高度关联。一方面，传统村落多为宗族型村落，是一个典型的利益共同体。即使是华北的大多数村庄，村务管理、公共活动都是以宗族或亚家族为划分基础的④。另一方面，"王权止于县政"的治理结构，又使得各家各户必须联结起来，共同承担着家户、邻里所无法单独完成的公共职责，他们围绕农耕灌溉、治安防卫等公共事务形成了持久的共同利益。可见，传统时期，村落是一个家户规模较小，利益关联度较高的"熟人社会"，家户之间高度联结。

传统村落又是一个自治共同体。"国家权力在人民实际生活中作用是松弛和微弱的，是无为的。"⑤ 传统皇权的"无为主义"治理方式赋予了地方社会充分的自治权，家户之间往往以村落为单位，由宗族和乡绅共同完成水利、自卫、互助、调节等公共事务。正如古德所说："在帝国统治之下，行政机构的管理还没有渗透到乡村一级，而宗族特有的势力却维持着乡村的安定和秩序。"⑥ 韦伯也认为，传统中国是一个"家族结构式的社会"，正式的皇权统辖只施行于都市地区和次都市地区，出了城墙，皇权统辖权威的有效性便大大减弱，乃至消失。"因为除了势力强大的氏族本身之外，皇权的统辖还遭遇到村落有组织的自治体的对抗。"⑦ 可见，传统村落作为一个无官员的自治地区，是村民开展自我治理的合理基本单元。

---

① 参见［古希腊］亚里士多德《政治学》，吴寿彭译，商务印书馆1965年版，第6页。
② 参见鲁西奇《散村与集村：传统中国的乡村聚落形态及其演变》，《华中师范大学学报》（人文社会科学版）2013年第4期，第113—130页。
③ 参见金其铭《中国农村聚落地理》，江苏科学技术出版社1989年版，第183页。
④ 参见［美］杜赞奇《文化、权力与国家：1900—1942年的华北农村》，王福明译，江苏人民出版社2010年版，第65页。
⑤ 费孝通：《乡土中国 生育制度》，北京大学出版社1998年版，第39页。
⑥ ［美］威廉·J·古德：《家庭》，魏章玲译，社会科学文献出版社1986年版，第166页。
⑦ ［德］马克斯·韦伯：《中国的宗教：儒教与道教》，康乐、简惠美译，广西师范大学出版社2010年版，第140页。

传统时期，以村落为基本单元的村民自治，是人们在日常生产生活实践中自发形成的，主要有以下特点：一是，村落之内，家户数量较少，空间距离较近，利益关联度较高，便于家户之间相互联结，围绕村落公共事务开展自治；二是，村落既是家户高度联结之地，又是合理的自治基本单元所在之地，是村民自主选择的结果，具有内在一致性。因此，将家户联结程度较强的村落作为自治的基本单元，使得村落自治能够有效开展。

（二）人民公社时期[①]：强化家户联结与生产小队自治

人民公社实际上是将国家权力和社会权力高度统一的基层政权组织，通过农业生产的共耕制和"按人头扎账"的工分制将各家各户联结起来，纳入社队体制。不过，这种联结由国家组织而成，属于家户横向联结，缺乏传统的认同基础。因此，当面对"一小二私"的家户意识与"一大二公"的集体意识巨大张力时，国家不得不做出体制调整，最终将生产小队作为整个公社体制的基础。之所以如此调整，与生产小队内家户高度联结，便于生产有关。首先，生产小队内家户规模较小。例如，1962年中共中央出台的《关于改变农村人民公社基本核算单位问题的指示》中指出，生产小队的规模不宜太大，应根据土地的数量和远近、居住的集中或分散、劳动力能够搭配得开、畜力和农具能够配套、有利于发展多种经营等条件确定，并建议以二三十户为宜。其次，家户拥有共同产权。生产小队不仅是基本的核算单位，而且还是共同的产权单位。"要承认三级所有重点在生产队所有制，'有人斯有土，有土斯有财'，所有人、土、财都在生产队"[②]，都归生产小队自行支配，人民公社和生产大队不能随意调用。共同产权可以使家户利益高度关联，集体劳动，共同生产。最后，生产队往往与传统村落保持一致，延续着传统村落的人情世故与交往惯习，是农民生活空间与生产空间的重合。也正因为如此，人民公社系统最终不得不接受既定的传统结构，并通过强化生产小队的作用，使人民公社嫁接在农村生活的古老根基之上。[③]

[①] 人民公社时期一般指1958年人民公社体制建立至1978年人民公社体制结束时期。
[②] 罗平汉：《农村人民公社史》，人民出版社2016年版，第145页。
[③] 参见［美］施坚雅《中国农村的市场与社会结构》，史建云、徐秀丽译，中国社会科学出版社1998年版，第172页。

人民公社体制调整的另一个结果就是治理单元的变化。"在人民公社时期的三个阶段,治理单元经历了从大到小的调整和收缩过程,最后定型为'三级所有,队为基础'。"① 1962 年,党的八届十中全会通过了《农村人民公社工作条例(修正草案)》,规定"人民公社的基本核算单位是生产队",生产队"实行独立核算,自负盈亏,直接组织生产,组织收益的分配"。这说明,生产小队不仅是生产资料所有、经营、分配及核算单位,而且还是队员自我生产、自我管理、自我教育的基本单元。之所以将生产小队作为自治的基本单元,是因为生产小队是历史上自然形成的单元,家户之间彼此熟悉,习惯相同,文化相连,地域相近,具有文化共同体与地域共同体特点,最适合作为基层自治单元。② 这也恰如毛泽东所言,只有将自治基本单元落入"负责直接生产和核算的生产队,生产队长的影响力才会更大一些,才能组织起群众,不致使我们脱离群众"③。

人民公社时期,几经调整,最终将自治基本单元划定于生产小队。生产小队与传统村落接近,家户数量少,空间距离近,人际关系紧密。同时,生产小队内,家户之间拥有共同产权与共同需求,使之成为利益共同体,彼此高度联结。实践证明,将家户高度联结的生产小队作为基本单元开展自治,能够促进自治有效实现。

(三)国家建制时期④:弱化家户联结与行政村自治

20 世纪 80 年代,人民公社体制在包产到户的撬动下逐步解体,家户再次成为一个较为完整的经济单元,具有生产、经营、核算、分配功能。为防止基层治理真空,国家开始将广西宜山、罗城一带出现的农民自我管理行为转化为国家行为,推行以自然村为基本单元的村民自治。1987 年全国人大常委会通过的《村组法(试行)》就明确规定:"村民委员会一般设立在自然村,几个自然村可以联合设立村民委员会,大的自然村也可以设立几个村民委员会。"

---

① 邓大才:《产权单位与治理单位的关联性研究——基于中国农村治理的逻辑》,《中国社会科学》2015 年第 7 期,第 43—64、206 页。
② 参见邓大才《利益相关:村民自治有效实现形式的产权基础》,《华中师范大学学报》(人文社会科学版)2014 年第 4 期,第 9—16、2 页。
③ 《建国以来毛泽东文稿》(第 8 册),中央文献出版社 1993 年版,第 112 页。
④ 国家建制时期大体为 20 世纪 80 年代至 20 世纪 90 年代末。

自然村自治实际上是对人民公社时期生产小队自治这一历史制度遗产的继承，虽然灵活方便，但实际操作困难。尤其是历史长期形成的自然村规模不一，形式多样，导致自治形式五花八门。为统一规范村民委员会制度，1998年全国人大常委会修订通过了《村组法》，取消了村民委员会一般设立在自然村的相关规定，要求村民委员会根据村民居住状况、人口多少，按照便于群众自治、利于经济发展和社会管理的原则设立。这里的村，不再是自然村，而是行政村，即国家统一规定并基于国家统一管理需要的村级组织。村民自治的基本单元也由自然村调整为行政村。税费改革后，为减轻农民负担，缓解财政供养压力，国家又开始推行合村并组，部分行政村合并成"大行政村"，村民自治的基本单元进一步扩大。以行政村为基本单元开展村民自治，带来两个直接后果：一是，家户联结松散。行政村内，家户数量较多，空间距离较远，分散居住的南方地区尤为明显。例如，广东清远有些山区村庄，面积几十平方公里，下辖六七十个村民小组，人口几千人甚至上万人，村民去村委会办事，来回需要几个小时，平时见面十分困难。同时，家庭承包责任制后，村庄对村民的吸引力进一步下降，家户利益更多集中于村民小组，行政村内利益分散，关联度不高，家户联结越发松散。二是，自治悬空。村民自治属于直接参与行为，对家户联结程度要求更高。规模过大，人口过多，利益分散，家户之间很难自发联结起来，采取集体行动，开展自治。"村组规模扩大，直接参与性的自治更难。"[1] 同时，行政村作为国家的基层组织单位，仅国家法律赋予的法定行政职能就达百余项，大量行政任务要通过村民委员会加以落实，导致村民委员会行政化，村民自治上得了墙，但落不了地，处于空转状态。

这一时期，国家通过行政力量不断调整村民自治的基本单元，形成"自然村—小行政村—大行政村"的扩大趋势。这种调整虽然便于经济发展和社会管理，但家户规模过大，利益关联度较低，导致家户联结过于松散，各家各户很难参与村庄公共事务治理，村民自治难以有效实现，最终陷入制度空转。

---

[1] 徐勇、赵德健：《找回自治：对村民自治有效实现形式的探索》，《华中师范大学学报》（人文社会科学版）2014年第4期，第1—8页。

（四）自主探索时期[①]：强化家户联结与多单元自治

马克思指出："人们自己创造自己的历史，但是他们并不是随心所欲地创造，并不是在他们自己选定的条件下创造，而是在直接碰到的、既定的、从过去承继下来的条件下创造。"[②] 为此，新时期，为更好解决农村公共事务，广东、广西、湖北、四川等地主动划小村民自治基本单元，开展自然村落、院落、村民小组等多单元自治，村民自治重现生机。

湖北秭归位于鄂西大山区，地广人稀，道路崎岖。一个行政村几十平方公里，四五百户，人口几千余人。家户之间距离较远，交往较少，利益分散，联结困难，村民自治难以实现。2012 年，秭归县在"幸福村落"建设过程中，以利益相关、产业趋同、地域相近、规模适度为原则，将全县 186 个行政村划分为 2055 个自然村落，村落之内建立村民理事会，推选"两长八员"，实行民主参事、民主议事、民主决事。每个自然村落人口 30—80 户，地域面积 1—2 平方公里，村民彼此熟悉，需求相同，利益高度关联，家户之间易于联结，共同处理村落公共事务，村民自治由"十几公里外的事"变为"家门口的事"，便于落地。

广东云浮位于广东省西部山区，属于欠发达的农业地区。设立村民委员会的行政村多由人民公社时期的管理区转换而来，地域面积较大，人口少则上千人，多则上万人。农村税费改革后，云浮市开始实行合村并组，行政村规模进一步扩大，家户利益分散，参与积极性不高，村民自治虚置化。为解决这一困境，云浮市按照利益相关、地域相近、血缘相连的原则，主动将自治权下沉到村民小组，在村民小组、行政村、乡镇探索建立"组为基础、三级联动"的理事会制度，实施民事民办，民事民治。村民小组大多建立在自然村基础之上，人口三五十户，二三百人，居住相近，早晚相见。同时，村民小组又是一个与家户最为直接的产权单位，家户利益高度关联。云浮市通过划小自治基本单元，减少家户数量，拉近空间距离，增强利益关联度，使得家户之间能够自发联结，主动参与公共事务治理，实现自治重达。

四川都江堰地处平原，是国家城乡统筹改革的试验区。现有的村民委员

[①] 自主探索时期大体是指 21 世纪初至今。
[②] 中央档案馆编：《中共中央文件选集》（第 14 册），中共中央党校出版社 1992 年版，第 40 页。

会由人民公社时期的生产大队转变而来，由多个自然形成的院落合并构成，人口一两千人。虽属平原地区，但院落之间相距较远，各家各户交往甚少，利益关联度较低。村民自治因规模、利益因素而流于形式。2008年，都江堰利用汶川地震后的灾后重建机会，按照规模适度、产权相同、便于自治的原则，以50—100户为单位重新划分院落，组建理事会，实施自治。实践证明，都江堰将自治基本单元下放到家户规模较小、利益关联度较高的院落，有利于家户联结，共同治理院落公共事务，成效显著。

上述案例虽各不相同，但具有共同特点。一是这些探索都源自当地农民的自主性创造，具有很强的草根性与内生性。二是都基于行政村自治难以落地而自主划小自治基本单元。将村民自治的基本单元放在村民小组、自然村落、院落等单元之上，虽与既有法律法规不符，但实际成效显著。三是都将利益关联、规模适度作为划分自治基本单元的标准。这些标准的确立均源自当地实际情况，而非外部输入。通过划小家户规模，增强利益关联度，使得家户之间便于联结，便于参与，促使村民自治真正落地。

三 基于家户联结单元的村民自治基本单元

村民自治的有效实现离不开合理的基本单元。以家户联结为切入点探索村民自治的基本单元，有利于村民自治的有效开展。

（一）以家户高度联结之地作为村民自治的基本单元

从历史实践看，村民自治的基本单元类型多样，既有靠近基层政府的行政村，又有靠近农户的自然村落、生产小队、村民小组，它们构成了村民自治的重要载体。同时，村民自治作为一种集体行动，需要将孤立的各家各户有机联结起来，共同处理公共事务。因此，家户联结、自治基本单元与村民自治有效实现三者之间密切相关。可以说，家户规模越小，利益关联度越高，家户联结程度越强；在家户联结程度越强的地方建立自治基本单元，越有利于村民自治落地，促进有效实现（见表8-1）。例如，行政村内，家户数量多，空间距离大，利益关联度低，家户联结程度弱，导致行政村自治悬空；自然村内，家户数量少，彼此临近，利益关联度高，家户联结程度强，利于村民开展有效自治。

表 8-1　　　　　　　不同时期家户联结与自治基本单元关系比较

时间	自治基本单元	家户规模	利益关联度	家户联结程度	村民自治有效实现
传统时期	传统村落	小	高	强	易
人民公社时期	生产小队	小	高	强	易
建制时期	行政村	大	低	弱	难
自主探索时期	村民小组、自然村、院落等	小	高	强	易

资料来源：作者自制。

（二）在实际的家户联结中探索村民自治的基本单元

虽然家户联结与村民自治基本单元紧密相关，但在具体的探索中还要充分考虑实际情况的特殊性与差异性，因时制宜，因地制宜，自主探索。

一是以家户联结探索村民自治的基本单元，不能忽视中国的家户底色。中国是以家户为底色的国家，一家一户构成了中国社会的基石。费正清曾评论道："中国是家庭制度的坚强堡垒，并由此汲取了力量和染上了惰性。"[1] 虽然，家户作为中国农村最基本的生活单元、生产单元与自治单元，但是各家各户并非"鸡犬相闻，老死不相往来"，而是彼此联结，集体行动，形成自治。村民自治实际上是以家户为基础的自治，是各家各户联结起来共同处理村庄公共事务的行为。[2] 不过，家户联结方式存在自发联结与被动联结之别。基于共同需要而自发形成的家户联结，往往出现在家户数量较少、利益关联度较高之地，村民自治效果较好；基于外界力量干涉而被动形成的家户联结，往往割裂利益关联、规模适度等原则，村民自治运转困难。因此，以自发性家户联结来探索村民自治的基本单元，不仅是对家户制传统的尊重，而且更具现实意义。

二是以家户联结探索村民自治的基本单元，不能忽视地域上的差异性。

---

[1] ［美］费正清：《美国与中国》，张理京译，世界知识出版社 1999 年版，第 21—22 页。
[2] 参见徐勇《中国家户制传统与农村发展道路——以俄国、印度的村社传统为参照》，《中国社会科学》2013 年第 8 期，第 102—123、206—207 页。

在中国，最大的区域差异莫过于南北方差异。北方村庄多聚居，行政村与自然村往往合为一体，整体性强，对外有较为清晰的边界，对内有较强的内聚力。北方村庄"居民之间交流相对频繁，关系相对紧密，从而形成相对严密的社会组织结构"①。因此，北方的行政村多是社会关系紧密的地域共同体，家户利益关联度高，联结程度强，是一个合理的自治基本单元。南方村庄多散居，行政村与自然村二元分立，对外边界模糊，内部缺乏内聚力。"南方村庄是分散居住的地域，各农户之间的来往、交流与相互依靠均相对少一些，彼此之间相对疏远，不可能作为一个地域性社会集团而存在。"② 相反，自然村落内，家户规模小，血缘关系强，利益关联度高，是家户联结程度较强之地，也是一个合理的自治基本单元。

三是以家户联结探索村民自治的基本单元，不能忽视自治单元的多样性。虽然将家户高度联结之地作为自治基本单元，利于村民自治的有效实现，但在现实社会中，受家户规模与利益关联度两大变量的影响，家户高度联结之地往往又是自治单元较小之地。"自治单元愈小，其自治范围和内容也就愈有限。"③ 同时，当下村民的公共利益远不止于这些基本单元，有些利益在行政村一级，如农村土地所有权；有些利益远超行政村范围，涉及基层政府，如粮食直补、新农合等。因此，以家户联结探索村民自治的基本单元，不能因家户规模与利益关联度两个关键变量而否定其他自治单元的作用。相反，在多层次、多样式的自治单元中，合理探索自治基本单元、其他自治单元、行政基本单元（乡镇）之间的衔接与互动，才能更好地促进村民自治有效实现。

---

① 鲁西奇：《散村与集村：传统中国的乡村聚落形态及其演变》，《华中师范大学学报》（人文社会科学版）2013年第4期，第113—130页。

② 鲁西奇：《散村与集村：传统中国的乡村聚落形态及其演变》，《华中师范大学学报》（人文社会科学版）2013年第4期，第113—130页。

③ 徐勇、赵德健：《找回自治：对村民自治有效实现形式的探索》，《华中师范大学学报》（人文社会科学版）2014年第4期，第1—8页。

第九章

乡村振兴视野下单元有效
与自治有效的关系[*]

一 单元有效是治理有效的基础

2017年党的十九大报告提出了乡村振兴战略,治理有效是乡村振兴的重要内容,也是乡村振兴的基础。在现有的村民自治制度框架下,村民自治是实现治理有效的制度载体和组织基础。2018年9月中共中央印发的《乡村振兴战略规划(2018—2022)》提出"村民自治基本单元"的命题。2019年中央一号文件指出"发挥村民委员会自治组织功能,增强乡村治理能力",在实践中进一步落实自治有效,有助于提升乡村治理能力,是实现治理有效的基础。从国家政策文件可以看出,单元与自治有效紧密相关,实现自治有效的基础在于找到有效的单元。

关于自治有效与单元有效之间的关系,以往的研究形成了较多成果。主要有两个方面:一是城邦单元与有效的城邦自治。城邦是一个自治的政治共同体,城邦规模"不能超过最佳限度,要大到还能保持统治,小到能尽一切办法守卫城邦"[①],柏拉图进一步量化了最有效的治理单元,认为"5040位土地所有者是一个恰当的城邦规模"[②]。亚里士多德认为,城邦最合适的人口规

---

[*] 本章以《乡村振兴视野下单元有效与自治有效:历史变迁与当代选择》为题,发表于《南京农业大学学报》(社会科学版)2019年第3期。

① [古希腊] 柏拉图:《理想国》,郭斌和、张竹明译,商务印书馆1986年版,第137页。

② [古希腊] 柏拉图:《法律篇》,张智仁、何勤华译,上海人民出版社2001年版,第496页。

模是人们在其中能有自给自足的舒适生活并且易于监视的最大人口数量。① 可见，古典政治学家在研究城邦自治时非常重视城邦单元的有效性，在城邦政治鼎盛时期，有200多个城邦，城邦单元均比较适合自治。二是自治单元与有效的自治。改革开放以后，中国实施以村民委员会为自治组织的自治制度，村民自治制度依托"行政村—村民小组"这一单元体系运行。行政村是村民委员会所在单位，也是自治的基本单元。在21世纪初，贺雪峰、董磊明、申瑞峰、田先红等就从农民行动单位视角论证了自治的行动单位对村庄治理的影响。2014年以来，连续几年的中央一号文件提出"探索村民自治有效实现形式"的命题，学者们开始在"条件—形式"范式下研究自治单元与自治有效的关系，认为有效的自治单元与有效的村民自治高度关联。

综上可见，无论是国外研究还是国内研究，无论是城邦自治还是村民自治，均认为单元与自治有效高度关联。"基本单元的性质决定了由它所组成的上层体系的性质，只有通过基本单元的性质，才能阐明整个社会体系。"② 自治基于一定的地域单元，是一定地域单元上的上层政治体系，借助公共权力对公共事务进行处理。③ 可见，单元决定自治。自治是"全社会的所有成员都来参加制定共同追求目标的公共行动"④，必然存在一定的边界，在有效的治理边界内便于采取有效的自治行动，也就是说，有效的自治单元下容易形成有效的自治。

新时代党中央提出乡村振兴战略，"治理有效"是乡村振兴的基础。在实践中，村民自治的制度框架是治理有效探索和实现的基础。正因此，2018年的中央一号文件、《乡村振兴战略规划（2018—2022）》等文件中才多次强调"自治单元"这一重要命题。在乡村振兴背景下，实现治理有效以村民自治为基础，需要考虑有效的自治单元，那么，有效的自治单元又在哪里呢？这是理论和实践上亟待解决的问题。

---

① 参见［古希腊］亚里士多德《政治学》，吴寿彭译，商务印书馆1965年版，第290—291页。
② ［美］路易斯·亨利·摩尔根：《古代社会》，杨东莼、马雍、马巨译，商务印书馆1981年版，第234页。
③ 参见徐勇《GOVERNANCE：治理的阐释》，《政治学研究》1997年第1期，第63—67页。
④ ［美］卡尔·科恩：《论民主》，聂崇信、朱秀贤译，商务印书馆1988年版，第9页。

二 单元有效与自治有效的关联性

如前所述，有效的自治单元下容易形成有效的自治。自治单元是指对一定空间或范围的公共事务进行自我管理、协调和处理的单位。[①] 自治单元不仅具有地域属性，还具有社会属性。单元的有效性取决于规模、联结这两个因素。自治的有效性是指自治的效率、效能和效力。自治效率是指自治的低成本性，自治效能是指自治行动中的成员参与度以及成员从自治参与中所能获得的收益，自治效力是指自治行动的凝聚力。

（一）有效的单元规模与自治有效

在地理属性上，自治单元是自治行动所发生的一定范围内的地域空间，有一定的边界，也就是规模，可以从人口规模、地域范围和人口密度等三个方面去考察。第一，单元规模过大，自治效率较低。在人口规模大、人口密度大、地域范围大的自治单元下，个体成员数量多，既不便于直接沟通、直接参与，也不便于互相监督，很难形成一致的自治行动。因为对于"任何个人或者固定规模的团体而言，公民数量越多，试图说服其他公民的成本越高，自治也就越困难"[②]。只有直接参与，才能面对面地表达自己的意见和诉求，并进行有效的沟通和协商，形成一致的行动。规模太大必然带来参与成本、沟通成本和监督成本的过高，降低自治效率。[③] 第二，单元规模过大，自治效能较低。在人口规模大、人口密度大、地域范围大的自治单元下，个体直接参与公共行动的难度大、成本高，会降低个体的参与意愿；同时，随着"规模的扩大，成员能获得的利益呈现下降趋势"[④]，则会进一步降低参与度和自

[①] 参见邓大才《产权单位与治理单位的关联性研究——基于中国农村治理的逻辑》，《中国社会科学》2015年第7期，第43—64、206页。

[②] [美]罗伯特·A. 达尔、爱德华·R. 塔夫特：《规模与民主》，唐皇凤、刘晔译，上海人民出版社2013年版，第64页。

[③] 参见白雪娇《规模适度：居民自治有效实现形式的组织基础》，《东南学术》2014年第5期，第50—57页。

[④] 胡平江、刘思：《"分"与"合"：集体行动视角下社会组织的有效规模研究——基于广东省龙川县山池村谢氏宗族的田野调查》，《南京农业大学学报》（社会科学版）2018年第5期，第19—26、154—155页。

治行动的效能。第三，单元规模过大，自治效力较低。在人口规模大、人口密度大、地域范围大的自治单元下，成员数量多，异质性必然强，成员之间的分化较大，利益诉求也趋向于多元化，在参与自治中很难达成一致的意见，很难形成持久有效的一致行动，成员彼此之间的凝聚力较低，自治的行动力较低。自治是一种为了共同利益的团体行动，"团体越大，越不可能增进共同利益"①，自治效力则因规模过大而降低。总之，自治单元规模与自治有效高度关联，适度的单元规模下，自治的有效性较高。

（二）有效的单元联结与自治有效

在社会属性上，自治单元是指自治行动发生的社会空间。村民自治发生的社会空间是相对独立和稳定的社会关系网络和社会单元，它是一个以家户为基本单元的关系社会。自治是一种要素的联结，农村治理有效的关键在于稳定性联结形态的建构。② 自治单元的联结在过程上表现为某种关系要素对单元内所有成员的共同性重塑；在结果上表现为单元内部的成员因某种关系要素所形成的稳定的关系网络。自治单元的联结可以从紧密性、稳定性等两个方面来考察。首先，单元联结越强，自治效率越高。在联结关系越紧密、越稳定的单元下，成员之间的关系较为单一、稳定、紧密，带来联结的长度、宽度、广度都较大，个体对共同事务的关注度、参与意愿较高，容易就共同性事务采取自治行动，自治成本也相对较低。其次，单元联结越强，自治效能越高。在联结关系越紧密、越稳定的单元下，成员彼此之间有着某种共同的关系纽带，容易形成共同性的关系网络。在这样的单元下，一旦有某种共同诉求的触发，"利益一致使得社会行动的建立成为可能"③。共同的利益诉求激发成员参与自治行动的意愿，自治的绩效也因为成员的广泛参与、意见表达和沟通，以及共同的努力而得以提升。最后，单元联结越强，自治效力越高。在联结关系越紧密、越稳定的单元下，成员之间因共同的联结关系，分化较小、同质性强，成员之间容易形成一致性的协调。"协调性越强，化解

---

① ［美］曼瑟尔·奥尔森：《集体行动的逻辑》，陈郁等译，格致出版社、上海人民出版社 2011 年版，第 64 页。

② 刘义强、胡军：《中国农村治理的联结形态：基于历史演进逻辑下的超越》，《学习与探索》2016 年第 9 期，第 70—79 页。

③ ［法］卢梭：《社会契约论》，何兆武译，商务印书馆 2003 年版，第 31 页。

矛盾的能力越强；一致性越强，集体行动的能力越强；这种社会联结密度越大，自治能力也就越大。"① 总之，自治单元联结与自治有效高度关联。联结越紧密，越容易形成有效的自治单元。单元联结越强，越容易形成有效性较高的自治（见图9-1）。

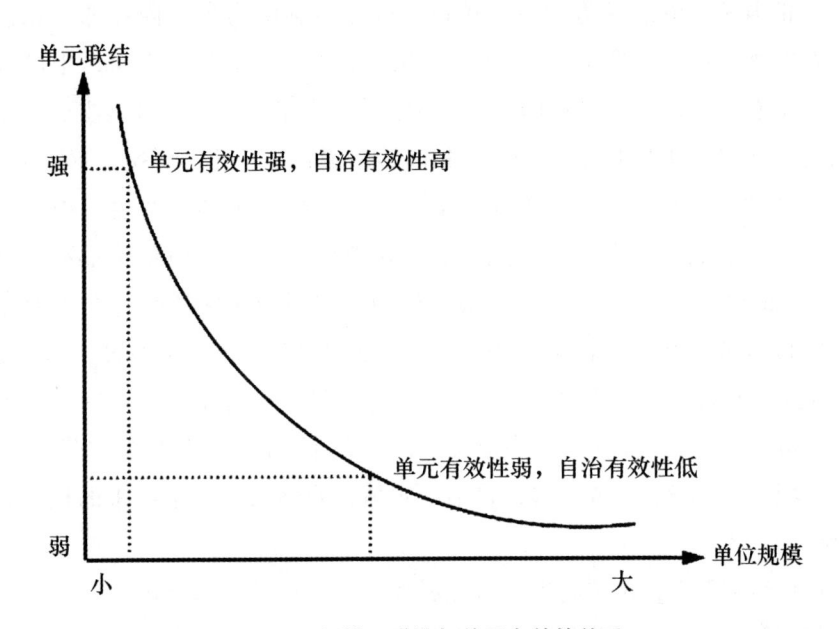

图 9-1 规模、联结与单元有效的关系

资料来源：作者自制。

三 自治单元的历史嬗变与农村自治有效的考量

习近平总书记指出，"一个国家选择什么样的治理体系，是由这个国家的历史传承、文化传统、经济社会发展水平决定的，是由这个国家的人民决定的"。只有在历史变迁维度下，在"规模—联结"框架下，才能深度考量自治单元与自治有效之间的关系。

---

① 李鹏飞：《社会联结：探索村民自治基本单元的关系基础》，《求实》2017年第9期，第69—82页。

（一）传统时期：自然村落单元与自治有效

在"皇权不下县"的传统时期，家户是国家治理的根基，由一定数量的家户组成的村落是国家治理的基本单位。[①] 村落构成国家治理的基本单位，是指国家统治以村落为基本单位，以保甲制度为主要内容的国家制度建立在村落一级，主要为国家统治服务，如收税、征兵。因而，中国社会的基石是农村。但是，皇权国家对村落社会"统而不治"，村落主要依靠自我治理，即"县下皆自治"。村落是自然形成的一个社会单位，俗称自然村，是乡村社区生活的基本单元，由若干个家庭在长期生产生活中逐渐联结而成。村落规模有大有小，生产、居住有所差异，但均是若干数量家户的聚集点，也是一个治理单位。韦伯认为，中国的村落"是一个没有朝廷官员的自治居民点"[②]。因为"国家上层的法律对于村落社会而言，始终是高高地超越农村日常生活水平的、表面上的东西"[③]。徐勇也认为，传统时期的自然村落就是一个自治单位。在形态上，村落自治的单元是自然村落、聚落、院落、坝、岗、湾、冲或屯等，自治的主体是自然村落内生出来的权威人士（如绅士）。

从自治单元看，传统时期，自然村落是一个由较少数量的家户组成的一个居住区，甚至一个村落就是一个单姓宗族的集聚点。自然村落单元的地域面积较小、人口数量不多、人口密度不大，以村落为自治单元的单元规模较小。如成都平原的村落，每村一户至七八户不等，少有十户以上者。村内住宅密集，组织紧密，形成散居中的小聚居。[④] 华北平原的村落规模虽大，但也只有百户左右，多以团聚状为主。[⑤] 可见，自然村落的规模都不算太大。另外，在流动性不高的传统时期，自然村落范围内居住的家户之间彼此熟悉，联系紧密，是一个高度的熟人社会。在自然村落单元下，规模小、联结紧密，

---

① 参见徐勇《"分"与"合"：质性研究视角下农村区域性村庄分类》，《山东社会科学》2016年第7期，第30—40页。
② ［德］马克斯·韦伯：《儒教与道教》，洪天富译，江苏人民出版社1997年版，第110页。
③ ［美］费正清：《美国与中国》，张理京译，世界知识出版社1999年版，第113页。
④ 参见鲁西奇《散村与集村：传统中国的乡村聚落形态及其演变》，《华中师范大学学报》（人文社会科学版）2013年第4期，第113—130页。
⑤ 参见金其铭《中国农村聚落地理》，江苏科学技术出版社1989年版，第183页。

人们在长期的生活和生产中形成了一套彼此认可的惯习和礼俗，自治凭借礼俗来调整公共生活中发生的冲突，维护家族或乡村共同体内部的秩序。因此，传统时期以自然村落为自治单元，形成了有效性较高的村落自治。

（二）人民公社时期：生产小队单元与自治有效

1949 年之后，经过土地改革等一系列的社会主义运动，国家政权按照国家逻辑对乡村社会进行了整合，通过政党下乡、行政下乡等把国家权力触角延伸到乡村社会的每一个角落。1953 年中共中央通过了《关于发展农业生产合作社的决议》，大力推进初级合作社。初级合作社单元基本与自然村落吻合。1955 年开始将初级社合并为高级社，高级社或是较大规模的自然村，或是几个小自然村合并而来。1958 年，根据《中共中央关于在农村建立人民公社问题的决议》，在全国全面实施人民公社制度。人民公社"一般以一乡为一社，两千户左右为适"，并实行"政社合一"的管理体制。1960 年，中共中央发出了《关于农村人民公社当前政策问题的紧急指示信》，要求划小治理的基本单位，全面实施"三级所有、队为基础"的人民公社制度。自此，"人民公社—生产大队—生产小队"三级治理单元架构的农村治理体系形成并稳定下来。其中，"'队为基础'指的是生产小队，而不是生产大队"①。因此，生产小队是最基本的治理单元，是基本的生产经营单位、核算单位、分配单位。对此，毛泽东强调，"要承认三级所有，重点在生产队所有制，'有人斯有土，有土斯有财'，人、土、财都在生产队"②。生产小队是核算的基本单元、自治的基本单元，而家庭为生活、消费单元。③

由此可见，在农村治理上，生产小队是最基本的自治单元，生产、生活消费、基础设施以及纠纷调解等均在生产小队单元上进行。经过调整后的"三级管理体制"下，生产小队基本与传统时期的自然村落吻合，或是原来的自然村落，或自然聚落，或是比自然村落稍大一点。生产小队的家户数量相对较少、人口密度不大、地域面积也不大，所以生产小队的单元规模较小；

---

① 《建国以来毛泽东文稿》（第 8 册），中央文献出版社 1993 年版，第 111 页。
② 《建国以来毛泽东文稿》（第 8 册），中央文献出版社 1993 年版，第 112 页。
③ 参见邓大才《中国农村村民自治基本单元的选择：历史经验与理论建构》，《学习与探索》2016 年第 4 期，第 47—59 页。

同时，在集体化时期，人口流动性较小，生产小队里的所有家户共同参加劳动生产，彼此熟悉，生产小队仍然是一个熟人社会，成员之间的联系比较紧密，不仅有共同的生产联系，还有生活和社会交往的联系，更有共同的政治活动的联系，故而生产小队单元的联结性较高。此一时期，各种农业政策依托生产小队"进村入户"，各项公共服务、矛盾纠纷等也均在生产小队这一级单元得以治理。总之，公社时期的生产小队单元规模较小，联结性高，自治有效性也较高。

（三）改革开放以后：以行政村为单元的自治有效性逐渐不足

1978年，各地开始探索"包干到户、包产到户"，并很快得到了国家的认可；1983年颁布《关于实行政社分开建立乡政府的通知》，正式宣告了人民公社制度的终结。人民公社的解体带来了乡村社会秩序的短暂真空，但很快就被村民委员会替代。1987年，全国人大常委会通过《村组法（试行）》，开始施行以村民委员会为自治组织的村民自治制度，规定"村民委员会一般设在自然村。几个自然村可以联合设立村民委员会，大的自然村可以设立几个村民委员会"。与传统的村落自治不同，村民自治是国家权力建构起来的制度，以规范性的制度规则为基础，村民委员会下设村民小组，形成了"行政村—村民小组"二级单元的自治体系。此一时期的村委会、村民小组基本还是由人民公社时期的生产大队、生产小队转化而来，村民小组也基本上是一个自然村落或聚落。村民自治起步时期，以行政村为治理单元开展治理，但更多具体性的事务，如水利、纠纷调解等依然在村民小组一级解决。以行政村为基本单元开展自治，在一定程度上填补了公社体制被取消之后的"秩序真空"，带来了农村有效的治理。

但是，随着农村产权制度改革，村委会（行政村）成为集体土地所有权主体，也开始承担更多的行政事务。村委会下辖若干个村民小组，加之规模较大、联结疏散，带来自治的动力不足。21世纪初，国家开始实施"合村并组"，邻近的几个行政村合并，邻近的几个村民小组合并。在有的地方，甚至原来的一个行政村成为一个村民小组。行政村的规模进一步扩大，村民小组的规模也进一步扩大。从村民自治实行初期，到"合村并组"，农村治理单元一直是"行政村"，但"行政村"单元在规模上逐渐扩大，单元联结度也随之逐渐降低。"合村并组使得合并后的几个村干部要面对散居于数十平方公里的数个村民小组的数百家农户"①，承担的上级行政事务是之前的数倍，使得村干部疲于完成各种任务，而无力于自治事务，没有精力关心村级公共事务，也无心引导和激励村民参与公共事务，自我治理空转而不落地。合村并组强化了行政村作为村级治理单元的集权化、行政化，而不是自治化。

根据华中师范大学中国农村研究院"百村观察"数据，每个行政村的平均面积为8.13平方公里，每个村平均拥有2278人，在这样的组织规模下，知道村干部住址的比例不到30%，村民之间的熟知度不足15%。"合村并组"之后，行政村单元的家户数量扩大、人口密度变大、地域面积增大，导致行政村的规模太大。行政村的规模过大，社会流动大、开放性高，村民之间的熟知度太低、联结疏散，有的村民甚至都不知道自己所在的村民小组有几户。行政村单元成为一个"半熟人社会"，村民之间的社会联结度较低，村民参与成本高，甚至漠视选举和村庄公共事务，导致自治难以有效运转。自治是一种高级的民主形式，对社会土壤的要求极高。"合村并组"之后的"大行政村"单元，带有很强的外部建构性，超脱于自治所赖以运转的社会土壤，建构性的自治单元悬浮于自然单元之上，自治难以落地，导致治理效率、治理效力和治理效能均降低。恰如徐勇等所说："行政村规模扩大，导致直接参与性的自治更难。"② 对此，有学者甚至大呼"自治已死"。可以说，村民自治建制时期，伴随着行政村单元规模的逐渐扩大，自治的有效性逐渐降低。

四 新时期创新探索并重构自治单元，推进自治有效

在新的历史时期，农村经济社会发展的转型对农村治理提出了更高的要求，治理能力急需提升。自2014年开始，连续几年的中央一号文件均提出"探索村民自治有效实现形式，探索以村民小组为基本单元的自治"的命题，

---

① 龚志伟：《农村社会组织的发展与村治功能的提升：基于合村并组的思考》，《社会主义研究》2012年第5期，第87—91页。

② 徐勇、赵德健：《找回自治：对村民自治有效实现形式的探索》，《华中师范大学学报》（人文社会科学版）2014年第4期，第1—8页。

各地围绕文件精神,结合本地实际,大胆创新,开展了有益的探索,某种程度上推动了自治落地,实现了治理有效。[①]

第一,以自然村落为自治单元。广东佛冈地处粤北山区,条件落后,行政村由原来的人民公社直接转化而来,经过合村并组,行政村的规模进一步扩大,有的村民小组包含了若干个自然村,自然村之间距离大,加之宗族较多,导致自治难以落地。为此,佛冈县结合"一个自然村就是一个宗族"的实际,将自治重心下移,建立了"乡镇—片区—自然村(村民小组)"的单元体系,根据面积、人口、地形与交通联系等,将乡镇划分为若干片区,每个片区建立党政公共服务站。原"行政村"村委会转变为党政公共服务站,以自然村为单位开展自治;在自然村设立"村民理事会、党支部、农民合作组织"等,负责自然村范围内事务的治理。湖北秭归按照"地域相近、规模适度、利益相关、共建共享、文化相连、便于凝聚"原则,取消村民小组,把全县186个行政村化为2055个自然村落,每个村落30—80户住户,拥有1—2平方公里的地域面积,并在村落建立村落理事会,设立"两长八员"制度,开展以村落为治理单元的自治。河池市也将自治中心下移至行政村以下的"自然屯",在"屯"设立理事会,促进自治落地。

第二,以村民小组为自治单元。广东蕉岭地处粤北山区,行政村的规模较大,大的行政村有10—18平方公里,小的行政村有3—5平方公里;行政村下辖村民小组较多,平均每个行政村下辖村民小组10多个,下辖20个以上村民小组的行政村就有35个。蕉岭县从单元入手,深度挖掘"宗族"传统底色,即"一个村民小组就是一个或两个宗族的聚居单位",把治理单元下移至村民小组,在村民小组设立村民理事会,全体村民讨论明确村民理事会职责,并制定理事会章程,并依托村民小组使章程规则上墙、入户,以此撬动自治。

第三,在新型农村社区下探索"楼栋"自治单元。有些地区借助"移民安置、拆迁安置、灾后重建"等契机,重新规划建立了新型农村社区。新型农村社区在形式上体现为"一村一社、一村多社、多村一社"等。虽然社区对农村社会进行了整合,集中居住,但在规模上依然较大,联结依

[①] 2016—2018年,中国农村研究院全程参与了佛冈、蕉岭、秭归、河池、都江堰等地的改革创新实践,材料均来自现场调查。

然疏散，不便于治理的开展。都江堰市的棋盘社区原来是一个大行政村，人口4000多人，下辖13个村民小组，居住分散；2010年以灾后重建为契机，整村搬迁、集中安置，建立了集中居住的新型农村社区，把社区划分为若干个楼栋单元，设立楼栋长，以楼栋为单元开展自治，如公共卫生维护、绿植养护、安全巡逻等。社区书记李天平这样说："有的楼栋就是原来的自然院落，有的楼栋是几个小院坝，有的楼栋彼此熟悉，有的楼栋即使不熟悉天天见也熟悉了。"

总之，新时期农村自治单元呈现出多元化、多样化的特点，但基本思路是相同的，即在于找到合适的、有效的自治单元。首先，自然村落、村民小组为自治单元的探索，在于下沉自治单元，即"缩小自治单元规模、增强自治单元的联结性"，在单元规模较小、单元联结强的自然村落、村民小组开展自治。其次，以楼栋为自治单元的探索，是在重新整合的新型农村社区的基础上，注重规模、联结两个要素，将规模较小、联结度高的楼栋作为自治单元，开展"微自治"。无论是自然村落（屯）、村民小组，还是楼栋，均以单元为切入点，以规模、联结找到有效的自治单元，推动自治有效。

五 在单元有效中探索治理有效

有效的自治单元是乡村自治有效的基础。确定有效的自治单元，对实现新时代乡村振兴下的自治有效具有重要意义。本文从单元视角切入，从规模、联结两个维度探讨了历史变迁中单元有效与自治有效之间的关系，对实现乡村振兴下的农村治理有效具有一定的启示。

（一）有效的自治单元决定有效的自治

自治单元与自治有效紧密相关。如表9-1所示，自治单元的规模较小，自治单元的联结性较强，容易产生自治的集体行动，自治的有效性较高。传统时期的自然村落单元、人民公社时期的生产小队单元，以及新时期的自然村落（自然屯）、村民小组和楼栋等单元，单元规模相对较小，村民之间的交往密切、互相熟悉，是一个熟人社会，单元联结性较强，在这样的单元下容易形成有效性较高的自治。改革开放之后，实行村民自治制度，一段时期内弥补了人民公社取消后农村社会的秩序真空，带来了"自由的微风"，促进了农村民主的发展和农村事务的自我治理。但是"合村并组"之后，自治基本单元上移、扩大，行政村单元规模逐渐变大，小行政村变为大行政村，这样的单元下，村民之间的熟悉度低，是一个"半熟人社会"，单元联结性较低，导致自治遭遇困境，自治有效性也逐渐降低。

历史总是给人以启示。以自治单元为切入点探索自治有效，有较高的实践价值。在乡村振兴背景下，自治有效是治理有效的重要内容，自治有效取决于单元的有效性。找到有效的自治单元，是提高或实现自治有效性的基础。如摩尔根所说，单元的性质决定了上层政治体系的性质。单元决定治理，单元有效决定自治有效。正因此，2018年9月中共中央印发的《乡村振兴战略规划（2018—2022）》中指出"继续开展以村民小组或自然村为基本单元的村民自治试点工作"，这说明在乡村振兴背景下，以单元有效来探索自治有效具有较高的现实价值。

表9-1　　　　　　不同时期的治理单元与治理有效的关系比较

历史时期	自治单元形态	单元规模	单元联结	自治有效性
传统时期	自然村落	较小	强	高
人民公社时期	生产小队	较小	强	高
改革开放以后（从自治制度施行到"合村并组"）	行政村（由小到大）	逐渐扩大	逐渐减弱	逐渐降低
新时期	自然村落（自然屯）、村民小组、楼栋等	较小	强	高

资料来源：作者自制。

（二）有效的自治单元要考虑规模、联结两个因素

自治单元作为治理活动开展的空间载体，其具有两个基本属性。一是地理属性。在地理学意义上，自治单元是自治行动发生的特定范围的地域空间。这决定了自治单元有特定的地域范围和明确的边界，进一步决定了自治单元存在一定的规模性。因此，自治单元规模与自治行动密切相关，

像"村民小组、自然村落（屯）、生产小队"这样的适度规模，自治的有效性较高。二是社会属性。自治的主体是人，人是一切社会关系的总和，也是一种交往性的主体。人与人之间的联结形式、联结程度决定着社会的内聚力、向心力。在联结性较高的自治单元下，人们有着共同的意识和诉求，容易发生集体行动，自治的有效性较高。因此，有效的自治单元受规模、联结两个要素的影响。

在单元视角下去探索自治有效，要考虑单元规模、单元联结两个因素。规模、联结两个因素，既考虑到了设置有效的自治单元的地理学属性，即有效的单元规模（适度规模）；也考虑到了设置有效的自治单元的主体属性，即治理主体（人）之间的联结。在规模适度、联结性强的自治单元开展自治，容易形成有效性较高的自治。

（三）在实践中，有效的自治单元是多样化的

在乡村振兴视野下，探索并实现自治有效，要以单元规模、单元联结两个因素为参考，在实践中划定和设置有效的自治单元。经过40年改革开放，农村发生了翻天覆地的变化，农村越来越开放、包容和流动，因经济发展、文化等造成各地的情况各不相同，差异性较大。因此，以单元规模、单元联结来探索有效的自治单元，也不能整齐划一，也要注意到农村的实际情况。在实践中，有效的自治单元并不是单一的，而是多样的、多层的。任何形式的自治有效都不可能靠"某一个"或"某一类"有效的自治单元。要结合实际，创新发展自治单元的形式，注意单元规模、单元联结两个要素，在规模适度、联结程度较高的自治单元下开展自治，激发主体共同参与，高度协商，容易带来有效的自治。

（四）以自治有效单元探索乡村振兴单元

乡村振兴的对象是抽象的乡村，如何在实践中振兴乡村，需要找到具象的乡村，也就是乡村振兴单元。治理有效是乡村振兴的基础，治理有效又以自治有效为基础。有效的乡村振兴既依赖于有效的振兴单元（规模），也依赖于农民主体振兴（主体回归以及彼此之间的紧密联系），这恰恰也是决定自治有效的影响因素。因此，有效的自治单元与有效的乡村振兴单元之间存在着现实的逻辑关联性。在现实中，可以以单元联结、单元规模两个标准和条件

来探索乡村振兴单元。联结度高、规模适度的单元即为有效的乡村振兴单元，可以是行政村、村民小组或自然村，也可以是小型乡镇、联合型的行政村片区或自然村片区等。但在实践中要注意，乡村振兴单元不同，振兴的重点、路径也不同，要根据单元的社会发展基础来决定。

第十章

行政助推自治：单元下沉改革中的政府介入与自治生长[*]

有效的自治单元是实现有效自治的基础。围绕单元展开的自治单元上移或下沉的改革也一度成为基层探索有效自治的主要实践。自治是在适宜的空间下人们基于共同的目标追求而形成的公共行动。对自治进行调试以达到理想的有效自治状态，不仅涉及单元调整，还涉及诸多因素的调整与调适。设立村民自治委员会的行政村是自治单位，但调整自治单元的政策发动主体往往是县级政府或乡镇政府。由政府牵头的自治改革仅仅调整自治单元可以推进有效自治吗？还需要什么条件呢？行政与自治在一种什么样的互动状态下可以实现有效自治？对此，本章基于一个乡镇改革实践的实证调查，试图探究单元下沉改革中行政和自治的互动关系机制，为新时代探索自治有效提供借鉴。

一 将政府力量带进自治

单元要素是影响自治有效的重要因素之一。单元调整与自治有效一直是学界重要议题，学者们进行了深入而广泛的讨论。自 2014 年中央一号文件提出"探索村民自治有效实现形式"的命题后，"单元下沉"成为各地探索有

---

[*] 本章以《行政助推自治：单元下沉改革中的政府介入与自治生长——基于河镇石寨村的调查与分析》为题，发表于《南京农业大学学报》（社会科学版）2022 年第 1 期。

效自治的主要实践。其中，影响比较大的自治重心下移实践主要有五种模式：广东省清远市的自然村自治模式、湖北省秭归县的村落自治模式、广西河池市的屯级党群共治模式、贵港市的"一组两会"模式和融水县的"五会屯治"模式。[1] 从实践看，单元下沉是指将行政村自治单元缩小至更小的单元，如村民小组或自然村。因为在划小后的自治单元层面，容易形成利益相关、规模适度、文化相连、地域相近、群众自愿[2]等便于自治的基础条件，也容易形成规则自觉[3]、社会联结[4]、内生权威[5]、内生性共同体[6]等促进有效自治的其他条件。但是，将自治单元下沉至更小的单元就一定会在现实中生长出有效的自治吗？对此，学者们从不同的角度提出了不同的观点。一是单元下沉还需要激活农民主体参与。无论自治单元下沉至何种层次，自治始终是农民群众的自治，农民群众是自治主体。坚持基层群众自治、村民自治的基本制度框架，是进一步完善和健全自治的基础。[7] 村民自治单元下沉的重要原因是便于自治，而现行的行政村单元自治困难。[8] 这里的便于自治主要是指便于农民群众参与自治、易于激发农民积极参与。群众的有效参与是村民自治有效实现的前提和基础。在满足参与意愿、参与能力、参与条件、参与制度和参与保障等五个参与要件的基础上可以实现有效参与，进而推进有效自治。[9] 二是单元下沉还需要加

---

[1] 参见汤玉权、徐勇《回归自治：村民自治的新发展与新问题》，《社会科学研究》2015 年第 6 期，第 62—68 页。

[2] 参见邓大才《村民自治有效实现的条件研究——从村民自治的社会基础视角来考察》，《政治学研究》2014 年第 6 期，第 71—83 页。

[3] 参见白雪娇《规则自觉：探索村民自治基本单元的制度基础》，《山东社会科学》2016 年第 7 期，第 41—47 页。

[4] 参见李鹏飞《社会联结：探索村民自治基本单元的关系基础》，《求实》2017 年第 9 期，第 69—82 页。

[5] 参见刘思《权力与权威：中国农村村民自治基本单元的组织基础》，《东南学术》2017 年第 6 期，第 45—50 页。

[6] 参见张茜、李华胤《村民自治有效实现单元的讨论与研究》，《中国农业大学学报》（社会科学版）2014 年第 4 期，第 49—55 页。

[7] 参见唐鸣《从试点看以村民小组或自然村为基本单元的村民自治——对国家层面 24 个试点单位调研的报告》，《中国农村观察》2020 年第 1 期，第 2—16 页。

[8] 参见郝亚光、徐勇《让自治落地：厘清农村基层组织单元的划分标准》，《探索与争鸣》2015 年第 9 期，第 52—56 页。

[9] 参见邓大才《有效参与：实现村民自治的递次保障》，《财经问题研究》2019 年第 4 期，第 3—11 页。

强自治组织建设。将自治重心下移至行政村以下的单元还需要建立相应的自治组织，使得农民群众有参与的组织平台。以村民理事会、协商议事会为主要形式的自治组织成为单元下移后自治组织建设的主要实践。这些组织"可以形成相对一致的价值观念、风俗习惯和社区认同，有助于将分散的村民个体组织起来进行共同利益的表达"[1]。当然，村民理事会建设的目的不是消解村民委员会的自治性，而是通过再造自治单元的方式实现自治的高效运作。[2] 三是单元下沉还需完备的自治程序。下移后的自治单元借助具体的村庄治理活动建立具有适应性的程序机制、规则机制、议事机制等，可以促进自治有效。如在农村改革实践中安排相关的利益机制和制度机制[3]，或建立程序性规则与规则性程序[4]，可以有效实现自治。程序化、规范化、制度化的保障机制使协商民主程序在内外合力下有效落地运行，可以推进村民自治有效。[5]

以上研究为我们理解单元下沉与有效自治的关系提供了有价值的借鉴。无论是理论研究还是实践探索，可以达成这样一个共识：单元下沉在某种程度上可以实现有效自治，但仅仅依靠缩小自治单元是不行的，还需要满足其他条件；在不同的地域，所需条件也不同。从现实看，单元下沉改革行动基本都是由县级政府发动、乡镇政府负责推进实施，是一种政策行为。作为行政主体的政府在单元下沉改革实践中发挥着重要作用，由此使得单元下沉中的行政与自治成为一对绕不开的关系。对此，学界进行了不同程度的探讨。一是单元设置要考虑单元的行政功能或自治功能，"既要考虑村民自治，也要考虑行政效率"[6]。政府调整自治单元的政策行为逻辑决定着单元下沉的治理有效的具体内涵。基于行政与自治的均衡型单元重组，可以实现兼顾行政与

---

[1] 唐京华、张雷：《村民自治单元下沉的价值与困境——黑龙江省方正县试点调查研究》，《北方民族大学学报》（哲学社会科学版）2021年第1期，第118—124页。

[2] 参见韩瑞波《替代抑或协助：村民理事会运作的差异化分析——基于广东英德和湖南浏阳的案例比较》，《深圳社会科学》2021年第2期，第85—92页。

[3] 参见邓大才《利益、制度与有效自治：一种尝试的解释框架——以农村集体资产股份权能改革为研究对象》，《东南学术》2018年第6期，第56—63、248页。

[4] 参见邓大才、唐丹丹《程序性自治：村民自治有效实现的规则基础》，《学术界》2019年第4期，第31—37页。

[5] 参见黄君录《协商民主的地方治理模式及其内生机制——基于村民自治地方经验的四种模式》，《南京农业大学学报》（社会科学版）2019年第4期，第69—77、158页。

[6] 邓大才：《均衡行政与自治：农村基本建制单位选择逻辑》，《中共中央党校（国家行政学院）学报》2019年第1期，第35—42页。

自治均衡型治理。① 二是从"五权"结构平衡论的角度进行解释，单元下移至自然村的自治形式实质是将政党执政的权威性、国家治理的有效性、村民自治的参与性有机统一于中国共产党在乡村执政的合法性，在"三元统一"中实现村民自治的现实成长。② 三是在更大的行政体系中探讨行政与自治的互动关系，以村民小组为基础的单元改革要在"三级联动"中实现乡镇行政管理与基层群众自治的有效衔接和良性互动。③ 可以发现，学者们探讨的"行政"主要是指自治单元的行政属性或功能问题，而较少探讨推进单元下沉改革实践的政府力量与自治生长之间的关系。作为一种制度的自治从最早开始实施就意味着其不可能完全与政府行政力量脱离关系，基层政府对自治的作用与影响也是必然的。那么，引入行政视角去审视和探索自治有效，才能真正理解旨在推进自治有效的单元改革中政府的积极作用及其作用机制。

2019 年贵州省河镇为了以自治的方式解决脱贫攻坚后饮水工程无人管护的难题，开始推进自治单元下沉改革，在第一轮改革中，将自治单元下沉至自然村寨单元，但很快遭遇"自治部分失灵"难题，乡镇政府随即全面介入启动二次单元下沉改革，撬动了自治，实现了自治的内生性生长。试图通过下移自治单元的改革来实现有效自治，是基层政府破解自治困境的策略追求。那么，政府作为单元下沉改革中的主要行政力量，除了规划性地调整单元，还为自治生长注入了什么要素呢？在行政力量推进的自治单元下沉改革实践中，政府介入与自治生长是一种怎样的关系呢？为了从理论层面对这些问题进行深层次的解释，本章以河镇自治单元下沉改革为研究对象，通过实证分析探究单元下沉改革实践中的政府介入与自治生长的互动关系。

二 单元下沉改革中的乡镇政府与村寨自治

河镇位于贵州省北部，距离县城湄县 55 公里，是一个四县八镇交界地带

---

① 参见李华胤《走向治理有效：农村基层建制单元的重组逻辑及取向——基于当前农村"重组浪潮"的比较分析》，《东南学术》2019 年第 4 期，第 89—97、247 页。

② 参见肖滨、方木欢《寻求村民自治中的"三元统一"——基于广东省村民自治新形式的分析》，《政治学研究》2016 年第 3 期，第 77—90、127—128 页。

③ 参见徐勇、周青年《"组为基础，三级联动"：村民自治运行的长效机制——广东省云浮市探索的背景与价值》，《河北学刊》2011 年第 5 期，第 96—102 页。

的山区乡镇。全镇地广人稀，以汉族为主，村民以自然村寨为单位呈现出"小聚居、大散居"的居住形态。石寨是河镇的一个行政村，也是贫困村，下辖4个村民小组，总人口1800多人，以多种姓氏的汉族村民为主，每一个村民小组即为一个大村寨，村寨之间的平均距离为5公里。由于山区地形崎岖、基础设施差、外出人口多等因素的约束，村民自治"空转"，农民参与热情也不高。2019年，基于脱贫后维护公共基础设施的考虑，河镇政府启动自治下沉改革，并逐步全面介入自治，推进了村寨单元自治落地生根，实现了有效自治。①

（一）贫困摘帽后"饮水工程管护"难题诱发自治改革

为了解决山区农民吃水难的问题，在脱贫攻坚中，全县各个村寨修建了大量的人畜饮水工程。村民以自然村寨为聚居小单位，依山而居、傍山而居，考虑到方便用水，大量的人畜饮水工程都修建在山上的村寨。这些饮水工程的日常管护也由驻村的扶贫干部负责，十多位驻村干部完全可以管护到位。2018年，湄县完成了第三方脱贫攻坚的评估与验收，驻村扶贫干部人数也随之大幅度减少，直接导致村寨大量人畜饮水工程"无人管护"，甚至再度出现"吃水难"问题。这个问题是脱贫后全县面临的普遍性难题，县政府要求以乡镇为单位探索解决之道。人畜饮水工程集中修建在村寨，村寨距离村委会较远，加上饮水工程的日常管护事务较为繁杂，村两委干部也面临着繁重的行政任务，很难抽出时间、抽调人力去管护饮水工程。村寨的饮水工程出现问题，村干部也不可能第一时间赶到现场处理。因此，依托村委会自治的方式解决饮水难题，已不可能。在这样的背景下，河镇开始尝试改革，想从村寨内部寻求解决之道。

（二）回归村寨传统，河镇政府启动第一轮单元下沉改革

由于村寨一直以来就是农民聚居的自然单位，每个村寨都有"寨管家"。"寨管家"是村寨里负责红白喜事、处理纠纷的管事。每个村寨都有若干位管事，他们热情、喜欢管事，在村寨里的威望高。河镇政府充分认识到这一点，正如镇政府干部所说："饮水是个大民生。日常管护靠政府不行，靠就那么几

---

① 调查资料来自笔者2020年7月25日至8月7日的驻村观察。硕士研究生昝雪梅参加了项目调查。

个人的村委会也不行，最好、最长久的办法就是放到村寨里去解决，靠村寨的力量、农民的力量来解决。除了水，其他的事情也都可以放进村寨去解决。"基于此，河镇政府陆续制定了《河镇主题教育"寨管家解忧行动"方案》等改革实施方案，将自治单元下沉至自然村寨单元，并建立"寨管家"自治组织，解决农村公共基础设施管护和公共事务治理问题。在具体实施中，选定了包括石寨在内的38个寨子为试点村，将自治单元由原来的行政村单元下沉至自然村寨单元。根据改革方案，包括饮水工程管护在内的公共基础设施管护以及其他村寨公共事务均在村寨单元内以自治的方式进行。为了进一步使村寨自治落地运行，镇政府引导试点的村寨成立了"寨管家"自治组织，即"1+1+N"模式。"寨管家"自治组织由镇政府选派一名乡镇领导、村委会选派一名村干部、村寨推选出N名村寨管理员组成。N名村寨管理员由村民推选，主要是村寨里有权威的乡贤寨老、老党员、退休干部或退休教师等。具体数量由村寨根据公共事务治理的需要自主设立，但需要经过村委会干部的同意，不需要乡镇政府干部的同意。因此，"1+1+N"寨管家自治组织的实质是由N位管事自行组织村寨群众开展村寨事务自治，但在实际运行中经常受到村委较多的干预，乡镇政府干部只是起监督作用，干涉较少。

（三）村寨单元自治的部分失灵，乡镇政府介入进行二次改革

"1+1+N"寨管家自治组织在乡镇政府和村委会的领导下开展自治活动。在不同的村寨单元，N名村寨管理员的数量不统一，只有负责管水的水管员职责是明确的，其他村寨管理员没有具体负责事项。为了进一步激活以"1+1+N"寨管家自治组织为基础的村寨自治，河镇政府为每一个村寨安装了水表，由水管员负责管理和维护饮水工程以及全寨的水管，以有偿服务的方式负责解决农户的饮水问题。但是，在公共基础设施建设、村道防护、公厕清洁、垃圾清扫、森林防火等公共事务上，"1+1+N"寨管家组织在村寨单元下根本无法组织群众开展自治。原因有很多：一是这些事务没有固定的自治人员配置，导致没有专门的管事人负责组织；二是这些事务受到村委会的干涉，村寨自治组织没有较大的自主权；三是村寨单元自治的发育不健全，没有建立完备的制度规则和程序。石寨村的一位管事说："水管员是明确的，他可以组织发动群众；其他事情的分工不明确，一起干，就容易起冲突，还要向负责本寨的村干部报告，经常组织不起

来。"因此，以"1+1+N"寨管家自治组织为基础的村寨单元自治只是部分有效。基于此，河镇政府很快启动了二次改革，改革的主要目的就是进一步激活村寨单元的自治活力。

（四）乡镇政府全面介入村寨自治，为自治运转注入多元要素

单元下沉的二次改革中，河镇政府全面介入，结合村寨传统，从多个层面注入有利于自治的要素。具体有六个方面：一是优化自治组织架构，解绑镇政府和村委会的行政管理。河镇政府将"1+1+N"寨管家自治组织转为"1+5"寨管家自治组织，由村民共同推选出一名寨管家，再推选出5名固定的村寨管理员，即水管事、路管事、安管事、环管事、礼管事。当然村寨可以根据村寨事务适当增加管事的数量。"1+5"寨管家自治组织在寨管家的组织下，可以自主开展相关自治活动，不再向村委会报告。二是健全制度体系。在乡镇政府的引导和介入下，在《河镇推进"寨管家"工作的实施方案》中进一步明确、规范和建立了寨管家、寨管理员的人选标准、工作职责、考核规则、奖惩规则等相关制度体系。三是协助建构文本化的自治规则。在实施方案中明确要求寨管家自治组织必须根据村寨实际建立完备的寨规民约。之后，乡镇政府引导寨管家自治组织、村民共同讨论建立文本化的村规民约，并由镇政府牵头、自治组织协作对村规民约进行宣讲和解读。四是提供自治运行的常规经费。镇财政每年为每个村寨解决1200元的工作经费，作为自治运行经费，同时给每名管事提供200元的电话费。五是进一步规范自治程序。在日常工作中，寨管家必须佩戴由镇政府统一制作的徽章，使用"寨管家"记事本。实施方案还规定每月开展一次群众会、组织一次环境卫生大扫除，每个季度开展一次文明卫生户评比并进行表彰，建立村寨微信群，建一本工作台账。六是加强自治组织运行绩效的考评。根据《河镇"寨管家"督查考核办法（试行）》等文件，由镇相关职能部门负责人每月对寨管家进行至少1次的业务培训，并强化培训考核。镇党政主要领导每季度召集1次寨管家座谈会，每月按照《河镇"寨管家"工作考评办法》对寨管家自治运行进行考核，实施奖惩通报制度。

（五）政府介入后的村寨自治生长及其积极效应

乡镇政府全面介入自治之后，以村寨为单元的自治不仅落地运转，而且

推进了自治有效。一是从自治效果上看，全镇召开群众会 650 多场次，评出文明卫生示范户 600 多户，为群众办好事 700 多项。在各个管事员的组织下，包括用水和路的管护、森林防护、垃圾处理、公厕清洁等在内的公共事务都得到了有效治理。二是从农民参与上看，通过"广播宣传、拉横幅、贴标语"的方式鼓励群众向寨管家提建议、献对策，农民的参与意识、参与行动、参与质量都得到了大幅提升。三是从发展上看，原先不愿意流转土地的农民开始把土地流转出去，使村寨的产业得到了发展。四是从干群关系看，寨管家自治组织积极开展综治工作，河镇通过寨管家自治组织搜集违法线索 29 条，处理 12 人，帮助解决各类矛盾纠纷 100 多起，村内矛盾减少，村民的安全感增强，干群关系也得到了极大的改善。五是从改革效应看，河镇政府发起单元下沉改革并介入自治，实现了自治的有效运转。这一创新实践得到了湄县政府的认可，并在 2020 年发布了《中共湄县县委 湄县人民政府关于推行"寨管家"加强农村基层社会治理的指导意见》，将河镇的自治经验在全县范围内推广。正如石寨村的一名寨管家所说："政府领导我们规范了程序、规则，还给我们提供经费、项目，开展培训、评比，我们以前不知道干些什么，现在知道干什么、怎么干了，还要把老百姓发动起来一起干，要主动干，大家都积极参加进来，干的都是自己的事。"

三 单元下沉实现有效自治的政府要素与内在机制

河镇政府在单元下沉改革试验中适度而有效地介入村寨单元的自治，为自治注入了活力元素，激活自治，推进了自治的有效运行。单元下沉之后的政府介入行为及其与小单元自治的互动关系是理解单元下沉、实现自治有效的一把钥匙。

（一）自治和农民双重维度的单元改革机制是自治有效的前提

摩尔根认为："基本单元的性质决定了由它组成的上层体系的性质。"[1]

---

[1] ［美］路易斯·亨利·摩尔根:《古代社会》，杨东莼、马雍、马巨译，商务印书馆 1981 年版，第 234 页。

自治单元具有地理、社会二重属性。① 单元的地理属性体现为单元的规模性，社会属性体现为单元内人的社会联结性。有效的自治单元要考虑规模要素与社会联结要素。在较小的规模下，人们之间的社会联结紧密、利益相关性强、文化认同度高，也便于参与，容易形成共同的规则和一致的行动，自治的有效性自然也好。回到农村实践看，将自治单元下沉到距离农民群众较近的村民小组、自然村落是地方政府的主要选择。这种单元下沉的改革逻辑是基于有效自治的需要，是从自治空间的角度去寻找有效单元。但是，有效的自治一定基于广大农民主体积极自愿参与。农民主体参与自治主要在于通过公共行动来实现公共利益。在这个层次上，农民需要就构成了探索有效自治单元的第二个要素。河镇是一个山区乡镇，自然村寨是农民在长期生产和生活中形成的相对稳定的地域单位。在这个空间里，农民彼此熟知，社会联系密切，参与成本低，较容易形成公共行动。而设立村委会的行政村下辖多个自然村寨，地域面积大，村民之间的社会联结疏散，对于居住在村寨里的农民而言，只是一个行政单位。同时，从农民需要看，在村寨单元，农民不仅有饮水工程管护的需要，还存在诸如公共基础设施维护、森林防护、卫生清洁、红白喜事、公共文化活动等多种需要。这些事务的有效治理依赖于彼此联结紧密、利益高度相关的行动，按照"产权单位与治权单位对称性强、治理的绩效相对较好"② 的原则看，最优的治理单位是村寨。同时，农民在共同利益的驱动下，在高频度参与村寨事务自治的过程中也会逐渐自我塑造和养成自治品性，进而催生出一种常态的、长久的自治。因此，基于自治需要和农民需求的双重维度，将单元下沉至村寨是河镇改革的最大特点，也是激活自治的第一步。

（二）适时而适度的政府介入机制是激活自治的外在力量

近年来，很多学者开始反思以单元下沉为中心的自治改革与自治效能的

---

① 参见李华胤《乡村振兴视野下的单元有效与自治有效：历史变迁与当代选择》，《南京农业大学学报》（社会科学版）2019 年第 3 期，第 55—62、157 页。

② 邓大才：《产权单位与治理单位的关联性研究——基于中国农村治理的逻辑》，《中国社会科学》2015 年第 7 期，第 43—64、206 页。

关系,"自治单元下沉不一定能够实现自治"。① 这主要是因为单元要素只是有效自治的空间条件,有效自治还需要自治基因强、联结紧密、文化习惯相近等更多的社会性要素。如果政府主导下沉后的单元是一个横向社会联结紧密、自治基因强的社会空间,那么自治就很容易自然生长。如果政府主导下沉后的单元是一个横向联结不紧密、自治基因不强的社会空间,则自治难以自然生长,还需要政府后续持续性介入。河镇的村寨则属于此类单元,村寨居民基本以汉族为主,农户之间没有天然的血缘联结,由于居住分散,彼此之间只存在较弱的地方文化联结,有着共同的生活空间,有着共同遵守的惯习以及治理传统。从单元改革与自治有效之间的逻辑来看,政府介入是必要的。一方面,即使适宜自治的习惯性单元存在较强的自治基因和自治活力,也需要政府通过"回归自治"的改革政策,将自治单元下沉至这一单元。另一方面,那些在理论上或实践上适宜自治的单元并不一定具有较强的自治内生性力量,需要行政力量为下沉单元注入激活自治的其他要素。从政府介入看,前者是政府的政策性介入,是低度的政府介入,也是第一层次的政府介入;后者是运作性介入,是中高度的政府介入,也是第二层次的政府介入。在改革实践中,政府介入的时间点和限度的精准把握取决于下沉单元的自治活力以及自治生长情况。河镇政府主导的将自治单元下沉至距离农民较近的村寨单元,由于村寨单元在市场化冲击下村庄横向联结松散、自治活力较弱,农民只关心与自己利益高度相关的事务。在饮水工程管护上,由水管员组织动员农民参与,能够很好地自我治理;但对于其他事务,农民的参与意愿则不强。单纯的政策性介入只是简单地把自治单元下沉至农民最习惯的村寨单元,在理论上适宜自治的小单元并没有自然生长出有效自治,只是结合传统机械地从外部建构起寨管家自治形式。也由此激发了河镇政府的二次全面介入,在二次介入中,政府的行政力量不再以政策引导的方式介入自治,而是深层次地介入自治的运作。一是基于激活自治的需要,进一步优化和细化"寨管家"改革政策,政策介入给村寨单元自治创造了更大的运作空间;二是深入自治各环节,引导农民和自治组织制定制度化的规则、程序;三是为自治运转输入更多的项目资源、经费资源等;四是以行政力量进一步规

---

① 许宝君:《我国城市社区居民自治单元重构——兼对"自治单元下沉"论的反思》,《东南学术》2021 年第 1 期,第 95—105 页。

范自治,加强行政考评和奖励。从单元下沉改革的整个过程来看,河镇政府介入自治表现出"适时而适度"的特点。作为行政力量的政府,河镇政府是在第一层次的政策性介入而自治失去活力的前提下才选择了第二层次的运作性介入,在运作性介入中,行政力量并不寻求去控制和规范自治,而是寻求输入外部要素激活自治,政府的这种运作性介入是一种有选择的、有限度的介入。因此,适时而适度的政府介入也是激活小单元自治的必要的外在力量。

(三) 小单元自治组织的政府塑造机制决定自治的生长力

以设立村委会的行政村为单元开展自治是基于国家统一行政管理的需要,而当前各地自治探索与改革也是在这个基础上进行的。自治单元下沉改革由基层政府主导实施,当然在整个改革进程中,政府介入是必然的。政府介入自治改革的核心行为是政府引导建构与小单元相匹配的自治组织。小单元自治组织的政府建构逻辑直接决定着自治改革的效能。从河镇来看,政府在第一次改革方案中,明确要求各个村寨建立"1+1+N"寨管家自治组织。"1+1"是指一名乡镇政府干部和一名村干部。可以看出,政府初次改革行为具有双重逻辑:一是自治的逻辑,将单元下沉至自然村寨,激活自治;二是管理的逻辑,村寨单元自治必须在乡镇政府、村委会的行政管理下开展自治。政府介入并建构小单元自治组织的逻辑是仅仅将农民与村委会、乡镇政府之间的纵向行政联系节点下沉至村寨单元,这必然不能真正建立和强化村民在村寨单元内部的横向自治联系。对此,石寨村的一名寨管家谈道:"寨子里要做什么事情,都要跟负责的村干部说,跟以前没啥两样。汇报来汇报去,就不想做了。"可见,初次改革时,政府建构小单元自治组织的政策行为中,管理逻辑强于自治逻辑,村寨单元自治并没有多少自主性空间。村寨单元的自治也仅仅是在镇政府干部和村委会干部两级垂直领导和管理下的自治。政府的行政化介入强调单个组织的管理力量和纵向的行政联系,使基层的公共事务在更大尺度的行政网络中进行治理。[①] 这也必然导致自治单元下沉改革无法真正激活自治的横向社会力量,自治的内生动力不足。

[①] 参见刘春荣《国家介入与邻里社会资本的生成》,《社会学研究》2007 年第 2 期,第 60—79、244 页。

正是如此，河镇政府在全面介入的二次改革中，实施方案明确规定取消"1+1+N"，调整成"1+5"模式。这一模式实质是彻底剥离了自治组织的行政管理功能，回归自治。一是回归村寨传统的自治惯习，由村民自己推选内生性权威（寨管家群体）组建自治组织；二是回归自治事务本身，按照治理内容的性质，将村寨自治事务分为五类，并分别配置管事，自主开展自治活动。相比"1+1+N"寨管家自治组织，"1+5"寨管家自治组织则只具有自治功能。基于自治有效运行需要的政府介入必然立足自治，弱化和淡化行政力量对自治的纵向管理和行政干预，强化和突出村寨单元自治的内生性力量。政府只是作为自治的"孵化器"，以外部力量间接地为小单元自治注入其有效运转所需要的要素。河镇某位干部说："二次改革去掉了乡镇和村委会的作用，既然下沉村寨就是为了激活自治，那就应该尽量减少干预、少管理、多给资源。自治需要什么，政府再介入协助，让自治在寨子里生根发芽壮大。"

（四）政府为小单元自治生长注入有效自治的要素

众多学者将小单元自治称为"微自治"，是小单元内"自己管理自己"的自治。[1] 自治有效运转不仅需要有效的单元，还需要一定的物质基础，以及有效的自治组织、自治主体、自治规则、自治程序、自治内容。小单元自治能否真正植根生长则取决于小单元空间内是否具备或可以内生出六大要素。自治是一种系统性的民主实践，依赖于多种自治要素的聚集。自治要素既有内生的，也有外生的。当内生性的自治要素不强时，可以通过外部注入要素来弥补。河镇政府在二次改革中全面介入，对"1+1+N"寨管家自治组织进行了去行政管理化的调整，建立了以自治为中心的"1+5"寨管家自治组织，进一步帮助村寨厘清和规范了日常自治事务。在此基础上，镇政府以行政力量为自治组织注入了物质要素、组织要素、规则要素、程序要素、内容要素、权威要素等（见表10-1）。其中，物质要素为自治组织提供了经济基础和经济动力；组织要素、规则要素、程序要素保证了自治组织的良性运行；内容要素既包含了水、路、安全、环境、人情社交等常规性治理事务，也有政府不定期输入的评比活动、专项治理等治理事务，使自治在与政府治理的

---

[1] 参见赵秀玲《"微自治"与中国基层民主治理》，《政治学研究》2014年第5期，第51—60页。

良性互动中实现持续性运作。同时，由政府统一制作徽章并要求寨管家和寨管事佩戴，则会给自治组织输入权威要素，以正式权力赋予自治以权威性和正当性。当然，单纯机械式的政府输入只具备"输血"功效，因为一旦政府停止了外部输入，小单元自治就会停止运转。只有有机的、系统性的政府输入具备"造血"功效，才能实现自治要素从外部输入到内生性生长的转变。有机式政府输入是结合小单元自治运转的社会土壤、社会条件、文化习惯以及治理资源等进行融合式助推，为自治服务，政府只是扮演要素的助推者、协助者角色，而不是简单的机械供给。基层政府从外部输入小单元自治所需的自治要素，并非基层政府直接开展自治，而是政府以行政力量为自治注入系统性的要素动力，实现行政助推下的自治"横向拓展"，而非行政控制下的自治"纵向延伸"。在河镇，所有要素的输入均依托寨管家自治组织，并建立在村民共同参与的基础上，以公推公选、商议讨论、建言献策等机制推进外部输入性要素的内向性转换以及内生性生长，而政府只在外围进行规范、培育和协助。六大要素的系统输入必然产生聚集效应，为村寨单元下自治组织的落地运转注入外部动力，在外部动力的影响下激活村民的积极参与，实现小单元自治的内生性生长。

表 10 – 1　　　　　　　河镇政府为小单元自治输入的活力要素

政府输入的要素	具体体现
物质要素	乡镇政府提供自治组织的运行经费
组织要素	政府引导，村民公选，建立和完善"1 + 5"寨管家自治组织
规则要素	政府倡导，自治组织发起村民共同建立文本化的"寨规民约"，共同宣讲
程序要素	政府建立对自治组织的培训、考评、自治流程等制度程序，协助自治组织建立参与程序
内容要素	政府开展相关评比活动、专项治理活动等
权威要素	佩戴由政府统一制作的徽章

资料来源：作者自制。

四　行政助推自治：政府介入与自治生长的互动关系

从河镇石寨村的案例分析可以看出，无论是单元下沉改革的发起与实践，还是为激活自治政府多方介入，行政与自治的互动影响并决定着自治的有效性。

（一）有质量的政府介入是自治有效的必要条件

从河镇石寨村的改革案例看，仅仅将单元下沉至较小的自然村寨单元并没有激活自治。真正激活自治的是单元下沉后二次改革中政府的全面介入。政府全面介入村寨单元自治的运行，政府以外部力量介入小单元自治，以引导、协助、供给等方式，依托自治传统建构和优化自治组织、厘清常规性自治事务、提供运行经费、输入正式权力的权威要素、协助自治组织与村民沟通合作建构自治程序和规则、下沉政府治理事务激活自治，实现了自治从外推向内生的转型。应该说，政府介入自治运行是村寨单元自治的重要影响因素。如果没有政府介入，村寨单元的自治或许没有生长力。虽然自治是农民群众的自治，但作为国家制度建构的村民自治也天然地带有行政功能，政府行政与自治的联系亦是必然。以激活自治为导向的单元下沉改革的本质也是政府通过行政改革的方式寻找适宜自治的单元空间。下沉后的小单元能否生长出有效自治，则取决于是否具备有效自治的其他诸多要素。如果不具备则需要政府以行政力量介入，从外部输入自治要素，助推自治要素植根生长。因此，以自治有效为改革目标的单元下沉改革，也不可能仅仅依靠一次单元调整就能实现的，还需要政府的持续介入与改革。无论政府介入到什么程度，其行为逻辑必须是一种基于自治考量的逻辑，介入的方式是协助和指导，而不是控制和管理。政府介入的目的在于输入有效自治需要的要素以激活自治。因此，在探索自治有效的单元改革中，政府介入是必要的，但不一定是必需的。自治需要的政府介入也一定是有效介入，是有质量的介入。政府有效介入是微自治的必经阶段和现实选择[①]，国家的有效介入有助于社会自

[①] 参见梁贤艳、江立华《自治单元下沉背景下的城市社区"微自治"研究——以J小区从"点断"到"全覆盖"自治的内生探索为例》，《学习与实践》2017年第8期，第98—105页。

治的生长。① 有效的政府介入是一种有机的系统性介入，是一种有质量的政府行为。有质量的政府介入行为体现为两点：一是政府介入是有选择的、有限度的，即"政府在小单元自治失去活力的关键节点介入，只针对自治有效运行而介入"；二是政府介入的所有内容必须基于自治需要，服务于自治有效运转，不干预、不控制自治。因此，在小单元自治失去活力的时候，有质量的政府介入是自治有效的必要条件，是助推小单元自治有效运行的外部力量。

（二）政府介入与自治生长的互动关系

自上而下、由外而内的动力机制是当前乡村治理动力机制的重要内容。② 从河镇石寨村两轮的单元下沉改革实践过程来看，政府介入是村寨单元自治有效实现的关键因素。对两轮改革的政府介入行为进行比较会发现，政府介入程度、政府介入逻辑有很大的差异。政府介入程度是指政府介入小单元自治运行的广度和深度。在第一轮改革中，河镇政府仅仅是调小单元、建构组织、明确管水自治事务等，政府注入的要素少、介入的环节较少，是一种浅层次介入，介入广度小、介入程度低。但在第二轮改革中，河镇政府全面介入自治的各个环节，为自治注入多样化要素，是一种多层面、多环节介入，介入广度大、介入程度高。政府介入逻辑是指政府在介入小单元自治中的目标定位与行为考量。在第一轮改革中，河镇政府试图通过在乡镇政府、村委的领导和管理下进行小单元自治，以政府行政规范自治、管理自治，这是一种行政管理的介入逻辑；在第二轮改革中，河镇政府则对自治组织进行"去行政管理化"的再造，回归村寨自治，以行政的力量助推自治、培育自治，这是一种服务自治的介入逻辑。

综上所述，正是在基于服务自治的介入逻辑下，政府适度介入小单元自治，才使得村寨单元具有较强的生长力。从自治生长来看，政府介入程度、政府介入逻辑共同影响和作用着自治生长力。但是，政府介入与自治生长之间并不是一种简单的线性关系，而是一种有机的互动关系。在小单元自治失去活力的前提下，需要政府介入。从政府介入程度来看，适度的政府介入可

---

① 参见叶敏《社区自治能力培育中的国家介入——以上海嘉定区外冈镇"老大人"社区自治创新为例》，《南京农业大学学报》（社会科学版）2015 年第 3 期，第 10—18、121 页。

② 参见贺雪峰《治村》，北京大学出版社 2017 年版，第 307 页。

以促进自治生长，过度的政府介入则会带来新的自治行政化。从政府介入逻辑看，在行政管理逻辑下的介入必然体现为行政干预或控制自治，从而出现行政吸纳自治的问题；只有在服务自治的介入逻辑下，才能助推自治，但介入必须是适度的，否则会出现要素注入过多导致自治承载力过大而出现自治疲软。因此，在服务自治逻辑下的适度的政府介入可以助推自治生长。具体来说，自治单元下沉后，政府根据自治运行的需要内容、需要程度、需要形式等有选择地、有限度地、有节制地介入，结合村庄社会基础，以行政力量进行外部输入能够在村庄社会土壤中植根的自治要素，由小单元自治组织进行衔接和培育，在有机的互动关系中激活自治的生长力。

（三）行政助推自治是实现有效自治的一种选择路径

河镇石寨村在初次单元下沉改革中没有激活自治，在第二轮改革中政府全面介入，为自治输入有效运行所需要的六大要素，真正实现了自治生长。从政府行政与村民自治的关系看，这是一种行政助推型自治。它是指在适宜自治的社会空间中无法生长出有效自治时，政府通过外部行政力量为自治注入其所需的要素，从而实现有效自治的一种模式。其前提在于自治单元适宜自治；其核心在于政府治理与村民自治的良性互动。行政助推型自治的主要特点有：一是政府介入自治是适时的，是自治无法自我生长而需要外部力量推进的节点；二是政府介入自治是适度的，政府介入自治要把握一个"度"，扮演的是"助推者"角色，政府以外部力量助推自治，而不是去控制自治，不是以政府治理替代自治；三是政府介入的逻辑是服务自治，以行政力量为自治运转注入其所需的自治要素，培育自治，以行政的纵向力量驱动自治的横向生长。

当前，基层政府的关注点在单元调整，而忽略了调整后的单元实现自治有效的能力，甚至说，大多数调整后的单元并不具有自治生长力。行政助推型自治则为实现自治有效提供了一种选择路径。无论是单元下沉还是单元合并或上移的自治改革，政府都不能一改了之。单元改革后的自治运转需要政府的有效介入。村民自治的有效实现形式也应当是政府治理和村民自治有效衔接和良性互动的形式。[①] 当单元调整至适宜的自治单元遭遇自治失去活力、

---

① 参见唐鸣、陈荣卓《论探索不同情况下村民自治的有效实现形式》，《当代世界社会主义问题》2014年第2期，第35—43页。

自治低效的困境时，政府持续性地介入自治运行，为自治各环节输入其所需的自治要素，激活自治活力，实现自治的外部塑造向内生性生长的转变。政府行政力量具有村民自治所不具备的纵向优势与整合能力。适宜的政府介入必然能弥补村民自治依靠自身难以运转的不足。行政助推自治的关键在于行政赋能自治，而不是行政干预自治，更不是行政建构自治。

五　实现自治的行政力量

基层政府是改革政策的发动者与执行者，其在改革中的行为以及行为逻辑影响着改革效能。通过对河镇石寨村单元下沉改革与自治运转的案例分析发现，通过行政改革的方式将自治单元下沉至适宜的村寨单元是有效自治的必要条件，而非充要条件。由于村寨单元长期处于行政化自治之下，社会土壤里的自治基因并没有因单元下沉而激活，小单元自治组织只能部分有效，生长力不足。由此，政府发动二次改革，全面介入小单元自治运行，结合村寨以往治理习惯和资源，回归村寨自治，基于自治有效运转需要的考量，以行政力量优化自治组织，并为自治输入了物质、组织、程序、规则、内容、权威等要素，使外生要素与内生基础有效衔接，推进了小单元自治的有效运行。在整个改革进程中，政府介入与小单元自治生长构成一对互动关系。以政府治理为主的纵向行政力量与以村寨社会基础为主的横向村寨自治之间的有机互动关系状态，是小单元自治植根生长的关键。这种良性的互动关系状态以助推、服务为特征，政府介入行为首先基于小单元自治运行的需要，其次结合社会基础进行适度的介入。在模式上体现为一种行政助推自治。在治理层面上，行政助推自治所追求的是行政与自治的适度助推式互动，以行政力量服务自治、助推自治和培育自治。

在探索和构建"自治、法治、德治"三治结合乡村治理体系的新时代，追求治理有效或乡村善治的核心制度基础仍然是自治。无论是何种单元的自治，政府治理与村民自治的联系只会不断增强。而纵向的政府治理绩效也依托有效的自治。如何处理政府行政与群众自治的关系始终是不可回避的话题。河镇政府在单元下沉改革创新实践中所体现出来的"行政助推自治"模式则提供了有益的借鉴。首先，在追求治理有效的单元改革或治理改革中，政府不能简单地一改了之，不能仅仅出台一个单元改革政策方案，而要介入改革进程，担负起提升改革效能的直接责任。其次，当特定的社会土壤很难生长出有活力的自治，政府作为行政主体，要积极介入，从自治有效运转的需要出发，为自治注入活力要素。再次，政府介入自治改革与运作中，要注意结合自治的社会基础，以内生性要素为基础，从外部注入活力要素。最后，政府介入自治运作要特别注意把握时机与度，在合适的时机、适度地介入服务自治，而不要把控自治。

第十一章
21世纪以来村民自治研究的范式转换与趋势展望*

在我国，村民自治是一种由农村基层群众探索实践并上升为一种政治制度的农村基层治理形式。在实践中，村民自治的发展是曲折向上的。伴随着村民自治的发展，各个阶段学界对村民自治的关注焦点、研究视角也不尽相同，表现出明显的阶段性特征。2006年1月1日起废止《农业税条例》，标志着在农村延续千年的农业税废除了，同时也标志着中国的改革开放进入了转型时期。

农业税费改革是农村经济社会发展的关键节点。农业税的取消改变了农民与国家的关系。国家对农村社会的"资源汲取模式"也逐渐转变为"政策投入模式"，开始了新农村建设，各种惠农政策、惠农资金等进入乡村社会。但是，农业税取消之后，村民自治从行政中脱嵌出来，但面对已经高度市场化、个体化、原子化的乡村社会，村民自治显得疲软无力，难以落地。在新农村建设的政策关心推动下，找回和激活自治成为实践界和学界共同的议题。由此，在实践上、理论上探求村民自治的发展与转型，成为税费改革后的重要命题。村民自治实践活动也为村民自治研究范式的创设和转换提供了基础和源泉。[①] 实践是学术研究的生命。各个地方因地制宜，积极探索村民自治的有效实现，自治在形式、层次、类型上呈现出"百花齐放"的局面。这为学

---

* 本章与吴开松合作，以《近年村民自治研究的范式转换与趋势展望》为题，发表于《中南民族大学学报》（人文社会科学版）2020年第1期。

① 参见徐勇《实践创设并转换范式：村民自治研究回顾与反思——写在第一个村委会诞生35周年之际》，《中国社会科学评价》2015年第3期，第4—12、125页。

界研究村民自治提供了丰富的素材。多样化的创新案例以及自治创新实践的不断升级转型,也带来村民自治研究的范式有所不同。范式是共有的范例[①],是人们研究事务的视角和方法。村民自治的研究范式转换是理解我国村民自治研究基本脉络的重要方法。在研究范式上,农村税费改革以来村民自治研究主要体现为四个阶段性发展历程。一是"价值—制度"范式,二是"条件—形式"范式,三是"规则—程序"范式,四是"治理—有效"范式。四种研究范式反映出不同阶段村民自治的研究视角有所差异。同时,四种范式之间并不割裂,而是一种视角转换和理论提升。

党的十九大报告提出了乡村振兴战略,治理有效是乡村振兴的重要内容,也是乡村振兴的基础。村民自治作为一种制度安排,是探索建构有效乡村治理体系的制度基础和组织载体。新时代农村基层治理有效,也必然在村民自治制度框架下进行探索和实践。如何结合实际情况,依托村民自治探索治理有效,是政府、学界面临的重大课题。因此,恰逢中华人民共和国成立70周年的历史节点,梳理农村税费改革以来的村民自治研究的历程,把握村民自治研究范式的转换与发展,对实践中进一步推进自治有效,具有重要意义。

一 "制度—价值"范式与村民自治研究的兴盛和反思

自20世纪90年代初,村民自治就受到学界的广泛关注,并逐步成为一门"显学"。20世纪90年代到2014年,以农村税费改革为时间节点,村民自治研究可以分为两个阶段,第一阶段是农业税取消之前,第二阶段是农业税取消之后到2014年。这两个阶段的村民自治研究具有共同特征,学界聚焦于自治制度本身,注重村民自治的民主价值实现,遵循"价值—制度"研究范式。[②] 取消农业税之后,虽然村民自治研究在"制度—价值"范式下继续展开,但也表现不同的特征。税费改革之前"制度—价值"范式下的村民自治

[①] 参见[美]托马斯·库恩《科学革命的结构》(第四版),金吾伦、胡新和译,北京大学出版社2012年版,第157页。

[②] 参见黄振华《村民自治研究的范式转换与理论提升》,《理论与改革》2015年第6期,第188—192页。

第十一章 21世纪以来村民自治研究的范式转换与趋势展望

研究以自治制度为研究对象，对其民主价值进行研究；但税费改革之后，国家权力从"汲取型"转为"悬浮型"，乡村关系、国家与农民关系等的转变导致农村社会的结构性转型，"制度—价值"范式下的村民自治研究也开始进入反思阶段。具体来说，反思性研究有以下三个方面。

第一，村民自治的民主发展与挑战。村民自治的突出特点是能够充分体现民主，是一种基层直接民主形式。[①] 一方面，民主是村民自治的核心价值，其对于推动基层民主政治发展具有深远的意义。它是中国农村基层民主建设的必由之路[②]，这一点得到了学界的普遍肯定。黄辉祥认为，村民自治是一种民主化的乡村整合方式；[③] 刘义强认为，税费改革后，村民自治已经全面进入民主巩固的时代。[④] 但另一方面，税费改革以后，伴随着农村社会空心化、个体化现象日益加剧，民主选举、民主决策、民主监督、民主管理遭遇"寒潮"，村民自治出现了民主发展的挑战。因此，税费改革以后，自治困境的出现导致村民自治的民主价值研究由"肯定"转向了"反思"。

第二，村民自治的制度困境与瓶颈。取消农业税之后，村民自治所承担的行政功能脱卸，但其自治功能却因急剧的市场化而失去了运转的链条，村民自治制度出现了"内卷化"。[⑤] 应小丽、卢福营认为，村民自治受到复杂的农村治理环境的影响，在运行中与理想制度发生了偏离。[⑥] 对此，学者们或从理论上反思村民自治的制度困境，或从实践上考量村民自治遭遇困境的内在原因，并试图从政策、制度体系、农村环境、资源配置、文化服务、经济发展、农民组织化、经济建设等方面破解村民自治遭遇的瓶颈和困境，推动自治良性运转。

[①] 参见徐勇《中国农村村民自治》（增订本），生活·读书·新知三联书店2018年版，第3页。
[②] 参见张厚安《村民自治：中国农村基层民主建设的必由之路》，《河北学刊》2008年第1期，第114—117页。
[③] 参见黄辉祥《"民主下乡"：国家对乡村社会的再整合——村民自治生成的历史与制度背景考察》，《华中师范大学学报》（人文社会科学版）2007年第5期，第10—16页。
[④] 参见刘义强《民主巩固视角下的村民自治——基于"中国农村村民自治现状抽样调查"的分析》，《东南学术》2007年第4期，第58—65页。
[⑤] 参见贺东航《中国村民自治制度"内卷化"现象的思考》，《经济社会体制比较》2007年第6期，第100—105页。
[⑥] 参见应小丽、卢福营《村民自治实际动作与理想制度的偏离》，《求实》2008年第9期，第91—94页。

第三，村民自治的研究角色转换与视野拓展。税费改革后，学者们一方面反思和考量村民自治实践，另一方面在更加宽阔的视野下去研究村民自治。一是把村民自治作为一种研究视角，去审视农村的经济发展、组织建设、社会冲突与稳定等现实问题。如冯冰、马跃泰认为，村民自治可以有力地推动经济发展。① 覃举东认为，村民自治所具有的内在机制可以促进农村社会的稳定，减少农民的非制度化参与。② 二是把村民自治置于更广阔的乡村治理体系中来研究。把村民自治作为乡村治理的重要内容，去研究自治的运行、绩效以及能力提升。村民自治的最重要价值在于建构出一套以农民为主体的乡村治理机制。③ 对此，徐勇教授提出了"县政、乡派、村治"的治理结构，以进一步促进村民自治。④

村民自治作为九亿农民的民主实践，在税费改革后，由于农村环境的改变，村民自治在运行中遭遇困境。学者们一方面肯定自治的民主价值，另一方面也开始反思民主限度，并转向现实，探究自治困境。但这些研究有一个共同点：把村民自治作为一种制度来研究，肯定、考量、反思这种制度的价值取向和发展走向。"制度—价值"范式下的村民自治研究确立了以村民委员会和村民自治制度为研究对象的研究框架，将中国政治学的发展从宏观推向了田野，但是这种范式太过于关注自治制度本身，容易忽略了制度所依存的社会土壤、外在条件、农民主体、历史基因。"从制度看制度"的研究范式，看不到作为自治主体的"人"的多元性和自治载体的"乡村社会"的丰富性。

二 "条件—形式"范式与村民自治研究的转型

取消农业税费后，学者们对村民自治研究的热度有所降低。大多数学者

---

① 参见冯冰、马跃泰《村民自治与农村经济发展》，《中国集体经济》2007年第12期，第34—35页。

② 参见覃举东《试论村民自治与农村社会稳定》，《河池师专学报》（社会科学版）2003年第3期，第29—33页。

③ 参见徐勇《建构"以农民为主体，让农民得实惠"的乡村治理机制》，《理论学刊》2007年第4期，第85—86页。

④ 参见徐勇《县政、乡派、村治：乡村治理的结构性转换》，《江苏社会科学》2002年第2期，第27—30页。

转换了研究旨趣，甚至有学者认为村民自治已经走进死胡同。① 但是，自治实践并不是直线前进的，而是蜿蜒曲折的。自治源于农村实践，创新也在农村。南农试验以"民主学步"为主题，发现了推动自治落地的草根式权力与基层民主的推动力。② 2014 年以来，连续几年的中央一号文件都提出了"探索村民自治有效实现形式"以及"探索以村民小组和自然村为基本单元的村民自治"的重要命题。以此为转折点，村民自治研究的热度回升，同时研究范式也发生了转换。

首先，村民自治有效实现的条件研究。村民自治具有较强的内在价值，需要通过有效的实现形式实现其价值。③ 村民自治根植于一定的社会土壤，对社会土壤的要求极高，其有效实现需要一定的条件。邓大才、任路、胡平江、白雪娇等从"利益相关④、文化相连⑤、地域相近⑥、规模适度⑦"等角度阐述了村民自治有效实现的条件。邓大才教授则进一步凝练了自治有效实现的"五要素"理论，认为"有效性是利益、文化、地域、规模和个人意愿的函数。五大影响因素的功能和作用各不相同，利益相关是经济基础；群众自愿是主体基础；地域相近是外部条件；文化相连、规模适度是内在要求。利益相关和群众自愿对村民自治有效实现的影响最大，也是最基本的条件"⑧。

其次，村民自治有效实现的形式研究。条件决定形式。村民自治具备了一定的条件，会产生与之相应的自治形式。在利益相关、文化相连、地域相近、规模适度、个人意愿等条件下，村民自治在实践中也发展出了相应的、

---

① 参见冯仁《村民自治走进了死胡同》，《理论与改革》2011 年第 1 期，第 134—136 页。
② 参见马华《村民自治中的草根式权力平衡与民主能力培育——广东"蕉岭模式"对我国乡村治理的启示》，《河南大学学报》（社会科学版）2011 年第 2 期，第 50—53 页。
③ 参见徐勇、赵德健《找回自治：对村民自治有效实现形式的探索》，《华中师范大学学报》（人文社会科学版）2014 年第 4 期，第 1—8 页。
④ 参见邓大才《利益相关：村民自治有效实现形式的产权基础》，《华中师范大学学报》（人文社会科学版）2014 年第 4 期，第 9—16 页。
⑤ 参见任路《文化相连：村民自治有效实现形式的文化基础》，《华中师范大学学报》（人文社会科学版）2014 年第 4 期，第 23—28 页。
⑥ 参见胡平江《地域相近：村民自治有效实现形式的空间基础》，《华中师范大学学报》（人文社会科学版）2014 年第 4 期，第 17—22 页。
⑦ 参见白雪娇《规模适度：居民自治有效实现形式的组织基础》，《东南学术》2014 年第 5 期，第 50—57 页。
⑧ 邓大才：《村民自治有效实现的条件研究——从村民自治的社会基础视角来考察》，《政治学研究》2014 年第 6 期，第 71—83 页。

多样化的形式。学者们对此展开了深入探讨，如秭归县的"村落自治"、清远市的"两级自治"①、蕉岭的自然村自治以及云浮市的"组为基础、三级联动"形式②，同时，也产生了与村民自治不一样的自治组织，如村务监督理事会、村民理事会、村民议事会、宗族议事会等。可以说，包括村民议事会制度在内的各种创新自治形式"找到了一种适合当前农村形势下村民自治的实现形式，丰富和完善了村民自治制度"③。

最后，村民自治有效实现的基本单元研究。摩尔根指出，基本单元的性质决定了在其之上的政治特性。村民自治的有效实现取决于有效的单元。很多学者从"共同体单元、政策落地、集体行动、家户联结、资源集中、群众自愿、规则自觉、社会联结、行动一致、行动规模、权力与权威、村域党建、规则落地、便于自治、紧密自治共同体"等多个角度探讨了自治基本单元的有效性问题。邓大才教授系统性地提出了"自治单元的五因素"理论，认为"农村基层自治基本单元的划定要遵循产权相同、利益相关、血缘相连、文化相通、地域相近等五个原则"④。上述研究有一个共同点：村民自治的基本单元应该从行政村下沉至更小的单元，如村民小组、自然村落或村庄共同体单元等。但是，也有学者提出了相反的观点，有效的自治单元不应该"下沉"而是应该"上移"；"单元下沉"在理论逻辑上存在矛盾性，未来中国农村的自治方向是"单元上移"，其自治形态是乡镇自治。⑤ 唐鸣、陈荣卓等认为，开展以村民小组为基本单元的村民自治试点的理由、依据，并不是很充分。自治强调直接参与。⑥ 无论是大单位的自治，还是小单位的自治，都要从农村实际出发，而不可一概而论。

---

① 参见朱敏杰、胡平江《两级自治：村民自治的有效实现形式——兼论农村基层民主实现的合理规模》，《社会主义研究》2014 年第 5 期，第 102—107 页。

② 参见徐勇、周青年《"组为基础，三级联动"：村民自治运行的长效机制——广东省云浮市探索的背景与价值》，《河北学刊》2011 年第 5 期，第 96—102 页。

③ 任中平：《成都市构建新型村级治理机制的经验与价值》，《党政研究》2014 年第 5 期，第 71—77 页。

④ 邓大才：《中国农村村民自治基本单元的选择：历史经验与理论建构》，《学习与探索》2016 年第 4 期，第 47—59 页。

⑤ 参见陈明《村民自治："单元下沉"抑或"单元上移"》，《探索与争鸣》2014 年第 12 期，第 107—110 页。

⑥ 参见唐鸣、陈荣卓《论探索不同情况下的村民自治的有效实现形式》，《当代世界社会主义问题》2014 年第 2 期，第 35—43 页。

"条件—形式"下的村民自治研究关注自治有效实现的外在条件以及实现的形式，深化了村民自治研究的"内在空间"。有效实现是村民自治研究的基本视角，关注的焦点是条件、要素、形式。与"制度—价值"范式不同，"条件—形式"范式关注的不再是制度本身，而是制度依存的乡村社会，在认识农村社会差异性和多样性的基础上审视自治的有效实现。

三 "规则—程序"范式与村民自治研究的提升

近年来，国家继续深化农村改革创新，一些地方政府也结合实际创新机制，推动了村民自治的有效实现，如山西的"跨村域选举"、湖北秭归县的"村落议事会"、广东蕉岭的宗族理事会、四川都江堰的院落规约等。这些新的元素进一步丰富深化了研究视角，学界开始关注村民自治有效实现的微观机制。村民自治是一个治理系统，规范的程序、有效的规则、主体的参与、共同的认同等是自治有效运行的前置条件。从地方实践看，更加重视规则、程序，而不是制度。在"规则—程序"范式下，有效的规则、有效的程序可以推动自治落地，实现村务的有效治理。

第一，村民自治的有效规则研究。近年来部分研究者开始从治理规则的角度来把握中国农村基层治理，村民自治的有效性不在于"谁在治理"而在于通过什么样的有效规则实现治理。有效的规则是有效自治的基础和条件。在自治的实践中，根植于乡村社会的地方性规范以及国家法律始终是规范和影响自治的主要规则。在并没有完全现代化的农村，村规民约仍具有推进村民自治、整合农民利益、促进文明乡风建设等重要功能。[1] 因此，结合农村实际，调适乡规民约的内容和程序，增强乡村精英服务和村民的有效参与，是推进自治落地的路径选择。[2] 如郭亮、陈金全指出，以民间规范与国家法律的良性互动推进乡村治理的法秩序转型，可以走出一条政府与乡村互动共治的

---

[1] 参见孙玉娟《我国乡村治理中乡规民约的再造与重建》，《行政论坛》2018年第2期，第46—49页。

[2] 参见周铁涛《村规民约的当代形态及其乡村治理功能》，《湖南农业大学学报》（社会科学版）2017年第1期，第49—55页。

新路子。①

第二，村民自治的有效程序研究。村民自治的有效性离不开有效规则的支撑，而"这种规则的外化就是可操作性的程序"②。民主是村民自治制度建构初始时所追求的政治价值，部分学者又开始回归民主程序，以探求自治的过程有效。章荣君认为，在村民自治中吸纳和嵌入协商民主可以解决农村选举和参与的困境。③ 在具体实施上，四川成都市建立了"协商议事平台"、都江堰市建立了"院落自治管理委员会"，这些程序"发挥了农村基层党组织的领导核心作用，提高农村公共物品的供给能力和深化农村基层协商民主建设，是推动二者均衡发展的可行路径"④。也有学者以"小村监事会、村民协商议事会、村民理事会、财务监督小组"等具体的程序、机制或组织为研究对象，肯定了只有从自治过程内部着手，通过程序和机制创新，才能促进自治有效运转。李庆召、马华等则从村级治理的组织机制入手，认为村庄"横向组织分权和纵向组织分层的村级治理体系创新，有利于完善村民自治组织，促进村民自治形式多样化"⑤。另外，李晓广、赵秀玲、谢正富、刘成良等从单元切入，提出"微自治"理论来解释自治运行的单元程序问题。⑥

第三，村民自治有效的"程序性规则"研究。规则必须通过程序制定并反映出来。邓大才教授将规则、程序统合起来，提出了自治有效的"规则—程序"理论。在具体的自治事务中，农民通过讨论规则、制定规则、落实规则来实现自治。同时，规则以规范的程序为基础。"规则—程序"理论认为，

---

① 参见郭亮、陈金全《互动共治：乡村治理的历史逻辑与法秩序转型——从"桂西北"特定地域观瞻》，《西南民族大学学报》（人文社科版）2016 年第 10 期，第 79—86 页。

② 马华：《从制度、组织到能力：村民自治实现方式的发展及其反思——对三个"村治实验"样本的观察》，《社会主义研究》2015 年第 3 期，第 83—88 页。

③ 参见章荣君《村民自治吸纳协商民主何以可行？》，《南京农业大学学报》（社会科学版）2018 年第 3 期，第 84—90、154—155 页。

④ 任中平、张露露：《新时代基层民主选举与民主治理的均衡发展——以四川省基层民主发展的路径演化为例》，《探索》2018 年第 6 期，第 2、72—79 页。

⑤ 李庆召、马华：《价值与限度：农民再组织化与村级治理组织体系再造——基于广东省梅州市 F 村基层治理改革的思考》，《社会主义研究》2017 年第 2 期，第 112—118 页。

⑥ 参见李晓广《乡村"微自治"：价值、困境及化解路径》，《探索》2018 年第 6 期，第 80—87 页；赵秀玲《"微自治"与中国基层民主治理》，《政治学研究》2014 年第 5 期，第 51—60 页；谢正富《集体行动理论视角下的"微自治"有效性分析》，《云南行政学院学报》2015 年第 6 期，第 112—118 页；刘成良《微自治：乡村治理转型的实践与反思》，《学习与实践》2016 年第 3 期，第 102—110 页。

以规则、程序为载体的自治，形塑了一种规则—程序型自治，促进了村民自治的有效实现。这种自治由利益性、复杂性、权利性、强制性四个因素决定，而规则和程序的不同组合又可以形成多种不同类型的自治。①

无论是当前的自治创新实践还是理论研究，自治规则、自治程序成为关注的焦点。村民自治的持续有效依赖于一套完整的、有效的程序和规则。相比"条件—形式"范式而言，"规则—程序"范式则进一步拓宽了研究视野，注重研究具备了一定条件、单元基础上的自治持续有效运行的规则和程序。具备了自治的条件、单元，并不一定绝对能产生有效的自治。在特定的条件和单元下，具备了有效的规则和程序，则会给自治注入活力。如果说"条件—形式"范式关注的是自治的社会基础，那么"规则—程序"范式更加关注自治所依赖的内在机制或路径。"规则—程序"范式是村民自治研究的必要条件，也是提升村民自治有效性的可靠保证。②

四 "治理—有效"范式与村民自治研究的深化

党的十九大之后，各地结合实际制订乡村振兴规划，以自治为切入点，激活自治的同时，引入法治、德治，创新治理形式。对此，学界也展开了广泛的研究。

第一，主体有效与自治有效的关系研究。乡村振兴首先是人的振兴，自治的主体是农民，自治有效取决于农民的积极参与。推动农民积极参与治理有两种基本手段。一是党建引领。徐建宇认为，村组层面的组织创新为村庄党建嵌入村民自治提供了契机，为村组自治的实践提供了中间渠道和行动空间。③ 二是培育新乡贤。新乡贤是在新的时代背景下，有资财、有知识、有道

---

① 参见邓大才、张利明《规则—程序型自治：农村集体资产股份权能改革的治理效应——以鄂皖赣改革试验区为对象》，《学习与探索》2018年第8期，第85—90、194页。

② 参见韦少雄《"规则—程序"：当前村民自治研究范式的有效选择》，《湖北社会科学》2018年第7期，第31—37页。

③ 参见徐建宇《村庄党建嵌入村民自治的功能实现机制：一种实践的主张——基于上海J村"巷邻坊"党建服务点的分析》，《南京农业大学学报》（社会科学版）2018年第5期，第48—58、156页。

德、有情怀，能影响农村政治经济社会生态并愿意为之作出贡献的贤能人士。① 王斌通、郎友兴、颜德如等从新乡贤的引回、培育和生长机制切入来解释自治主体性问题，提倡培育新乡贤，整合村庄资源、凝聚村庄，建构新时代共建共治共享的乡村治理体系。②

第二，单元有效与自治有效的关系研究。基本单元的性质决定了由它所组成的上层体系的性质。③ 单元有效决定治理有效。陈明、刘义强指出，村民自治有效"落地"需要寻"根"，"根"是农村的家户制传统以及家户主义逻辑，自治单元向村庄共同体的回归，可以推进自治落地生根。④ 王中华、黄杰指出，包容性、灵活性和适应性的自治单元可以满足不同地区乡村治理复杂性的需求。⑤ 从单元切入研究村民自治有效，关注的焦点在于单元的有效性、适应性与多样性。

第三，机制有效与自治有效的关系研究。村民自治的有效运转取决于各个环节的有效协作。新时代探索农村治理有效就是要追求一种"善治"，善治主要由秩序性、参与性、成本性、稳定性四个要素构成。善治依赖于良好的自治机制。一是有效的规则组合机制。现代化的治理体系既需要法治，也需要德治。追求一种最适宜的善治取决于自治、德治、法治的组合，三者之间两两组合或者三者组合可以提高善治的水平和质量。二是有效的利益机制。自治的有效条件与有效形式之间需要有机的联结，利益机制和制度机制是决定自治有效的机制要素，在条件具备和形式适宜的情况下，利益层级性和制度有效性决定自治的有效性。三是有效的参与机制。主体的积极参与是自治有效的主体基础。自治有效取决于有效的村民参与，参与意愿、参与能力、

---

① 参见胡鹏辉、高继波《新乡贤：内涵、作用与偏误规避》，《南京农业大学学报》（社会科学版）2017 年第 1 期，第 20—29、144—145 页。

② 参见王斌通《新时代"枫桥经验"与基层善治体系创新——以新乡贤参与治理为视角》，《国家行政学院学报》2018 年第 4 期，第 133—139、152 页；郎友兴、张品、肖可扬《新乡贤与农村治理的有效性——基于浙江省德清县洛舍镇东衡村的经验》，《中共浙江省委党校学报》2017 年第 4 期，第 16—24；颜德如《以新乡贤推进当代中国乡村治理》，《理论探讨》2016 年第 1 期，第 17—21 页。

③ 参见［美］路易斯·亨利·摩尔根《古代社会》，杨东莼、马雍、马巨译，商务印书馆 1981 年版，第 234 页。

④ 参见陈明、刘义强《"根"与"径"：重新认识村民自治》，《探索》2017 年第 6 期，第 48—53 页。

⑤ 参见王中华、黄杰《论村民自治有效实现的基本单元和组织载体》，《山西农业大学学报》（社会科学版）2018 年第 4 期，第 15—22 页。

参与条件、参与制度、参与保障五大参与要素同时满足就可以带来有效参与。

可见，新时代乡村善治体系构建的关键在于自治有效。条件有效不一定就一定产生有效的自治形式。还需要有适应性的规则、程序，更要有把条件与形式联合起来的有效机制、把规则和程序对接起来的有效机制。机制有效不仅推进自治有效，还可以保障自治持续运转有效。"治理—有效"范式是对"规则—程序"范式的进一步深化，将自治有效置于治理有效的框架下去考量，既兼顾了国家治理现代化、农村基层治理现代化的宏观需要，也兼顾了自治有效的微观机制。在"治理—有效"范式下，村民自治实践追求的不只是自治，更是乡村社会的有效治理。

五　村民自治研究的范式比较与趋势展望

农村税费改革以来村民自治研究的范式转变与国家建设、国家与农村的关系以及地方实践紧密相关。村民自治经历了税费改革、新农村建设等较大的政策变革，目前正处在乡村振兴、精准扶贫的新时代。每一次的政策调整、时代变迁都对村民自治提出了新的要求和挑战，村民自治也进行着自我创新和发展。在不同的发展阶段，村民自治表现出不同的样态；村民自治研究也呈现出相对清晰的发展脉络。

如表11-1所示，从农业税费改革到2014年，村民自治研究延续了之前的范式（"制度—价值"范式），关注的焦点是四个民主，核心议题是通过村民自治来实现农村基层民主的价值和政治民主建设，在形式上表现为以"行政村"为单位的单一性自治；但此一时期，以反思性研究为主，主要反思"制度—价值"的困境与发展。2014年之后，由于党中央强调自治的有效实现，村民自治研究的热度逐渐回升，逐渐转为"条件—形式"范式，关注的焦点和核心议题是自治有效实现的条件和形式。村民自治的有效实现需要一定的条件，一定的条件下产生一定形式的自治。条件不同，自治的形式也不同，自治的形式因条件的多元化而多样化。但是，"条件—形式"范式存在一个悖论：村民自治需要一定的条件，但是具备了适合村民自治生长的条件就一定能产生有效的自治吗？基于此，在"条件—形式"范式基础上，学界开始关注村民自治有效实现的规则、程序，研究逐渐转变为"规则—程序"范式，关注的焦点和核心议题是自治有效实现的规则和程序。村民自治有效实现不仅需要一定条件，还需要与这些条件相匹配的规则和程序。自治的形式基于有效的规则和程序，表现为一种"规则—程序"型自治。2017 年党中央提出"治理有效"命题，将自治置于治理有效的空间下去探讨，关注的焦点和核心议题是自治的有效机制，这些机制可以有效联结条件与形式、规则与程序。自治以有效为落脚点，在形式上表现为多元化的自治。

表 11-1　　　　　　　村民自治研究四个范式的对比

研究范式	关注焦点	核心议题	自治实现成效
"制度—价值"	四个民主	民主价值实现	单一性自治
"条件—形式"	自治的条件	自治有效实现的条件与形式	条件决定自治；多样性自治
"规则—程序"	自治的规则与程序	自治有效实现的规则与程序	规则—程序型自治；多层次性自治
"治理—有效"	自治的有效机制	促进自治有效的动力机制、参与机制、制度机制、利益机制	有效性自治（善治）；多元化自治

资料来源：作者自制。

综上所述，无论是从时间序列上看村民自治实践，还是从理论发展上看村民自治研究脉络，"制度—价值"范式是起点，"条件—形式"范式是转型，"规则—程序"范式是提升，"治理—有效"范式是深化，也是研究趋势。总之，作为由村民理性创造而后上升为国家制度的农村基层治理体系，村民自治的实践是不断向前发展的，村民自治研究也是不断提升和深化的。每一个阶段的研究范式既反映着村民自治实践的重点，也反映着国家与农村的关系以及国家对村民自治的价值追求。

在新时代乡村振兴背景下，国家着力提升农村基层治理现代化。村民自治作为一种国家建构的治理制度，也承载着更多的功能。既有自治的功能、行政的功能，也有组织的功能、服务的功能。四种功能均有效实现，均以有效的自治为前提条件。实现"治理有效"的村民自治，是村民自治实践创新的要求，是村民自治理论研究的归宿，又是村民自治实践发展和理论提升的趋向。① 从民主价值到自治有效，再到治理有效，自治的实践一直在回归本体。四种不同的村民自治研究范式发展在回归自治本体的同时，在进一步深化和细化。总的来说，四种范式的基本逻辑是，村民自治作为一种实现农村基层民主的中国特色政治制度，需要一定的条件和形式，同时也需要联结这种条件和形式的规则和程序，以实现农村基层治理的有效性。因此，在未来，村民自治的实践更加追求有效性。中国农村区域差异大，有效的自治形式也必然是多样化的、多类型的、多层次的。

---

① 参见慕良泽《村民自治研究40年：理论视角与发展趋向》，《中国农村观察》2018年第6期，第2—11页。

下 篇
乡村治理现代化的实践

第十二章
乡村治理的变迁与经验*

辛亥革命爆发前,中国的乡村社会为皇权稳定提供了统治资源,但皇权并不直接治理广袤的乡村社会,大量的公共设施建设和公共服务由乡村社会通过自我治理来实现。马克斯·韦伯将传统时期的乡村社会称为"没有官员的自治地区",皇权的官方行政只施行于都市地区和次都市地区。① 从国家治理来看,一端是直达郡县的政权,表现为政权基础上的专断治理;另一端是政权悬浮于乡村社会,表现为乡村"无为而治"。这种治理形态的形成肇因于国家政权的悬浮以及国家治理能力的软弱,国家只能默许乡村社会在内生性的规则基础上维持自我秩序,从而维系庞大帝国的政治稳定。当然,这种乡村治理形态也是一种非现代性的传统治理。

在中华人民共和国成立之初,中国共产党面对的仍然是一个分散的乡村社会。对乡村社会进行社会主义改造,加强乡村社会的政权建设,整合乡村治理体系,是中华人民共和国成立初期国家建设的主要任务。伴随着政权下乡、行政下乡、政党下乡等,国家政权触角延伸到了农村社会的每一个角落。从"政权悬浮"的传统社会到"政权到户"的新中国,乡村社会结构的急剧转变也带来了乡村治理体系的转型。与1949年之前有所不同,中华人民共和国成立后,作为现代国家建设组成部分的乡村治理体系被纳入国家一体化进

---

* 本章以《我国乡村治理的变迁与经验探析》为题,发表于《毛泽东邓小平理论研究》2019年第5期,第58—66页。

① 参见[德]马克斯·韦伯《中国的宗教:儒教与道教》,康乐、简惠美译,广西师范大学出版社2010年版,第140、141页。

程之中，不再独立于国家政权体制之外，带有很强的国家建构特征。但是，国家的现代化建设是阶段性推进的。中国共产党领导全国各族人民开展的现代国家建设，也经历了不同的历史阶段，并在不同的历史时期表现出不同的特点，乡村治理体系也由此表现出不同的特征。国家建设在乡村社会中最明显的表现是农村经济体制的变革。改革开放之前，农村在社会主义公有制基础上实行集体经济体制，在农村集体化进程中逐渐形成了"政社合一"的人民公社治理体系。改革开放之后，农村实行土地承包到户，农户成为基本经营单位，在"政社分开"的基础上推行以村民委员会为基础的村民自治制度，并形成了"乡政村治"的治理格局。随着农村现代化的逐步推进，尤其是取消农业税之后，农村社会的空心化、个体化使得村民自治遭遇困境，出现"空转"和"行政化"现象，乡村治理成本、治理效率逐渐降低。进入新时代，为了破解乡村治理难题，从治理层面上振兴乡村社会，在实践中亟须探索与当前乡村社会结构相适应、更加有效的治理体系。从新中国70年乡村治理体系变迁路径来看，乡村治理体系与中国共产党的坚强领导紧密相关，与国家现代化建设紧密相关，乡村治理体系也因国家的现代化转型而转型。无论哪一时期的何种治理模式，乡村治理体系的实践和创新均是在中国共产党领导全国各族人民开展现代化国家建设的总体性制度框架下进行的。前一阶段的乡村治理模式总是为后一阶段的乡村治理实践，提供着丰富的价值性经验。

中国是一个农业大国，农村人口仍然占据着多数。回首中华人民共和国成立70年来社会主义革命、建设和改革历程，乡村社会一直是国家建设的重中之重。乡村治理体系的探索和创新也是国家建设和农村治理能力现代化的重要内容。在探索中国特色社会主义乡村治理体系的道路中，我们也积累了宝贵的实践经验和理论成果。自1949年以来，我国乡村治理能力逐步提升，乡村治理体系逐步趋于完善，主要原因在于中国共产党的坚强领导，这是由社会主义制度的优越性所决定的。中华人民共和国成立70年来，乡村治理体系的现代化建设取得了重大进步，但乡村治理仍然存在社会失序、村治异化、参与性不强、治理效率低等问题，乡村治理的有效性和适应性不高。进入决胜全面建成小康社会的新时代，党中央提出了乡村振兴战略"20字方针"。其中，"治理有效"是乡村振兴战略的重要内容，也是乡村振兴的基础，其目标在于通过建构和实践更加有效的乡村治理体系，实现乡村社会的善治。进入新时代，如何构建和实践有效的乡村治理体系，不仅要立足于中国农村的基本实际，也要总结和吸取中华人民共和国成立70年来乡村治理实践的先进经验。新时代乡村治理体系的探索和实践是在历史延续下来的乡村社会的基础上进行探索和实践的，也是在前一历史阶段乡村治理实践的基础上进行重构和重塑，是历史的延续和发展。因此，新时代乡村治理实践不能在真空中去探索，必须在吸取以往乡村治理实践先进经验的基础上推进。

综上所述，中华人民共和国成立70年来，在中国共产党的领导下，乡村治理取得了巨大的成就，也积累了丰富的经验，为新时代乡村治理体系构建提供了实践依托和重要参考。因此，在新时代，建构治理有效的乡村治理体系，有必要对中华人民共和国成立70年来乡村治理体系变迁进行系统性的回顾和梳理，以探究未来乡村治理体系的发展趋势，并为新时代乡村治理体系构建提供经验和智慧。

一　改革开放前"政社合一"的治理体制

中华人民共和国成立后，农村基层政权建设与稳固成为中国共产党面临的紧迫性任务。乡村治理体系也在农村基层政权建设和社会主义体制建立的过程中逐渐发展和形成。

（一）在政权建设中夯实乡村治理体系的社会基础

自秦汉"编户齐民"以来，中国农村社会就形成了以一家一户为基本单位的组织制度。家户既是基本的经济单位，也是基本的政治责任单位。家户既具有经济属性，也具有政治属性；但作为政治单位的农民社会与国家政权体系是分散的。如何将这种分散的"一家一户"基础上的乡村社会整合起来，加强和稳固农村基层政权，是中华人民共和国成立之初中国共产党面临的难题，对这一难题的思考与破解，成为在现代国家建设框架下建构新型乡村治理体系的基础和起点。

土地是家户延续的基础，是农民的根，农民也高度依附于土地。新民主主义革命时期，中国共产党就意识到通过"分土地、减租减息"等土地政策可以取得农民的支持。因此，中华人民共和国成立之初，中国共产党在全国范围内推行土地改革。土地改革不仅是经济革命,更是政治整合。① 一是通过清匪反霸打击实际掌握乡村统治权和压迫普通农民的地主势力或其他黑恶势力,将分散在乡村社会的社会权力收归到国家政权体系中来,实现了国家政权对乡村社会的整合;二是国家政权在乡村社会末端建立起基层政权组织,将广大农民组织起来,将土地分配给无地、缺地、少地的农民。由此,农村改革之父杜润生先生称土地改革是"农民取得土地、党取得农民"。

土地改革以一种经济改革的方式实现了新中国国家政权对乡村社会的政治整合,使国家政权下沉到了乡村社会。同时,国家政权也获得了广大农民的高度认可。实行土地改革后,乡村社会对国家和政党的归属感明显增强:首先,农村基层国家政权建设取得显著成绩,乡村社会与国家政权一体化;其次,广大农民获得了平等的政治身份,实现了人民当家作主。

现代国家框架下的乡村治理是一种全体农民平等享有治权、共同参与的集体行动,需要农民具有较高的政治意识和参与意识。这些条件在中华人民共和国成立初期的土地改革中已基本建立并趋于成熟和稳定。概言之,中华人民共和国成立初期,我们在经济变革基础上取得了诸如"农村基层政权建设、人民当家作主、农民政治意识增强、农民平等享有政治权利、农民高度的政党认同和政权归属"等一系列成就,这为中华人民共和国成立后乡村治理体系实践打下了坚实的政权基础、主体基础和组织基础。

(二) 在集体化进程中逐步形成乡村"三级"治理体系

土地改革将土地分配给了农民,土地分散于亿万农民手中,尚未真正在农村建立社会主义制度。所以,土地改革后不久,我们就开始对农村社会进行社会主义改造。将广大农民组织起来,社会主义公有制经济体系建设与农村政权的稳固同步进行。农村集体化进程由此开启。

我国农村集体化进程以互助组为起点,并逐步向初级社、高级社过渡,最终建立了人民公社体制。人民公社是一种全新的政权组织方式,既是经济组织,也是政治组织。在人民公社体制之下,农民被高度集体化和国家化。首先,农民的身份统一转变为人民公社社员,农民之间不再强调血缘、地缘

---

① 参见徐勇《政权下乡:现代国家对乡土社会的整合》,《贵州社会科学》2007年第11期,第4—9页。

之分，而强调国家政治身份，农民高度依赖于公社集体，既是生产者，也是国家政权体系中的成员。农民的国家身份，一方面使得农民被前所未有地国家化，另一方面也为实行高度集体化的乡村治理体系提供了组织基础。其次，在集体化进程中，农民被高度组织起来，并严格按照统一的标准接受管理。人民公社实行"公社—生产大队—生产小队"三级管理体制。这种体制既是政权组织体制，也是经济生产体制，更是乡村治理体制。由此，乡村治理与政权组织、经济组织三者高度一体化。

人民公社体制下的乡村"三级"治理体系，是中国共产党在农村建立社会主义公有制经济体系的产物。这种治理体系一方面有效地稳固了农村基层政权，为农民政治意识的培养和塑造提供了平台；另一方面有效地维系了集体化进程中的农村秩序，为经济生产提供了制度保障。

（三）农民集体化与"政社合一"的乡村治理体系

人民公社时期，国家建设的重点是巩固农村政权和社会主义公有制。这种治理模式适应了社会主义建设初期"把农民组织起来、巩固人民政权"的现实需要。乡村治理体系的探索与政权组织建设、经济组织建设同步进行，因而，这一时期的乡村治理体系以一种"自上而下"的路径建立和运行，带有明显的组织性特征。

第一，乡村治理表现出高度的集体化、国家化特征。人民公社是"政社合一"的组织，是社会基层单位和集体经济组织，也是国家政权在农村中的基层单位。[①] 它的主要特点是集体化、国家化。乡村社会与国家政权紧密联系，个体农民也成为国家农民。所有农民都是统一的社员，没有分化，同质性极强，从出生到死亡，从生产到生活，都离不开集体组织。生产、生活、消费分配、公共设施建设、治安管理、公共文化活动开展等，均由集体组织统一安排和治理。在国家政权延伸到经济社会生活方方面面的人民公社体制下，乡村治理与国家治理保持高度一致，是国家政权体系的一部分，乡村治理即为国家化治理。

第二，乡村治理在结构上表现为"三级"治理的层级体系。人民公社是

[①] 参见徐勇《阶级、集体、社区：国家对乡村的社会整合》，《社会科学战线》2012年第2期，第169—179页。

"三级所有、队为基础"的体制。"三级所有"是指农村生产资料所有制形式，生产资料所有权为人民公社、生产大队、生产小队三级共同所有，但生产经营和核算在生产小队。以生产小队为基础，人民公社为上级，三级权力层层管理，在政治、生产和生活上，层层受上级的严格管理，形成了"三级管理制度"的组织结构。[1] 在功能上，人民公社是国家政权的基础组织，拥有国家权力，负责农村的一切工作，是整体性治理单元。生产大队是村级组织，执行公社下达的指令，并受公社的监督；负责组织和监督生产小队，是中间治理单元。生产小队进行生产经营、核算分配和社会服务，是基本治理单元。三个层级，既是政权组织体系，也是经济组织体系，更是治理体系。

第三，乡村治理的基础单元是生产小队。为了厘清人民公社体制，毛泽东指出："要承认三级所有，重点在生产队所有制，'有人斯有土，有土斯有财'，人、土、财都在生产队"[2]，"所谓'队为基础'指的是生产小队，而不是生产大队"[3]。在组织体系上，生产小队是最基本的核算单位，是直接从事生产的单位，生产小队队长主管生产。[4] 同时，生产小队大部分由原来的自然村转化而来，是距离农民最近的单元，也是最基础的治理单元。在这一单元中，农民以平等的社员身份参与生产小队的生产经营活动以及小队范围内的各项社会文化活动。

第四，在"政社合一"治理体制下，农民仍然有较大的自主权。虽然人民公社具有极强的组织性，农民高度依附集体，但在某些事务上，农民仍具有较高的自主性。一是生产小队在分配上有较多的自主权，如具体生产活动的安排、粪肥的工分定级、男女上工的工分定级等；同时，生产小队也可以自主开展公共设施建设（如灌溉水渠、路、桥等）和公共文化活动。二是农民自身无法解决的事务可以与其他家户开展互助合作，如红白喜事，而且互助合作的地域范围有时甚至是跨生产小队、跨生产大队的。可见，人民公社

---

[1] 参见冯石岗、杨赛《人民公社时期乡村治理模式透析》，《沈阳大学学报》（社会科学版）2013年第5期，第655—659页。

[2] 中共中央文献研究室编：《建国以来重要文献选编》（第12册），中央文献出版社1996年版，第128页。

[3] 《建国以来毛泽东文稿》（第8册），中央文献出版社1993年版，第111页。

[4] 参见徐勇、赵德健《找回自治：对村民自治有效实现形式的探索》，《华中师范大学学报》（人文社会科学版）2014年第4期，第1—8页。

治理模式下乡村社会仍有一定的自由空间,农民的自主性并未被公社的组织性淹没。

总之,在改革开放之前,我国乡村治理体系依托于"政社合一"的人民公社组织而存在,这种治理体系带有很强的组织性,涵盖了农村政治、经济、社会、文化等方方面面的治理。"政社合一"的人民公社治理模式是一种一元化的治理模式,符合中华人民共和国成立后农村政权建设和稳固的基本需要。一方面,这一治理模式巩固了农村基层政权,实现了人民当家作主,农民政治意识、政权认同增强;另一方面,乡村发展也取得了巨大成就,如包括水库和水渠灌溉在内的农村水利工程建设,包括扫盲班在内的文化教育等,均是在这一治理模式下开展的。这些治理成果也为改革开放后家户单位的生产经营提供了便利。但是,人民公社治理模式在一定程度上忽视了农民的个体创造性,"政治缚住了农民的手和脚,抑制了农民的自由思想"[①],高度依赖于集体的治理体系也不可避免地有自身的限度,容易陷入"搭便车"的治理困境。

二 改革开放后村民自治与"乡政村治"格局

20世纪80年代初,人民公社体制解体,"三级"治理体系也退出了乡村社会。我国农村开始实行家庭联产承包责任制,但与之相配套的乡村治理体系并未确立,导致农村社会出现了短暂的"治理真空"。农村社会的秩序维系和治理,成为一个全国性的难题。

(一) 从农民理性创造到国家制度:村治体系的构建

改革开放后,土地承包到户,家户是独立的生产经营单位。如何将分散化的家户农民重新组织起来,是国家面临的难题,也是从人民公社体制中脱嵌出来的乡村社会和农民面临的难题。在这样的背景下,位于几个县交界地带的广西合寨村因土地承包到户之后境内经常发生偷盗,而无人管事,一家一户又难以防治。于是,以自然村(屯)为单位,所有家户联合起来,成立

---

① 张乐天:《论人民公社制度及其研究》,《华东理工大学学报》(社会科学版) 1996 年第 3 期,第 23—30 页。

自治性组织，共同维护安全，并将这种自治性组织命名为"村民自治委员会"。从根源上看，这一自治性组织源自农民的理性创造，而这种创造又源自农民的内在需要，尤其是土地承包到户之后农民对治理的需要。这一自治性组织很快得到国家重视。经过长时间的论证，于1982年宪法修订时，在第111条中第一次出现了"村民委员会"的概念，并明确"村民委员会是基层群众自治性组织"。到1987年，全国人大常委会制定并通过了《村组法试行》，从法律的角度将村民自治委员会组织建设加以明确和细化。到1998年，全国人大常委会修订通过《村组法》，去掉"试行"一词，并在全国范围内实施。

可见，以村委会为基础的村民自治体系由农民基于治理的需要而创造，并得到国家重视，最终形成自治制度。这是在中国改革开放大背景下产生的，是在中国共产党的领导下有组织、有步骤、有秩序进行的。改革开放后，乡镇是国家政权的基础性单位，乡镇以下实行村民自治，由此形成"乡政村治"的治理格局。"乡政村治"的核心在于坚持国家统一领导的同时，重视农民群众的参与，体现了国家与社会的分权原则。[①]

（二）村民自治的特点与政治功能

改革开放后，以村民自治为基础的乡村治理体系与"国家对乡村社会进行组织整合"的目标高度关联。在属性上，村民自治具有国家建构性、农民自治性双重特性。村民自治作为基层群众自治性组织的制度安排，经历了从"自下而上"再到"自上而下"的双向过程。村民自治虽然源自农民的理性创造，是农民自治组织，但也是一种正式的制度安排，是国家基本政治制度之一。因此，村民自治具有政权、自治双重属性，是制度化的治理体系。在结构上，村民自治体系体现为"村委会、村民小组"两级自治。村民自治的决策权集中于设立村委会的村，村民小组只是村民委员会与村民群众的联系者，其职责主要是在村委会的领导下贯彻执行村民会议决定和村委会布置的工作。[②]

总之，改革开放后，村民自治制度及其实施成为中国乡村治理体系的主要体现，与国家的现代化转型和改革进程紧密相关。彭真曾高度评价过村民

---

① 参见徐勇《中国农村村民自治》（增订本），生活·读书·新知三联书店2018年版，第27页。
② 参见徐勇《中国农村村民自治》（增订本），生活·读书·新知三联书店2018年版，第78—79页。

自治，认为八亿农民实行自治，自我管理、自我教育、自我服务，真正当家作主，是一件很了不起的事情，历史上从来没有过。① 村民自治弥补了改革开放后乡村社会的"治理真空"，发挥着重要的治理功能。"自治"是村民自治制度的基础属性，也是基本功能；同时，其在巩固农村基层政权和农村基层民主政治发展等方面也发挥着积极的政治功效。

首先，村民自治承担着巩固农村基层政权的功能。改革开放之后，去集体化带来农民的个体化，国家需要以一种新的形式对农村社会进行整合。村委会作为自治性组织，虽然不是基础性政权单位，但也能发挥巩固国家政权的功能。在1982年宪法修订时，国家也是从政治组织的角度来认识村民自治的。从1998年之前的实践上看，村民自治也一直作为农村基层组织建设来开展的，以村党支部为核心筹建村委会这一自治性组织。可见，村委会这一自治组织在某种程度上也承担着巩固农村基层政权的组织功能。

其次，村民自治承担着农村基层民主政治建设的功能。邓小平曾指出：把权力下放给农民，这就是最大的民主。② 村民自治正是民主在农村的最大体现。村民自治的核心内容是"民主选举、民主管理、民主决策、民主监督"，村民自治的民主价值体现在农村群众可以直接行使民主权利，直接参与村庄公共事务，进行自我治理，是一种直接民主形式。村民自治为农民群众提供了一个广阔的民主试验平台，"巩固和发展了社会主义民主，是基层民主政治的主要形式，构成了社会主义民主的基础性工程"③。

（三）村民自治的功能扩展、行政化与低效运转

如上所述，村民自治作为乡村治理的体现形式，其基本功能是自治和组织。但是，在实践发展中，尤其是1998年修订颁布的《村组法》取消了"村民委员会一般设在自然村的规定"，设立村委会的"村"是"建制村"。"建制村"是指国家统一规定并基于国家统一管理需要的村级组织。④ 从规模上

---

① 参见《彭真文选》（一九四一——一九九○年），人民出版社1991年版，第608页。
② 参见《邓小平文选》（第3卷），人民出版社1993年版，第242页。
③ 徐勇：《基层民主：社会主义民主的基础性工程——改革开放30年来中国基层民主的发展》，《学习与探索》2008年第4期，第1—6页。
④ 参见徐勇《基层民主：社会主义民主的基础性工程——改革开放30年来中国基层民主的发展》，《学习与探索》2008年第4期，第1—6页。

说，建制村的规模相对较大。从功能上说，建制村承担着自治功能的同时，国家也赋予其更多的行政功能。因此，建制村也通常被称为"行政村"。村委会作为自治性组织，一方面要组织农民群众参与公共事务治理，另一方面要承担上级政府下派的各项行政事务，由此村民自治成为一种混合着行政、自治双重功能的乡村治理体系。村委会干部们整天忙于乡镇政府下派的各项行政事务，最多的时候高达100多项行政事务，根本没有精力组织群众自治，村民自治的行政功能强于自治功能，①村民自治日益行政化，成为乡镇政府的下属机构。

21世纪初，全国各地掀起了一场"合村并组"浪潮，邻近的行政村合并、邻近的村民小组合并。合并之后的村民自治，在组织结构上仍然体现为"村委会—村民小组"两级自治架构，但"设立村委会的行政村始终是农村最基本的治理单元"。②总之，从1998年《村组法》修订颁布并实施，到"合村并组"，再到取消农业税，村民自治的功能不断扩展，既有自治功能，也有行政功能，但村民自治的行政化日益严重，行政抑制自治。

首先，合并后的"行政村"规模扩大，村民与村委会、村民小组的距离变远，增加了参与成本、自治成本，不便于村民直接参与选举和公共事务。根据中国农村研究院"百村观察"2014年的统计，"行政村"的平均面积为8.13平方公里，平均人口为2278人，在这样的组织规模下，知道村干部住址的村民比例不到30%，村民之间的熟知度不足15%。村民自治体现在直接参与，"行政村"的地域规模大、社会联结度低、利益相关度低，导致自治难以落地运行。

其次，改革开放以来的市场化加速了农村人口外流，农村"三留守、空心化"现象严重，各种社会问题突出，矛盾频发。尤其是取消农业税之后，很多村干部一下子不知道该干什么了，加之村民们消极选举，对村干部认可度低，导致很多村庄甚至都选不出村干部，或无人愿意担任村干部。村民自治的低效运转，不仅削弱了农村基层政权，也弱化了农村群众的自治权。

---

① 参见徐勇《实践创设并转换范式：村民自治研究回顾与反思——写在第一个村委会诞生35周年之际》，《中国社会科学评价》2015年第3期，第4—12、125页。

② 邓大才：《中国农村村民自治基本单元的选择：历史经验与理论建构》，《学习与探索》2016年第4期，第47—59页。

三 探索多元有效的乡村治理体系

农业税取消后，村民自治逐步从行政中脱嵌出来，但并没有真正落地运行。如何从国家和乡村社会两个层面重塑农村基层组织体系，激活自治活力，促进乡村治理的现代化，成为解决乡村难题的关键。

（一）深化自治：回归农村建设探索有效的自治体系

农业税取消后，国家逐步加大对农村农业建设的投入力度。2005年10月，党的十六届五中全会通过《中共中央关于制定国民经济和社会发展第十一个五年规划的建议》，提出要按照"生产发展、生活宽裕、乡风文明、村容整洁、管理民主"的要求，扎实推进社会主义新农村建设。[①] 在新农村建设的指引下，大量的惠农资金、惠农政策、惠农项目不断涌向农村，如何使用资金、如何依托项目建设美丽乡村，成为乡村社会面临的首要任务。因为各种惠农资金、惠农政策项目等均是经过"县—乡镇"体制进入农村，村委会负责执行，所以发现和利用村民自治的价值，成为新农村建设的重要手段。

基于此，全国各地开始探索不同形式的自治。四川省成都市由政府为每个村提供50万资金进行新农村建设，为了使用好资金，创设了村民议事会，由村民自主商议资金使用。广东省云浮市为了建设新农村，利用宗族资源，引回在外乡贤，创设了村民理事会。广东省清远市依据本地"大多数自然村均是单姓宗族村"的实际，将自治重心下移至自然村，激活了村民参与的积极性。在新农村建设的政策导引下，地方政府引导农村结合自身实际，激活了农民的主体性参与，探索出多层次、多样化的自治实现形式。虽然探索仅限少数地方，但这些有益的探索也获得了中央的认可。2014年中央一号文件提出"探索村民自治有效实现形式"重要命题；2015年、2016年连续两年中央一号文件提出"在有实际需要的地方，扩大以村民小组为基本单元的村民

[①] 参见中华人民共和国国务院办公厅《中华人民共和国国民经济和社会发展第十一个五年规划纲要——2006年3月14日第十届全国人民代表大会第四次会议批准》，《中华人民共和国国务院公报》2006年第12期，第16—48页。

自治试点"。在中央文件的引导下,各地农村结合实际开始探索村民自治的有效实现形式。湖北省秭归县以"幸福村落建设"为契机,按照"地域相近、规模适度、利益相关、共建同享、文化相连、便于凝聚"原则,将全县12个乡镇的186个行政村,划分为2055个自然村落,保持每个自然村落的地域面积在1—2平方公里,人口规模在30—80户,将自治重心下移至自然村,以自然村为基本单元开展自治。在自然村单元,建立"两长八员"制度、村民议事会等自治组织,并制定村规民约,激发村民参与自治的积极性,推进了自治有效实现。广东省蕉岭县下移自治单元至自然村,探索自然村自治。广西河池市下移自治重心,探索"自然屯自治"。

从"新农村建设"到"村民自治有效实现形式探索",村民自治始终是乡村治理体系的核心体现。在深化自治的过程中,乡村治理回归自治本位,强调自治的有效实现,注重条件与形式。从全国范围来看,深化自治的创新探索也仅限于部分地区,大多数农村仍然"存在社会失序、村治变形、公共产品供给不足、基层干部与民争利等突出问题,农村基层党组织功能弱化,农民群众的自治权利得不到保障,乡村治理体系的现代化水平不高"[①]。

(二) 多元有效:以乡村振兴推进新时代乡村治理现代化

2017年,党的十九大报告提出乡村振兴战略。治理有效是乡村振兴战略的重要内容,也是乡村振兴的基础。从强调民主到强调治理,新时代对乡村治理提出了更高的要求,也赋予乡村治理以新的时代意义。

首先,治理有效是乡村振兴战略的重要内容之一。乡村振兴是对乡村社会进行全面整合,全面振兴乡村。治理有效则是以治理对乡村社会进行整合,以治理振兴乡村,推进乡村治理体系的现代化。以治理振兴乡村的组织基础是村民自治,主体基础是农民,制度基础是法律。在实践中,要结合农村实际,建构更加具有适应性的治理体系,提升乡村治理体系的现代化水平。对此,部分农村已经着手进行了较有意义的尝试,其中一些也被党中央高度重视,并作为一般性经验在全国推广,如浙江省桐乡市建构"自治、法治、德治"相结合的治理体系、农村基层协商议事、自治重心下移至村民小组或自

[①] 朱新山:《中国乡村治理体系现代化研究》,《毛泽东邓小平理论研究》2018年第4期,第16—23、107页。

然村等。

其次，治理有效强调"政社协同"，在激活农民主体性的同时，强调多元社会主体的参与。改革开放前的乡村治理体系是"政社合一"的人民公社模式，改革开放后的乡村治理体系是"政社分开"基础上的村民自治，而新时代则强调在"政社协同"的基础上建构更加有效的乡村治理体系。这一体系的实现，不仅需要党建引领、政府引导，也需要多元社会主体的共同参与。在新时代，社会组织、集体经济组织、新乡贤、企业家等均可参与村级治理，在协作中实现乡村善治。

再次，治理有效的乡村治理体系不是一元的，而是多元、多形式的。在实践中"要求作为政治主体的广大村民的积极参与，在有效治理的指引下，村民自治日益深化，不断充实内容，探索多样化的形式"[1]。在新时代探索乡村治理有效，必须立足农村实际。中国农村的区域差异性大，决定了不同区域的乡村治理体系形式和内容上具有异质性。内容上将更加丰富多样，形式上也将更加多元化。治理有效就是要通过治理整合现有资源，探索出一条中国特色的乡村善治道路。乡村善治道路的核心是有效治理、现代化治理，但形式是多元的、方式是多样的、结构是多层的。

最后，治理有效的乡村治理体系在结构上强调"行政、自治、民主、服务"等多种功能的整合和均衡。乡村治理体系距离农村基层群众最近，既是治理的末梢，也是政权的末梢，更是服务的末梢。有效的乡村治理体系也将承担更多的功能，具体来说，主要包含行政、自治、民主、服务等多种功能。但这些功能不是此消彼长的关系，而是构成了均衡关系。因此，新时代乡村善治体系也体现为一种均衡型治理，既要均衡自治与行政，也要均衡民主政治组织建设与公共服务。

四 乡村治理探索的基本经验与发展趋势

乡村治理的现代化有一个过程，必须在吸取之前乡村治理变迁的先进经

---

[1] 徐勇：《民主与治理：村民自治的伟大创造与深化探索》，《当代世界与社会主义》2018 年第 4 期，第 28—32 页。

验和历史教训的基础上不断推进。在中华人民共和国成立70周年的历史节点上，回顾和梳理乡村治理变迁，对乡村振兴和新时代乡村治理体系构建具有重要的现实意义和历史意义。

（一）乡村治理70年的基本经验与成就

回顾中华人民共和国成立70年来的乡村治理实践历程，我们积累了丰富经验，也取得了巨大的成就。这为新时代探索乡村善治体系提供了非常有价值的指导。

第一，我们国家经过70年的发展，取得了举世瞩目的成就，根本原因是在中国共产党的领导下坚持走社会主义道路。70年来，农村政治、经济、社会、文化等各方面进入现代化发展的快车道，发生了翻天覆地的变化并取得了巨大成绩。质言之，乡村变化和发展的根源在于坚持社会主义道路。社会主义道路强调坚持人民主体性，农民获得了平等的政治身份，当家作主；同时，以公有制为基础，农民集体所有制下农民成为土地的主人，积极参与社会主义建设。因此，是社会主义道路带来了乡村社会的结构性转型和现代化发展。

第二，乡村治理发展的主要经验在于依靠广大农民，充分发挥农民的主体性和积极性。人民群众是推动历史发展的决定性力量。中华人民共和国成立70年来，无论是人民公社治理模式，还是村民自治，乡村治理体系的变革和发展始终立足于农村实际，依靠农民群众的积极创造，依靠农民群众的积极参与。农民群众既是乡村治理的主体，也是参与者和受益者，更是创造者。改革开放前，农民群众在生产小队单元下积极参与生产和政治学习，赋予生产小队单元极大的活力；改革开放后，农民群众在行政村单元下依托村委会积极开展自治，使得农村经济取得了前所未有的发展。取得这些成就的基础在于农民群众。始终将农民群众置于首位、赋予其主体性地位，是乡村治理发展70年的基本经验。

第三，乡村治理发展取得成就的关键在于坚持中国共产党的领导。中华人民共和国成立70年来，乡村治理体系的变革和发展，离不开中国共产党的领导。一方面，中国共产党将农民群众解放出来、发动起来和组织起来，赋予其政治身份，农民当家作主，积极投身于乡村治理的探索和实践；另一方面，中国共产党为乡村治理的探索和实践提供理论指导、把握方向，确保了乡村治理在社会主义制度下发展。

第四，乡村治理发展的基本原则是坚持管理与治理相结合。乡村治理具有地域属性和社会属性。在地域属性上，乡村治理以村庄为基本单位，是国家政权、行政管理的末梢，因而国家要对农村进行必要的管理和服务，为农村发展提供各种保障。在社会属性上，乡村治理以农民群众为主体，是距离农民群众最近、与农民群众最相关的公共行为，因而需要农民群众积极参与。中国的农村分散、复杂而多样。作为国家政权末梢的农村，其发展与稳定既需要国家的统一管理，也需要自我治理，管理与治理相结合，符合中国国情，也符合中国农村现代化发展的需要。国家和政府在村级治理中起着十分重要的作用[1]，不可或缺，亦不可替代。因此，始终坚持管理与治理相结合，是70年乡村治理体系稳定发展的基本原则。

第五，伴随着乡村治理70年的发展，农村社会各领域也取得了巨大成就。有序的乡村治理为乡村社会提供了稳定的秩序保障，农村经济社会各方面也迅速发展。一方面，农村社会趋于稳定、秩序井然，农村经济生产迅速，粮食增产增收，农民收入水平稳步增长，逐步向小康社会迈进；另一方面，农民的主体地位提升，政治意识、政治认同和国家认同增强，农民前所未有地融入政治和国家，积极参与国家现代化建设的各项事业，并作出了巨大贡献。

（二）乡村治理变迁的比较与趋势展望

从模式、体系、单元、特征以及目标等方面对改革开放前后乡村治理模式进行比较，可以发现，在不同阶段，乡村治理实践与国家建设紧密相关，表现出极强的历史特征（见表12-1）。改革开放前，乡村治理围绕"建立社会主义公有制经济、巩固农村基层政权"两大目标展开，经济建设、组织建设同步进行，"政社合一"，实行"公社—生产大队—生产小队"三级治理体系，生产小队是基本治理单元，表现出高度的集体化和国家化特征。改革开放后，政社分开，乡村治理围绕"基层政权组织建设、行政管理、治理"三大目标展开，实行"行政村—村民小组"两级自治体系，行政村是基本治理

---

[1] 参见韩小凤《从一元到多元：建国以来我国村级治理模式的变迁研究》，《中国行政管理》2014年第3期，第53—57页。

单元，表现出较高的国家建构性和乡村自治性。

但是，纵观改革开放前后的乡村治理体系及其变化，乡村治理体系也存在不足之处。首先，改革开放之前实行"政社合一"的人民公社治理模式，全国按照一个标准，整齐划一，农民高度依附于公社集体，流动性较低，集体的创造性与农民个体的创造性较低，农民的主体性、自主性被压抑在集体化的治理模式之下，导致乡村治理的活力不高。其次，改革开放之后实行"政社分离"的村民自治模式，虽然农民的主体性和积极性被激活了，农民个体性得到释放，乡村社会的流动性增强，激活了乡村治理的活力，农村整体现代化水平有所提升；但是，农村的空心化、去集体化现象严重，导致乡村呈现衰落趋势，农村的文化建设、医疗、养老等问题突出；高度的农民个体化、利益化带来乡村社会的凝聚力低，导致治理的成本高、参与率降低；"乡镇总是自觉或不自觉地把村委会当作自己的下属机构"[①]，行政压抑着自治，自治效率低下。

表 12-1　　改革开放前后乡村治理的变迁与特点

发展阶段	乡村治理模式	治理架构	基本治理单元	基本特征	治理目标
改革开放之前	"政社合一"的人民公社模式	"公社—生产大队—生产小队"三级治理	生产小队	集体化、国家化	政权建设与稳固
改革开放之后	"政社分开"的村民自治	"行政村—村民小组"两级治理	行政村	自治性、建构性	基层组织建设、行政管理、治理（自治、行政混合）

资料来源：作者自制。

因此，进入新时代，党中央提出乡村振兴战略。治理有效是乡村振兴的基础，也是乡村振兴的秩序保证和可持续性保障。新时代乡村治理体系的建构，既要吸取改革开放前后乡村治理的经验，也要避免乡村治理的不足和缺点。因此，新时代乡村治理体系必须突出"新"，在模式、体系、单元、特征

[①] 吴理财：《中国农村社会治理 40 年：从"乡政村治"到"村社协同"——湖北的表述》，《华中师范大学学报》（人文社会科学版）2018 年第 4 期，第 1—11 页。

以及目标等方面要与之前有所不同，有所创新（见表12-2）。

表12-2　　　　　　　　新时代乡村治理的发展趋势

发展阶段	乡村治理模式	治理架构	基本治理单元	基本特征	治理目标
新时代	"政社协同"的三治结合	乡镇之下的多层次治理	单元多元、多样	协同性、有效性	乡村善治、乡村治理现代化

资料来源：作者自制。

乡村治理体系现代化是国家治理现代化的基础和关键，事关全面建成小康社会的全局。在实践中，探索和构建更加有效、有适应性的乡村治理体系，关键在于立足乡村社会的实际，激活乡村活力，回归和激发农民的主体性和积极性，吸引多元主体参与，以有效为基本原则探索和建构多样化、多层性、多类型的乡村治理形式。善治是未来乡村治理的目标，因而未来乡村治理也是乡村善治体系。首先，乡村善治体系强调农民的主体性，也强调协同性。农民群众始终是乡村善治体系的主体，是参与者，也是受益者；但同时也要吸引多元社会主体参与，强调"政府、社会、企业、公民多元合作模式下的治理有效"[①]，政社协同，共谋乡村善治。其次，乡村善治体系既强调有效性，也强调多元性。乡村治理的基础是乡村社会，不同的乡村社会会生长出不同形式的治理。未来乡村治理探索将越来越重视基于乡村社会差异的乡村治理多样性。中国是一个区域差异大的农业大国，大国的乡村治理必然不能靠一个模式。因而，未来乡村治理在形式上将更加多样，在单元上将更加多层，在方式上也将更加多元，强调自治、德治、法治相结合。

总之，中华人民共和国成立70年以来，在中国共产党的领导下，伴随着国家对乡村社会整合和建设的目标转换，乡村治理实践也随之变迁，发展出与历史相适应的乡村治理模式，促进农业农村的发展，稳定了农村秩序。时代在发展，历史在前进。伴随着农业农村的现代化发展，农村经济社会结构也在变化。任何一种乡村治理模式都不可能永远适应于乡村社会。但是，善

[①] 胡红霞、包雯娟：《乡村振兴战略中的治理有效》，《重庆社会科学》2018年第10期，第24—32页。

治是乡村治理永恒的目标和追求。新时代，在中国共产党的领导下，坚持和发展中国特色社会主义道路，立足乡村实际，在吸取改革开放前后乡村治理经验和不足的基础上，必将走出一条中国特色社会主义乡村善治道路。

第十三章

基于有效视角的农村基层治理体制实践与发展[*]

农村是国家的重要组成部分，农村基层治理体制是国家治理的基础性体现。中华人民共和国成立 70 年来，农村基层治理体制在实践中不断创新、深化和发展，既维系了农村社会的稳定，也推动了农业农村的现代化进程。着力提升乡村治理体系和治理能力现代化，更是新时代深化农业供给侧结构性改革，实施乡村振兴的重要内容。2019 年 6 月 5 日，农业农村部也向全国发布了 20 个全国乡村治理典型案例。回顾和梳理中华人民共和国成立 70 年来农村基层治理体制的发展历程，分析不同时期农村基层治理体制的功能内涵，有助于我们理解和深化"乡村善治体系"的实践。

一 有效视角与 70 年来农村治理体制实践

农村基层治理体制是一个复杂的治理系统，与国家经济、社会、文化等体制息息相关，并受其影响。1949 年中华人民共和国成立后，一方面开启了现代化进程，另一方面加强了对农村社会的整合并建立了与以往完全不同的治理体制。但是，在国家现代化发展过程中，农村基层治理体制并不是一成不变的，而是一个不断创新实践、前后相继、不断发展的过程。

---

[*] 本章以《农村基层治理体制实践与发展 70 年：有效的视角》为题，发表于《中国农业大学学报》（社会科学版）2019 年第 5 期，第 73—81 页。

之所以是动态发展的，受到三个方面因素的影响：一是国家治理、国家现代化的重点以及国家政策的变化带来国家对农村治理体制的调整；二是农村经济、社会、文化等方面的体制变革带来农村治理体制的转型；三是市场化、城镇化等外部环境因素变化导致以往的治理体制无法适应新的需求，急需农村治理体制创新。农村社会、农民群体以及国家对农村基层治理体制的创新发展均有着较高的需求。纵观 70 年来的农村治理体制，有一个共同点：无论是国家，还是乡村社会，农村治理体制创新发展都是为了追求更加有效的农村治理。

治理是一个复杂的、多层次的体系，包括行政单元、协调和服务单元及自治单元。① 作为一种制度体系的农村基层治理体制，也具有多种属性和功能，既有行政功能、服务功能，也有自治功能，更有组织建设和整合的功能。这些功能既体现了国家治理的职能和目标，也体现了农村社会治理的需要。农村是国家的重要组成部分，也是国家现代化的重要构成。在国家现代化的不同阶段，国家对农村社会的整合目标、发展重点以及农村社会现代化水平也存在差异，这也导致农村基层治理体制表现出不同的特点，承担着不同的功能，运行机制也不相同，也实现着不同层面的有效。换句话说，在不同的历史阶段，农村基层治理体制实现的治理有效的内涵是不同的。

从有效治理的视角来看农村基层治理体制，其蕴含着"国家目标—体制功能—机制运行"这样一组关系。结合中华人民共和国成立 70 年来农村基层治理体制的变迁，这一组关系有三层含义。（1）国家目标。每一个阶段的农村基层治理体制反映着该阶段国家对农村社会的整合目标，内含着国家建设的总体目标。国家建设是农村基层治理变迁的国家内部动力②，因为国家的农村建设目标必须由农村基层治理体制承载并予以落实。（2）体制功能。每一个阶段，农村基层治理体制内含国家目标，所承载的具体功能与国家目标相一致，这种功能也具体体现为所要实现的有效治理。（3）机制运行。

---

① 参见邓大才《中国农村村民自治基本单元的选择：历史经验与理论建构》，《学习与探索》2016 年第 4 期，第 47—59 页。

② 参见黄冬娅《多管齐下的治理策略：国家建设与基层治理变迁的历史图景》，《公共行政评论》2010 年第 4 期，第 111—140、204—205 页。

每一个阶段，农村基层治理体制要有效实现国家目标与体制功能，必须有一套特定的运行机制和治理手段。因此，在谈及农村基层治理有效时，不能片面地从体制本身出发，而要把体制与国家建设目标、功能、运行机制相结合起来审视。也就是说，必须在相对应的历史发展阶段中看治理体制实现了何种有效。在每一个特定的历史阶段，农村基层治理体制都有其特定的属性和目标。

当进入现代民族国家建构进程，农村基层治理体系总是在国家治理的总体框架下建构和创新，与国家治理同力同构。国家治理体系现代化内含治理有效，也要求农村基层治理体制的现代化与治理有效。历史具有延续性。下一阶段的农村基层治理体制实践总是在前一阶段基础上的创新发展，前一阶段的体制也为下一阶段的体制创新提供着极为有益的借鉴。但是，创新发展的目标和路径一直是有效的，这也是农村基层治理体制发展的定律。有效的农村基层治理体制是实现农村治理体系现代化的制度基础。立足农村社会，从有效视角审视农村基层治理体制变迁70年，将农村治理体制视为国家治理体系的重要构成，将农村治理体系现代化视为国家治理体系现代化的重要内容，可以在宏观和微观相结合的框架下准确认识和把握农村基层治理体制70年的实践脉络以及未来的发展趋势。

二　集体化时期：组织化治理体制与管理有效

1949年中华人民共和国成立后，为了有效整合分散的农村社会，巩固新生的国家政权，党通过土地改革这一经济改革方式，推动国家对农村社会的政治整合。农民获得土地，国家获得农民。在土地改革和婚姻法运动中，不仅废除了封建落后的家庭伦理体系，也直接导致传统的乡村治理秩序和规则体系的解体。取而代之的则是以新生国家政权为核心的新秩序。在逐步实现国家制度重构的基础上恢复秩序与建构秩序是国家生活的重心。[1] 对此，中央也出台了一些农村基层治理体制重构的指导文件。如1952年的《治安保卫委

---

[1] 参见公丕祥《新中国70年进程中的乡村治理与自治》，《社会科学战线》2019年第5期，第10—23页。

员会暂行组织条例》规定:"农村以行政村为单位建立治安保卫委员会,受村政府、村公安员领导。"① 1954年的《关于健全乡政权组织的指示》规定:"一般以自然村或选区为工作单位,必要时在自然村或选区下亦可划定若干居民组。"② 这些指导文件为中华人民共和国成立后在农村基层探索建立全新的治理体制提供了政策指导。但是,土地改革之后,土地仍然分散于亿万农民手中,家户是土地经营单位,并未完全在农村建立起社会主义公有制经济体系。因此,在农村建立社会主义公有制经济制度、进一步稳固政权并建立有效的治理体系,是党面临的两大任务。

"要想建立一个完整的国家政治体系,政府就必须以一种前所未有的方式渗入到社会的各个角落。"③ 在经济建设、政治建设双重任务导向下,二者同步进行,一个国家与社会高度一体化的组织体系逐渐形成,经过互助组、初级社、高级社,并最终形成了人民公社。人民公社既是经济组织,也是政治组织。在公社体制下,农民被高度集体化,是国家化的农民,并按照统一的标准接受管理。人民公社实行"政社合一"的体制,"乡党委就是社党委,乡人民委员会就是社务委员会"④。作为一种组织体系,人民公社一方面承担着国家在农村基层的政权组织建设功能,是社会主义政权在农村的基础单位;另一方面也承担着组织农村群众、整合农村社会、维系经济社会文化秩序的功能。在组织管理上,公社实行统一领导、分级管理的制度,具体体现为"公社—生产大队—生产小队"三级管理体制。这种体制既是政权组织体系,也是经济管理层级,更是农村基层治理体制。由此,农村治理与政治组织、经济管理三者高度一体化。⑤

人民公社组织是集体化时期农村基层治理体制的基本体现,这种体制结构

---

① 中共中央文献研究室编:《建国以来重要文献选编》(第3册),中央文献出版社2011年版,第221页。

② 国务院法制办公室编:《中华人民共和国法规汇编(1953—1955)》(第2卷),中国法制出版社2005年版,第164页。

③ [美]费正清、[英]罗德里克·麦克法夸尔主编:《剑桥中华人民共和国史》(1949—1965),王建朗等译,上海人民出版社1990年版,第72页。

④ 张培田主编:《新中国法制研究史料通鉴》(第5卷),中国政法大学出版社2003年版,第56—57页。

⑤ 参见李华胤《我国乡村治理的变迁与经验探析》,《毛泽东邓小平理论研究》2019年第5期,第58—66、107页。

按照"三级所有、队为基础"的原则运行。三级所有指的是农村生产资料所有制形式，农村生产资料为公社、大队、小队三级共同所有。公社是农村政权单位，拥有法定的国家权力，统管农村工作；生产大队是村级组织，负责执行公社指令，组织和监督生产小队；小队是基本的生产经营单位、核算单位，也是基本的治理单位，这也是"队为基础"的集中体现。公社、大队、小队三级权力层层管理，在政治、生产和生活上，层层受到上级的严格管理，形成"三级管理制度"的组织结构。① 虽然公社治理体制高度集中化、统一化，但在管理上"也充分地实行管理民主化"②。如《中国共产党中央委员会关于发展农业生产合作社的决议》《农业生产合作社示范章程》《农村人民公社工作条例修正草案》等文件均强调了"民主办社、民主办队、社员参与和监督"等方针。

总之，在集体化时期，农村基层治理体制依托于"政社合一"的人民公社组织，是一种组织化的治理体制，囊括了农村经济、政治、社会、文化等方方面面的治理。组织功能是这一治理体制的重要任务，既有政权组织建设，也有社会主义公有制经济组织建设。因此，无论是哪方面的治理，在运行中均体现为高度的组织化方式，治理形式单一而高度集中。组织需要管理，管理即为治理。三个层级的组织体系，三级管理，彼此之间既有隶属关系，也有一定的自主权。集中化管理与民主化管理，相互协调，既稳固了政权组织，维系了秩序，也建立了经济组织，组织了生产，实现了公社组织的管理有效。

三 改革开放后：以自治为基的治理体制与动态有效

20世纪80年代初，伴随着人民公社体制的解体，三级管理的组织化治理体制也退出了历史舞台。农村社会出现了短暂的"治理真空"，农村经济体制改革催生并激发了农村基层治理体制向自治体制的转型。但是，自治体制也呈现出三个不同的发展阶段，每个阶段的体制特点以及有效性内容也不同。

---

① 参见冯石岗、杨赛《人民公社时期乡村治理模式透析》，《沈阳大学学报》（社会科学版）2013年第5期，第655—659页。

② 中共中央文献研究室编：《建国以来重要文献选编》（第11册），中央文献出版社2011年版，第538页。

（一）制度试行：自治性治理体制与自治有效

土地承包到户之后，农村农民从高度集体化的治理体制中脱嵌出来，家户重新成为独立的经营单位，农村社会重归分散。公社治理体制解体后，并无新的治理体制替代，导致农村社会陷入秩序困局。在这样的背景下，广西合寨村在强烈的安全需求刺激下，以自然屯为单位，所有家户联合起来，成立了自治性组织，共同维护安全，并将这种组织命名为"村民自治委员会"。这一创举很快受到了党中央的重视。经过长时间的讨论和论证，在 1982 年修订宪法时第一次出现了"村民委员会"的概念，并明确了"村民委员会是基层群众自治性组织"。到 1987 年，制定并通过了《村组法（试行）》。至此，村民自治作为一种制度开始在全国实施。

按照《村组法（试行）》的规定，村民委员会一般设在自然村；几个自然村可以联合设立村民委员会；大的自然村可以设立几个村民委员会。可见，在村民自治试行阶段，村民自治以自然村为单位展开。村委会是群众自治组织，也是整合农村社会的组织。乡镇则是国家政权在农村的基础性政权单位，是国家的基层行政建制，指导和规范村民自治的运行。虽然设立村委会的"村"也是村民自治的立法或建制主体之一[①]，但村实行群众自治，没有国家权力机构，是由若干家户组成的农村基层组织单位。可见，公社解体后，国家权力收缩至乡镇一级，农村实行村民自治；由此就形成了"乡政村治"的治理格局。在这样的格局之下，农村基层治理的主要特点是自治，是一种自治性治理体制。从集体化到包产到户，农户个体化经营，乡村依然分散，如何用新的组织形式去整合和组织农村群众，是国家面临的难题。而村委会这一自治组织在某种程度上也迎合了国家整合和组织农村的政治目标。国家借助自治体制，将带有民主理念的法律制度输入农村，通过村委会这一自治组织，把分散的农户组织起来，整合进自治组织，使其积极、有效地参与到村庄公共政治生活中去，从而建立了新秩序。

自《村组法（试行）》实施以来，一直到 20 世纪 90 年代，以自治为基的自治性治理体制，最大程度地整合了农村社会，弥补了去集体化之后的村庄

[①] 参见徐勇《中国农村村民自治》（增订本），生活・读书・新知三联书店 2018 年版，第 59—60 页。

治理"真空",维系了村庄秩序,实现了自治有效。如彭真所言:"八亿农民实行自治,自我管理、自我教育、自我服务,真正当家作主,是一件很了不起的事情,历史上从来没有过。"①

(二) 自治建制化:行政化的自治体制与行政有效

在村民自治的试行阶段,"村委会—村民小组"的两级自治体系基本由原来的"生产大队—生产小队"直接转化而来。但是,1998 年对《村组法(试行)》进行了修订,在法律上取消了"村民委员会一般设在自然村;几个自然村可以联合设立村民委员会;大的自然村可以设立几个村民委员会"的规定,增加了"村民委员会可以根据村民居住状况、集体土地所有权关系等分设若干村民小组"的法律规定。也就是说,新修订的《村组法》规定,设立村委会的村不再是自然村,而是建制村。建制村,也叫行政村,是国家统一规定设立并基于统一管理需要的村级组织。② 因此,1987 年村民自治试行期,自治单元大多数是自然村,规模相对较小。1998 年之后,自治单元有所扩大,规模较大。中国农村研究院"百村观察"数据显示,2014 年全国每个行政村的平均面积是 8.13 平方米,每个村平均人口 2278 人,在这样的建制规模下,村民知道村干部住址的比例低于 30%,村民之间的熟知度也不足 15%。可见,与自治试行时期的"自然村"单元自治相比,自治建制化之后,基层治理单元有所扩大。

虽然这个时期治理格局仍然体现为"乡政村治",但"村"已发生变化,以村委会为组织载体的自治性治理体制已经慢慢向行政性治理体制转变。村委会依然作为自治性组织存在,但是设立村委会的建制村单元规模大,与自然村、家户的距离较远,村民参与成本高、参与积极性降低。加之乡镇政府赋予了村委会更多的行政属性,村委会承担着乡镇下派的多项行政任务,在形式上是自治组织,但实质上已经转变为乡镇的派出组织。乡镇总是自觉不自觉地把村委会当作自己的下属机构③,村委会的自治属性越来越向行政属性

---

① 《彭真文选》(一九四一——一九九〇年),人民出版社 1991 年版,第 608 页。
② 参见徐勇、赵德健《找回自治:对村民自治有效实现形式的探索》,《华中师范大学学报》(人文社会科学版) 2014 年第 4 期,第 1—8 页。
③ 参见吴理财《中国农村社会治理 40 年:从"乡政村治"到"村社协同"——湖北的表述》,《华中师范大学学报》(人文社会科学版) 2018 年第 4 期,第 1—11 页。

转变。仅仅是法律规定和赋予的行政职能就有 100 多项，加上乡镇下达给村委会并予以落实的行政任务，村委会越来越"行政化"。尤其是 21 世纪初，全国各地掀起"合村并镇"浪潮，进一步上移行政村单元、村民小组单元，行政村、村民小组的单元规模进一步扩大。无论怎么合并，设立村委会的行政村始终是农村基层治理的基本单元，农村基层治理体制仍然是以自治为基础。但是，村民自治所承担的行政功能却远远高于自治功能。①

20 世纪 90 年代末，国家发展重点在城市，走的是"以农支工"道路，要使农村要素和资源向城市流动，就需要加强对农村的统一管理，以便于国家的政策和行政命令顺利地向农村输送并予以落实。而且，1998 年修订之后的《村组法》增加了"民主选举、民主决策、民主管理、民主监督"的内容，将村民自治作为国家民主政治在农村基层的民主体现形式。因此，国家统一的行政管理需要、民主价值在农村基层的体现共同导致了自治性治理体制的行政化。行政成为自治性体制的主要功能，这种以自治为基础的体制在某种程度上也实现了农村基层的行政有效，自治有效有所弱化。

（三）回归自治：创新实践形式与自治有效

农业税费取消之后，乡镇行政权力逐渐从农村回缩，村委会的行政功能逐渐减弱，但是已经行政化的自治体制很难推动自治。随着"三农"问题的突出和农村失序，党和国家开始将"三农"工作作为国家发展重点。2005 年，党的十六届五中全会提出了社会主义新农村建设的发展战略。在新农村建设中，大量惠农资金向广袤的农村输入。如何用好惠农资金，成为农村基层治理的紧迫任务。在这样的背景下，地方实践者们开始回归并关注村民自治的治理价值。惠农资金只能经由农村基层治理体制进入农村，重构以村委会为基础的自治性体制，成为新农村建设的体制性手段。基于此，全国各地开始重构农村基层治理体制，创新自治形式，如四川省成都市创新建立了村民议事会、广东省云浮市建立了村民理事会、广东省清远建立了自然村自治、广西河池市建立了自然屯自治、浙江省武义县后陈村建立了全国第一个村务监督委员会。

---

① 参见徐勇《实践创设并转换范式：村民自治研究回顾与反思——写在第一个村委会诞生 35 周年之际》，《中国社会科学评价》2015 年第 3 期，第 4—12、125 页。

在国家发展农村、推进农村现代化的战略下，以往形成并固化的行政性体制很难适应新的发展需要，因而要回归自治性体制并进行创新、重构，激活其治理活力。2014年中央一号文件提出"探索村民自治有效实现形式"的重大命题，2015年、2016年的中央一号文件提出了"探索村民自治基本单元"的重大命题。在实践中，各地结合实际，挖掘自治体制落地运行的影响条件，创新探索自治体制的有效实现形式。如湖北秭归的"自然村单元自治"、四川都江堰的"院落单元自治"、山东东平在探索集体经济有效实现中推动自治落地、湖北巴东利用现代信息技术探索服务有效。

从新农村建设到探索村民自治有效实现形式，农村基层治理格局虽依然表现为"乡政村治"，治理体制依然是自治性治理体制，但与之前的自治体制有所不同的是，体制重归自治，自治的有效实现是基层治理体制实践的重要特点。自治有效是创新探索时期农村基层治理体制的主要功能，也是国家农村建设的重要目标。在回归和找回自治的农村治理体制下，关注的焦点不再是"民主"，关注的范式不再是"制度—价值"范式，而是在"条件—形式""规则—程序"或"治理—有效"的范式下关注并聚焦于自治的有效性以及自治的有效实现形式或内在机制。由此，以自治为基础的自治性体制下，治理形式也是多样式、多单元、多类型的。

四 新时代的善治体制与多元治理有效

2017年10月，党的十九大报告提出了乡村振兴战略。这是中国进入现代化中后期提出的重要战略，旨在提升农业农村现代化水平，消除城乡差距。在农村治理方面，战略强调在治理有效的原则下着力提高农村治理现代化水平，构建乡村善治体系。虽然目前建构农村治理有效还处于探索和实践阶段，但一些地方政府也进行了一些有益的实践。

浙江省桐乡市高桥街道越丰村以2013年"自治、德治、法治"建设为起点，成立了村级道德评判团，专门评判村内事情的对错和村民德行的好坏，让村民自己教育自己、规范自己、管理自己。为进一步创新实践"自治、法治、德治"的融合，桐乡发动群众智慧制定了村规民约、社区公约，并建立了百姓议事会、乡贤参事会，依托百事服务团、法律服务团、道德评判团,最终形成了以"一约两会三团"为载体的"三治融合"的善治体系。三治融合的基层治理体制以自治为载体,融入法治、德治,推进了农村基层治理体系和治理能力的现代化。对此,党的十九大报告强调:"加强农村基层基础工作,健全自治、法治、德治相结合的乡村治理体系。"①

2019年6月5日农业农村部新闻办公室发布了"20个全国乡村治理典型案例",如北京市顺义区的"村规民约推进协同治理"、浙江省宁波市象山县的"村民说事"、宁夏回族自治区吴忠市红寺堡区的"规范村民代表会议制度"、湖北省秭归县的"村落自治"、湖南省娄底市新化县吉庆镇油溪桥村的"村级事务管理积分制"、湖北省大冶市的"党建引领·活力村庄"等。明显可见,新时代各地农村在探索善治体系的实践中,关注的焦点是有效,一是创新治理的机制、规则、程序、参与、单元等,二是创新与农村实际相适应的治理形式。有效而不必在意形式,在乎内容。农村基层治理有效的形式也必然是多种多样的,但无论何种形式,"有效"始终是新时代农村基层治理探索实践的重要价值和原则,通过有效推进善治,提升农村基层治理现代化,也是国家在乡村振兴战略下通过治理整合和振兴农村社会的重要目标。

治理有效是乡村振兴的基础,实现治理有效的基础在于进一步推进村民自治有效,②自治是善治的基础;但在现代化中后期,构建现代化的农村治理体系,也应该与国家社会治理有机结合起来,在国家社会治理的大格局下,凸显乡村社会的有效治理。③ 农村基层治理是国家治理的重要组成部分,农村基层治理体系的现代化也是国家治理现代化的重要构成。在治理有效下探索农村善治体制,要注意做好四个方面的工作:第一,以自治为基,要注意激活传统的"德治"资源、注入现代治理的"法治"要素;第二,现代化的农村治理体制表现为善治体制,以有效为标准,但实现的形式、机制一定是多

---

① 习近平:《决胜全面建成小康社会 夺取新时代中国特色社会主义伟大胜利——在中国共产党第十九次全国代表大会上的报告(2017年10月18日)》,人民出版社2017年版,第32页。

② 参见李华胤《乡村振兴视野下的单元有效与自治有效:历史变迁与当代选择》,《南京农业大学学报》(社会科学版)2019年第3期,第55—62、157页。

③ 参见刘金海《村民自治实践创新30年:有效治理的视角》,《政治学研究》2018年第6期,第67—77、128页。

样的，因为中国农村社会的异质性带来农村有效治理机制也具有差异性；第三，善治体制强调农村农民、国家、社会的多元协同，更加注重协调、合作和协商；第四，农村基层治理体制兼具农村治理、国家治理二重属性，因而农村治理体制具有多重目标和功能，包括自治、行政、服务、组织等。由此，新时代农村基层治理体制要实现的是一种现代性的善治体制，这种体制也必须实现包括自治、行政、服务、组织在内的多种功能的多元有效，而非单一功能有效。

五 农村基层治理体制建设的经验与趋势

农村基层治理体系的现代化是一个过程，与国家治理能力现代化紧密相连，但也与农村经济社会变革紧密联系。任何体制的创新发展都必须建立在前一阶段的基础上，吸取和总结经验，不断推进。在中华人民共和国成立70周年的历史节点，回顾和梳理农村基层治理体制变迁，对新时代建构更加有效的治理体制具有重要的现实意义。

（一）农村基层治理体制70年来的基本经验与成就

70年来农村基层治理体制的实践历程，积累了丰富的经验，取得了巨大的成就。

第一，中国共产党领导下的社会主义道路是根本经验。在中国共产党领导下的新中国，农民获得平等的政治身份，当家作主，积极参与社会主义建设。社会主义道路强调以人民为中心，党一直将农村工作视为社会主义现代化建设的重心。70年的体制实践中，既强调了农民的中心主体性，也将中国特色社会主义政治民主价值观、国家观融入体制建设与运行中，农村进入现代化国家建设进程，并成为国家建设的重要部分。从人民公社体制到村民自治，再到治理有效，均体现了农村农民的中心性，这也是农村逐步走向社会主义现代化的关键所在。

第二，农村基层治理体制发展的主体动力是农民。农民是现代化的贡献者,也是文明传承的载体。① 农民理性的扩张在农业文明向工业文明转换的关节点上发挥了巨大作用。② 人民公社的治理体制虽然表现出较高的集体化,统一标准的管理下,生产小队单元治理依然具有较高的自主性空间。村民自治这一治理形式原本就源自农民的理性创造,而后才上升为制度化的治理体制。进入新时代,有效的治理体制更强调农民的主体参与,强调农民、社会与政府的多元协同。总之,70年来的农村治理体制变迁中,农民始终是体制创新发展的主体动力。也只有继续突出农民主体地位的治理体制才具有较高的适应性和持续性。

第三,创新试验基础上的制度建设是农村治理体制发展的基本保证。从农村基层治理体制70年来的发展历程看,每一个阶段的体制确立有两个共同点:一是离不开国家鼓励农村社会的创新实践,二是国家的制度化建设。农村现代化的过程也是农村改革的历程。农村治理体制的改革实践是为了寻找到适合农村的有效体制。只有内生于农村社会的体制才具有较高的适应性。但任何一种源于农村的创新实践,尤其是一种体系化的治理机制,必须"用法律和制度将改革创新的成果固定下来,才能用来规范治理行为与实践"③。国家鼓励农村体制创新,给农村治理体制的发展提供了相对比较自由的生长空间,伴随着国家现代化前进,生发于农村土壤的治理体制也可以自我调整和发展,保证了治理体制的韧性与活力;而国家的制度建构不仅可以将农村治理的创新实践上升为全国性的、一般性的制度安排,也可以为体制创新提供合法性保障。

第四,农村基层治理体制与国家建设目标紧密相连。农村基层治理体制是国家治理的基础性体现,构成国家治理体系的基础。农村基层治理体制是与每个农民切身相关的体制,带有自身的目标,即维系农村秩序,最大程度实现农村的善治。但是,农村治理体制变迁发生于国家现代化历程之中,体制转型的节点也是国家现代化转型的历史拐点。因而农村治理体制也带着很强的国家目标性,每一阶段的体制无不反映着此一时期国家对农村建设的目

---

① 参见徐勇《农民与现代化:平等参与和共同分享——国际比较与中国进程》,《河北学刊》2013年第3期,第86—91页。

② 参见徐勇《农民理性的扩张:"中国奇迹"的创造主体分析——对既有理论的挑战及新的分析进路的提出》,《中国社会科学》2010年第1期,第103—118、223页。

③ 陈家刚:《基层治理:转型发展的逻辑与路径》,《学习与探索》2015年第2期,第47—55页。

标。国家建设的目标也体现在农村治理体制上，并依托农村治理体制向农村社会灌输、渗透和实现；农村治理体制所实现的有效性内涵，也蕴含着国家建设属性。

（二）农村基层治理体制的比较与趋势展望

有效是一个相对概念。在有效视角下去审视 70 年来农村基层治理体制，必须在其特定的历史背景下去考察体制所承担的功能以及与国家建设目标的对称性关系。

如表 13-1 所示，在人民公社时期，国家建设目标是整合农村并稳固新生政权、推进农村公有制经济建设，政治组织建设、经济组织建设同步，建立了以"公社—生产大队—生产小队"为单元体系的组织化治理体制，主要依靠统一的标准化管理，"军事、公安以及地方贸易、财政、税收、会计、统计和计划工作，这些都受党的控制"，"这将大规模地提高农村的工作效率"[1]，某种程度上促进了管理有效。自治试行时期，国家目标是尽快恢复各种秩序、重新整合农村，内生于农村社会的村委会作为自治性组织，满足和迎合了国家农村建设目标的需要，很快上升为正式制度，自治性组织与党组织建设合二为一，以自治为主要治理手段，实现了农村基层的自治有效，保证了农村改革的有序推进。伴随着国家改革的重点从农村转向城市，城市现代化需要农村的支撑，在权力下渗、民主建设、资源汲取的国家目标下，自治性体制开始承担着某些行政职能，具有准政权组织的意味[2]，体制的行政化带来治理手段的行政化，行政有效强于自治有效，行政压抑自治。农村税费取消之后，乡镇行政功能从自治性体制中脱嵌，"三农"工作成为国家建设的重点，在加强农村建设、缩小城乡差距的国家目标下，自治回归主体，国家和地方政府重拾自治性体制的自治功能、弱化行政功能、民主功能，结合实际，探索自治的有效实现形式。进入新时代，为了全面实现小康，在农村现代化的国家目标下，全面振兴乡村，以治理有效建构乡村善治体系。乡村振兴是农村全面的振兴，有效的治理体制是基础，也是保障。在治理振兴的新时代，治理体制也具有多种功能，包括自治、行政、组织、服务，体制运行

---

[1] ［美］费正清：《美国与中国》，张理京译，世界知识出版社 1999 年版，第 394 页。
[2] 参见金太军、施从美《乡村关系与村民自治》，广东人民出版社 2002 年版，第 238 页。

有效的手段也将结合自治、德治、法治等多种手段,以实现多元的内涵式有效,而不是单一功能的有效。

表 13-1　中华人民共和国成立 70 年来农村基层治理的变迁与特点

发展阶段	农村基层治理体系	国家建设目标	体制功能	运行手段	有效内涵
人民公社时期	组织体制（公社—大队—小队）	组织整合、统一管理	组织	管理	管理有效
自治时期	自治性体制（乡镇—村委会—村民小组）	组织整合、恢复秩序	组织+秩序	自治	自治有效
自治建设时期	行政化的自治体制（乡镇—行政村—村民小组）	民主建设、权力下渗	行政+民主	行政	行政有效
回归自治时期	自治性体制	农村建设	自治	自治	自治有效
新时期	善治体制	农村现代化（乡村振兴）	自治、行政、服务	自治、德治、法治	多元内涵的有效

资料来源:作者自制。

总的来说,70 年来农村基层治理体制的转换,发生于中国现代化进程之中,从现代化初期到中后期,农村基层治理体制的转换逻辑,一方面是农村基层寻求能够有效运行体制的农村逻辑,另一方面也是国家农村建设目标有效实现的国家逻辑。国家与乡村社会的关系是中国农村基层治理转换的基本逻辑。[①] 国家农村建设是治理体制转换的关键变量,有效则是体制转换的落脚点和终极追求。国家农村建设目标的有效实现依托于有效的治理体制,但每一个历史时期,国家农村建设目标有所不同,体制特点也不同,体制运行机制也不同,所实现的有效内涵也不同。新时期,在乡村振兴战略下,国家农村建设的目标是农业农村的全面现代化,治理有效的体制必然是能够有效承载和推进包括经济、文化、治理等在内的多维度的多元现代化。这是一种集行政、自治、组织、服务等多种功能于一体的复合性治理体制,有别于以往

---

① 参见景跃进《中国农村基层治理的逻辑转换——国家与乡村社会关系的再思考》,《治理研究》2018 年第 1 期,第 48—57 页。

实现单一功能有效的单一性治理体制。在有效视角下去探索和创新新时代的治理体制，其形式、层次、类型也必然是多样性，只有多元协同的治理体制才能实现新时代内涵式的治理有效。

第十四章
农村基层建制单元的重组逻辑及治理取向[*]

单元是治理的核心命题。2018年中央一号文件提出了"探索以村民小组为基本单元的村民自治"的命题，2018年9月中央发布的《乡村振兴战略规划（2018—2022）》再次提出"基本单元"的命题。可见，治理单元与治理有效紧密联系。继21世纪初的"合村并镇"浪潮以来，在新时代，地方政府在农村基层治理的创新实践中，高度重视单元的重要性，并根据实际情况对现有的农村基础建制单元进行了调整和重组，出现了新一轮的"重组浪潮"。但是，湖南、湖北秭归、广东清远等地在重组基层建制单元中，采取了不一样的路径，有的"合并、扩大"，有的"下移、上构"，有的"下沉、缩小"。那么问题是，在新时代乡村振兴背景下，从单元视角来探索治理有效，对建制单元进行重组的路径到底是什么呢？其背后到底蕴含着怎样的治理逻辑呢？治理有效的导向路径又是什么呢？本章对不同地区的农村基层建制单元的重组进行比较，研究建制单元重组背后的治理逻辑，为当下探索治理有效提供可供借鉴的启示。

一 单元重组与治理的理论之争

治理是一个复杂的、多层次的体系，包括行政基本单元、协调和服务基本单元及自治基本单元。可见，治理一定是基于一定的单元上开展的。当下

---

[*] 本章以《走向治理有效：农村基层建制单元的重组逻辑及取向——基于当前农村"重组浪潮"的比较分析》为题，发表于《东南学术》2019年第4期，第89—97页。

第十四章　农村基层建制单元的重组逻辑及治理取向 219

农村基层"乡镇—行政村—村民小组"的建制单元体系，最初是在人民公社体制的基础上转化而来，后来在20世纪80年代《村组法（试行）》这一法律制度下逐渐定型的。这一单元体系也是农村开展治理的制度载体。新时代，党中央提出乡村振兴战略，治理有效是乡村振兴的基础，强调政社协同，多元参与；同时党中央也要求建构"自治、法治、德治"三结合的乡村治理体系，实现乡村善治。无论是多元参与的治理有效，还是"三治结合"体系，均必须在"乡镇—行政村—村民小组"这一建制单元体系下开展。换句话说，农村基层建制单元体系即为农村基层治理单元体系。

对农村建制单元调整或重组与治理之间的关联性，国内外学者关注较多，并展开了深入的研究。总的来说，可以分为以下三类。一是单元下移论。自2014年中央一号文件提出调整"基本单元"这一命题之后，学界对自治单元与村民自治的有效实现之间的关系展开了深入的研究。一大批学者聚焦于单元设置和调整，从"共同体单元、政策落地、集体行动、家户联结、资源集中、群众自愿、规则自觉、社会联结、行动一致、行动规模、权力与权威、村域党建、规则落地、便于参与、紧密自治共同体"等多个维度探讨了单元有效划定的问题。虽然研究角度不同，但均认为，要将自治单元从行政村下沉至更小的单元，如村民小组、自然村落或村庄共同体单元等，自治才能落地。更小规模的自治单元将产生更高的自治效能，便于基层群众参与自治。二是单元上移论。在国外，随着工业化和城镇化的推进，英国、德国、法国、美国、比利时、加拿大、日本等发达国家的基层建制单元的规模均在扩大，基层单位数量均在减少。如1950—2007年，英国的基层单位减少了79%、德国减少了41%，瑞典减少了87%。[1] 日本经过四次合并，到2010年，全国基层建制单位只有1753个，其中町村970个。[2] 因此，在现代化推进中，发达国家对农村基层建制单元调整的路向是上移和扩大。因为扩大单元规模可以"雇佣到职业化和专门化的公共管理人才"[3]，有助于提高行政效率。在国内，

---

[1] 参见上官莉娜《走出治理破碎化困境：法国地方政府改革研究》，人民出版社2012年版，第144页。

[2] 参见徐勇《以服务为重心：基层与地方治理的走向——以日本为例及其对中国的启示》，《深圳大学学报》（人文社会科学版）2019年第1期，第98—103页。

[3] ［德］赫尔穆特·沃尔曼：《德国地方政府》，陈伟等译，北京大学出版社2005年版，第43页。

有学者反对自治单元下移,主张单元上移。笔者认为,村民自治的治理困境并不是"单元下移"所能解决的,"单元下移"在理论逻辑上存在矛盾性,未来中国农村的治理方向不是"单元下移",而是"单元上移",其治理形态是乡镇自治。[1] 开展以村民小组为基本单元的村民自治试点的理由、依据,并不是很充分。[2] 因此,将自治单元下移并不能有效解决治理困境,反而应该上移单元。三是单元协调论。一看单元的能力匹配性。基层建制单元的设置必须考虑它所承载的治理能力,二者之间的匹配性越高,治理效率越高。基层治理单元的建构应该以增进农村基层治理能力为标准,建构乡村基本治理单元治理能力是实现乡村治理善治的基础。[3] 二看单元的功能调和性。基层治理单元的设置,必须考虑赋予该单元需要承载的功能及单元的自身性质,以及社会发展阶段及社会基质的差异性等复杂因素。[4] 治理单元和地方治理要处理好代议(政治角色)和行政(服务角色)的平衡。[5] 因此,单元建衡论主张基层单元调整要考虑单元的能力、功能等综合要素。

综上所述,三种理论研究对农村基层建制单元调整与治理之间的关系进行了不同程度的探讨,对理解单元调整与治理的关系,具有很大的启发价值。其中,支持"单元下移论"的学者较多。但是,三种理论均侧重于探讨单元重组的治理结果,而忽视了治理动因,不能很好地解释农村基层建制单元重组背后的治理逻辑。不过,三种理论都认同一个观点:以单元重组切入来探索农村基层治理有效,是一个值得尝试的有效路径。而且,在实践中,也确实出现了"单元上移、单元下沉、混合重组"这三种不同路向的重组路径。那么,学界的理论之争、地方的实践差异,其背后到底蕴含着怎样的治理逻辑?或者说,在新时代乡村振兴背景下,农村基层建制单元的"重组浪潮"

---

[1] 参见陈明《村民自治"单元下沉"抑或"单元上移"》,《探索与争鸣》2014年第12期,第107—110页。

[2] 参见唐鸣、陈荣卓《论探索不同情况下村民自治的有效实现形式》,《当代世界社会主义问题》2014年第2期,第35—43页。

[3] 参见印子《乡村基本治理单元及其治理能力建构》,《华南农业大学学报》(社会科学版)2018年第3期,第107—114页。

[4] 参见李增元《农村基层治理单元的历史变迁及当代选择》,《华中师范大学学报》(人文社会科学版)2018年第2期,第31—42页。

[5] 参见[加]理查德·廷德尔等《加拿大地方政府》,于秀明等译,北京大学出版社2005年版,第290页。

的逻辑起点是什么，又该走向何处？这是本文拟通过比较研究和理论分析来解决的问题。

二 "重组浪潮"：农村基层建制单元调整的三种实践

自2014年中央一号文件提出调整"基本单元"的命题之后，全国各地农村结合实际情况，出于不同的考量，对农村基层单元进行了调整，开始了新一轮的"重组浪潮"。按照重组的路向来看，农村基层建制单元调整有三种基本实践。

（一）湖南省、湖北巴东等多地的"合村并镇"：建制单元上移

2015年，伴随着《湖南省乡镇区划调整改革工作方案》（以下简称《方案》）的公布实施，湖南省开启了大规模的"合村并镇"浪潮。《方案》的重点在于重组农村基层建制单元，主要涵盖以下两个方面。

1. 乡镇单元的调整或重组

全省合并乡镇500个以上，减幅约25%；合并建制村16000个以上，减幅约39%。相比之前的单元规模，此次调整的重点在于合并。第一，地域面积扩大。此次"合并乡镇"重点是调大、调强县市区人民政府驻地乡镇。对于县级人民政府驻地乡镇所辖区域面积，山区不低于250平方公里，丘陵地区不低于200平方公里，平原湖区不低于150平方公里，未达标的，撤销周边乡镇并将其行政区并入县城镇。对于其他乡镇，平原湖区乡镇面积在130平方公里左右，丘陵区乡镇面积在150平方公里左右，半山半丘区乡镇面积在160平方公里左右，山区乡镇面积在180平方公里左右。第二，人口规模扩大。乡镇面积扩大，人口规模也相应地增多。对此，《方案》也做出了硬性规定。平原湖区乡镇人口5.5万—7.5万，丘陵区乡镇人口4.5万—5.5万，半山半丘区乡镇人口3.5万—4.5万，山区乡镇人口2万—3.5万。[①]

2. 行政村单元的调整或重组

根据《方案》，行政村建制规模的调整幅度也较大，重点体现为"合

---

① 材料来自《湖南省乡镇区划调整改革工作方案》(2015)。

并"，与各类乡镇合并同时进行。合并的标准是：平原湖区建制村人口2500—3500人；丘陵区建制村人口2000—3000人；半山半丘区建制村人口1500—2500人；山区建制村人口1000—2000人。① 相比较合并之前，合并后行政村的人口规模、地域规模都有所扩大。

另外，除了湖南以省为单位，推进"合村并镇"改革之外，2015年以来，全国其他地方以市、县为单位也不同程度地推进了"合村并镇"改革。如湖北省巴东县地处山区，为了提高政府部门的办事效率和服务质量，在全县范围内推行"农民办事不出村"项目。为了便于集中提供信息化服务，在全县范围内开展"合村并组"，把邻近的行政村、村民小组合并。合并之后，行政村、村民小组的规模都较之前有所扩大。

综合湖南省以及湖北省巴东县的农村基层建制单元重组的经验，可以看出，"合并"是农村基层建制单元重组的主要目标。与合并之前的规模相比，合并之后的乡镇、行政村、村民小组在地域面积、人口数量上，都大幅度地扩大和增多。因此，湖南省和湖北省巴东县的"合村并镇"实际上是在上移建制单元，重组的路径是上移、扩大建制单元的规模。与之相应，建立在"行政村—村民小组"单元体系基础上的农村基层治理单元也在上移、扩大。

（二）湖北秭归、广东蕉岭等地的"重心下移"：建制单元下沉

自2014年以来连续几年的中央一号文件均提出"探索村民自治有效实现形式"和"探索以村民小组和自然村落为基本单元的自治"等命题，全国各地结合实际情况，围绕建制单元的重组，进行了有益的探索。其中，比较典型的是湖北省秭归县和广东省蕉岭县。

湖北省秭归县在2001年进行过一次"合村并组"，在某种程度上节省了行政成本，但是规模的扩大，加上山区地形，导致自治难以落地。2003年，秭归县开始以"杨林桥模式"为代表的农村社区建设，在186个行政村之下划分出1361个农村社区，以此来缩小农村建制单元。然而，大部分社区还包括多个自然村，部分社区甚至相当于合村并组之前的一个行政村，管理规模依然很大，导致村民参与自治的积极性不高。2012年以来，秭归县以"幸福村落建设"为契机，按照"地域相近，规模适度、利益相关，共建同享、文

---

① 材料来自《湖南省乡镇区划调整改革工作方案》(2015)。

化相连，便于凝聚"的原则，重组农村基层建制单元。将全县 12 个乡镇的 186 个行政村，划分为 2055 个自然村落，保持每个自然村落的地域面积在 1—2 平方公里，人口规模在 30—80 户。最小的自然村不低于 30 户，最大的村落只有 80 户左右。相比之前的平均每个行政村 10 平方公里、2000 人的规模，单元重组之后的规模都相对缩小。随着建制单元的下移、缩小，自治单元也随之下移，形成了"行政村、自然村落"两级自治单元体系。在村落一级建立"两长八员"制度，成立村民议事会、村民理事会等自治组织，实现了自治落地运行有效。①

广东省蕉岭县地处山区，自然地理形态素有"八山一水一分田"之称，县域范围内的村庄大多是典型的客家宗族型村庄。大多数自然村就是一个单姓村庄，是有着共同血缘纽带的单一宗族聚居地。经过 2001 年"合村并组"之后，蕉岭县的大多数行政村规模很大，小的行政村有 3—5 平方公里，大的行政村有 10—18 平方公里。大多数行政村下辖的村民小组数量较多，平均每个行政村下辖 10 个村民小组，拥有 20 个以上村民小组的行政村有 35 个。可以说，行政村的建制单元规模大直接带来了治理困境，自治难以落地，村民参与积极性不高。为了破解这一难题，蕉岭县于 2014 年对建制单元进行调整，将以建制村（行政村）为单元的自治下移至村民小组单元。同时，利用宗族这一传统资源，在村民小组成立宗族理事会、村民议事会等自治组织，实现了有效自治。经过重组后的建制，从原来的"乡镇—行政村"两级自治单元体系，转变为"乡镇—行政村—村民小组（村落）"三级自治单元体系。村民小组作为自治单元，规模相对较小。可见，蕉岭县的建制单元重组的方向是"下移"，缩小治理规模。

当然，缩小或下移农村建制单元的案例还有广西壮族自治区河池市的"自然屯"自治、四川省都江堰市的"自然院落自治"等。综合湖北秭归、广东蕉岭等地的农村基层建制单元的重组经验，不难发现，与湖南省有所不同，这些地方在建制单元调整中采取的做法是"下移、下沉"，旨在缩小基层建制单元的规模。与此同时，治理单元也随之下移、自治的重心下移，因为距离农民最近的单元，最适合中国的农村基层。

---

① 材料来自调研报告《幸福村落：农村社会治理的有益探索》，2014 年。

（三）广东清远的"混合调整"：建制单元上下分流重组

清远市地处粤西北山区，地貌以低矮山丘、丘陵为主，地理条件较差。在20世纪80年代《村组法（试行）》实施时，辖区内的行政村基本是由原来的管理区直接转换而来。因此，行政村建制单元的规模较大，下辖1022个行政村，人口少则上千人，多则上万人。而且，建制村单元的地域面积很大，建制村下辖的村民小组数量较多，一个自然村就是一个村民小组，也是一个同姓宗族聚居区，辖区内共有19000个自然村。由于土地产权单元在自然村，但法定的自治权在建制村，导致自然村层面的自治较好，而建制村单元的自治效果较差。为此，2013年以来，清远市以探索村民自治有效落地为契机，对农村基层建制单元进行调整。调整的主要方向是"自治下沉、服务上移"。将现行的"乡镇—行政村—村民小组"的建制单元体系调整为"乡镇—片区—行政村—村民小组或自然村"的建制单元体系。

第一，乡镇建制单位不做调整，在乡镇设立乡镇公共服务中心，统一提供服务。以大行政村为单位，或以邻近的几个小行政村为单位，成立片区，设立片区公共服务站（也叫党政公共服务站），作为乡镇的派出机构，工作人员由乡镇统一安排，主要任务是向片区范围内的群众提供服务。

第二，行政村单元规模不变，依然作为建制村而存在，村委会也设立在行政村一级，但行政村并不作为自治单元，而是作为行政性机构存在。在行政村设立"行政村公共服务站"，主要任务是完成乡镇派发的各项行政任务，向行政村范围的群众提供服务。调整后，行政村单元不承担自治功能，主要承担行政功能和服务功能。

第三，将自治单元下沉至村民小组或自然村一级，使自治的单元规模有所缩小，村民小组和自然村单元有了较高自由度的自治权，农村群众生活服务、文体活动、医疗保障、矛盾调解等基本可以"四不出村"。同时，在村民小组或自然村一级设立"公共服务代办员"，为群众提供服务。

如清远市西牛镇是清远"自治重心下移"的改革试点镇，全镇总人口5.3万人，总面积245平方公里，下辖12个村民委员会和1个社区居民委员会，302个村（居）小组，11个居民小组。经过农村基层建制单元出之后，全镇成立了片区服务站13个，成立党总支10个，村级党支部130个，村委会

130 个，理事会 135 个。① 总之，调整之后的单元体系是"乡镇—片区—行政村—村民小组（或自然村）"，这既是农村基层建制单元体系，也是农村基层治理体系，更是农村基层公共服务体系，服务体系体现为"乡镇公共服务中心—片区公共服务站—行政村公共服务站—村民小组（或自然村）服务代办员"。

与湖南、湖北巴东、湖北秭归、广东蕉岭等不同，清远市的农村基层建制单元重组既不是单纯地"上移"，也不是单纯地"下沉"，而是有两个方向：一是自治单元下沉，结合宗族传统、自然地形，下沉至村民小组、自然村落一级。二是行政（服务）单元上移，在重组后的行政村与乡镇之间，建立片区，专门承接行政性事务和提供公共服务。因此，清远的单元重组是一种混合式的路径。

三 走向治理有效的三种路径：重组逻辑的比较

在农村基层建制单元的重组实践中，湖南省、湖北巴东、湖北秭归、广东蕉岭以及清远等地表现出截然不同的路径。建制单元重组，必然引起治理的变化，建制单元重组的背后也必然蕴含着地方政府的治理考量。

（一）治理有效是农村建制单元重组的逻辑起点

21 世纪初全国范围内的"合村并镇（组）"是国家推动的，旨在提高行政效率。但是，当前全国各地新一轮的单元重组则是地方政府推动的。地方政府基于不同的考虑而发动单元重组。出发点不同，逻辑思路不同，路径自然也不一样。单元调整的直接影响则是治理，单元与治理紧密联系，单元决定治理。正如摩尔根所认为的，基本单元的性质决定了由它所组成的上层体系的性质，只有通过基本单元的性质，才能阐明整个的社会体系。② 农村基层

---

① 材料来自调研报告《清远改革：以治理有效引领乡村振兴——清远市农村改革与发展纪实》，2018 年。

② 参见［美］路易斯·亨利·摩尔根《古代社会》，杨东莼、马雍、马巨译，商务印书馆 1981 年版，第 234 页。

治理一定是基于一定的地域单元内开展的公共活动，地域单元的性质决定了治理的有效性。无论是湖南省的建制单元上移、扩大，还是湖北秭归、广东蕉岭的建制单元下移、缩小，抑或是广东清远的建制单元"上下分流重组"，治理是当前全国各地建制单元重组的主要考虑要素。单元重组的目的在于通过单元切入，找到破解当前治理难题、实现治理有效的可行路径。因为农村基层建制单元已经无法作为组织群众和服务基层群众而存在，而随着经济水平的提升，农民群众对基层公共服务水平和公共服务设施建设提出了更高的需求，只能重组单元，使之适应农村基层治理的转型需要。因此，治理有效是当前农村基层建制单元"重组浪潮"的逻辑起点。如湖南省的重组在《方案》中明确规定"合并是为了方便服务群众"，湖北秭归、广东清远和蕉岭的重组均是为了促进自治落地。可见，无论是上移、下沉，抑或是"上下分开重组"，均是以建制单元为切入点，为实现农村基层治理有效做出的一种尝试性探索。总之，当前农村基层建制单元重组是地方政府为创新农村基层治理而发起，促进治理是重组的主要目的，治理有效是重组的逻辑起点，也是落脚点，是重组改革的内在逻辑所在。

（二）三种不同的重组路径源自差异化的治理取向

当前湖南、广东、湖北等地的农村基层建制单元重组的逻辑起点是相同的，均是治理有效，但是所要实现的治理目标是不同的。换句话说，三种不同的重组路径有着共同的逻辑出发点（促进治理有效），但要实现的治理目标却存在差异性。差异化的治理取向导致产生了三种不同的重组路径。

如表14-1所示，湖南省单元重组的主要目的是便于政府部门服务群众，提高服务效率。基于公共服务的单元重组，一定会考虑公共服务供给的规模化效应以及政府供给服务的行政效率。因此，在服务取向下的单元重组一定是行政的逻辑，行政逻辑下的单元重组一定是考虑规模、成本、效益等，高效率、低成本的服务一般建立在大规模单元基础上。因此，单元重组的路径一定是上移、扩大。广东蕉岭、湖北秭归等地单元重组的主要目标是便于基层群众参与自治，自治是重组的落脚点。基于自治的单元重组，一定会考虑自治的参与性和便利性，"靠近农民"的自然单元则是最有利于参与的单元，也是利益最相关、规模较为适度的单元，行政村的自治规模较大，下移至较小规模的自然村或村民小组则比较合适。① 因此，在自治取向下的单元重组一定是自治的逻辑，自治逻辑下的单元重组一定是建制单元下沉、缩小。广东清远市单元重组的主要目标是便于群众自治的基础上便于政府服务，自治是落脚点，服务效率是保障。基于服务供给、自治落地的单元重组，既要考虑服务供给的规模效应，也要兼顾自治的便利性。因此，在"便于服务和自治"导向下的单元重组一定是"行政与自治"的双重逻辑，"行政—自治"双重逻辑下的单元重组一定是把行政单元和自治单元分离重组，行政单元上移、扩大，自治单元下沉、缩小。

表 14-1　　　　　单元重组路径与治理取向的关系比较

样本地区	重组路径	治理逻辑
湖南省	上移、扩大	行政的逻辑（便于服务群众）
广东蕉岭、湖北秭归	下沉、缩小	自治的逻辑（便于群众自治）
广东清远	既有上移、扩大；也有下沉、缩小	行政与自治的双重逻辑（既便于服务群众，也便于群众自治）

资料来源：作者自制。

（三）三种重组路径形成了三种不同内涵的"治理有效"

治理是借助公共权力对公共事务进行处理，以控制、支配社会。② 自20世纪实施村民自治制度以来，村民委员会作为农村基层群众自治组织，是农村基层群众开展自治的基本单元和组织载体。但是，村民委员会也是国家建构的一种正式制度，在国家治理上也承担着很多行政事务，具有行政功能。因此，设立村民委员会的村也被称为"行政村"或"建制村"。尤其是第一轮合村并组以及税费改革后，行政村承担着更多的行政事务，自治越来越弱，"加深了村民自治组织的行政化"③。因此，"行政村—村民小组"的农村建制单元体系既承担着自治功能，也承担着行政功能。基于此，农村治理也表现

---

① 参见李松有《群众参与视角下中国农村村民自治基本单元的选择》，《东南学术》2017年第6期，第57—64页。
② 参见徐勇《GOVERNANCE：治理的阐释》，《政治学研究》1997年第1期，第63—67页。
③ 龚志伟：《近十年来合村并组对乡村治理的影响研究综述》，《中州学刊》2013年第4期，第15—19页。

为一种混合式的治理，夹杂着行政、自治。从现实的治理上说，农村基层治理是国家治理体系的重要组成部分，既有行政的治理，也有自治的治理。前者以政府治理为主，表现为公共服务供给；后者以群众自治为主，表现为村庄公共事务的群众自治。

从湖南、广东、湖北等地的三种农村基层建制单元的重组路径来看，重组的逻辑起点相同，均是治理有效，重组背后的逻辑却大相径庭。从实践上说，三种重组均能实现某一种内涵的治理有效。但是，三种路径下表现出了三种内涵完全不同的治理有效形式。

如表14-2所示，湖南省的单元重组的路径是合并，上移和扩大建制单元，是一种行政的逻辑，重组表现为一种行政型重组，要实现的是一种"行政的治理"，突出表现为服务有效，即"行政型治理有效"。湖北秭归、广东蕉岭等地的单元重组的路径是下沉和划小建制单元，是一种自治的逻辑，重组表现为一种自治型重组，要实现的一种"自治的治理"，突出表现为自治有效，即"自治型治理有效"。广东清远的单元重组的路径是"上移、下沉"相结合，在于下沉和划小自治单元、上移和扩大服务（行政）单元，重组表现为一种均衡型重组，要实现的是一种均衡"行政—自治"的治理，突出表现为自治落地、服务效率，即"均衡性治理有效"。

表14-2　　　　　　　　单元重组路径与治理结果的比较

样本地区	重组路径	治理结果
湖南省	合并	行政的治理
广东蕉岭、湖北秭归	下沉、缩小	自治的治理
广东清远	上移、下沉	均衡"行政—自治"的治理

资料来源：作者自制。

（四）三种重组路径迈向"治理有效"之路的优劣比较

通过比较三种不同路径的农村基层建制单元重组，可以发现，治理有效是重组的逻辑起点，但取向不同，带来的治理结果也不同，三种不同重组路径下有三种不同的治理结果。行政逻辑下的行政型重组实现的是一种行政型的治理有效；自治逻辑下的自治型重组实现的是一种自治型的治理有效；"行政—自治"逻辑下的"均衡型"重组实现的是一种均衡"行政与自治"的治理有效。那么，从理论上说，哪一种重组路径更好呢？或者说，在新时代乡村振兴视野下，哪一种重组路径更有利于实现更好的治理有效呢？

自20世纪80年代以来，我国的农村基层治理主要表现为一种混合型的治理，在自治中夹杂着行政，这是由村民自治制度的国家建构性所决定的。这与英国、日本、美国等国外的基层自治是不同的。因此，在国家一体化进程中或城乡一体化背景下，要实现农村的治理有效，包括两个方面：一是行政的治理有效，二是自治的治理有效。行政的治理有效要求城乡公共服务体系一体化，提升行政效率，自治的治理有效要求群众积极参与自我事务的治理。如表14-3所示，湖南省的单元重组路径是"上移、扩大"，目标是行政的治理有效，但忽视了自治，导致自治的治理有效性不足。广东蕉岭、湖北秭归等地的单元的重组路径是"下沉、划小"，目标是自治的治理有效，但是忽视了行政或服务，导致行政或服务的治理有效性不足，不便于公共服务供给的规模化。广东清远的单元重组路径"行政上移、自治下沉"，兼顾公共服务供给的规模化与群众自治的参与性，均衡了"行政—自治"，既实现了行政性的治理有效，也实现自治性的治理有效。

表14-3　　　　　三种重组路径迈向"治理有效"的优劣比较

样本地区	治理有效的目标	治理有效的不足性
湖南省	行政的治理有效	自治不足
广东蕉岭、湖北秭归	自治的治理有效	行政或服务不足
广东清远	均衡了"行政—自治"的治理有效	—

资料来源：作者自制。

四　均衡行政与自治的单元重组

建制单元重组与治理紧密关联。通过比较湖南省、湖北秭归、广东蕉岭以及广东清远等地建制单元重组背后的治理逻辑，可以给新时代乡村振兴背景下全国农村建制单元的调整以启示和方向。

（一）农村建制单元的重组路径取决于治理有效的价值取向

单元与治理紧密相关。治理是基于一定的地域单元上的公共活动，治理的有效性基于治理单元的有效性。"行政村—村民小组"的单元体系是国家建构的自治单元体系，也是国家治理（包括公共行政和公共服务）所依托的单元结构。农村基层建制单元重组作为一种政府推动的行为，带有很强的政府公共价值的导向性，这一价值导向主要体现在农村基层建制单元重组的路径上。因此，农村建制单元的重组路径取决于地方政府所要实现的治理有效的价值取向。

行政村、村民小组是农村基础性单元。一般来说，农村基层建制单元重组的主要对象就是行政村。重组的路径主要有三种：一是向上的路径，即上移、扩大行政村的单元规模，也称"行政型重组"；二是向下的路径，即下沉、划小村民自治的单元规模，也称"自治型重组"；三是"向上、向下"的双重路径，即上移行政村单元规模、划小自治单元规模，也称"均衡型重组"。路径不同，其背后的治理有效的价值取向也不同。行政型重组的治理取向是"行政型的治理有效"，自治型重组的治理取向是"自治型治理有效"；均衡型重组的治理取向是"均衡行政与自治型"的治理有效。因此，在实践或理论研究中，理解地方政府在重组农村基层建制单元的逻辑时，关键要看其重组的路径以及背后的治理取向。取向决定路径，路径决定结果。

（二）建制单元的重组要兼顾行政与自治

如前所述，带有国家建构性的村民自治制度从一开始就是一种夹杂着自治、行政两种功能的混合型自治。只是在不同的阶段、不同的地域空间，行政、自治的表现强度有所不同。改革开放以来，行政单元、自治单元合为一体，在行政村建立的村民委员会，职能丰富，功能多元，既有自治职能，也有行政职能，行政、自治构成了农村治理的基本内容。新时期，党中央提出了乡村振兴战略，治理有效是乡村振兴战略的重要内容。村民自治是实现治理有效的制度载体和组织基础。但是，村民自治既承载着自治功能，又承载着行政功能。那么，要实现治理有效，既要实现行政的治理有效，也要实现自治的治理有效，这是由国家治理和乡村社会的自治特性所决定的。因此，对农村基层建制单元进行重组时，要考虑到调整后的单元体系既要有效承载行政，也要有效承载自治。建制单元的重组要兼顾行政与自治，不可偏向一方，切忌"一刀切"或"一元论"。只考虑行政成本和效率，而不顾自治有效，片面扩大建制单元；或者只考虑自治成效，而不顾行政效率和管理幅度，片面划小治理单元，均不能实现多元内涵式的治理有效。

（三）在"均衡型重组"下寻求农村治理有效的理想状态

2018年9月中央发布的《乡村振兴战略规划（2018—2022）》中指出，继续开展以村民小组或自然村为基本单元的村民自治试点工作。这说明，在乡村振兴背景下，要实现治理有效必须结合实际情况对农村建制单元进行重组。目前行政村基本单元既是农村基本的建制单元，也是农村基本的自治单元，既有行政的职能，也有自治的职能。治理有效涵盖自治、行政两个方面的有效。自治有效基于较小的规模，我国农村几千年来的基本自治单元一直是靠近农民的自然单元（如村民小组、自然村等）；行政有效基于较大的规模，较大规模下才能产生更大的效益。因此，以农村基层建制单元重组来推动农村治理有效时，要兼顾行政有效与自治有效两个方面，在"均衡型重组"路径（均衡行政单元与自治单元）之下，才最有可能寻找到多元内涵治理有效的理想状态。

第十五章

公共服务优先安排与农村基层治理体制的挑战*

现代化以工业化、城市化为基础。在现代化初期,城市因各种要素聚集而成为现代化的重点,城市现代化快于农村现代化,但同时也形成了明显的城乡差距,并构成现代化前进的制约因素。其中,公共服务差距是最重要、最突出的城乡差距之一。习近平总书记在2018年中央农村工作会议上强调,"坚持农业农村优先发展","推进新一轮农村改革,加快补齐农村基础设施和公共服务短板"。[①] 农业农村部副部长韩俊认为,"农业农村优先发展,必须要实现四个优先","在公共服务的安排上要优先"是"四个优先"之一。[②] 2019年,中央一号文件指出,"坚持农业农村优先发展","提升农村公共服务水平","优先安排农村公共服务"。[③] 可见,消除城乡公共服务差距成为新时代城乡融合发展的重要命题。当前农村基层治理体制如何适应国家"公共服务优先安排"的战略,是新时代地方政府和学术界面临的重要命题。

---

* 本章以《公共服务优先安排视域下农村基层治理体制的挑战与转型》为题,发表于《四川师范大学学报》(社会科学版)2020年第1期,第28—36页。

① 《中央农村工作会议在京召开》,《人民日报》2018年12月30日第1版。

② 《部长话开年 韩俊:完成"三农"硬任务 农业农村发展实现"四个优先"》,央视网,2019年1月8日,https://tv.cctv.com/2019/01/08/VIDEWGA5BCHJK1Svmjwz9nMw190108.shtml。

③ 《中共中央 国务院关于坚持农业农村优先发展做好"三农"工作的若干意见》,《中华人民共和国国务院公报》2019年第7期,第25—33页。

一 当前农村基层治理体制的特点

自中华人民共和国成立以来,农村公共服务均是依托农村基层治理体制进入农村,这既是基本国情,也是公共服务优先安排战略实施的体制基础。那么,当前农村基层治理体制能否与公共服务优先安排相适应,需要对当前农村基层治理体制精准把脉。

(一) 当前农村基层治理体制是一种行政型体制

20 世纪 80 年代,伴随着《村组法(试行)》在全国的颁布实施,农村开始实行以村民自治为基础的自治制度,即在原来的人民公社基础上设立乡镇,在原来生产大队基础上设立村民自治委员会,在原来生产小队的基础上设立村民小组。因此,20 世纪 80 年代后,农村基层治理体制由原来的"人民公社—生产大队—生产小队"转化为"乡镇—村民委员会—村民小组"。应该说,此时设立村民委员会的"村"大多数是自然村,规模相对较小。在这一治理体制下,各级单元功能不同。乡镇是农村基层政权单位;乡镇以下的行政村实行自治,是农民自治单位;村民小组直接面对村民群众,是村民自治组织中最低一级的工作机构。[1] 张厚安、徐勇等两位教授将这种治理格局概括为"乡政村治"。[2]

1998 年之后,法律规定村民委员会所在的"村"不再是"自然村",而是"建制村"。[3] 这样一来,"建制村"不仅承担着村民自治的功能,更作为国家政权建设的村级单位而存在,是国家统一管理的村级组织,也是集体经济组织单位。与自然村相比,建制村的规模相对较大。建制村除了具有组织村民开展自治事务,还承担着承接国家各项任务的行政职能。因而,村民委

---

[1] 参见徐勇《中国农村村民自治》(增订本),生活·读书·新知三联书店 2018 年版,第 79 页。
[2] 参见张厚安《乡政村治——中国特色的农村政治模式》,《政策》1996 年第 8 期,第 26—28 页;徐勇《论中国农村"乡政村治"治理格局的稳定与完善》,《社会科学研究》1997 年第 5 期,第 33—37 页。
[3] 参见徐勇、赵德健《找回自治:对村民自治有效实现形式的探索》,《华中师范大学学报》(人文社会科学版) 2014 年第 4 期,第 1—8 页。

员会所在的"建制村"也叫"行政村"。建制村作为国家的基层组织单位,仅国家法律赋予其法定的行政职能就达 100 多项;加之乡镇将包括农业税在内的各项行政事务分派给行政村,大量的行政任务要通过建制村的村民委员会加以落实,由此导致了村民委员会的"行政化"[①]。尤其是 21 世纪初,全国各地掀起了一场"合村并组"浪潮。"合村并组"之后,行政村、村民小组的规模扩大。村民自治落地需要村民的直接参与,"合村并组"之后加大了地域规模、人口规模,导致村民的参与距离、参与成本提高,致使村民的参与积极性降低;再加上加速的市场化带来农村的利益分化、空心化,进一步弱化了村民委员会的自治功能。

2014 年以来,中央一号文件提出"探索不同情况下村民自治的有效实现形式"[②]、"扩大以村民小组为基本单元的村民自治试点"[③] 等命题,党的十九大报告提出"健全自治、法治、德治相结合的乡村治理体系"[④],各地农村结合实际也进行了创新探索,但从总体上看,"乡镇—村民委员会—村民小组"的治理体制并没有改变。村民委员会作为村民自治组织,具有双重属性,既有自治功能,也有行政功能。在自治、行政的横向功能组合上,当前农村基层治理体制承担的行政功能高于自治功能,行政抑制了自治。国家的各项行政事务在这一体制通道下畅通无阻,而村民自治事务难以通过村民委员会这一自治组织得到有效的处理。因此,当前农村基层治理体制是一种行政型治理体制。

(二) 当前农村基层治理体制的特质:重行政、轻服务

当前农村基层治理体制基本成形于 1998 年修订后的《村组法》颁布实施,"乡镇—村民委员会—村民小组"[⑤] 的治理架构一直延续到现在,基本没

[①] 汤玉权、徐勇:《回归自治:村民自治的新发展与新问题》,《社会科学研究》2015 年第 6 期,第 62—68 页。

[②] 《中共中央 国务院印发〈关于全面深化农村改革 加快推进农业现代化的若干意见〉》,《人民日报》2014 年 1 月 20 日第 1 版。

[③] 《中共中央 国务院印发〈关于加大改革创新力度加快农业现代化建设的若干意见〉》,《人民日报》2015 年 2 月 2 日第 1 版。

[④] 习近平:《决胜全面建成小康社会 夺取新时代中国特色社会主义伟大胜利——在中国共产党第十九次全国代表大会上的报告(2017 年 10 月 28 日)》,人民出版社 2017 年版,第 32 页。

[⑤] 中国法制出版社编:《中华人民共和国村民委员会组织法》(实用版),中国法制出版社 2010 年版,第 5—6 页。

有变化。在这一治理架构下,乡镇是农村基层政权建设的基础性单位,乡镇以下的"行政村"实行自治。自治的组织基础是村民委员会,但它同时也承担着更多的行政功能。村民自治体系行政化的主要体现是村民委员会干部们整天忙碌于上级政府下派的各项行政事务,最多的时候高达 100 多项,根本没有时间精力组织村民群众开展自治活动,"村民委员会的行政功能强于自治功能"①。尤其是 21 世纪初,全国掀起了一场"合村并组"浪潮,邻近的行政村合并为一个大行政村,邻近的村民小组合并为一个村民小组。合并之后,行政村、村民小组的规模扩大,进一步加剧了行政村的行政化,村民委员会作为自治性组织,基本成为乡镇政府的下派机构。体制在运转上将村级组织纳入国家行政体系,进一步扩大了村级自治组织的行政性功能,"行政扩大化使得村干部职业化和村级治理规范化,增强了村级组织的行政能力"②。

但是,这种行政化的农村基层治理体制强化了行政,同时也进一步弱化了自治、弱化了服务。一方面,乡镇政府既是农村基层基础性的政权单位,也是最低一级的行政管理单位。服务资金由县级政府直接拨付,服务项目也基本由县级政府决定,乡镇政府仅仅发挥着承接服务的管理和执行功能,这种服务的管理与执行功能又由乡政府直接转嫁给村民委员会,村民委员会在落实各项服务项目中往往以一种行政性手段进行落实,群众的意愿表达不畅、参与率较低。因此,服务在这种"自上而下式"的治理体制下变为一种行政事务,乡镇、村民委员会的服务功能难以发挥。另一方面,村民委员会的行政化导致其作为群众自治性组织,很难将农民的服务需求汇集起来,"自下而上"地反馈给乡镇、县级政府。同时,行政化的村民委员会自治能力较低,也难以组织和发动群众,开展小型公共服务的自我供给。总之,当前农村基层治理体制是一种行政型治理体制,既有行政功能,也有自治功能,行政压抑自治。"重行政、轻服务"是这一体制的特质。

---

① 徐勇:《实践创设并转换范式:村民自治研究回顾与反思——写在第一个村委会诞生 35 周年之际》,《中国社会科学评价》2015 年第 3 期,第 4—12、125 页。
② 王海娟、胡守庚:《新时期政权下乡与双层治理结构的形成》,《南京社会科学》2019 年第 5 期,第 78—84 页。

二 公共服务优先安排对农村基层治理体制的挑战

乡村振兴是中国现代化进入中后期提出的重要发展战略，目的在于提升农业农村现代化水平。国家提出农业农村公共服务优先安排，旨在通过农村服务振兴来助力乡村振兴。当前"重行政、轻服务"的农村治理体制在国家公共服务优先安排战略下，面临着现实挑战，体制适应性较低。

（一）从管理型体制转向服务型体制的挑战

在公共服务优先安排导向下，农村基层治理体制的内涵是服务的治理，而不仅仅是服务的管理。公共服务的有效，既取决于有效的管理，对提供的服务进行规划和考评，也取决于有效的治理，为农民提供想要的服务事项。基层体制愈往下，其公共服务性愈强，基层政府的主要职能就是向本区域提供公共服务，因而需要基层体制从管理为主向服务为主转变。[①] 当前，政府是最重要的服务主体。农村基层治理体制在公共服务供给中更多的是管理，如何从行政管理型治理体制转向服务型治理体制，面临着三个困难。首先，服务的管理者角色向服务的供给者转向。当前农村公共服务以"项目制"的方式进入农村社会，乡镇政府、村民委员会作为治理体制中最接近农村社会的组织机构，承接着各种农村公共服务资金、项目；但在实践中，乡镇政府、村民委员会只负责将服务资金、项目建设好，以完成上级考核，是一种管理者角色，服务项目制依附于科层制的行政体系带来服务的碎片化和条块分割。[②] 在公共服务优先安排的情况下，乡镇政府、村民委员会将更多地扮演着服务供给者、建设者的角色，以一种服务思维而非管理思维、站在服务对象（农民）的角度来建设公共服务。其次，服务的管理手段转向服务的多元手段。在行政型治理体制下，农村公共服务项目、资金、政策等成为一种行政任务，以一种行政命令、管理式的手段进行建设，公共服务治理中的合作、

[①] 参见徐勇《国家化、农民性与乡村整合》，江苏人民出版社2019年版，第239页。
[②] 参见杜春林、张新文《农村公共服务项目为何呈现出"碎片化"现象？——基于棉县农田水利项目的考察》，《南京农业大学学报》（社会科学版）2017年第3期，第31—40、156页。

协商、参与等手段较少体现。而在公共服务优先安排战略下,农村公共服务项目、资金等的落实以管理手段为基础,运用培育、吸纳、合作、现代信息技术等多元化的手段。同时,注重建构农民需求表达机制、政府政策表达机制、第三方供给主体的利益表达机制[1],以"服务"手段推进"服务"质量。最后,服务的单向输入转向服务的双向互动。在行政型治理体制下,农村公共服务的路径是"自上而下"的单向度输送,以供给者(政府)为中心,较少与供给对象(农民)进行互动;公共服务优先安排战略则要求建立一种双向互动路径,既有"自上而下"的服务输送与建设,也有"自下而上"的服务需求反馈与服务效果评估,所建立的是一种以满足基层群众服务需要为目标的服务体系。

(二) 从低水平服务转向高水平服务的挑战

农业税费取消之后,国家加快了农村现代化的建设步伐,通过向农村提供公共服务实现服务性建构和整合,大量的惠农政策、资金、项目等进入农村社会,行政型治理体制承接公共服务,某种程度上推进了农村基层的公共服务水平。但是,当前农村基层治理体制下的公共服务治理仍然是一种低水平的服务,面临着向高水平公共服务转变的挑战。具体来说,有以下两方面的服务转变。

一方面,服务内容的低水平向高水平转变。目前,农村公共服务与城市公共服务存在着巨大差距,东中西部农村公共服务也存在巨大差距。在公共服务内容上,侧重于审批性的行政性服务,与农业农村生产最紧密的公共服务较为滞后。首先,基础性公共服务水平较低(如大多数农村的水、电、路、气、交通、信息网络等服务设施,或不能很好地满足农民需求,或设施落后不能适应农村发展需要),基本公共服务存在显著的空间结构、类别结构和供求结构差异[2],服务内容低水平化。其次,发展性公共服务供给量少。与城市社区不同的是,农村是一个集生活、生产为一体的地域空间,以生产设

---

[1] 参见夏玉珍、杨永伟《淡漠与需求:农村公共服务表达问题研究》,《中南民族大学学报》(人文社会科学版) 2014 年第 6 期,第 88—92 页。

[2] 参见尹栾玉《基本公共服务:理论、现状与对策分析》,《政治学研究》2016 年第 5 期,第 83—96、127 页。

施、市场信息、灾害预警为主的农业生产性服务的供给较为滞后。最后，社会性服务处于"零供给"状态。与农村"三留守"等社会问题高度相关的社会性服务，如志愿者服务、社会工作介入等，农村社会亟须但无力供给。公共服务优先要求为农村提供高水平的服务，在保障行政性服务的基础上，进一步完善基础性服务，补齐农业生产性服务和社会性服务，进一步缩短城乡差距。

另一方面，服务技术的低水平向高水平转变。信息技术是提高公共服务供给的"倍增器"，有助于解决农村公共服务"最后一公里"问题。[1] 目前，农村现代化信息网络建设较为滞后，在一些偏远地区，光纤电缆、通信线路基本没有铺设到行政村，乡镇政府、行政村等基本没有设立公共服务自主客户端。无论是政府供给的服务，还是农民主动申请和获取的服务，均依赖于制度性通道，无法利用"数据通道"，公共服务的技术化、数据化、信息化还处于低水平状态。公共服务优先安排的战略，目的就是要在农村建立现代化的高水平服务体系，以现代信息技术使服务数据多跑路，将公共服务的末端延伸到家户，以现代信息技术解决"最后一公里"的服务难题。

（三）从行政管理型服务转向协作型服务的挑战

自改革开放以来，农村公共服务一直是依托行政型治理体制进入农村社会。行政型治理体制链条上的县政府及其所属职能部门、乡镇政府、村民委员会等构成农村公共服务供给的主体（或是服务项目的决策机构，或是服务资金的拨付机构，或是公共服务的执行机构）。一方面，在农村公共服务供给主体上，以行政性主体——政府部门为主，其他社会组织、市场组织或基层农民较少介入或参与，导致服务性主体较为单一。即使有所参与，参与的服务领域也较为有限，参与方式也是一种被动性的（如政府购买），而不是一种主动性参与。政府仍然居于主体角色，其他主体参与农村公共服务的体制通道并未打通，常态化的参与平台并未建立。另一方面，以政府为主的行政性供给主体，在提供公共服务时是一种行政性思维，高度表现为"单向输入、碎片供给"，公共服务的供给缺乏系统性规划。这种"科层式"供给模式很大

---

[1] 参见钟裕民、邵海亚《农村公共服务信息化：现实困境与治理图景》，《温州大学学报》（社会科学版）2017年第5期，第110—116页。

程度上导致农村公共服务供给内容与农民需求发生错位和缺位，农民在服务输入、输出中缺乏话语权。① 公共服务优先安排则要求更多的主体参与到农村公共服务供给体系中来，政府仍然扮演着主导角色，但更多地与其他组织合作与协作，合作的手段也不再是"管理"而是"服务"②。

综上所述，在加强农村现代化建设的新时代，农民对农业生产性服务的需求越来越迫切，对生活性服务和社会性服务的需要越来越多，如何从服务振兴切入助力乡村振兴，从服务能力现代化切入实现基层治理现代化，建构新的乡村治理体系，是农村面临的紧迫性难题。但是，在当前行政型治理体制下，农村公共服务表现为一种行政管理型服务。公共服务优先安排将加大对农村公共服务的资金、项目和政策的投入和支持，需要突出基层体制的服务职能，建立一种政府主导，市场、社会组织和农民主体等多元主体共同参与、彼此协作的现代服务性体制。这需要对当前的行政型治理体制进行调整，突出农村基层治理体制的服务职能，将服务重心向农户延伸，并建立与公共服务优先安排相适应的服务性农村基层治理体制，以满足农业农村现代化的多样性需要。

三 公共服务优先安排导向下农村基层治理体制的调整

公共服务优先安排，首先需要财政优先，保障财政资金、服务政策和项目等更多地向农村倾斜，但如何有效承接和高效利用资金、政策、项目等，关键在于体制上的优先安排。从体制上着手和突破，是公共服务优先安排战略落地的基础。

（一）横向功能重构：突出服务重心

农村基层治理体制具有行政、自治、组织、服务等多种职能和功能，③ 公

---

① 参见王彦《农村公共服务供给中的村民参与：供给过程与服务类型的二元分析》，《求实》2017年第1期，第77—86页。
② 罗万纯、陈怡然：《农村公共物品供给：研究综述》，《中国农村观察》2015年第6期，第84—91、97页。
③ 参见李华胤《农村基层治理体制实践与发展70年：有效的视角》，《中国农业大学学报》（社会科学版）2019年第5期，第73—81页。

共服务职能是农村基层治理体制现代化的一个重要指标。在现代化中高级阶段，基层与地方治理的功能由管理为主向服务为主转变，农村基层治理体制都是以服务为重心运转的。① 在公共服务优先安排战略下，要突出农村基层治理体制的服务功能，就必须从体制的横向功能入手，对体制进行功能重构，突出服务重心，建构一种"以服务为重心"的服务型农村基层治理体制。

第一，服务功能分离，赋予体制更加明细的服务功能。当前的行政性治理体制下，原本以自治为主要功能的村民委员会总是自觉或不自觉地被视为乡镇政府的下属机构②，行政压抑着服务和自治，加之工作人员的服务意识薄弱，导致体制的服务能力较低。因而，以公共服务优先为原则，将体制的自治功能、行政功能、服务功能进行分离，尤其要突出基层自治组织（村民委员会）的日常服务功能。2019年，中央一号文件强调："提升农村公共服务水平"，"发展乡村新型服务业"，"发挥农村党支部战斗堡垒作用，全面加强农村基层组织建设"，"强化村级组织服务功能"。③ 这取决于农村基层治理体制的服务能力。实践中，在分离和突出体制的服务功能的基础上，要赋予体制更多的、更新的服务内容，尤其是农业生产性服务、社会性服务以及基础性服务设施。同时，加强工作人员在服务质量、数量、内容等方面的考核，以提升体制的服务能力。

第二，服务功能窗口化，建立公共服务窗口化机制。在功能分离的基础上，进一步通过组织结构建设，建立与行政体系相平行的服务体系。可以在县、乡镇、行政村三级单元分别设立"县级公共服务大厅、乡镇公共服务中心、行政村公共服务站"等服务窗口。如广东省清远市在每一个乡镇均建立了相对独立的公共服务中心，在每一个行政村均建立了公共服务站。④ 在此基

---

① 参见徐勇《以服务为重心：基层与地方治理的走向——以日本为例及其对中国的启示》，《深圳大学学报》（人文社会科学版）2019年第1期，第98—103页。

② 参见吴理财《中国农村社会治理40年：从"乡政村治"到"村社协同"——湖北的表述》，《华中师范大学学报》（人文社会科学版）2018年第4期，第1—11页。

③ 《中共中央 国务院关于坚持农业农村优先发展 做好"三农"工作的若干意见》，《中华人民共和国国务院公报》2019年第7期，第25—33页。

④ 材料来自笔者2018年12月20—25日在广东省清远市的农村调查。2014年11月，清远市被确定为国家农村改革试验区，并开始推行以"三个重心（基层党建重心、村民自治重心、公共服务重心）下移"为主要内容的农村综合改革。在村民小组（自然村）一级建立党支部、村民理事会（议事会），在党建和自治下移中推动有效治理。同时，将服务功能和服务重心下移，在行政村设立公共服务站、在自然村设立服务代办员，从而推进服务效力。

础上，一方面，赋予各级服务窗口相应的服务事项，将农民最急需、程序最简单的服务放在距离农民最近的那一层级服务窗口；另一方面，赋予各个服务窗口单位一定的服务自主权，主动服务群众。如各个窗口单位可根据辖区内服务情况，开展"申报式、奖励式、评奖式"等多样式、多层性的个性服务项目，以满足差异化的服务需求。

第三，服务功能提质增效，构建常态多元的参与平台。突出体制的服务功能，不仅仅是提供服务，而是要"政社协同"提供高质量的服务。高质量的服务以满足农民需要为出发点，构建"政府主导、社会协同、市场推进、民众参与"的"一主多元"农村公共服务多元差异化供给模式。[1] 县、乡两级政府要积极引导并建立常态化的公共服务参与平台，如公共服务基金会、公共服务项目竞拍平台、公共服务恳谈会、公共服务民意征集箱、公共服务项目申请制度等，积极吸纳市场主体、社会组织以及农民主体参与到公共服务之中。在行政村层面，加强村级党组织的引领，积极培育各种类型的志愿者组织，开展小型公共服务的自治；同时，建立"村庄新乡贤库"，吸纳新乡贤参与村庄公共服务项目，提供资金支持、智力支持、服务规划等，以重塑服务资源的内生机制，实现农村公共服务外辅与内生的有机结合。[2]

第四，服务技术现代化，在农村建立数字化服务系统。互联网的使用可以增强公众参与，提高农村公共服务的满意度。[3] 在乡镇、行政村两级公共服务中心配置公共服务终端，依托计算机网络建立"数字多跑路、农民少跑路"的现代服务体系；同时，开发以公共服务发布、预约、上传办理、服务进度跟踪等为主要内容的"三农"服务 APP 或微信公众号，定期发布农业生产服务信息、市场信息等。2019 年，中央一号文件强调："全面推进信息进村入户，依托'互联网+'推动公共服务向农村延伸。"[4] 很多地方也进行了探索和实践，如浙江在全省进行"最多跑一次"改革，湖北省巴东县建立"农民办

---

[1] 参见范和生、唐惠敏《新常态下农村公共服务的模式选择与制度设计》，《吉首大学学报》（社会科学版）2016 年第 1 期，第 1—9 页。

[2] 参见曹海林、任贵州《农村基层公共服务设施共建共享何以可能》，《南京农业大学学报》（社会科学版）2017 年第 1 期，第 51—59、145—146 页。

[3] 参见曾鸣《互联网使用与农村公共文化服务满意度》，《华南农业大学学报》（社会科学版）2018 年第 4 期，第 84—94 页。

[4] 《中共中央 国务院关于坚持农业农村优先发展做好"三农"工作的若干意见》，《中华人民共和国国务院公报》2019 年第 7 期，第 25—33 页。

事不出村"服务系统。这些实践都是利用信息技术对体制的服务功能进行高度整合，建构现代服务体系，提升体制服务功能的现代化水平。

（二）纵向结构重组：服务重心下移

农村基层治理体制是一种垂直型的纵向体系。同时，农村基层治理体制也是距离农村、农民最近的地方。在公共服务优先安排战略下，要将基层治理体制进一步向农村延伸，使体制的服务末梢贴近农村农民的生产生活，从而建立"公共服务重心下移"的服务型治理体制。

首先，服务财权和事权的下放。财政是服务的支撑，对于农村公共服务来说，尤为如此。在公共服务优先安排下，摆在首位的是公共服务财政资金的优先投入，公共服务财政资金重点向农村倾斜、向公共服务基础设施落后的农村区域倾斜，逐步建立城乡统筹的公共服务经费投入机制。同时，建立公共服务财权下放机制。当前，"财权过于向上集中造成基层财力紧张、公共服务严重依赖省级以上专项资金"[1]，是乡村公共服务结构性失衡的主要原因。因而，公共服务优先安排，首先是公共服务财权的优先安排。通过体制通道，将公共服务财政资金的使用权下放至乡镇、行政村，使基层能够在有效回应农民需要、吸纳公众参与的基础上，因地制宜地提高公共服务资金的使用效率，而县级政府保留对公共服务财政资金的管理权和监督权。其次是公共服务事权的下放。整合县级各行政部门，打包农村公共服务项目清单，将公共服务事权逐渐下放至乡镇，由乡镇公共服务中心承接各项审批性服务，缩短服务距离，提高农民获取服务的效率。

其次，服务重心下沉。当前的行政型体制下，越往基层，体制的资源越少，基层体制人少事多、权小责大，行政多于服务，行政的重心在县级或乡镇。但经过 21 世纪初"合村并镇"以及各个省自己开展的合并乡镇行动之后，乡镇的规模普遍较大。这种大规模的乡镇，可能是世界上规模最大的基层政权单位，它保运转就很困难，更谈不上为社会管理和为农民服务[2]，而农民却迫切需要政府增强乡村的公共管理及服务能力。在这种乡镇规模下实

---

[1] 林万龙：《中国农村公共服务供求的结构性失衡：表现及成因》，《管理世界》2007 年第 9 期，第 62—68 页。

[2] 参见项继权《乡镇规模扩大化及其限度》，《开放时代》2005 年第 5 期，第 135—150 页。

现公共服务优先，在扭转体制的行政功能向服务功能转变的基础上，要把服务的重心往距离农民最近的层级下移。在实践中，按照有利于村级组织建设、有利于服务群众的原则，将适合村级组织代办或承接的工作事项交由村级组织。① 具体来说，可以将服务的重心下移到乡镇与行政村之间的某个单元组织、行政村一级组织，甚至是村民小组或自然村一级组织。乡镇负责服务的办理审批、统一规划和建设，行政村负责服务的具体落地以及向乡镇传达农民的服务需求，自然村或村民小组负责服务的具体建设与执行等。

再次，服务单元重组。公共服务追求规模效应和服务效益。目前"乡镇—行政村—村民小组"体系是基于行政效率的逻辑而设立，而不是基于服务优先的逻辑。公共服务优先安排下的单元体系，既要将服务的末梢下移至距离农民最近的地方，也要保证服务体系的运行通畅。依托"乡镇—行政村—村民小组"这一行政性体制建立服务性体制，就要对当前的单元体系进行重组。服务单元既要下移，以满足农民需要；也要上移，保证行政上的统一规划、管理和服务的规模效应。最好的单元合并或重组必须兼顾行政、自治与服务，既要实现行政有效，也要实现自治有效，更要实现服务有效。② 在实践中，以服务优先原则重构服务单元体系，可以考虑以大行政村为单位，或将邻近较小规模的行政村合并为片区，或将规模过大的行政村拆分为几个片区，在这样的服务单元上建立公共服务站，在自然村或村民小组设立公共服务点，由此形成"乡镇公共服务中心—片区公共服务站、行政村公共服务站—自然村（村民小组）公共服务点"的服务单元体系。广东省清远市在服务下沉的改革中，对农村单元进行重组，建立了突出服务的服务单元体系，解决了服务进自然村的难题。③

最后，服务延伸至户。改革开放以来，国家加大了对农村公共服务的投入力度，尤其是农村税费改革以来，在新农村建设背景下，基本实现了农村基本公共服务的"村村通"，但是并未解决公共服务的"最后一公里"难题。

---

① 参见《中共中央 国务院关于坚持农业农村优先发展做好"三农"工作的若干意见》，《中华人民共和国国务院公报》2019年第7期，第25—33页。

② 参见李华胤《走向治理有效：农村基层建制单元的重组逻辑及取向——基于当前农村"重组浪潮"的比较分析》，《东南学术》2019年第4期，第89—97、247页。

③ 材料来自笔者2018年12月20—25日在广东省清远市的农村调查。

与西方发达国家相比,我国农村公共服务不仅存在城乡公共服务均等化的问题,更存在公共服务"入户"难的问题。公共服务优先安排就是要解决和实现"服务延伸至户"的难题和目标,建立农村公共服务"户户通"机制。在实践中,除了要进一步加强农村基础设施建设,将基础性公共服务延伸至家户门口,同时,还要通过在自然村或村民小组建立服务代办制度,建立服务代办点,进一步将服务半径延伸到家户。广东省清远市在有条件的自然村,设立服务代办员,由代办员集中收集和办理服务,切实将服务带进了家户。一方面,农民"足不出村"就可以获取和享受高效便捷的审批性服务;另一方面,服务代办员将农户们的服务诉求进行汇总,并反馈给片区公共服务站,为下一阶段农村公共服务建设提供现实依据。①

综上所述,当前农村基层治理体制是一种行政型治理体制,重行政、轻服务,不能适应于公共服务优先安排的战略。如图15-1所示,不适应性的具体体现有两个方面:横向功能的不适应、纵向结构的不适应。因此,要在这两个方面对农村基层治理体制进行调整,通过横向功能重构、纵向结构重组,使农村基层体制由"重行政、重管理"转向"重服务、强服务",建立服务型治理体制。公共服务优先安排是中国进入现代化中后期提出来的重要发展战略,其目标就在于解决人民日益增长的美好生活需要和不平衡不充分的发展之间的矛盾。增强和提高农村基层治理体制的服务性和服务能力,既是以体制优先适应和实现公共服务优先安排的重要举措,也是提高农村公共服务供给精准性的有效路径。

但是,从纵向和横向对农村基层治理体制进行调整,希求建立突出服务重心和职能的服务型治理体制,还必须积极发挥农村基层党组织的引领作用。农村基层党组织是乡村治理的领导者、推动者和实践者,必然要在农村公共服务领域有所作为。② 在实践中,要进一步发挥农村党支部的战斗堡垒作用,全面加强农村基层组织建设。在横向上,强化村级组织的服务功能,在发挥农村党支部引领作用的基础上,根据实际着力构建各种不同类型的"基层服

---

① 材料来自笔者2018年12月20—25日在广东省清远市的农村调查。在村民小组(自然村)单元设立服务代办员,是清远市"三个重心下移"农村综合改革的重要内容之一,目的在于延伸公共服务半径,提高公共服务效率。公共服务代办员或由村民推选,或由村委选任,或由村民小组长兼任。

② 参见刘蓓《以基层党建为引领优化农村公共服务体系》,《当代广西》2019年第6期,第52页。

务型党组织"①，增强党组织的服务能力，以服务型村级党组织提升"有效服务"②。在纵向上，进一步落实《中国共产党农村基层组织工作条例》中以村为基本单元设置党组织、坚持支部建在村上③的要求，在农村探索有效的党建单元，以增强党组织的凝聚力和领导力，在缩短党组织与农民群众的距离的基础上，提高党组织为农民服务的意识和能力。服务性党建与服务性治理体制是公共服务优先战略落地的两个有力的助推器，二者的融合必然推进农村基层服务体系的现代化和乡村治理体系的现代化。

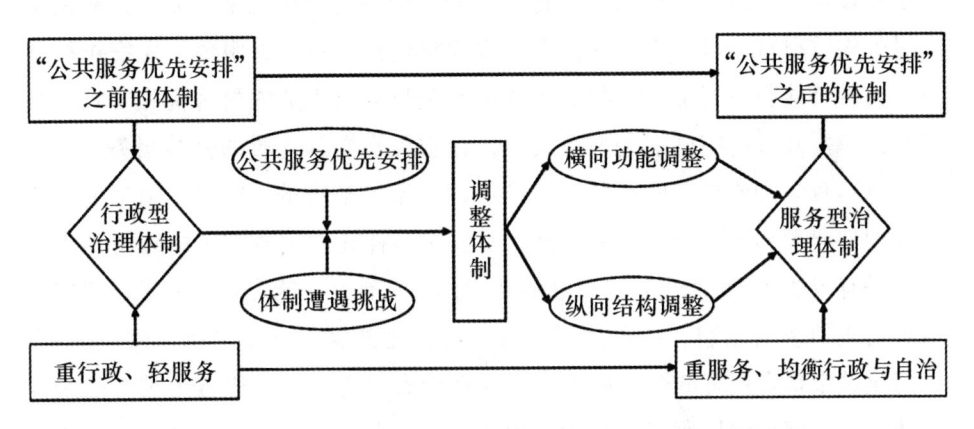

图 15-1　公共服务优先安排下农村基层治理体制的转型逻辑

资料来源：作者自制。

四　建构服务优先的基层治理体制

在公共服务优先安排视角下对农村基层治理体制进行深度解析，不仅可以找到服务优先与体制的不适应表现，也可以结合农村现代化和农村实际得出一些结论。

---

① 《关于加强基层服务型党组织建设的意见》，《人民日报》2014 年 5 月 29 日第 1 版。
② 赵大朋：《城乡一体化背景下的服务型村级党组织建设——基于有效服务供给的视角》，《探索》2017 年第 6 期，第 93—98 页。
③ 参见《中共中央印发〈中国共产党农村基层组织工作条例〉》，《人民日报》2019 年 1 月 11 日第 1 版。

(一) 公共服务优先安排取决于体制机制创新

公共服务优先安排是乡村振兴背景下提出来的一项重要战略。与以往的农村建设不同，乡村振兴不是单一某个方面的振兴，而是全面振兴。作为综合性的乡村振兴，其持续性、发展性依赖于农村全面而系统的公共服务体系的建构。因此，公共服务优先安排战略不仅旨在补齐农村公共服务短板，缩小城乡服务差距，而且还在于夯实公共服务基础，以服务振兴乡村、推进农业农村现代化的进程。进入现代化中后期，城市的现代化基本完成，积累了大量的物质财富，可以用来支持农村现代化建设。在公共服务优先安排战略下，大量公共服务资金、公共服务政策和项目等以农业农村为优先。农村基层如何承接并且使用好这些财政资金，让农民享受到优质的公共服务，这是目前以行政为主要功能的行政型治理体制所不能解决的。同时，国家优势集中在硬件建设和基本公共服务领域，对农民多样化的服务需求的理解和满足能力是有限的。[①] 虽距离农民最近的基层体制具有这一能力，但前提得建构以服务为主的基层体制。从发达国家看，农村公共服务体系之所以建设完备，农村比城市享有更好的公共服务，主要在于农村建立了以服务为重心的服务型体制，以满足农民服务需求为主要职能。因此，要真正落实公共服务优先安排，必须从体制机制入手，加强体制机制创新，突出体制的服务职能，将服务重心下移至离农民最近的地方，使之适应于公共服务优先安排。

(二) "从行政到服务"是基层体制现代化转型的趋势

在现代化初期，物质要素、经济收入成为农村农民选择生产生活的主要因素，农村基层治理体制也以行政、管理为主要功能，以经济发展为中心。进入现代化中后期，农民的温饱得到解决并日益达到小康水平，人们对公共服务的要求也愈来愈高[②]，这也要求基层治理体制具有更多的服务功能。增强基层体制的服务能力，也是提升乡村治理体系现代化的内在要求。

目前，我国农村基层也逐渐认识到了强化服务职能和增强服务能力的重

---

① 参见黄俊尧《"服务下乡"的再思考——农村社区服务中心诸问题探讨》，《浙江学刊》2014年第3期，第194—200页。

② 参见徐勇《论现代化中后期的乡村振兴》，《社会科学研究》2019年第2期，第36—41页。

要性，农村各级组织也设立了方便群众办事的服务大厅、服务中心，"最多跑一次""农民办事不出村"的服务体系也在逐渐形成。但是，当前农村基层治理体制依然以行政为主，在行政的思维逻辑下，以提供行政性服务为主，与农民生产生活相关的服务较少，服务还处于低层次状态，而且服务质量、服务数量、服务功能等也存在严重的区域不平衡、城乡不平衡，农村公共服务的现代化水平总体较低。一个现代化水平较高的农村基层治理体制，也必然是能为人们提供高质量公共服务的体制。从发达国家来看，治理体制越往基层，距离民众越近，服务的功能也就越多，表现出多层次的"大服务"。因此，从行政转向服务，是农村基层治理体制现代化转型的必然趋势，也是乡村治理现代化的必然要求。基层体制从以管理为主向以服务为主转变，国家对乡村社会的服务性渗透将更加突出。但要注意，注重服务渗透的同时，更要注重服务效能。[①] 依托"乡政村治"体制，建立和完善现代化的乡村公共服务体系，以服务振兴助力乡村振兴，也是农村基层体制改革的落脚点。

（三）体制调整要均衡"行政、自治、服务、组织"四者关系

农村基层治理体制距离民众较近，具有"行政管理、群众自治、提供服务、组织建设"等多种功能。在公共服务优先安排战略下，对当前农村基层治理体制进行横向功能、纵向结构的调整，突出体制的服务重心，建构与公共服务优先安排相适应的服务型治理体制，是基于公共服务优先安排与乡村振兴战略来考量的。这并不是要抹杀掉或虚化掉农村基层治理体制的行政功能、自治功能和组织建设功能。中国的农村基层治理体制是一种具有多重功能属性的混合型体制。有效的农村基层治理体制既要能够有效地进行行政管理，有效地开展群众自治，也要有效地向农村群众提供服务，更要有效地组织和整合基层群众。因此，以公共服务优先安排为原则，对农村基层治理体制进行创新调整时，要注意均衡"行政、自治、服务、组织"四者之间的关系。具体而言，在乡镇政府一级，要注意均衡"行政与服务"，突出服务功能。在行政村一级，行政村不仅具有行政功能，承担着乡镇政府下派的各项行政事务，也具有自治功能，要组织和发动农民群众开展公共事务的自治活

[①] 参见徐勇《"服务下乡"：国家对乡村社会的服务性渗透——兼论乡镇体制改革的走向》，《东南学术》2009年第1期，第64—70页。

动，还具有基层政权组织建设功能，作为党在农村的基层组织而存在。同时，行政村还具有公共服务职能，必须方便人们办事。[①] 因此，对于行政村来说，要注意均衡"行政与自治、服务与组织建设"等关系。对此，邓大才教授提出较有价值的建议，行政村单元规模可以综合考虑由经济发展决定的治理单元规模和行政与自治均衡、行政与参与制衡决定的治理单元规模，前者是"最大可能性规模"，后者是"最小可能性规模"。[②] 但是，具体如何在实践上平衡，还必须结合农村实际，如经济发展、地理环境、历史文化因素、社会因素等，综合考虑建立既突出服务功能，又均衡行政、自治与组织建设的农村基层治理单元体系，在此基础上实行单元重构、功能分离，建构现代化的农村基层治理体制。

[①] 参见党国英《不可盲目推行"大村庄制"》，《村委主任》2009年第12期，第11页。
[②] 参见邓大才《均衡行政与自治：农村基本建制单位选择逻辑》，《中共中央党校（国家行政学院）学报》2019年第1期，第35—42页。

第十六章

基于公共服务优先安排的
农村基层治理体制重构[*]

农村公共服务的振兴既是乡村振兴的主要内容之一，也是推进乡村振兴的重要基础。2018年12月召开的中央农村工作会议上，习近平总书记强调："坚持农业农村优先发展，推进新一轮农村改革，加快补齐农村基础设施和公共服务短板。"2019年中央一号文件指出，"农业农村优先发展"，"提升农村公共服务水平"，"优先安排农村公共服务"。[①] 与城市人口的集聚性、规模性有所不同，农村人口的集聚性不强、分散性大，如何在地域广袤、人口相对分散的社会条件下实施农村公共服务优先落地已成为当前农村社会治理的一个重要难题。鉴于此，本章以广东省清远市"农村综合改革"的实践为经验基础，从服务与体制的关系入手，寻求"以体制创新破解公共服务优先安排"的优化路径。

一 公共服务与基层治理体制的重塑

农村公共服务与农村基层体制的关系问题是国内外相关领域学者广泛关注的热点问题，无论是在理论研究层面还是在地方实践方面，关于此论题都

---

[*] 本章以《公共服务优先安排视域下农村基层治理体制的重构路径》为题，发表于《中州学刊》2020年第3期，第92—99页。
[①] 《中共中央 国务院关于坚持农业农村优先发展做好"三农"工作的若干意见》，《中华人民共和国国务院公报》2019年第7期，第25—33页。

涌现出许多颇有借鉴价值和启示意义的研究成果。公共服务是地方政府的主要职能，也是衡量地方政府工作绩效的主要指标之一。国外学者侧重于公共服务体系的创新研究，具体体现在三个方面。第一，合并基层建制单元与政府供给。西方国家在工业化和城市化进程中，为了增强公共服务的规模效益，采取的主要措施是减少基层建制单元数量、扩大单元规模。1950—2007年，英国的基层单元减少了79%，德国的减少了41%，比利时的减少了75%，瑞典的减少了87%，法国的减少了5%。① 1888—2007年，经过三次大合并，到2010年日本全国市町村1753个，其中783个市、970个町村。1932—1987年，美国乡镇数量减少了16.45%，其合并建制背后的主要原因是促进行政和服务专业化。② 通过合并基层建制单元，扩大基层治理规模，"能够雇佣到职业化和专门化的公共管理人才"③，在合并后较大的单元体制下由政府统一供给公共服务，可以提高公共服务的规模效益。第二，建构多元主体参与的服务体制与多元供给。20世纪西方学界掀起一场政府改革浪潮，学者们普遍支持政府角色由管理者向服务者转变，政府不再是唯一的公共服务主体，同时支持建立服务供给的市场参与体制、社会参与体制。萨拉蒙提出，政府要与非营利部门建立真正的公共服务伙伴关系④。他们的核心思想都是建构包括社会、市场在内的多元主体参与公共服务供给的体制。第三，地方自治与服务自给。农村公共服务也可以通过需求主体的自组织和参与，建构一种共同利益体制，自主供给小型服务。扩大建制规模并不一定能够带来服务效率的提高，小型社区的服务自治自给往往有着更高的效率和回应。⑤

与国外研究不同，国内研究者更为重视微观和具体层面的现实问题，侧重于有关公共服务创新机制的探索研究。具体体现在三个方面。一是创新公

---

① 参见上官莉娜《走出治理破碎化困境：法国地方政府改革研究》，人民出版社2012年版，第144页。
② 参见［德］沃尔夫冈·鲁茨欧《德国政府与政治》，熊炜、王健译，北京大学出版社2010年版，第302页。
③ ［德］赫尔穆特·沃尔曼：《德国地方政府》，陈伟等译，北京大学出版社2005年版，第43页。
④ 参见［美］莱斯特·M.萨拉蒙《公共服务中的伙伴——现代福利国家中政府与非营利组织的关系》，田凯译，商务印书馆2008年版，第120页。
⑤ 参见［美］文森特·奥斯特罗姆等《美国地方政府》，井敏等译，北京大学出版社2004年版，第153页。

共服务治理机制。针对目前依托项目制的公共服务带来的碎片化、分散化现象,既可从"信任机制、协调机制、整合与维护机制"入手对公共服务进行整体性治理,以提高服务供给有效性,[1] 也可以信息技术驱动技术化治理实现农村服务供给的整体性效应。[2] 二是建构多主体参与机制。近些年,国内相关领域学者普遍认为,农村公共服务供给已经不再是政府部门的"独角戏",面对多样化的服务需求,公共服务供给主体也应多元化,必须建构以农民需求为本位、多元主体协同参与的治理机制。如有学者提出构建农村基层公共服务设施共建共享机制[3]、"政府主导、社会协同、市场推进、民众参与"的"一主多元"差异化供给模式[4]等思路。三是突出地方政府的服务职能。农村公共服务问题本质是体制性问题。要将服务重心下移,建构以服务为重心的基层体制。[5] 要下沉政府供给公共服务的权力,建立公共服务网格化供给体制。[6]

  国内外相关研究成果为确定和创新公共服务的单元、主体、机制、过程等提供了许多有益启示,但尚无法回答以下三个基本问题。(1)西方国家都在通过扩大建制规模来提高公共服务的供给效益,为何中国有一些地方反而在缩小规模呢?[7] (2)西方国家强调市场、社会等多主体参与公共服务供给,并通过多主体供给模式提高服务效率,但是对于市场主体较少、社会组织发育尚不成熟的中国农村而言,如何提升服务有效性呢?[8] (3)通过单一性、局部性的过程、机制、主体等方面的创新,可以解决中国城乡二元结构体制

---

[1] 参见张新文、詹国辉《整体性治理框架下农村公共服务的有效供给》,《西北农林科技大学学报》(社会科学版)2016年第3期,第40—50页。

[2] 参见方付建、苏祖勤《基于整体性治理的农村公共服务信息化研究——以巴东县为例》,《情报杂志》2017年第4期,第130—135页。

[3] 参见曹海林、任贵州《农村基层公共服务设施共建共享何以可能》,《南京农业大学学报》(社会科学版)2017年第1期,第51—59、145—146页。

[4] 参见范和生、唐惠敏《新常态下农村公共服务的模式选择与制度设计》,《吉首大学学报》(社会科学版)2016年第1期,第1—9页。

[5] 参见徐勇《以服务为重心:基层与地方治理的走向——以日本为例及其对中国的启示》,《深圳大学学报》(人文社会科学版)2019年第1期,第98—103页。

[6] 参见张新文、戴芬园《权力下沉、流程再造与农村公共服务网格化供给——基于浙东"全科网格"的个案考察》,《浙江社会科学》2018年第8期,第65—74、157页。

[7] 参见上官莉娜《走出治理破碎化困境:法国地方政府改革研究》,人民出版社2012年版,第144页。

[8] 参见[德]沃尔夫冈·鲁茨欧《德国政府与政治》,熊炜、王健译,北京大学出版社2010年版,第307—322页。

下产生的城乡公共服务差距这样一个历史性、全局性的难题吗？① 自改革开放以来，我国农村公共服务一直通过行政体制通道进入农村社会，公共服务是农村基层治理体制的基本职能之一。因此，在公共服务优先安排战略下，农村公共服务是一个综合性、系统性的体制性问题。在人口集聚性低、分散性大的中国农村地区，如何依托并重构当前体制，使公共服务优先安排落地实施呢？本章将从体制路径入手探讨农村基层公共服务的有效性问题。

二 清远市"服务重心下移"的创新实践、效应与逻辑

清远市地处粤北山区，地貌以低矮山丘、丘陵为主，地理条件较差。下辖1022个行政村，每个行政村的规模都较大，人口少则上千人，多则上万人。行政村地域面积大，下辖村民小组的数量较多，少则10多个，多的有30多个。由于地域面积大、居住分散、产权单位在自然村等因素，导致行政村自治难以运转，公共服务的获取难度大、效益低。2012年，清远市发布《中共清远市委、清远市人民政府关于完善村级基层组织建设推进农村综合改革的意见（试行）》，拉开了"农村综合改革"的序幕。②

（一）重组农村基层建制单元

改革开放以后，以"乡镇—行政村—村民小组"为单元体系的农村基层治理体系主要表现为"乡政村治"，乡镇以下实行以村民委员会为基础的自治，这一治理体系所承担的主要功能是农村组织与整合、行政、自治。组织建设与自治是这一治理体系的最初的基本功能，值得注意的是1998年以后这一体制的行政功能逐渐增强，村民委员会干部忙于乡镇政府下派的各项行政事务，最多的时候高达100多项，村民委员会的行政功能逐渐强于自治功能。乡镇单元承担更多的服务功能，行政村单元主要负责承接和执行服务。也就是

---

① 参见［德］赫尔穆特·沃尔曼《德国地方政府》，陈伟等译，北京大学出版社2005年版，第42—43页。

② 材料来自调查报告《清远经验：在农村改革中奋力推进乡村振兴》（2018）、《以公共服务优先安排走在破解城乡二元结构难题的前列——基于广东清远市的调查》（2019）以及2018年12月20—25日笔者在清远市的实地调查。

说，农村公共服务供给、基础性公共设施建设、公共服务资金等通过"乡政村治"体制通道进入农村社会，但行政村单元的行政功能强于服务功能，导致服务呈现为一种简单的"行政输入与执行"，民众参与服务的程度也不高。

行政化渐强的行政村单元本身服务能力就不强，加之 21 世纪初"合村并组"后行政村的规模进一步扩大，拉大了承担服务功能的行政村单元与农户的空间距离，导致行政村的服务能力渐弱，自治也陷入了空转状态。要增强体制的服务能力，就必须突出体制服务性。为此，清远市首先对农村基层单元体系进行了两个方面的重组。第一，自治单元下沉。按照便于群众自治、便于集体经济发展的原则，将自治的重心下沉至村民小组或自然村。或以一个村民小组或自然村为单位设立村民委员会，或以相邻的几个村民小组或自然村为单位设立村民委员会，开展村民自治。第二，服务重心下沉。在行政村建制单元的基础上，或以一个行政村为单位设立一个片区，或以几个相邻的行政村为单位设立片区，作为乡镇的派出机构。经过重组之后，农村基层单元体系由原来的"乡镇—行政村—村民小组"转变为"乡镇—片区—行政村—村民小组或自然村"（见图 16 - 1）。片区是连接乡镇和行政村、具有服务功能的非正式治理单元，主要为片区内所有行政村的村民提供服务。其作为一个服务性治理单元，重点承载体制的服务职能，可以更加专一、近距离地对接农村基层的各项公共服务需求。

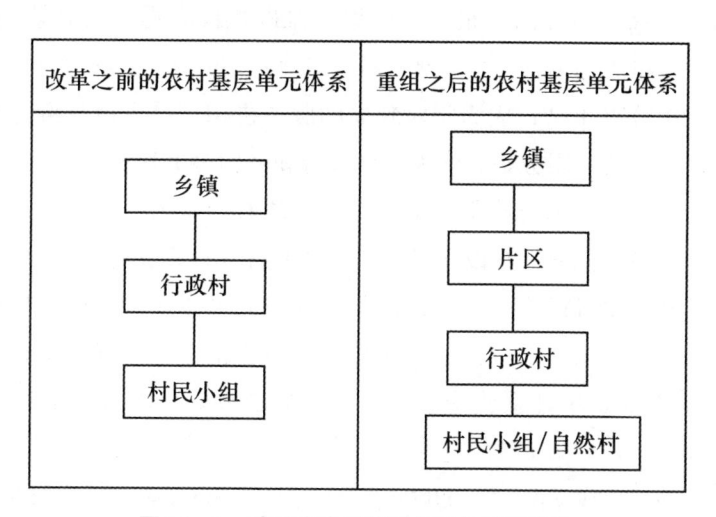

改革之前的农村基层单元体系	重组之后的农村基层单元体系
乡镇 ↓ 行政村 ↓ 村民小组	乡镇 ↓ 片区 ↓ 行政村 ↓ 村民小组/自然村

图 16 - 1　清远市农村基层单元体系的演变

资料来源：作者自制。

(二) 服务重心下沉

政府向民众提供服务追求的是低成本、高效率，高效的服务基于服务的规模化与有效的科层体系。与全国大多数地区一样，在改革前的清远市农村，服务的重心在乡镇，行政村作为乡镇的准行政机构，仅执行乡镇安排的服务项目或政策。乡镇作为农村基层政权，是距离农村最近的一级政府，也是公共服务的重心所在。乡镇的适度规模是提升乡镇公共服务有效性的重要基础和关键。但改革开放之后，包括清远市在内的全国大多数地区的乡镇的建制规模一直在变动之中，变动的总体趋势是合并扩大。尤其是21世纪初的"合村并镇"，直接结果是乡镇数量减少，而乡镇的地域面积变大、人口数量增多。从全国来看，乡镇平均人口规模为2.46万人。随着乡镇规模的扩大，村民委员会或村民小组的规模也随之扩大。乡镇、行政村的规模扩大意味着增加了服务的供给半径、服务供给成本以及服务的获取成本。大规模的乡镇、行政村很难实现农民群众的公共需求和乡村社会的有效治理[1]。加上农业税费改革后的乡镇体制改革中公共服务性机构保留相对较少[2]，进一步弱化了乡镇的服务。

在乡镇与行政村之间建立以"片区"为中心的行政化服务单元，虽然将服务的半径延伸到了"片区"，但与农民的空间距离仍然较大，农民获取服务的成本依然较高，服务的"最后一公里"难题仍没有得到彻底解决。为此，清远市进一步将服务下移至村一级，可有效直达"户"。把乡镇公共服务中心从乡镇政府中分离出来，成为相对独立的服务机构，受乡镇政府管辖。在片区成立片区党政公共服务站，作为乡镇政府和乡镇公共服务中心的派出机构。片区公共服务站、乡镇公共服务中心是乡镇政府的派出机构，由乡镇政府统一安排工作人员。同时，在设立村民委员会的行政村设立行政村公共服务站，对接乡镇、片区服务机构。行政村公共服务站的工作人员由村民委员会自主招聘。但农民与行政村之间还有一级原生性较强的自然单元，即村落，这样的"村"基本都是单姓宗族聚居区。在这个自然单元建立"服务代办员"，

---

[1] 参见项继权《乡镇规模扩大化及其限度》，《开放时代》2005年第5期，第135—150页。

[2] 参见袁方成《使服务运转起来：基层治理转型中的乡镇事业站所改革研究》，西北大学出版社2008年版，第128—130页。

由村民选举或村民委员会指定，专门为村民办理各种服务事项。如此就形成了"乡镇公共服务中心—片区党政公共服务站—行政村（村民委员会）公共服务站—村落服务代办员"这一垂直型的服务单元体系（见图16-2）。改革后的垂直服务体系更加多层化，服务重心不仅下沉到距农民最近的"村"，而且将服务半径延伸到"户"。另外，沿着这一垂直服务体系，农民的服务需求也可以自下而上的方式向乡政府反馈。

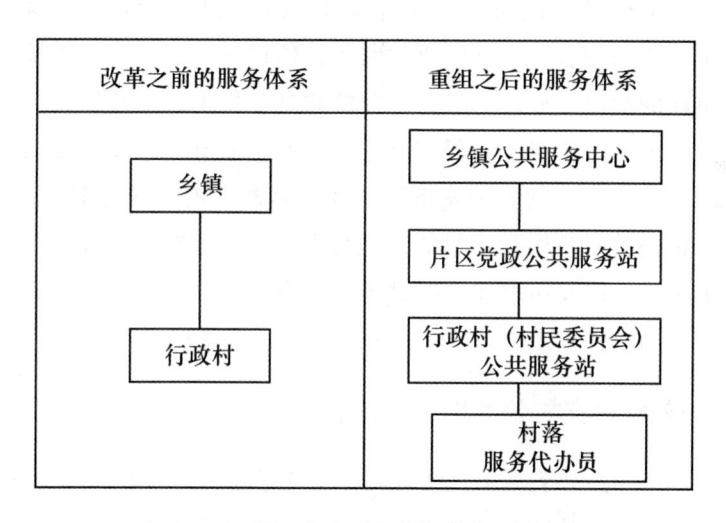

改革之前的服务体系	重组之后的服务体系
乡镇 ↓ 行政村	乡镇公共服务中心 ↓ 片区党政公共服务站 ↓ 行政村（村民委员会）公共服务站 ↓ 村落服务代办员

图16-2 清远市农村公共服务体系的演变

资料来源：作者自制。

（三）服务事权下放

农业税费改革之后，不再依赖于农村资源汲取的乡镇政权向上回收。一方面，乡镇不断合并撤销公共服务机构，精减公共服务人员，弱化了乡镇基层公共服务职能和服务能力；另一方面，与农民群众生活生产相关的公共服务的审批权和办理权基本都集中在县级各相关职能部门层面，农民往往需要花很大的成本去"找服务"。虽然后来在服务型政府建设理念下，各地区乡镇均设立了服务大厅，但所能供给的服务类型和数量都相对较少。地处山区的清远农村，仅仅依靠乡政府的服务大厅很难向分散化的农村基层社会提供有效的服务。

行政性服务往往体现为一种权力。只有把职能部门的服务事权与农民享受服务的权利进行衔接，才是保障服务有效的基本前提。下沉了服务单元，前置了服务平台，还必须配置服务清单。因此，清远市进行了"服务事权下放"的改革。一方面，县级各涉农服务职能部门下放权力，将各项服务事项的审批权、办理权下放给乡镇公共服务中心。乡镇公共服务中心集合了社保、法律、国土、公安、税务、工商、林业、就业等 300 多项行政事务的办理。另一方面，乡镇公共服务中心结合实际进一步把与农村紧密相关的各项服务事项的办理权下放给片区。片区公共服务站集合了社保、工商、土地、法律、市场、金融等 100 多项事务的办理。行政村（村民委员会）公共服务站（或服务代办员）则扮演着"上下联通"的服务传递角色，主要负责接揽辖区内群众服务事项的受理业务，并定期将接揽的事项集中送至片区公共服务站或乡镇公共服务中心。待线上办理完结之后，再将服务结果反馈给农户。如清远市西牛镇高道片区公共服务站下辖 3 个行政村，有 8 位全日制工作人员。除了提供乡镇公共服务中心下放的各项行政服务，还提供市场服务、生产生活服务，如为辖区内股份合作社提供市场信息和天气信息，协助孵化农业生产经济组织，为农民提供金融服务和生产资料采购服务。

（四）改革后农村公共服务的成效

评价一项改革主要看其治理绩效与客体满意度。清远市"服务重心下移"的改革将自治和服务的重心下移，把农村自治体系重构与服务体系重构结合起来，将服务和自治的重心前置到距离农民最近的一个单元，实现了自治落地和服务便利。从服务的客体来看，农民群众对这一重组改革非常支持，而且全程积极参与其中。从改革的治理绩效看，片区党政公共服务站、行政村（村民委员会）公共服务站、村落服务代办员等充分表明清远市农村"建立了专门的行政管理、行政服务机构，能够提供专业化、高效率的公共服务"[①]。一方面，赋予了行政村村民委员会更多的服务功能，村干部的职能除了保证所在村的自治和行政工作，更多的是服务群众。清远市龙塘村公共服务站，根据 7 名村干部的不同分工，安排了不同的代办项目，涉及 37 个部门、667 个行政审批事项和社会服务事项，为全村 5500 人代办各种证照等事务。另一方面，公共服务的半径扩大，公共服务的规模效应增强。以西牛镇服务站为

---

① 邓大才：《均衡行政与自治：农村基本建制单位选择逻辑》，《中共中央党校（国家行政学院）学报》2019 年第 1 期，第 35—42 页。

例,该站服务人口达到了5.6万,服务辐射面积达到了233平方公里。通过村级公共服务站、服务代办员,服务半径延伸至"户",基本形成了"纵向到底、横向到边"的公共服务治理格局,村庄公共服务开始有实有名,基层服务体系逐渐制度化、规范化和程式化。[①] 在这一服务体制下,各个层级服务机构也结合实际创新服务形式,如"项目申报制度、服务建设项目评奖制度、服务项目分期拨付与终期考核验收制度"等,进一步落实公共服务的优先性和长效性治理。

三 农村基层服务性治理体制的重构逻辑

清远市在农村综合改革中以服务为导向创新农村基层治理体制,实现了公共服务的有效性供给。这与西方国家"合并扩大基础单元""多元主体参与"的路径截然不同,体现为一种体制重构路径,着重以建构服务性治理体制来实现农村公共服务有效性供给。

(一) 职能重构,分离和强化体制的服务功能

农村治理体制承担农村组织建设、行政、自治、服务等多重职能,关切农村居民生产生活的方方面面。从发达国家已有的经验来看,体制越接近于农村群众,体制的服务性越强。农村基层治理体制的一项重要职能是为广大农户提供必要的基本公共服务。位于体制末梢的基层政府是基本公共服务的提供者,是非基本公共产品生产的倡导者和参与者,为公民提供基本公共服务是其合法性的来源之一。[②] 目前,农村这种以行政为核心功能的管理性体制的服务职能定位和服务职责定位双重缺失,是导致农村公共服务缺失的重要原因。[③] 只有明确了体制的服务职能,才能实现体制的服务导向。与西方国家

[①] 参见王雨磊、廖伟《服务进站:农村税费取消后国家基层组织建设的新趋向》,《电子政务》2020年第3期,第63—74页。

[②] 参见 [美] 西摩·马丁·李普塞特《政治人:政治的社会基础》,张绍宗译,上海人民出版社1997年版,第56页。

[③] 参见张卫静《我国新时期农村公共服务体制研究》,《山东社会科学》2014年第7期,第182—187页。

实行地方自治的体制有所不同，中国的行政体制一直延伸到农村基层，服务也沿着行政体制通道进入农村社会；为使基层治理体制更好地服务群众，着重增强基层治理体制的服务性。当然，农村基层治理体制也具有行政功能，这是由国家对农村进行统一的行政管理需要决定的。但农村基层治理体制更多地应具有服务功能，这是由农民需要决定的。

清远改革的第一步就是从职能重构入手，在保留当前体制组织建设、行政、自治等功能的基础上，着力推进服务功能的发展和完善。将服务功能从日益行政化的治理体制中分离出来并加以突出和强化，一方面赋予了体制的服务性功能，另一方面赋予了农村基层干部的服务性职能。将服务从行政中剥离出来，使得农村基层治理体制从以往的以行政为导向转向以服务为导向。行政强调对上级组织负责的执行力，服务强调对服务客体负责的服务力。突出和强化体制的服务职能，不是弱化或虚化体制其他功能，而是服务与行政、自治等功能并重。服务不受行政压制，突出和强化服务、服务与自治协调，建构一种以服务职能为重心的服务性农村基层治理体制。这是清远农村体制职能重构的重要价值所在。

（二）单元重构，建立有效的纵向多层服务体系

西方发达国家最基层、最基本的地方治理单元是市镇、村镇、乡镇或村町，由于工业化带来较高的城市化率，大多数农村人口集中居住在村镇或市镇，整体而言，农村虽然地域广袤，但农村地区人口的集聚性仍然比较强。因此，通过合并基层建制单元，可以实现公共服务的集中供给，提高公共服务供给的规模效应。但是，中国的国情是当前城乡之间的公共服务差距依然很大，农村人口的分散性、分化性依然很强，在这样的条件下通过合并基层建制单元，很难提高公共服务供给有效性，反而会增加农民获取公共服务的难度和成本。另外，农村的社会组织、市场组织的发展较为滞后，很难开展服务自治，公共服务的供给基本只能依靠政府，而政府的服务供给又依托行政体制通道。

自 1949 年以来，历次农村改革都给农村治理体制带来了或大或小的变化，但"服务依托体制进入农村"这一点一直没有变。无论是人民公社时期还是改革开放后，"国家为农村农民提供的各项公共服务、公共物品以及公共基础设施建设"一直通过科层化的行政体制通道进入农村。目前以"乡镇—

行政村"为基础的单元体制既是行政管理体制,也是服务治理体制,只是行政强于服务而已。清远通过改革突出和强化了体制的服务功能,服务功能仅仅在距离农民较远的乡镇单元、行政村单元是不够的。服务功能要发挥作用,还必须有与之相匹配和协调的服务结构。在服务导向下,服务的客体在哪一个单元层级,体制的末梢就应该延伸到哪一个单元层级。因此,对于清远农村来说,只有向下缩小单元规模。但囿于服务的体制性供给追求规模效应,居于自然单元(村落)与行政村单元之间的自然村或村民小组是比较合适的单元。将职能重构与单元重构结合起来,就形成了"乡镇(公共服务中心)—片区(党政公共服务站)—行政村(公共服务站)—村落(公共服务代办员)"这一纵向到底的多层级服务体系。这样就打通了服务进村入户的基层治理体制通道,并向服务的制度化迈进。

(三)组织重构,以专一性机构实现服务专业化

在职能重构和单元重构中建立一种距离农民群众较近的以服务职能为重心的农村公共服务性单元体系后,还需要专业化的、专门化的服务组织和服务人员。在日益现代化的当下农村社会,除了农户主体,还有各种经济组织,它们在日常生产和社会生活中有着多样化的服务需求。满足这些组织的多样化公共服务需求需要依赖以服务为专一职能的服务组织或机构。以往,农村服务组织或机构内嵌于"乡镇—行政村"体制之下,乡镇的服务组织或服务人员主要围绕乡镇政府的核心工作运转;在行政村甚至没有专门的服务组织或机构,往往由村干部代行服务。在公共服务优先安排下,服务优先于行政,并以能否及时有效满足农民群众的服务需求为检验标尺。服务优先,服务的组织或机构也必然要优先设置,并且独立于政府行政组织,避免服务被繁重的行政所弱化。

围绕公共服务目标设立机构,是建立和完善乡村公共服务体系的基础。[①]通过职能重构、单元重构,建立服务功能与服务结构相协调的基层服务性体系。要使这一体系运转起来,还必须注入动力。建设独立于行政组织之外的专门的服务机构或组织,是重组农村基层服务体系的催化剂和动力源。乡镇体制改革之前,乡镇政府机构的设立均考虑到了农村政治、经济、社会和公

---

① 参见徐勇《国家化、农民性与乡村整合》,江苏人民出版社2019年版,第240页。

共服务等因素。"七站八所"则是应农村公共服务需要而设立，是专门化的服务机构。可见，在乡镇设立专门的服务机构或组织是有历史经验可循的。清远市在改革中不仅将乡镇公共服务中心从乡政府的行政中剥离出来，实现相对独立运行；而且延伸到村一级，在"片区—行政村—村落"三个单元层级分别设立服务机构。在片区建立党政公共服务站，在行政村建立公共服务站。乡镇、片区、行政村三个单元层级的公共服务站（中心）是一种纵向行政隶属关系，且均独立于"乡镇政府—行政村"这一行政体制。突出服务职能、下移服务单元、设立专门的服务机构或组织，为迈向专业化、专门化的现代服务体制奠定了组织基础。

（四）技术重构，以信息建构互动式服务网络

在服务导向下，对农村基层治理体制进行重构基于一种行政逻辑，高效率和低成本的服务往往建立在大规模的治理单元基础上。清远市将服务职能、单元层级、服务组织都前置到了一个距离服务客体较近的层级上。就理论而言，这种下沉性的服务路径与服务的规模化效应之间存在明显的矛盾。如何在实践上克服和缩小这一矛盾，是以服务优先理念对农村基层治理体制进行重构过程中需要考虑的重要问题。公共服务依托行政体制通道进入农村社会，往往以自上而下的行政管理方式向农村基层输入公共服务产品，这是传统的供给模式。这种模式往往以行政主体为中心，对服务客体的需求和参与等考虑较少，服务客体获取服务的环节多、成本也较高。

在现代信息技术逐渐向农村社会普及的当下，可以利用现代信息技术对公共服务的供给方式进行重构，促使公共服务从线下到线上、从传统的管理向现代的技术治理转变。清远市以服务优先为目标对农村基层治理体制进行重构，在"乡镇公共服务中心—片区党政公共服务站—行政村公共服务站"这一服务体制中引入现代信息技术。一方面，县涉农服务职能部门在打包服务事权下放到服务站的同时，也进一步明确和公布了办理事务所需的各种相关材料，并通过数字信息网络传输到农村公共服务站。这样，农民在办理具体事务之前就能知道需要准备的各种资料，从而尽可能避免多跑路、降低成本。另一方面，所有的公共服务事项均可在行政村公共服务站、片区党政公共服务站、乡镇公共服务中心通过线上传递进行办理。最重要的是，村落公共服务代办员将收集到的服务需求传递到行政村（村民委员会）公共服务站，

再通过信息传输网络将汇总后的农民服务需求向上传递给县级各职能部门，为公共服务的精准施策提供数据支撑。通过技术重构，进一步激活了"乡镇—片区—行政村—村落"这一服务体系，形成了自上而下与自下而上相结合的互动式服务网络。

综上所述，在公共服务优先导向下，清远市通过职能重构、单元重构、组织重构、技术重构等四条路径对农村基层治理体制进行重构，在"服务功能与服务结构的协调、服务机构与服务技术并重"的基础上，实现行政性治理体制向服务性治理体制转变，以适应农业农村现代化的需要。服务性治理体制是一种以公共服务职能为重心且能够将服务前置到离服务客体最近的服务体系。

四 服务下沉的体制创新对服务优先战略的启示

农村公共服务优先安排战略对当前农村基层治理体制提出了较大的挑战。清远市"服务下沉"的创新实践在某种程度上解决了农村服务的"最后一公里"难题，为公共服务优先安排战略的实践提供了现实借鉴。

（一）体制创新是农村公共服务优先安排战略落地的首要基础

对于中国这样一个城乡公共服务差距由来已久的大国而言，如何破解城乡公共服务的二元差距，实现以服务振兴助力乡村振兴，不仅是现实的迫切要求，更是基层治理的难点。解决农村基层公共服务有效性问题，首先要解决体制性难题，其次要解决资金性难题。公共服务体制创新是我国继经济体制改革和政府管理体制改革之后面临的又一重大改革任务。[1] 自中华人民共和国成立以来，农村公共服务的供给一直是通过自上而下的行政体制通道进入农村社会的。基层治理体制既是国家将各种服务项目、资金和政策输入农村的有效渠道，也是收集和反馈农村农民服务需求的体制路径。有效的体制决定了农村公共服务的质量。当前农村基层治理体制突出行政功能，乡镇一级

---

[1] 参见陈振明、刘祺、邓剑伟《公共服务体制与机制及其创新的研究进展》，《电子科技大学学报》（社科版）2011年第1期，第11—16、108页。

作为距离农村农民最近的行政机构，服务意识不强，服务理念薄弱，导致服务能力较低；行政村一级的村民委员会逐渐演变为乡镇政府的派出机构，行政功能强于自治功能，服务功能淡化，不能很好地为农民提供服务。体制是决定公共服务优先安排战略落地的前提条件。因此，在公共服务优先安排视域下，首先必须解决好体制问题。农村基层治理体制的优先安排是公共服务优先安排的基础。在实践中，可以借鉴清远市农村服务性治理体制建设的有益经验，结合实际，适当下沉服务，突出体制的服务职能，建构以服务为重心的服务性治理体制，以服务振兴助力乡村振兴。在实践中实现农村公共服务有效性的方案有很多种，如资金整合、项目整合等，清远案例为体制重构路径提供了一种借鉴。这种路径适用于服务体制不畅、服务功能弱化、服务单元层级悬浮的农村地区。

（二）由行政主导转向服务优先是农村体制重构的基本逻辑

农村公共服务依托农村基层治理体制进入农村社会，并且，服务是行政性体制的重要职能。但是，行政体制的逻辑与服务体制的逻辑是不同的。行政体制的逻辑重在服务的执行，以体制自身为中心，从体制本身出发考虑问题，重在行政效率。服务体制的逻辑重在服务的有效供给，强调以服务客体为中心，从服务对象出发考虑问题，重在服务的满足程度与服务质量。新时代，党中央提出农业农村优先发展，公共服务优先安排是实现优先发展的重要内容之一。当前，突出行政功能的行政性治理体制很难适应新时代公共服务优先安排的国家要求。服务优先要求建立以服务为重心的服务性治理体制，处于农村基层体制末端的乡镇、行政村等逐步"由基层行政组织向直接为居民服务的'公共服务中心'转变"[1]。在公共服务优先安排战略下，以体制重构打通公共服务的体制通道，关键在于找准逻辑导向。从行政性逻辑转向服务性逻辑是农村基层治理体制重构的基本逻辑。服务取向是农村治理体制转型的基本导向。无论是横向功能的职能重构和组织重构，还是纵向结构的单元重组和技术重构，都要遵循以服务为导向的逻辑，突出和强化体制的服务职能，增强体制内人员的服务意识，加强体制的服务能力，最终实现服务有效。当然，尝试以体制重构路径在农村建立服务性治理体制，是从体制优化

---

[1] 姜晓萍：《中国公共服务体制改革30年》，《中国行政管理》2008年第12期，第28—32页。

入手来解决服务的体制性问题。服务的有效性取决于体制，服务的现代性取决于信息技术。在农业农村现代化的大背景下，还应充分运用现代信息技术，发挥信息技术的优势，让"服务数据多跑路"。同时结合体制改革，对农村以项目制为基础的分散化、碎片化服务内容以及多样性服务需求进行整合，整体性治理农村公共服务，最终建立和形成"互联网+现代服务性体制"新格局。

（三）建构服务性体制需要均衡体制自身的多重功能

与西方国家实行高度自治的地方自治体系有所不同，中国农村基层治理体制有其特殊性，也承载着更多的功能，既有组织和整合基层群众的功能，也有民主政治建设的功能，更有行政、服务与自治的综合功能。在公共服务优先安排视域下，要突出和强化体制自身的服务功能，实现服务与行政并重，建立以服务为重心的服务性治理体制；把服务的末端前置到离农民较近的单元层级，建立"纵向到户"的服务单元体系。在乡村振兴背景下，农村基层治理体制的功能将是行政与服务并重、行政与自治并重、基层组织建设与民主政治建设并重。因此，在公共服务优先安排战略下，以服务重构农村基层治理体制，也需要注意均衡体制自身的行政、自治、服务、组织建设等多项功能；同时，也要注意结合农村实际，把服务前置到一个相对比较适宜且均衡性强的单元层级。服务下沉是有限度的下沉，是把服务的重心下沉到合适的、有效的单元层级。这个治理单元便于服务供给和服务参与，既可均衡体制的多项功能，也可兼顾服务的规模与质量。一言以蔽之，服务下沉就是要真正做到下沉服务理念、服务职能、服务人员以及服务政策或资金。

第十七章
权威引导式协商与新时代乡村善治的有效形式*

矛盾纠纷调解是农村基层治理的重要内容。2019年中央一号文件指出："坚持发展新时代'枫桥经验'，完善农村矛盾纠纷排查调处化解机制。"① 可见，有效化解农村矛盾纠纷对建构新时代有效的乡村治理体系具有重要意义。如何结合实际，探索常态化的机制，有效化解农村纷繁复杂的矛盾纠纷，并寻求到乡村善治体系的建构路径，是农村基层面临的时代命题。对此，安徽省天长市以"农村社区治理改革试验"为契机，以协商切入，有效解决了村庄矛盾纠纷，并建立了长效治理机制。其中所蕴含的治理价值和探索经验，对于学术研究和地方实践，均具有重要的启发性。

一 从"矛盾纠纷化解"看乡村治理

农村矛盾纠纷产生于农民的日常生产生活交往之中，无时不有，也无时不在发生。农村的熟人社会性质、关系交织的网络增加了矛盾纠纷调解的复杂性。因而，矛盾纠纷治理备受学界关注，是重要的研究议题。现有研究提

---

* 本章与张海超合作，以《权威引导式协商：新时代乡村善治的有效形式及运行机制——以天长市"7+X"协商委员会为例》为题，发表于《广西大学学报》（哲学社会科学版）2020年第1期，第124—130页。

① 《中共中央 国务院关于坚持农业农村优先发展做好"三农"工作的若干意见》，《中华人民共和国国务院公报》2019年第7期，第25—33页。

供了很有价值的参考,总体来说,有以下两类。

第一,矛盾纠纷的第三方治理。这里的第三方主要是指村庄内部的公共权威或精英,强调权威主体在矛盾纠纷治理中的主导性作用。这一点在传统乡村治理中体现得特别明显,拥有村落公共权威的乡绅、各类"先生"以及其他有威望的村民等,构成矛盾纠纷调解的主体。在涉及利益的资源分配和矛盾纠纷等社区事务上,村民们首先诉求的还是村庄权威这一公共资源,其能够通过合理利用情境解决问题。[1] 贺东航等认为,村内非制度化权威在基层矛盾调解中发挥着重要作用。乡村中的政治精英、长辈老人往往充当着"社会法官"的角色。[2] "乡村公共权力与权威作为乡村社会的一种重要整合力量,承担着维系社会稳定、消解社会矛盾和利益冲突的重要功能。"[3] 可见,村庄精英或权威作为村庄矛盾纠纷治理的主体,是学界的一个普遍性认识。

第二,矛盾纠纷的当事人治理。当事人是矛盾纠纷的行为发生主体,也是治理主体。当事人通过一定形式的协商可以自我解决纠纷。如建立在"公理共议"逻辑上的协商,可以保证因价值多元、利益分歧和观念差异等导致的社会纠纷和矛盾得到有效治理。[4] 也可以通过建立"可协商性的规则体系"[5],让协商主体之间达成理性一致[6],有效治理矛盾纠纷。协商作为一种治理手段,在矛盾纠纷治理中最大的功能就是均衡多元主体的利益,使之能够按照平等、公正、公平的原则,平衡多方利益,实现公共利益最大化,化解农村社会矛盾冲突[7]。当事人参与协商强调当事人的主体性地位,当事人在

---

[1] 参见吴毅《村治变迁中的权威与秩序——20世纪川东双村的表达》,中国社会科学出版社2002年版,第278页。

[2] 参见贺东航、孙敬良《基层治理视阈中的乡村人民调解制度——以一个村庄人民调解文本为例》,《社会主义研究》2015年第4期,第104—109页。

[3] 刘刚、王芳:《乡村纠纷调解中的公共权力与权威——对一起农地纠纷的调查分析》,《中国农村观察》2008年第6期,第58—66页。

[4] 参见陈军亚《公理共议:传统中国乡村社会的协商治理及价值——以"深度中国调查"的川西"断道理"为据》,《山东社会科学》2019年第1期,第69—75页。

[5] 李华胤:《可协商性规则:传统村落"田间过水"的秩序基础及当代价值——基于鄂西余家桥村的深度调查》,《社会科学研究》2019年第4期,第125—131页。

[6] 参见肖ако晴《理性一致:公共水资源的协商治理规则及逻辑——以云南省大具乡的"轮水班"为个案》,《山东社会科学》2019年第1期,第76—81页。

[7] 参见李增元、王岩《农村社区协商治理:实践动因及有效运转思路》,《行政论坛》2018年第5期,第30—36页。

一种平等的状态下磋商，共谋最大公约数，最大程度地弱化矛盾、调和利益，形成有效治理。

综上所述，第一种理论强调村落精英或村落公共权威在矛盾纠纷中的治理功能，权威主体是矛盾纠纷治理的主体，起着关键性作用。第二种理论更加强调当事人的作用，强调当事人的主体性参与有利于解决矛盾纠纷；当事人平等参与矛盾纠纷治理的路径是协商，更关注于参与中的协商。应该说，村落公共权威、当事人参与均有助于促进矛盾纠纷的协商治理。但是，反观现实，在广大农村地区，矛盾纠纷的协商治理并不仅仅表现为"以权威主体主导的协商、当事人参与的协商"这样一些单一的形式。在现实中存在一种复合的协商形式。在矛盾纠纷治理中，既有公共权威主体的参与，也有当事人参与。村庄权威主体为协商注入权威资源和权威的引导力量，当事人的直接参与为协商注入主体性动力、激活协商。那么，在矛盾纠纷治理情境中，公共权威主体如何介入，与当事人参与是一种怎样的关系，其治理纠纷运行逻辑又是什么呢？

2018 年 11 月，笔者对安徽省天长市"农村社区协商治理实验"进行考察，发现天长市通过建立村级"7+X"协商委员会，既吸纳了村庄权威参与协商，又吸纳了当事人参与，有效解决了产权改革和社区治理创新中的矛盾纠纷。因此，本章以"7+X"协商委员会为例，深入考察其在矛盾纠纷治理中的运行方式，挖掘其背后的协商价值，以期为全国其他地区的地方实践提供借鉴价值。

二 基层协商的天长实践：以矛盾调解为例

2017 年，天长市被民政部定为全国农村社区治理试验区，主题是"建立党建引领、多方参与、协商共治的农村社区治理机制"。在改革试验中，农村矛盾纠纷频繁发生，某种程度上阻碍了改革进程。为了解决矛盾纠纷，推进农村基层协商治理，天长市围绕试验主题探索出"7+X"协商委员会的治理模式，并在 16 个试点村（社区）开展了有益实践。

"7+X"协商委员会是一种协商组织。"7"代表 7 位固定的主体成员，"X"代表矛盾纠纷涉及的利益相关方。7 位主体成员先由村（社区）党支部提名，再由全体村（居）民根据提名差额选举产生。候选人必须具备两个条件：一是较强的公益心；二是人脉关系广，有威望，调解能力强。从实际来看，各村推选的固定成员主要是村两委干部、退休老干部、教师、村医、经济能人等。这一类人在村里威望高，是村庄精英。在协商解决矛盾纠纷时，7位固定的主体成员和特定的利益相关方组成协商委员会，共同协商，探讨解决方案。

（一）以利益引导，构建调解矛盾的协商组织

利益是人们行为的根本动机。多方主体愿意参与矛盾纠纷的协商必然是因为协商能解决问题，并有效维护其利益。因而，以利益为引导，吸纳当事人参与讨论，是协商能够解决矛盾纠纷的前提。在天长市的协商治理实践中，公共权威主体尤其注意利益的引导作用，以共同利益凝聚村民，建构协商组织。

天长市铜城镇龙岗社区的同心、桃塘、姚塘、王庄、联盟、岗庙、长军、柳庄等8个村民小组原本按远近次序从龙西灌溉站引水灌溉；既定的取水规则是上一组土地灌溉结束后，下一组再开始灌溉。按照这一规则，离得远的小组在灌溉上比较吃亏，在水总量不足时尤其明显。由此，小组之间、村民之间经常发生冲突和纠纷。对此，村庄权威等7人积极介入调解。但是，大部分村民对7人的介入表现得非常冷漠，参与积极性不高，不愿意协商。王开云等人分批入户走访，向村民讲解传统规则的弊病、讲述重新讨论确定科学合理取水规则的利好，调动了村民们参与协商的积极性。当村民们知道通过协商讨论制定新的规则，既可以化解矛盾，又可以保证每个小组农户的灌溉利益时，都积极参与关于新规则制定的协商活动。为了更好地协商，8个村民组共推选出村民9人为代表作为利益相关方的"X"。9位代表与7位权威主体成员于2018年5月22、23、24日共进行了三次协商讨论，最终确定了通过抓阄方式决定提水顺序的方案，并在此基础上，确定了每组每次用水面积和时长的标准，以使用水规则科学合理。

（二）以道理引导，聚焦纠纷事实展开协商讨论

詹姆斯·D.费伦提出，讨论可以通过"附加"价值（你没想到但别人想到了的可能性）和"倍增"价值（原本没想到但因讨论而想到的可能性

或问题）减少有限理性的影响，进而可以形成更好的解决方案而带来帕累托最优[1]，这就是说，理性讨论是达至有效协商的基本条件。天长市"7＋X"协商委员会在治理矛盾纠纷时，特别注意"公理"的引导，其权威主体在协商中发挥理性引导作用，为协商输入村民普遍认同的公理，引导多方聚焦纠纷事实展开充分的讨论以为寻求解决方案提供事实基础。

天长街道祝涧村杨庄村民小组是该村第二大组，人口210人，面积320亩，因面积大、人口多且位于村庄边缘，在用电高峰期，组内常常电压不稳。为解决用电问题，村民委员会请天长市电力部门对杨庄组进行电力改架。电力改架方案具体实施需要陈姓村民移除10平方米面积的树木为铺设线路腾出道路，同时需要占用刘姓村民1.5亩的旱地以竖立电线杆。两位村民因利益受损而索要赔偿，而电力部门只负责电力改架，不负责赔偿村民的损失，补偿款要由村民小组自行解决。其他农户认为，陈、刘两家被占用的土地是小组分的旱地而不是承包田，即便占用了，也损失不大，不赞同赔偿。因此，在赔偿问题上，两户村民与其他村民发生了较大的分歧与冲突。为了解决冲突，村庄权威以及其他权威主体共同发动陈、刘两家以及全组农户展开开放式的磋商。村庄权威给村民们讲："农村电力改架是件好事，杨庄组本来电力就很差。现在有政策，应该抓住机遇，不要因为个人利益错失良机，影响大家用电。"退休教师谢姓村民也讲道："这次电力改架只牵涉两户的赔偿，既然改架使村民组全体受益，是好事，可以集体筹资来承担这些补偿。"二人的讲话让村民们在支持电力改架和出资补偿受损农户这两个基本问题上达成了共识。随后，权威人物继续引导村民们摆事实、讲道理探讨补偿标准，最终促使村民们协商确定了大树50元一棵、杆洞100元一个的赔偿标准。陈、李两家各获得200元补偿，补偿金由组内按户平摊。

（三）以方案引导，共谋纠纷调处的协商决议

以协商解决矛盾纠纷关键在于找到大家都认同、可行的解决方案，但是，在实际协商中，因知识水平、信息获取、理性表达以及其他外在因素的限制，经常出现"有协商过程而无协商结果"的情况。天长市以"7＋X"协商委员

---

[1] 参见［美］詹姆斯·D.费伦：《作为讨论的协商》，载［美］约·埃尔斯特主编《协商民主：挑战与反思》，周艳辉译，中央编译出版社2009年版，第51页。

会治理改革试验中的矛盾纠纷,以结果为导向,发挥权威主体的治理智慧,引导当事人提供解决思路,以讨论出一致认可的解决方案。

新街镇新街村熊庄、下庄、新建、岑庄、曹庄等五个小组从熊庄水库取水灌溉。市政府将水库列入除险加固工程计划,部分村民就向村民委员会提出可以趁机解决水库蓄水量减少和排洪渠通水不畅两大由来已久的难题。村民委员会采纳了村民们的建议,但是,提高水库蓄水量需将水库上滩的下庄、新建两个小组的 15 亩土地垫土抬高,解决排洪渠通水不畅问题需征用熊庄小组 0.5 亩土地用以拓宽排洪渠。在征地补偿标准以及土地分摊问题上,村民们产生了冲突和争议。为此,村民委员会委托村庄权威胡姓村民等积极介入,组建"7+X"协商委员会解决争议。在协商中,村庄权威先引导村民们讨论确定土地征收补偿标准。因新建、下庄两组的田地位于水库上滩,不在水库取水,只因垫土工程利于种植而受益,问题较为简单,村庄权威就先引导村民确定了两组应分担的费用。在解决上述问题之后,仍有 2.15 万元征地款需要岑庄、曹庄、熊庄三组分摊,因岑庄、曹庄的用水量明显低于熊庄组,三个组村民代表始终讨论不出满意的方案。胡早峰提出"谁受益、谁付费、受益多少付费多少"的思路,获得了三个组代表的同意。他建议按种植面积确定用水量,进而确定费用分摊。通过提出新的方案,胡早峰将协商讨论引导至确定用水量的问题上,随后,他根据自己掌握的信息作出岑庄、曹庄两组用水量基本相等、两组用水总量与熊庄组用水量基本相等的判断,为村民协商出解决方案提供了有利的事实依据。最后,三个组在胡早峰的引导下确定了岑庄组、曹庄组各分担 0.55 万元、熊庄组分担 1.05 万元的费用分担方案。

三 权威引导式协商实现村庄有效治理的内在逻辑

以上三个案例有三个共同点:一是协商是解决矛盾纠纷的主要手段,二是协商的基础是权威主体以及相关村民的共同参与,三是权威主体在协商中发挥重要的引导作用。这种协商机制到底是什么呢,又何以能够促进有效治理呢?

(一) 最具代表性的权威是有效协商的动力基础

从上述三个案例中可以看出,矛盾纠纷,或者说冲突争议的有效解决依赖于有效的权威主体介入。包括退休村干部、教师、经济能人以及部分村干部在内的村庄精英,均内生于农村社会。他们因学识、声望、能力、财富、道德等因素而"进入公共和上层社会,普通村民在诉讼、契约等公共事务方面要求助于这些权威"[①]。他们是拥有非正式权力的公共权威,受到村民们的一致认可,具有广泛的认同性和代表性,构成村落社会的一种代表性权威。代表性权威主体之所以能够以协商的方式有效化解矛盾纠纷,关键在于以下两点。

第一,代表优势与协商激活。协商需要一定的动力,动力源自乡村社会内生性的权威。何包钢等认为,村民自治是一种不完整、不完善的民主,因此也就影响了它化解社会矛盾的能力。[②]村干部作为村民自治的组织者,虽内生于乡村社会,但其正式权力经常被村民们泛化为一种行政权力,不被信任,很难为协商注入动力。但拥有非正式权力的权威内生于乡村社会的一致认同和信任,可以最大程度地代表民意,在一定程度上比混杂着国家正式权力的村干部们更有代表性,可以从普通村民的角度审视问题和利益,可以抓住多方的共同利益。对问题的一致理解是具有不同视角和利益的人们一起协商解决某个问题的基础[③],因而,村庄代表性权威能够发挥其代表优势激活协商。案例一中的村庄权威从取水公利角度出发推动了新的取水规则的协商;案例二中的刘姓村民、谢姓村民等权威主体注意平衡公利与私利,启动了极具争议的征地赔偿标准的协商。

第二,村庄整合与协商建构。有无权威不是有效协商的动因,真正的原因在于村民委员会是否可以将非正式的代表性权威整合和吸纳进村级协商平台。构建一个集中有力的乡土权威是推进农村治理有效的可靠路径。[④]在天长市,面对纷繁复杂的矛盾纠纷,村民委员会积极吸纳代表性权威介入,将这些游离于正式权力之外的非正式但又极具代表性的权威纳入村级治理空间,

---

① 徐勇:《城乡差别的中国政治》,社会科学文献出版社2019年版,第56页。
② 参见何包钢、王春光《中国乡村协商民主:个案研究》,《社会学研究》2007年第3期,第56—73、243页。
③ 参见[美]詹姆斯·博曼《公共协商:多元主义、复杂性与民主》,黄相怀译,中央编译出版社2006年版,第50页。
④ 参见郎友兴、张品、肖可扬《新乡贤与农村治理的有效性——基于浙江省德清县洛舍镇东衡村的经验》,《中共浙江省委党校学报》2017年第4期,第16—24页。

为协商的生长提供了适宜的土壤。正式权力的整合、代表性权威介入积极引导，必然会为村级协商治理注入有力的、可持续的动力源，最大程度激活协商，推进协商议程。

（二）引导性参与中塑造的积极公民是有序协商的保障

以协商治理矛盾纠纷在本质上表现为一种协商自治，一种民主参与实践，"7+X"协商委员会则是各种主体参与的自治组织。民主的价值在于所有将要受到这一决策影响的人或其代表都参与，并同意该集体决策。[①] 但是，有效的协商只有权威的积极参与是不够的，还必须有"参与条件、参与保障"这一充分条件。[②] 在天长市的实践中，村落权威主体通过讲道理、游说、劝说等多种形式，建立协商的组织平台，为协商参与提供参与的组织保障。同时，权威主体参与到协商讨论的各个环节，引导当事人理性地讨论、引导制定规则、引导学会对话的技术方法、引导目标方案的达成，为有效协商创造了参与的主体条件。

在现代社会，塑造积极公民是提高公民参与公共生活的基本路径。[③] 积极公民通过参与公共事务，进一步提高自主治理能力。[④] 代表性权威引导式协商塑造了积极公民，这使得稳定的协商秩序得到了发展和维系。第一，在参与中形成共同的意志，积极构建协商组织。"7+X"协商委员会这一协商组织虽由权威主体引导设立，但其设立的基础是村民们的一致同意，其目标是为村民们提供治理服务，为此，村民随权威主体积极构建协商组织。第二，多权威主体引导兼顾多元利益，积极寻求共同利益。7位代表性权威基本可以代表利益诉求多元化的村民，最大程度地避免了权威的感性因素，兼顾公平。权威服从是基于服从者对理性力量的认同，[⑤] 这种多权威主体引导的协商可以

[①] 参见［美］詹姆斯·D.费伦《作为讨论的协商》，载［美］约·埃尔斯特主编《协商民主：挑战与反思》，周艳辉译，中央编译出版社2009年版，第9页。

[②] 参见邓大才《有效参与：实现村民自治的递次保障》，《财经问题研究》2019年第4期，第3—11页。

[③] 参见肖滨《让公民直面"res publica"——当代共和主义塑造积极公民的战略性选择》，《南京大学学报》（哲学·人文科学·社会科学版）2006年第6期，第47—55页。

[④] 参见朱艳丽《积极公民在政治发展中的价值意蕴》，《郑州大学学报》（哲学社会科学版）2014年第5期，第10—12页。

[⑤] 参见俞可平《权力与权威：新的解释》，《中国人民大学学报》2016年第3期，第40—49页。

激发村民们对协商的认可度,进而让村民们跟随权威主体一同寻求共同利益。第三,在共同的协商组织下,积极理性地表达权利。"7+X"协商委员会是组织化、制度化的参与平台,它为每一个当事人提供充分表达权利的机会,且使其诉求能够在理性状态下得到及时回应和讨论。而只要保证信息顺畅、规则透明,完全持不同意见的双方,均可在 30 分钟的面对面讨论中消弭分歧,达成基本一致。① 因此,当事人会因其合理诉求能够得到满足而理性表达权利。可以说,当事人在权威引导下协商,会从消极参与转向积极参与,由消极公民转变为积极公民。由此,追求私利的多元个体在协商中得以找到公共的"善",关注共同利益,建构并维持良序,在良序下积极协商,使自主治理的效能得到提升。

(三) 权威的全程性引导是有效协商的关键因子

权威引导式协商的关键在于营造一种有序的协商环境,增强协商解决问题的能力。天长市在创构"7+X"协商委员会之前,其村庄内部的矛盾纠纷多由民众之间私下协商或村干部调解,但大多数"协商无果",甚至带来更大的纠纷;即使有"果"也可能是民众间基于某种不可抗拒性因素的妥协,而非真正的协商,矛盾纠纷因子仍旧存在,甚至在暗处发酵升级。在"7+X"协商委员会中,每一个矛盾纠纷都有 7 位代表性权威参与其中,引导有序协商,使得协商赢得真正的参与和认同。

具体来说,权威引导下的有序协商体现为四个方面。首先,引导参与。协商的基础是参与。村落权威以其影响力、利益诱导、公共利益规劝、熟人社会的情感等,可以引导当事人主动参与协商。与具有正式权力的村干部们相比,权威主体所具有的非正式权力,植根于乡村土壤,有着广泛的认同性,在引导参与中更有积极效果。其次,引导规则制定。权威主体对村落公理和地方性规范以及道德法律的认知和把握更精准,可以引导各方主体制定共同认可的规则体系,这个规则体系有助于规范协商、约束行为。再次,引导理性讨论。权威主体在激发各方理性的基础上,引导各方主体充分表达彼此的诉求,在充分讨论过程中,信息得以被交换,多方的最大公约数逐渐被挖掘,

---

① 参见 [美] 弗朗西斯·福山《政治秩序与政治衰败:从工业革命到民主全球化》,毛俊杰译,广西师范大学出版社 2015 年版,第 442 页。

多方理性逐渐融合，最终因理性融合而使协商决议得以达成。① 最后，引导形成共识。自愿性的共识是开启协商的先决条件。在协商中，权威引导当事人形成三个自愿性共识：矛盾要解决的共识、公共利益高于私人利益的共识、探寻共识性方案的共识。从前文的三个案例中可以明显看到，权威主体在协商中无处不体现着这四个方面的引导。权威的全程性引导，而非权威主导，最大化地体现着"民本民主、民事民治"。

（四）权威供给建设性方案是推进协商效能的智力源

协商在于通过公共协商改善治理，增强国家权威性和合法性。② 对于农村基层协商而言，改善治理则更是优先目标。权威引导式协商的终极目标是找到问题的解决方案，供给建设性的治理方案则是权威主体的价值所在。权威主体引导当事人"本着平等、公平、互信的原则进行有效协商，在相互退让与妥协中达成共识，形成符合各方利益的制度设计"，形成共治式协商③。相互退让与妥协的前提是权威主体能够引导当事人的理性觉醒，认知公共利益，而符合各方利益的制度设计，一方面来源于彼此在讨论中的妥协与退让，另一方面来源于权威主体的智慧供给。在天长市"7+X"协商委员会的实践中，权威主体不断供给建设性的治理方案，以供当事人讨论和磋商，进而使协商不断推进，最终实现协商共治。相比一般的村民而言，村庄权威有更广的人际关系网络，有更多的机会参与村庄公共事务，公共信息获取渠道多且获取的信息也更全面、更权威，因而，在协商中相对能不断供给建设性方案，以供当事人讨论、修正，最终达成一致性的认同。在案例三中，权威主体胡姓村民提出"谁受益、谁付费"的思路为岑庄、曹庄、熊庄三组如何分摊费用打下了基础，又通过分析出三个组用水量的多寡，引导多方讨论出"依据用水量多寡决定费用分配"的治理方案。这说明，权威主体引导的协商重在改善治理，以供给建设性方案，提高治理效能。

---

① 参见［美］詹姆斯·博曼《公共协商：多元主义、复杂性与民主》，黄相怀译，中央编译出版社2006年版，第78页。

② 参见何包钢、黄徐强《儒式协商：中国威权性协商的源与流》，《政治思想史》2013年第4期，第1—21页。

③ 杨涛：《共治式协商：跨村河流协商治理的内在机制研究——基于华北席村的形态调查》，《山东社会科学》2019年第1期，第82—87页。

（五）权威引导式协商推进农村协商自治的成长

有别于其他路径的协商，权威引导式协商综合了权威主体要素、当事人参与要素，既注重权威主体的治理性引导，也强调公民的主体性参与，在增强协商的公共性和合理性基础上助推了农村协商自治的成长。其一，村民参与协商的意识和能力的成长。有效的协商有助于提高参与者的道德素养和知识水平；[1] 通过协商，个人会发现或建构一种公共善，并改变对什么是自己的最佳利益的认知，调整自己的利益偏好，并强化对公共利益的关心。[2] 通过参与有效的协商，村民们的协商意识得到培养，同理，其协商能力得到锻炼。其二，协商性组织的成长与完善。何包钢教授指出，当人们通过协商学会政治妥协、理性对话、自我管理、提高社会治理的能力和素质时，就会发展出一种良性的政治秩序，实现协商自治。[3] 在权威主体引导下，村民一致同意设立的"7+X"协商委员会是一种专业性、功能性的协商组织，伴随着村民协商意识、能力的成长，道德素养和知识水平等综合素质的提高，该组织可以随之成长与完善，能够协商解决包括矛盾纠纷在内的任何公共事务。长山村第一书记讲道："以后难事解决不了先考虑协商。"大通镇便西村书记感叹道："协商委员会帮忙做工作，村民对村庄治理的认可度大大提高，村庄工作轻松多了。"从实践看，权威引导式协商激活了村庄权威资源，在引导参与中营造了协商的治理生态，助推了农村有效协商自治的成长。

四 权威引导式协商与乡村善治体系的建构

天长市"7+X"协商委员会创新了协商形式，有效解决了产权改革试验

---

[1] 参见 [美] 詹姆斯·D. 费伦《作为讨论的协商》，载 [美] 约·埃尔斯特主编《协商民主：挑战与反思》，周艳辉译，中央编译出版社2009年版，第61—63页。

[2] 参见 Baogang He, Ethan Leib, *Western Theories of Deliberative Democracy and Chinese Practice of Complex Deliberative Governance*, New York: Palgrave Press, 2006, pp. 133–148。

[3] 参见何包钢《协商民主和协商治理：建构一个理性且成熟的公民社会》，《开放时代》2012年第4期，第23—36页。

中的矛盾纠纷，这促进了乡村治理水平的提升，对于新时代建构乡村善治体系具有很大的启发性。

（一）权威引导式协商是乡村善治体系建构的可行路径

民主是现代社会的代名词，协商是深化和巩固乡村民主的有效方式。[①] 中国共产党十九大报告指出："有事好商量，众人的事情由众人商量，找到全社会意愿和要求的最大公约数，是人民民主的真谛。"2019 年中央一号文件指出："健全村级协商议事制度，增强乡村治理能力。"协商在中国农村有着深厚的土壤，并生长出了多种形式的协商形式。天长市"7＋X"协商委员会就是充分发掘了农村社会的协商基因，结合实际，进行了现代化创构。权威引导式协商的当代价值在于三个方面。第一，以协商促进村治有效。乡村治理涉及全体村民的公共利益，由众人参与其中，共同决策，可以夯实治理的民意基础。以协商的方式解决矛盾纠纷，能够实现物质利益、行政强制以及私人情感都无法企及的互信、互利与合作关系，更可能从根源上解决利益矛盾与社会冲突，从而化解社会矛盾深层次问题。[②] 第二，以内生性的非正式权威引导协商。农村社会存在很大一批乡贤能人、草根精英，这一批人拥有着深厚的群众基础，深受民众尊重和信任。非正式权力介入协商、引导协商，能获得更高的认同，形成一致性的协商行动。第三，吸纳民众积极参与协商，创构常态化的协商组织。村民是乡村治理的主体。由权威主体引导村民积极参与协商，并基于一致同意设立协商组织、协商规则，可以最大程度提高协商的有效性。由权威主导村治转向权威引导治理，也是乡村治理现代化的内在要求。发挥乡村权威主体的引导作用，建立常态化的权威引导式协商机制，是农村基层协商有效的可行路径，也是建构乡村善治体系的可行路径。

（二）权威引导式协商的实践要注意均衡权威的代表性与协商的开放性

权威是令人自愿服从的影响力。村庄权威能够在协商中实现对利益多方

[①] 参见何包钢、周艳辉《中国农村从村民选举到乡村协商：协商民主试验的一个案例研究》，《国外理论动态》2017 年第 4 期，第 93—105 页。

[②] 参见何包钢、吴进进《社会矛盾与中国城市协商民主制度化的兴起》，《开放时代》2017 年第 3 期，第 101—124、7 页。

的有效引导。但是权威也有着明确的效能范围,超过作用范围或效用边界,村庄权威则丧失影响力。因此,在具体实践中,建构权威引导式协商机制,要注意均衡权威的代表性与协商的开放性。

一是引导协商的权威主体必须具有广泛的村庄代表性。对权威的服从建立在人们内心认同基础上,是长期互动和相互熟悉基础上的服从[1]。在日益个体化的乡村社会,村庄治理事务纷繁复杂,加之每一个人都有以己为中心的社会关系网络,导致某一个单独的权威主体很难,也不太可能获得整个村落社会的认同。但是,每一个村民在村落总存在着某一个自己认同的权威。因此,以权威主体引导协商,关键在于权威主体的广泛代表性,即在介入协商的所有代表性权威主体中,每一个村民都可以找到其高度认同的权威,这也就是"7+X"协商委员会中"7"的真谛所在。"7"意指权威主体的广泛代表性、认同性。二是协商必须要有最广泛、最相关的村民参与。村级协商是践行参与式治理的有益形式,最大范围的参与有利于找到最大的公约数。因此,权威引导式协商要发动最广泛的村民参与协商,甚至可以是全体村民参与的协商。权威引导式协商的参与是广口径的,要让最广泛的村民参与;它的底线是要让最相关的村民参与,避免出现"权威主导协商"。

(三) 权威引导式协商的实践形式是多样的

权威引导式协商就是让最受认可、最具代表性的村落权威介入协商并引导协商以解决问题的自治形式。权威引导式协商机制的实践价值在于权威引导和民众参与,二者的有效平衡和协同是促成有效协商的关键。天长市"7+X"协商委员会也只是践行权威引导式协商内涵价值的一种形式而已。在实践中,以权威引导式协商机制探索协商有效,其表现形式要依据具体的村庄来定。"7+X"协商委员会的重要价值在于保证参与协商的农民在协商中至少有一个自己信任的权威主体,这样可以保证参与和信任。以"7+X"协商委员会探索协商自治有效,关键在于权威主体的引导。村庄的利益越是多元化,农民信任的权威主体也越是多样化;因而在其他村庄的协商可能是"N+X"的形式。另外,近几年,各地依据实际情况,创构出诸如"协商议事会、协

---

[1] 参见刘思《权力与权威:中国农村村民自治基本单元的组织基础》,《东南学术》2017年第6期,第45—50页。

商理事会、村民议事会、调解委员会或纠纷调解小组、调解员制度、乡贤理事会"等多种协商形式。这些形式的协商均是在"权威引导、民众参与"的协同行动中展开的。同时，在实践中，也要充分挖掘具有非正式权力的权威主体（如新乡贤），以弥补正式权力主体的不足。由于各地新乡贤的数量和质量、村民的参与能力和议事能力等的差异性较大，以及地域文化和生活习惯的差异，在实践中，以权威引导式协商机制探索治理有效要注意创新实践形式。

第十八章
治理型中坚农民与乡村治理有效的内生性主体*

乡村治理有效是乡村振兴的基础性保障，也为乡村振兴提供有序、有活力的社会条件。农民群众是乡村社会的主体，也是乡村有效治理体系的探索者、参与者和受益者。习近平总书记在参加十三届全国人大一次会议山东代表团审议时指出："坚持农民主体地位。充分尊重农民意愿，切实发挥农民在乡村振兴中的主体作用，调动亿万农民的积极性、主动性、创造性、把维护农民群众根本利益、促进农民共同富裕作为出发点和落脚点，促进农民持续增收，不断提升农民的获得感、幸福感、安全感。"[①] 可见，农民群体在乡村有效治理的探索和建设中发挥着重要的作用，是主要主体。因为说到底，实现乡村有效治理并长久运行要依靠农民群体。有农民群体参与构建的乡村治理体系也必然具有持久活力。但是，在日益分化、原子化和空心化的当下农村，什么样的农民群体可以促进乡村有效治理呢？这些农民群体的特质是什么呢？他们推进乡村治理有效的作用机制又是什么呢？对此，本章从农民视角切入，运用实证调查方法，尝试从理论和实践两个层面去探讨和构建农民群体与实现乡村有效治理之间的关系与作用机制。

---

* 本章以《治理型中坚农民：乡村治理有效的内生性主体及作用机制——基于赣南下的调查》为题，发表于《理论与改革》2021年第4期，第116—128页。

① 《中共中央国务院关于实施乡村振兴战略的意见》，人民出版社2018年版，第7页。

一 乡村治理有效的有效主体之问

党的十九大以来,乡村有效治理已成为学术界和实践界关注的热点。"什么主体可以助推乡村治理有效"则是其中最重要的研究议题之一。众多学者从不同学科、不同视角,运用不同方法,对此进行了深入的阐述。围绕这一议题,学术界主要有以下三种观点。

第一,村庄内部的治理主体,直接参与乡村治理。主要指凭借强大的经济资源、文化资源和社会资源来直接参与乡村公共事务的治理力量,包括农民组织、在村精英等。一是各种血缘性、地缘性、利益性、文化性的农民自治组织,不同程度地参与乡村治理事务。在宗族型村庄中,亲族组织通过实力原则、裙带传承、亲缘网络等方式影响村治权力的分配,[①] 获取村民和正式制度权威认可,从而成为村庄中的"非正式治理者",参与村庄公共事务达成"治理有效"的目标。[②] 各地结合实际探索出诸如"村民议事会""院落会""三级理事会"以及"红白理事会"等组织参与村庄公共事务,以"微自治""直接参与式自治"等机制助推乡村善治。二是内生性的经济精英、社会精英和文化精英。包括老干部、老战士、老专家、老教师、老党员等在内的"五老"拥有一定村社权威,是村庄矛盾调解的权威者,并逐渐成为乡村治理中一支不可或缺的力量。[③] 近年来,学界和实践倡导在村新乡贤群体"凭借自身的诸多优势在乡村社区治理创新中发挥着民主治理功能、政策宣传功能、秩序再造功能和民主监督功能"[④]。此外,村庄中的"狠人、富人、能人、老好人"等也在村庄公共治理中发挥着重要作用。

第二,外部输入的治理主体,可以助推乡村善治。主要是指村外主体通

[①] 参见肖唐镖《乡村治理中农村宗族研究纲要——在实践中认识农村宗族》,《甘肃行政学院学报》2010年第1期,第33—40、126页。

[②] 参见张磊、曲纵翔《国家与社会在场:乡村振兴中融合型宗族制度权威的重构》,《社会主义研究》2018年第4期,第114—123页。

[③] 参见王明波、武力《"五老"参与乡村治理的可行路径探究》,《领导科学》2019年第10期,第27—30页。

[④] 倪咸林、汪家焰:《"新乡贤治村":乡村社区治理创新的路径选择与优化策略》,《南京社会科学》2021年第5期,第82—90页。

过党政体系、公共服务供给、投资等方式进入村庄而形成的治理力量。一是从上级行政体系下派到乡村的扶贫干部、驻村干部、第一书记等，作为国家在基层的代表，发挥党建引领的作用，通过行政资源、项目资源对乡村社会进行整合，推进乡村治理的不断优化。这些治理主体以非科层化运作，"有助于打破传统乡村治理功能分割和制度僵化"[1]，在与村干部互动中形成合作型或冲突型治理主体结构[2]。二是外来企业作为乡村治理的市场主体，通过企业下乡、"资本下乡"[3]作用于乡村社会，形塑出有利于治理的社会条件和社会秩序。资本下乡将现代化生产要素以资本形式引入农村，而农户将土地承包经营权作为资本加以转让，从而实现资本与土地的结合。[4]但是，外部输入的市场资本必须有机地嵌入村庄社会，才能实现可持续发展，[5]为乡村治理提供物质资源。

第三，"内—外"结合型治理主体，激活并推进乡村善治。主要是指通过经济资源、文化资源和社会资源等内外部资源联结乡村内、外主体而形成的共同治理力量。[6]具体包括两类：其一，组织化的主体，如"企业+合作社+农户"性质的专业合作社利用企业的管理经营模式和资本，以经济要素将农民联结、组织起来。这些组织集经济实力、组织认同和权威基础于一体，[7]其发展改变了村庄治理的"生态系统"，为现有乡村治理增添了新的博弈主体。[8]其二，返乡新乡贤群体，这一类主体拥有社会资本和内生性权威，可以

---

[1] 袁立超、王三秀：《非科层化运作："干部驻村"制度的实践逻辑——基于闽东南C村的案例研究》，《华中科技大学学报》（社会科学版）2017年第3期，第131—137页。

[2] 参见丁波《驻村帮扶下村庄治理主体结构和行动逻辑——基于T县两村的实证研究》，《西北农林科技大学学报》（社会科学版）2019年第4期，第61—68页。

[3] 郭亮：《资本下乡与山林流转 来自湖北S镇的经验》，《社会》2011年第3期，第114—137页。

[4] 参见徐勇《现代化视野中的"三农问题"》，《理论月刊》2004年第9期，第5—9页。

[5] 参见蒋永甫、应优优《外部资本的嵌入性发展：资本下乡的个案分析》，《贵州社会科学》2015年第2期，第143—149页。

[6] 参见高其才《健全自治法治德治相结合的乡村治理体系》，《农村·农业·农民（B版）》2019年第6期，第42—43页。

[7] 参见王进、赵秋倩《合作社嵌入乡村社会治理：实践检视、合法性基础及现实启示》，《西北农林科技大学学报》（社会科学版）2017年第5期，第38—44页。

[8] 参见赵泉民《合作社组织嵌入与乡村社会治理结构转型》，《社会科学》2015年第3期，第59—71页。

拓展农村社会关系网络，① 为村庄引入经济资源，并在一定程度上整合内外资源，从而服务于乡村治理。"乡贤回归"或"乡贤返场"② 建立了由"村外人"到新乡贤的乡村治理模式，实现了"精英回流"的嵌入性治理。③ 从各地实践来看，返乡新乡贤在乡村治理方面发挥了一定的积极作用，涵括乡村法治、经济、政治、文化、环境、扶贫等诸多领域。④

综上所述，学者们大多将关注的重点放在掌握着一定治理资源的基层党政机关、农民组织和乡村精英等治理主体上，而忽视了治理资源较少的普通农民群众在乡村治理中的作用，普通农民成为乡村治理场域中的弱势群体，呈现出"集体失语"⑤ 的特征。虽然农村外流人口较多，但在村的农民群众也有不小的数量，其中青壮年农民占大多数，他们构成村庄的主要力量，拥有"持续在场"的优势，成为乡村治理的主体。贺雪峰教授注意到了这部分农民的作用，将他们定义为"中坚农民"，并指出："中农户中的青壮年农民通过各种获利机会（如土地适度规模经营、开商店、当手艺工匠等）获得不低于外出务工的收入，成为农村中最为重要的中坚力量。"⑥ 具体来说，中坚农民具有三个要素。一是场域要素，以农村为主要生产生活场域，农户的主要收入、社会关系、家庭均在村庄。二是经济要素，经济收入不低于外出务工收入，农户只有取得不低于外出务工的收入才有可能继续留在村庄。三是年龄要素，中坚农民均为青壮年农民。可见，"中坚农民"是一个包容性很强的概念，也是农村社会中一个比较特殊的群体。中坚农民与村庄的利益关系和社会关系表现出深度嵌入性，经济生产呈现更强的经营性和扩张性，对乡

---

① 参见张兴宇、季中扬《新乡贤参与农村社区治理的路径和实践方式——基于社会关系网络的视角》，《南京社会科学》2020 年第 8 期，第 82—87 页。
② 参见姜方炳《"乡贤回归"：城乡循环修复与精英结构再造——以改革开放 40 年的城乡关系变迁为分析背景》，《浙江社会科学》2018 年第 10 期，第 71—78、157—158 页。
③ 参见徐瑾、万涛《由"村外人"到"新乡贤"的乡村治理新模式——以 H 省 G 村为例》，《城市规划》2017 年第 12 期，第 65—72 页。
④ 参见陈寒非、高其才《新乡贤参与乡村治理的作用分析与规制引导》，《清华法学》2020 年第 4 期，第 5—17 页。
⑤ 崔晓芳：《农村治理主体多元化的现实困境与实现路径》，《山西农业大学学报》（社会科学版）2012 年第 9 期，第 882—885、900 页。
⑥ 参见贺雪峰《论中坚农民》，《南京农业大学学报》（社会科学版）2015 年第 4 期，第 1—6、131 页。

村发展和治理有更强的主体自觉和归属认同。① 因此，中坚农民在农村经济发展和村庄治理中有着不可忽视的作用。但是，从治理的理论和实践上看，农民群众（包括中坚农民）在多大程度上可以推进乡村治理取决于参与、能力、制度、机制等诸多要素。中坚农民群体是村庄主要力量，是客观存在，他们都能发挥推进乡村治理有效的功能吗？或者说，哪些类型的中坚农民群体会助推乡村有效治理呢？他们又具备什么治理特质，推进乡村治理的作用机制是什么？基于此，本章尝试从治理主体有效的维度，建立参与"意愿性—能力性"分析框架，在赣南F村的田野调查基础上，研究"具备何种气质的何种类型中坚农民可以推进乡村有效治理"这一命题。

二 中坚农民类型化：基于"意愿性—能力性"的分析框架

如何认识和理解中坚农民在乡村治理中的积极功能，还需要在理论上对中坚农民与乡村治理的关系进一步厘清和深化。中坚农民的类型化是认识中坚农民治理功能的基础。

（一）"意愿性—能力性"分析框架：基于治理的三重维度

治理是对公共事务的处理，以支配、影响和调控社会。② 理解治理概念有三个维度。一是行为维度，治理是一种公共性的行为过程。二是主体维度，治理基于多元主体的协作或合作。三是价值维度，治理落脚于某种公共利益的共同性追求。在这个意义上，治理是由治理主体基于某种共同性追求而发生的公共行为。无论从哪一维度去理解治理，都难以回避"参与"这一基础性指标。公共治理实践中的参与性是鉴别农民积极性的首要因素。③ 积极的农民更容易形成自下而上的参与。可见，没有主体的参与、没

---

① 参见杨磊、徐双敏《中坚农民支撑的乡村振兴：缘起、功能与路径选择》，《改革》2018年第10期，第60—70页。
② 参见徐勇《GOVERNANCE：治理的阐释》，《政治学研究》1997年第1期，第63—67页。
③ 参见吴帅、郑永君《反贫困治理中"积极农民"何以形成——以湖北省Z县为例》，《西北农林科技大学学报》（社会科学版）2021年第3期，第37—45页。

有有效性高的参与行为、没有基于共同追求的一致性参与，很难实现治理目标。

在乡村治理场域下，中坚农民群体作为一种客观存在，能否真正发挥乡村治理功能，取决于参与性。中坚农民作为农民群众的一部分，是村庄公共事务的主体，自然构成治理的主体。治理主体的参与性直接决定着治理效能。在乡村治理中，农民政治参与的深度、广度、效度直接关系着治理水平。[①] 这是一种参与的客观界定，参与性也受到参与主体的主观因素的影响。从参与主体自身看，参与意愿和参与能力是有效参与实现的两个必要条件。[②] 任何政治行为都是在某种心理动机的驱使下展开的，政治参与行为也离不开它的心理因素的驱动力。[③] 这种心理因素体现为某种行为动机下的意愿性。农民参与治理的行为首先取决于其参与治理的意愿性。参与意愿性强，说明主体关心治理事务的可能性就越大，越容易形成合作的治理行动。当然，有参与意愿并不必然提高参与治理的效能，还取决于主体的参与能力。参与能力是指主体必须具有一定的、可以增进治理绩效的技能。迈向善治需要培养农民的参与能力，包括识别能力、表达能力、开会能力、沟通和包容能力以及行动能力。[④] 这些参与技能可以保证农民主体在参与治理中有较高的理性，建构和形成相互认同的规则、程序，彼此之间就公共议题达成协商一致的集体行动。参与者的能力越高，这些能力越容易汇聚成正向的合力，越能提高治理能力。因此，从治理主体角度看，主体有效性决定着乡村治理的有效性程度。而意愿性和能力性是影响治理主体有效的两个变量。如图18-1所示，参与治理的意愿性越强、能力性越高，说明参与治理的主体有效性越高，越容易形成高效的乡村治理行动。

（二）中坚农民的四种类型及治理特质

如前所述，中坚农民作为村庄中的中坚力量，其能否在乡村治理场域中

[①] 参见张百顺《农民有序政治参与研究：实践发展与理论创新》，华中科技大学出版社2015年版，第61—65页。

[②] 参见邓大才《有效参与：实现村民自治的递次保障》，《财经问题研究》2019年第4期，第3—11页。

[③] 参见王浦劬主编《政治学基础》，北京大学出版社1995年版，第222页。

[④] 参见李朝民、侯馨远《迈向善治的阶梯在哪里——访华中师范大学中国农村研究院院长邓大才》，《农民日报》，2021年1月14日第5版。

284　中国乡村治理：历史与现实

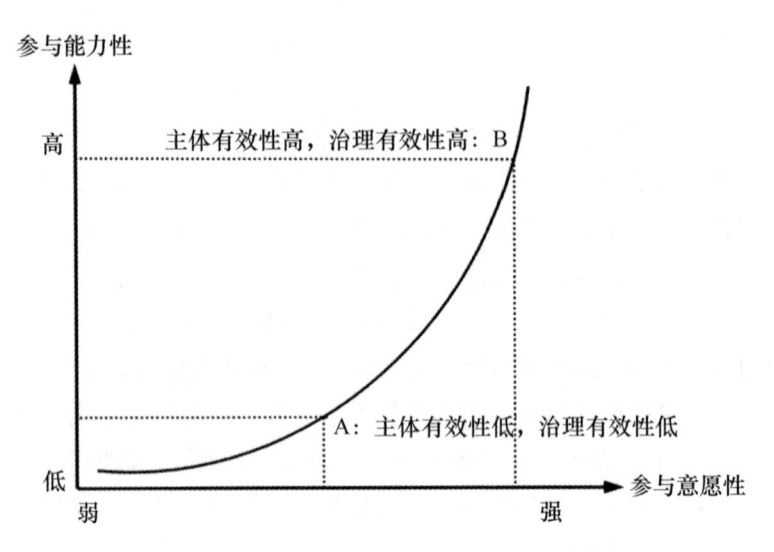

图 18-1　参与意愿性、能力性与乡村治理效能的关系

资料来源：作者自制。

发挥治理功能，取决于其参与治理的意愿性和能力性。中坚农民因为受教育程度、社会资源等内外部因素的约束，其参与治理的意愿性和能力性也存在差异性。换言之，不同的中坚农民具有不同的治理特质，这种治理特质的显现集中于参与性这一核心层面。因此，从理论来看，在治理参与的"意愿性—能力性"二维分析框架下，中坚农民有四种类型。如图 18-2 所示，第一种类型：基于"高参与意愿—强参与能力"的积极可为型中坚农民。这部分中坚农民群体的特质是平时热心于村庄公共事务，积极参与其中，并具有较高的参与能力，有较强的组织协调能力、建言献策能力以及执行能力。第二种类型：基于"高参与意愿—弱参与能力"的积极难为型中坚农民。这部分中坚农民群体关心村庄公共事务，有较高的参与意愿，但由于自身能力限制导致参与能力较低，在治理中可以发挥个体的支持作用。第三种类型：基于"低参与意愿—弱参与能力"的冷漠弱能型中坚农民。这部分中坚农民群体的特质是虽然在村，但他们既不关心村庄公共事务，公共意识较弱，也没有较高的参与意愿，更没有参与能力，无法推进乡村治理。第四种类型：基于"低参与意愿—强参与能力"的冷漠能为型中坚农民。这部分中坚农民个人能力很强、素质也很高，在资源整合与动员、个人见识、村庄威望等方面的能力都较高，但对公共事务的关注度不够，不太愿意参与乡村治理活动。

第十八章　治理型中坚农民与乡村治理有效的内生性主体　285

```
高
│
│     ●                    ●
参    （积极难为型中坚农民）      （积极可为型中坚农民）
与
治    ┄┄┄┄┄┄┄┄┄┄┄┄┄┄┄┄┄┄┄┄┄┄┄┄┄
理
的    ●                    ●
意    （冷漠弱能型中坚农民）      （冷漠能为型中坚农民）
愿
性
│
低└──────────────────────────→
  弱      参与治理的能力性      强
```

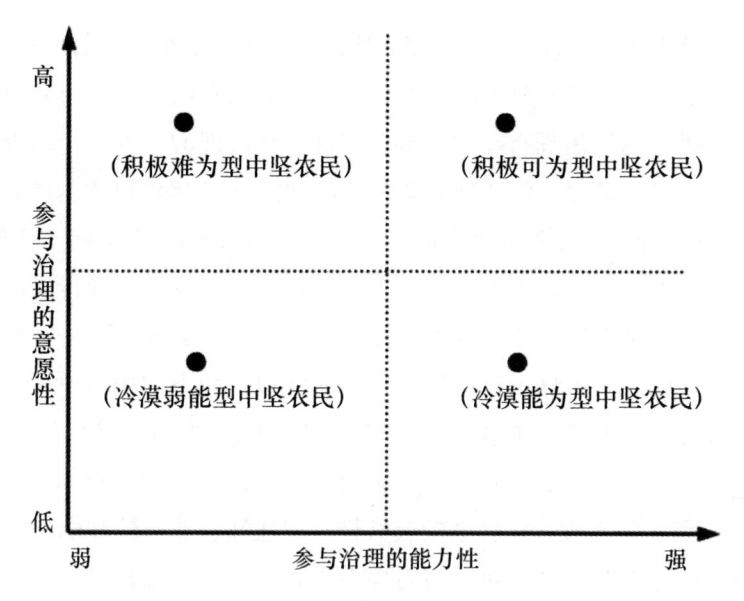

图 18-2　中坚农民的四种类型

资料来源：作者自制。

（三）治理型中坚农民：乡村治理有效的主体基础

中坚农民能不能推进乡村治理有效，取决于其参与治理的可能性以及改善治理的可能性。在地方治理中，有"搭便车者、积极参与者以及处于二者之间的看门人"①。积极参与者具有较强的公共意志和公共责任感，可以提高治理绩效。作为治理主体的积极参与者在本质上体现为积极公民。积极公民有两个要件：参与和组织，公民通过积极参加组织、参加公共生活形成积极公民。② 参与是积极公民形成的重要因素和途径。③ 从"意愿性—能力性"分析框架下看四种类型的中坚农民，基于"强意愿性—高能力性"的积极可为型中坚农民符合积极公民的特征，是乡村治理场域中的有效主体。作为乡村

---

① ［美］理查德·C. 博克斯：《公民治理：引领21世纪的美国社区》，孙伯瑛译，中国人民大学出版社2013年版，第47—61页。
② 参见 Duncan Green, *From Poverty to Power: How Active Citizens and Effective States Can Change the World*, London: Oxfam GB, 2008, pp. 11-15。
③ 参见邓大才《积极公民何以形成：乡村建设行动中的国家与农民——以湖北、山东和湖南的五个村庄为研究对象》，《东南学术》2021年第1期，第85—94页。

治理的内生性主体，积极可为型中坚农民最大的优势是植根于村庄社会内部。他们不仅自己积极参与乡村治理，而且影响和组织农民积极参与到村庄公共事务之中，推进有效治理行动的达成。因此，从治理的角度看，积极可为型中坚农民也可以定义为"治理型中坚农民"。治理型中坚农民的基础性特征是"在村的主干力量"，关键性特征是"治理性"。治理性反映的是治理主体的一种气质或属性，指的是治理主体在多大程度上愿意参与治理行动以及在参与中有多少能力可以促进治理改善或提升。这里的"治理性"是一种面向治理绩效的正向的、积极性治理特质。从乡村治理场域下的中坚农民来看，只有具有较强参与意愿性、较高参与能力性的积极可为型中坚农民具有这种"治理性"。治理型中坚农民首先是"长期在场"的重要农民群体，同时具有较强的"治理性"气质，在较强的公共性、责任性、参与性和能力性四个要素条件下，必然能够以自下而上的内生性方式为乡村治理提供主体支持、智力支持，在实践中极大地推进乡村治理绩效的改善，提升乡村治理有效性。

三 治理型中坚农民与乡村治理的实践图景

赣南 F 村是一个普通的农业型村庄，外出务工人员较多。根据实地调查，常年在村的青壮农民有 300 人（80 多户），是 F 村的中坚力量，占比为 6% 左右。这些群体的经济收入在村内以个体经营、养殖或种植、承包小型工程、打零工等为主。①

（一）治理型中坚农民的现实写照

在调查中发现，300 多名中坚农民并不是都能积极参与村庄治理，只有少部分中坚农民在乡村治理中发挥着积极作用。按照治理型中坚农民"强参与意愿、高参与能力"这一基本原则，F 村的治理型中坚农民有 90 多位，占比 30%②。

---

① 本部分的资料主要来自笔者 2020 年 6—8 月、2021 年 2 月的驻村观察。硕士研究生刘凤萍、邓华、朱利、张海超等参与了项目调查，在此一并表示感谢。

② 根据 F 村实地调查，积极难为型中坚农民有 82 人，占比 27%；冷漠弱能型中坚农民有 68 人，占比 23%；冷漠能为型中坚农民有 60 人，占比 20%。

具体来说，F村的治理型中坚农民主要有三种类型。如表18-1所示，第一种是权力类治理型中坚农民，F村有6人，占比7%，这部分人群主要是常年在村的村干部，且从事一定规模的农业经营，改善村庄发展和治理境况的愿望强烈并能有所积极行动。第二种是经济类治理型中坚农民，F村有66人，占比73%，这部分群体常年在村，从事大规模农业经营或其他小型商业经营，经济实力较强，关心并积极参与村庄治理，积极推进村庄公共设施建设。第三种是文化类治理型中坚农民，F村有18人，占比20%，他们常年居住在村里，有文化，有道德威望，关心和推动着村庄的公共文化事业发展。

表18-1　　　　　　　　　　　F村治理型中坚农民类型

类型	具体举例	基本特征	参与乡村治理的情况
权力类治理型中坚农民	村支书刘文武1人	村干部，常年在村，山羊、土鸡等养殖大户	直接参与村庄治理、改善村庄发展和治理的愿望强烈且有积极行动
	妇女主任钟秀等5人	生姜、芋头、辣椒等种植大户	组织妇女农技培训，开展文化活动
经济类治理型中坚农民	种植能手刘华等66人	常年在村，从事餐饮业、养殖业的经营	关心并能积极参与村庄治理，积极投身于公共设施建设
文化类治理型中坚农民	退休教师刘清等18人	常年在村、有文化、有威望	关心村庄公共文化事业，并有积极行动（如教育、文化活动）

资料来源：作者自制。

（二）治理型中坚农民的治理功能体现

通过对F村的驻村观察发现，上述治理型中坚农民不仅是构成村庄经济社会发展的主要力量，也发挥着重要的治理功能。如表18-2所示，具体体现在五个方面。(1) 在村里流转土地，自身发展规模化养殖和种植，给村民提供本地就业机会，同时，带动其他村民发展种植业和养殖业，带动村庄经济发展。如妇女主任钟秀多次作为县里"赣南新妇女"运动的代表，参加县里的会议和培训，每次培训回村后都会积极召集村里的妇女开会传达会议精神，并组织村里的妇女开展技能培训，引导妇女们学技术、用技术。（2）治理型中坚农民在村里大多属于致富能手，家境殷实，常年在村，对村里比较了解，村内人际关系网也比较深厚，常常能够主动介入矛盾纠纷的化解中，维持村内和谐的社会秩序。（3）筹建公益性文化组织，并筹资捐款修建文化设施、举办文化活动。如妇女主任钟秀在村里组织妇女们举办了"清洁家庭，从我做起"的活动，开展了"五好"新女性评选活动等。退休教师刘清、文化人刘月、经营能手刘军与其他几位在村教师一起倡议发动村中富裕农户成立了"捐资助学协会"，启动仪式当天筹资13万元，确立了协会会长、副会长、理事会成员以及协会章程，并建立了协会的微信公众号，极大地推进了村庄文化教育。（4）积极参与基础设施建设。如种植能手刘华特别关心村里的基础设施建设，村里的大小事情，都会参与讨论，建言献策。只要村里修路、修桥、修庙等，他都会积极参与捐资筹款，并劳动村民积极参与。（5）协助村民委员会做好国家政策的宣传，引导农民支持落实和积极参与。如退休教师刘清、种植能手刘华等热情地向农户们宣传精准扶贫的政策。

表18-2　　　　　　　　治理型中坚农民的治理功能表现

具体领域	具体表现
村庄经济发展方面	流转土地，发展规模化养殖和种植，提供就业机会；带动其他农民发展种植业或养殖业，开展农业生产技能培训
社会秩序维护方面	化解和调解村民之间的矛盾纠纷
文化活动筹办	发起公益性文化组织，组织农民举行文化活动（如春晚）；发起捐资，开展文化设施建设（如修庙）
基础设施建设	动员村民捐资捐款，参加基础设施建设（如修路、修桥）
协助村委会开展工作	协助村委会宣传和推进国家政策（如精准扶贫、厕所革命等）

资料来源：作者自制。

（三）治理型中坚农民的乡村治理效应

虽然F村治理型中坚农民的绝对数量不多，但有一个共同特征：关心村庄公共事务，不仅自身积极参与村庄治理，而且能够组织和发动农民群众参与村庄治理，推动着村庄治理效能的改善和提高。在与村干部、村民们的访谈中，他们肯定了治理型中坚农民群体的积极性治理功能。从村干部角度看，治理型中坚农民群体中的大部分都不是村干部，他们活跃于村庄治理场域，以普通村民的身份，发动和组织群众，感染着周边群众，有助于形成广泛参与的一致性行动。从农民群众角度看，治理型中坚农民热心于村庄公共事业而非个人私利，在村里营造出一种公共参与的氛围。F村连续四年顺利举行的村庄春晚就是一个典型的例子。2015年，村民委员会发动组织了村庄第一届春节联欢晚会。春晚是一个需要大量人力、物力、财力投入的文化活动，需要全体村民的共同参与。为了将这一活动延续下去，刘清、刘华等一大批热心于文化教育事业的在村的中坚农民联合村庄内的其他农户发起成立了文化协会，发动村民们入会成为会员。协会建立了完备的协会章程（共7章21条），详细地规定了会员权利与义务、经费筹措与管理、资助与奖励对象等具体措施。文化协会组织还积极联络乡镇政府、赣州电视台和优酷等媒体。目前，春晚这一村级活动已经连续举行了四年，参与的人数和举办的规模逐年增长，促进了村级文化事业的繁荣，也营造了一种良好的村庄治理氛围。

四 治理型中坚农民推进乡村治理有效的内在作用机制

F村的治理型中坚农民群体之所以能在乡村治理场域下发挥积极的治理功能，既取决于适宜的村庄治理环境，也受其自身因素的影响。他们作为治理的中坚力量，参与要素是理解其治理行动与治理绩效的切入点。

（一）包容性治理环境是治理型中坚农民参与治理的基础

我国乡村治理经历了从自治到共治的变迁轨迹，目前乡村治理改革仍面临着多元主体参与不够的困境。[1] 如果说普通农民群体在多大程度上参与村级治理，直接决定着村级治理的活力，那么，可以增进治理绩效的治理型中坚

---

[1] 参见袁金辉、乔彦斌《自治到共治：中国乡村治理改革40年回顾与展望》，《行政论坛》2018年第6期，第19—25页。

农民在多大程度上可以参与村级治理，则直接决定着治理的有效性。如前所述，治理型中坚农民群体中的大多数是有参与意愿和参与能力的乡村精英或积极分子。如在F村，既是村干部又是治理型中坚农民的只有6人，而非村干部的治理型中坚农民则有84人。后者作为治理型中坚农民的绝大多数，是非正式的治理主体。他们参与乡村治理是"以其非体制权威嵌入乡村治理过程，并辅助其他正式治理主体推进乡村善治的行为"[1]。在这个意义上，大多数治理型中坚农民群体的参与性还取决于参与渠道的畅通性。换言之，在数量上占大多数的非村干部的治理型中坚农民群体能不能真正参与村庄治理行动，取决于村干部群体这一正式治理主体的接纳性与吸纳性。在一个包容性较高的村庄治理环境下，正式的治理主体并不排斥非正式治理主体，而是积极吸纳他们的参与，并建构畅通的参与渠道、设立体系化的参与程序，给非正式治理主体营造自主性的参与空间。村庄治理环境的包容性越强，非正式治理主体在村庄治理场域下发挥治理效能的可能性就越大。从F村看，90多位治理型中坚农民可以在经济发展、社会秩序维护、文化活动组织、基础设施建设等方面发挥积极作用，取决于村民委员会的包容与吸纳。如村支书刘文武说："他们能参与进来最好了，可以推动不少工作，也可以影响其他人，跟着一起参与。"可见，包容性的治理环境是治理型中坚农民参与治理并推进治理的基础条件。

（二）以个体性参与激活整体性参与，夯筑村治的公共行动力

农民群众自愿参与是乡村治理有效的主体基础。治理的有效实现不仅有赖于个体的自愿程度，而且有赖于整体的自愿程度。[2] 因此，在乡村治理中，农民参与既有个体性参与，也有群体性参与。个体性参与是农民个体基于个体参与意愿，在个体的公共性动机下参与治理，是一种小规模的参与。群体性参与是村庄范围内的大多数农民基于共同的参与意愿，在一致性的集体公共性动机下参与治理，是一种大规模的参与。从增进治理绩效的角度看，任

---

[1] 孙丽珍：《新乡贤参与乡村治理探析——以浙江省为例》，《江西社会科学》2019年第8期，第225—233页。

[2] 参见邓大才《村民自治有效实现的条件研究——从村民自治的社会基础视角来考察》，《政治学研究》2014年第6期，第71—83页。

何一种具体的村庄治理行动都涉及全体村民的公共利益。只有大规模的参与才有可能增进公共利益的实现。在原子化、个体化以及分化日益严重的当下农村，实现从个体性参与到群体性参与需要一个有效的中间介质。这个介质必须满足以下两个条件：一是在普通村民中有一定的引领力，无论是经济的还是道德的；二是真正能够推进乡村治理并带来公共利益的改善与优化。F村的治理型中坚农民恰好满足这两个条件，可以充当有效的中间介质。治理型中坚农民群体常年在村，其主要的社会关系网络也在村内，且相对稳定和良好，能够有效联结村内的大多数农民，凭借其经济发展能力或道德威望在村里有一定的话语权。当治理型中坚农民以个体性参与治理行动，以增进公共利益为目标，并有极大的可能实现这一目标的时候，就会形成一种感染力和号召力。再经过村民委员会的正式吸纳、话语游说、能力感召等一系列的隐形运作，在村内形成一种默认一致的参与意愿，吸引农民群众共同参与村庄治理，以整体性参与提高村庄治理的群众基础和行动力。因为只要农民群众有了较强的参与意愿，他们就会在具体的行动中产生较高的治理效能感，在达成共同目标的强烈动机下去行动，并试图在行动中展示自己的努力与智慧。具有较高政治效能感的公民，往往在政治参与过程中有更为积极的表现。[①] 在访谈中，F村的农民讲述说："看着他们（治理型中坚农民）那么积极，也不是为了自己，都是为了全村，我们也不好意思旁观了，也去看看，看了不要紧，受到了鼓舞，想着必须把事办成。"

（三）高质量的参与能力下可以形成增进公共事务治理的系统性能力

参与意愿可以确保村庄治理有一定程度的群众支持度。当有参与意愿的人数较多时，就会形成较强的公共意识，自然也便于形成基于共同意愿的一致性行动。但这种行动能不能以最高效的方式达成共同目标，取决于参与主体的参与能力。因为即使有较大数量的主体有较高的参与意愿，但没有一定的参与能力，这种参与也很难提供有效的治理方案。从参与行为看，治理是一种系统性的参与行为，这种参与呈现出两种层次：第一层次是参与的心理

---

① 参见李蓉蓉《农民政治效能感对政治参与影响的实证研究》，《深圳大学学报》（人文社会科学版）2013年第4期，第79—85页。

层面，包括参与动机、参与意愿等；第二层次是参与的行动层面，包括参与规则、参与程序、参与保障、参与组织等。第一层次的参与为治理活动供给行为主体，第二层次的参与为治理活动供给行动能力。不同的治理活动所依赖的参与规则、程序、保障、组织等也有差异性，这都需要参与主体基于共同的协商、讨论以及合作而制定。参与规则、程序、保障和组织的产生依赖于参与主体的规则或程序的生产能力、理性思考的能力、合作能力、协商能力和执行能力，这些能力也是参与能力的主要内涵。因此，当参与主体提供了一整套有效的参与规则、保障、程序或组织时，就说明参与主体具备了较强的参与能力。较高的参与能力可以增进治理能力，进而提高治理的有效性。公民个体或公民组织只有具备了相应的参与能力，才能承担起治理参与者应有的责任与义务，才能更好地以合法、理性的方式达成利益诉求，推动治理现代化的实现。[①] 当然，在村庄治理中，不是每一个农民都具备这些参与能力。但具备这些参与能力的治理型中坚农民可以在具体的参与中，不仅提供高质量的参与规则和程序等，而且提供可供讨论的可行的治理方案。治理型中坚农民所具有的高质量参与能力输入乡村公共事务治理场域之下，就会形成一种增进治理绩效的系统性能力。系统性治理能力的核心是治理主体在有质量的参与治理中，不仅表现为个体的积极行动，而且在于各个行动者之间能够进行各种连贯性的一致性行动，聚合治理能力。F村春晚之所以可以连续举办四届，根本原因在于治理型中坚农民群体在发起首届春晚时就发动群众制订了详细的行动方案、活动规则，建立了协会组织。而其他农民群体在有效的"参与规则—参与程序—参与保障—参与组织"等框架下，不仅可以有效保障其正当性的参与权利，而且可以受到隐形的参与能力训练。因此，参与能力是治理型中坚农民推进乡村善治的关键。他们以高质量的参与能力增进村庄治理活动的行动能力，增进村庄公共事务的治理能力。

（四）关键群体的引领性参与，助力公共性的重塑与再生长

治理型中坚农民群体占村庄总人口数量的比例一般不会太大，是村庄治理中的关键性群体。关键性群体往往会在集体行动中发挥重要作用。通过F

[①] 参见夏晓丽、蔡伟红《城市社区治理中公民参与能力建设的调查与思考——基于L市社区的问卷调查》，《中南大学学报》（社会科学版）2017年第1期，第124—129页。

村的案例分析可以发现，治理型中坚农民群体参与村庄治理既不是以这个群体为中心的治理"独角戏"，也不是单纯地协助村民委员会开展治理，而是他们以积极性参与鼓舞和引导其他农民群体参与治理。这种参与行为呈现出引导性、联动性的特点，是一种关键群体的引领性参与。在这种引领性参与行为下会产生两种促进治理有效的内生性机制。一是重塑村庄公共性。以往乡村公共性的塑造主体往往以村干部为主，在村干部日益行政化、权力化和乡村个体化的双重影响下，正式权力主体在村庄公共性中的塑造力逐渐减弱。但治理型中坚农民群体不同，他们不仅内生于村庄社会，而且与普通农民一样是并不拥有正式权力的群体。治理型中坚农民准确地知道邻近农民的需求，他们的积极参与必然会影响普通农民群体的参与意愿和参与动机，对村庄公共性的塑造具有更好的亲和力、感染力。由治理型中坚农民引领普通村民积极参与，在村民委员会的作用下形成三方联动协同的治理性。农村基层协同治理往往更加强调从治理个体的需求出发设置治理议题，在农民之间建立治理联结性，以提升治理行动的效能。而这以治理型中坚农民对村庄公共性的重塑为基础。二是促进村庄公共性的再生长。公共性建立在共同观念、共同追求、公共利益与公共参与基础之上。村级组织的公共性、内生性与村庄治理相关联，公共性高则治理动力强，内生性大则治理能力强，进而村庄治理绩效更好。[①]作为一种呈现状态的村庄公共性，并不是静止的，而是动态变化的。持续增强的动态公共性有助于推进治理有效，但这需要动力源。F村的治理型中坚农民群体恰好就是推进村庄公共性生长的持续动力源。寻找和设置公共治理议题、组建参与型公共组织、建立有保障的参与程序和规则等可以让农民持续关注村庄治理，让农民形成"村治与己紧密相关"的共识性观念，使村庄公共性一直因农民主体的参与而拥有活力。

五 基于有效主体的乡村善治探索

乡村建设为农民，农民既是参与主体，也是受益主体。"什么农民可以极

[①] 参见郑永君《农村传统组织的公共性生长与村庄治理》，《南京农业大学学报》（社会科学版）2017年第2期，第50—58、151页。

大地推进乡村善治"始终是乡村振兴、乡村建设行动中的重要命题。通过对赣南 F 村的实地调查发现，村庄存在着一定数量的中坚农民，构成村庄社会的主要力量，也是村庄治理的主体。对这些群体在村庄公共事务中的活跃度以及发挥作用的程度进行观察发现，并不是所有的中坚农民都能在村庄治理场域下发挥积极作用，只有那些具有较高的参与意愿和较强的参与能力的积极可为型中坚农民可以推进乡村治理。参与性是治理型中坚农民发挥积极性治理功能的重要因素。而治理型中坚农民能发挥治理功能的基础在于其植根于农民群众的社会优势，在村的稳定性社会关系网络可以高效联结农民群众以及能够服众和感染人的个人能力和公共精神。从治理的角度出发，既具有较高的参与意愿又具有较强的参与能力的积极可为型中坚农民可以被界定为治理型中坚农民。治理型中坚农民群体在村庄社会主动寻找和设置公共议题，以自身较高的参与热情鼓舞和发动农民参与，并与村民委员会协作，建构农民自组织、建立参与的规则或程序，在有序的参与中形成一致的集体行动，并最终达成公共目标，提高乡村治理的有效性。因此，治理型中坚农民是推进乡村有效治理的有效主体。

在推进乡村振兴和实施乡村建设行动的大背景下，治理型中坚农民与乡村治理有效的关系研究对我们从农村实际出发探索和建构乡村善治具有启发意义。像赣南 F 村这样的农业型村庄要实现乡村善治的长久效应只能从内部着手，以治理型中坚农民群体为引擎助推村庄治理水平的改善。一是要在村庄社会发现和甄别出治理型中坚农民群体，关注他们的发展状况、参与村级治理的意愿以及发挥治理功能的领域。二是基层政府和村级组织要具有较高的包容性，创造平台和机会，建立村民委员会之外的治理性组织，积极吸引治理型中坚农民参与村庄公共事务的决策与执行。三是利用治理型中坚农民群体的号召力、感染力以及治理能力，激活村庄治理活力，激活农民参与，建立全面的参与组织、参与规则和程序。四是以村民小组、自然村落等为单位，培育一定数量的治理型中坚农民，建立治理型中坚农民协会，发挥他们在治理上的积极功能。

第十九章

箱式治理：自治、法治与德治的作用边界与实践效应[*]

党的十九大报告指出："加强农村基层基础工作，健全自治、法治、德治相结合的乡村治理体系。"[①] 这是实现乡村有效治理、推进国家治理现代化的中国方案。为促进乡村振兴、夯实乡村治理根基，2019年6月，中央农村工作领导小组办公室等六部委联合启动乡村治理体系建设试点工作，提出要坚持"三治"结合的基本原则，创新自治、法治与德治相结合的有效实现形式。不过，乡村治理实践具有复杂性、系统性，治理结构具有多样性。自治、法治与德治三者有何区别与联系，"三治"结合究竟以何种方式呈现出来，什么样的治理结构更有助于促进有效治理，解决这些问题，需要从理论上进一步深化和拓展。

一 "三治结合"的理论研究

目前，学界关于自治、法治与德治结合的研究，产生了很多具有启发性的理论成果。总体上，"三治"结合有三种理论模式："三治"合一论、"三

---

[*] 本章与陈涛合作，以《"箱式治理"：自治、法治与德治的作用边界与实践效应——以湖北省市山市乡村振兴探索为例》为题，发表于《探索》2019年第5期，第107—115页。

[①] 习近平：《决胜全面建成小康社会 夺取新时代中国特色社会主义伟大胜利——在中国共产党第十九次全国代表大会上的报告（2017年10月28日）》，人民出版社2017年版，第32页。

治"互嵌论、"三治"组合论。

（一）"三治"合一论，即法治与德治围绕自治合为一体，有人将其概括为"一体两翼"[①]的关系

持此观点的学者多是基于浙江桐乡"三治"合一的治理实践，他们提出德治是基础、法治是保障、自治是目的，以此实现乡村的有效治理。何显明认为，自治是主体，法治和德治是两翼，"三治"合一的关键是要将法治、德治落实到自治上来，"以不断丰富的乡村法治治理和道德文化治理的载体来完善村民自治的运行机制"[②]。徐勇等也持类似观点，他们提出"自治为体，法德两用"，即以自治激发基层和群众的创造力，以法治合理规范群己界限，以德治强化对共同体的责任。[③] 周天勇、卢跃东也认为，创新基层社会治理，首要的是推进德治建设，关键是加强法治保障，目标是提升自治水平。[④]

（二）"三治"互嵌论，即自治、法治与德治相互补充与促进，犹如基层社会治理的"三脚架"[⑤]

在乡村治理体系中，"德治是柔性约束、法治是刚性约束、自治是内生约束"[⑥]。向此德认为，"三治"融合是社会治理的"三驾马车"，以法治提升治理硬实力，以德治提升治理软实力，以自治提升治理内生力，三者相辅相成，共同促进基层治理现代化。[⑦] 龙文军认为："自治是实行社会主义民主的基本要求，法治是建设社会主义现代化的基本要求，德治是传承中国传统文化的

---

① 何阳、孙萍：《"三治合一"乡村治理体系建设的逻辑理路》，《西南民族大学学报》（人文社科版）2018年第6期，第205—210页。
② 何显明：《"三治合一"探索的意蕴及深化路径》，《党政视野》2016年第7期，第12—13页。
③ 参见张文显、徐勇、何显明等《推进自治法治德治融合建设，创新基层社会治理》，《治理研究》2018年第6期，第5—16页。
④ 参见周天勇、卢跃东《构建"德治、法治、自治"的基层社会治理体系》，《光明日报》2014年8月31日第7版。
⑤ 潘丽、江帆：《三治合一：桐乡走出县域善治新路径》，《浙江日报》2015年7月8日第12版。
⑥ 中共桐乡市委：《积极探索创新基层社会治理新模式》，《政策瞭望》2014年第9期，第44—46页。
⑦ 参见向此德《"三治融合"创新优化基层治理》，《四川党的建设》2017年第20期，第46—47页。

基本要求，将三者有机结合起来，构建中国特色社会主义乡村治理体系。"①在此基础上，郁建兴等提出整体论，他们认为，"'三治'各有侧重，有优先次序，但更需要同时发力、交织前进，以便发挥'三治'结合的'乘数效应'"②。

（三）"三治"组合论，即自治、法治与德治以多种形式搭配

一是单一组合论。自治、法治与德治在不同国家有不同的实现次序，美国是先有自治再有法治，德国、英国则是先有法治后有自治，它们都缺乏德治传统。③ 徐勇提出"寓法于治"④，"将法律制度寓于基层社会治理过程之中，将法律制度条文转化为人们日常生活的实践行为和生活方式，法治社会才有牢固的根基"⑤。二是两两组合论。"礼法合治"⑥"德法兼济"⑦"德法共治"⑧一直是中国治国理政的古老智慧，"对于国家治理来说，单纯的法治或单纯的德治都有局限性，好的国家治理需要法治与德治相结合"⑨。三是三者组合论。就善治的质量和水平而言，单一组合小于两两组合，又小于三者组合。"自治、法治、德治还可以按照各自不同的强度进行组合，功能互补，形成无数的治理方式、无数的治理体系及无数的'善治类型'。"因此，只能追求"最适宜的善治"，而无法追求"最优善治"。⑩

---

① 龙文军：《构建自治、法治、德治相结合的乡村治理体系》，《农村工作通讯》2017 年第 22 期，第 24 页。
② 郁建兴、任杰：《中国基层社会治理中的自治、法治与德治》，《学术月刊》2018 年第 12 期，第 64—74 页。
③ 参见杨开峰《桐乡"三治"实践的解读》，《党政视野》2016 年第 7 期，第 7—9 页。
④ 徐勇：《国家治理的中国底色与路径》，中国社会科学出版社 2018 年版，第 193 页。
⑤ 徐勇：《国家治理的中国底色与路径》，中国社会科学出版社 2018 年版，第 196 页。
⑥ 奚广庆：《依法治国需与以德治国相结合》，《中国特色社会主义研究》2015 年第 1 期，第 12—16 页。
⑦ 崔文博：《"德法兼济"视域下的中国乡村治理研究》，硕士学位论文，中共四川省委党校，2018 年，第 6 页。
⑧ 范和生、刘凯强：《德法共治：基层社会善治的实践创新》，《浙江学刊》2018 年第 6 期，第 9—16 页。
⑨ 王建敏：《法治与德治相结合推进国家治理现代化》，《当代世界与社会主义》2017 年第 1 期，第 166—172 页。
⑩ 邓大才：《走向善治之路：自治、法治与德治的选择与组合——以乡村治理体系为研究对象》，《社会科学研究》2018 年第 4 期，第 32—38 页。

综上所述，以上研究对于自治、法治与德治各自的特征与作用以及三者的匹配关系进行了深度考察，"三治"合一论侧重法治、德治对自治的辅助作用，但法律与道德具有不同的治理取向，该论点没有对法治与德治的边界以及治理效应进行深入分析。"三治"互嵌论强调"三治"的整体融合作用，忽视了三者在治理原则、治理边界上的区别，自治作为一种治理方式受到法治与德治两种规则的约束。"三治"组合论更多地考虑在不同时空条件下"三治"的组合次序，但在实际中自治、法治与德治构成一个整体，三者都是乡村治理体系的组成内容，"三治"结合的目标在于促进乡村善治，不能简单拼凑组合来分析。总之，三种理论体系强调"三治"结合，但没有对"三治"的作用边界进行深入探讨。无论是"三治"的有效互嵌、结合还是组合，都不能忽视"三治"的作用边界。

自治、法治与德治是三种不同属性的治理方式，它们在治理原则和治理取向上相互区别。人兼具理智与情感，社会更是一个复合的道德、法律规则系统。在治理实践中，自治、法治与德治三者既可能相互补充和促进，也可能会相互制约和冲突。因而，我们要审视不同治理方式背后所遵循的治理原则，进而分析三者的治理结构及其所产生的实践效应。也就是说，通过分析自治、法治与德治在治理原则上的区别，透析三者之间的作用边界，构建一个"三治"结合的复合治理结构，进而考察不同类型结构的实践效应及其与乡村有效治理的关系。

二 "箱式治理"：自治、法治与德治的结构体系

乡村是一个生产生活空间，同时也是一个治理空间，自治、法治与德治在其内部形成了特定的治理结构。作为三种不同属性的治理方式，考察自治、法治与德治之间的关系，需要透过治理方式的差异，分析其背后所遵循的治理原则。一般而言，自治既需要强制性的法律规范，也需要自愿性的道德规范。"自治必须要在法治的基础上，而德治又必须在法治和自治的基础上。"[①] 由此，法治确保法律边界，德治为社会善治提供道德边界，自治活跃在法律边界与道德

---

① 杨开峰：《桐乡"三治"实践的解读》，《党政视野》2016年第7期，第7—9页。

边界所约束的治理范围中,三者互为补充和制约,构成一个复合的治理体系。

(一) 自治原则:自律与他律

自治是与他治孪生的概念,从自治的原则来看,自治是在他律约束之下的自律治理。戴维·赫尔德提出"自治原则"的概念,认为"特定的政治框架形成并限制着个人可利用的机会,在这个框架范围内,个人应该享有平等的权利,因而承担同等的义务;这就是说,只要他们不用这种框架来否定别人的权利,那么,他们在决定自己的生活条件时就应该是自由和平等的"[1]。也就是说,自治不是随性的自我治理,它受到特定政治框架的约束。自治包含四个前提条件:一是每个人享有平等的自治权利,二是自治的机会与责任是对等的,三是自由参与民主决策,四是法律规则的确认和保护。在这里,自治原则具有两个原则,一方面是他律原则,即法律对于个人权利与义务确认之下的合法自治,这是自治的外部约束。另一方面,自主治理还强调个人的自律行动,个人的道德责任不可或缺,这是自治的内生约束。可以说,自治受到内部规范(自律)与外部规范(他律)的双重约束。

在中国,乡村自治是长期以来形成的历史传统,这既根源于乡土社会的内生需求,也是国家治理简约性的制度安排。关于中国传统乡村自治的范式与原则,闻钧天认为是"专制政府与放任农民"[2],费孝通提出"双轨政治"[3]与"差序格局"[4]。徐勇认为"家户制"[5]是中国的本源性制度传统,家户"刚性"与"弹性"双重治理逻辑,使得"家国同构"成为中国国家治理的基本底色。[6] 这均表明,乡村自治会不同程度受到国家、宗族、家庭伦理以及农民性情等因素的内外制约。伴随着现代国家建构,国家对乡村社会的控制逐步深入。直至人民公社体制解体以后,为适应农村社会自身的治理需要,村民自治制度逐步建立起来,并最终在法律层面得以确认。可以说,村民自

---

[1] [英]戴维·赫尔德:《民主的模式》,燕继荣等译,中央编译出版社1998年版,第384页。
[2] 闻钧天:《中国保甲制度》,商务印书馆1935年版,第49页。
[3] 费孝通:《乡土中国·生育制度·乡土重建》,商务印书馆2011年版,第275页。
[4] 费孝通:《乡土中国·生育制度·乡土重建》,商务印书馆2011年版,第23页。
[5] 徐勇:《乡村治理的中国根基与变迁》,中国社会科学出版社2018年版,第30页。
[6] 参见黄振华《"家国同构"底色下的家户产权治理与国家治理——基于"深度中国调查"材料的认识》,《政治学研究》2018年第4期,第37—46、126页。

治既是农民的自发创造和内生需求,也是国家的制度安排和外部规范,是内外共生的治理结果。

(二) 治理方式:德治与法治

自治内涵的自律与他律两条原则,需要通过具体的治理规则才能够实现。"法是他律,德是自律。"① 自律原则是行动者基于道德准则的柔性约束,其治理取向在于激励行善,它所对应的治理方式是德治。在实际中,它以道德的力量实现外化于行,内化于心的治理效果。与之相反,他律原则是行动者迫于法律规范的强制约束,其治理取向在于抑制行恶,它所对应的是法治,实际以法律为准绳对违法者实施惩罚。"对一个国家的治理来说,法治和德治,从来都是相辅相成、相互促进的。二者缺一不可,也不可偏废。"② 德治守卫道德边界,突破了道德边界就构成"违德"。法治守卫着法律边界,突破了法律边界便构成"违法"。

黑格尔在分析传统中国时指出,"中国纯粹建立在一种道德的结合上,国家的特性便是客观的'家庭孝敬'"③。他认为,在传统的王朝时期,"皇帝犹如严父",治国如治家,依据道德义务施行治理。韦伯也认为中国是一个家产制国家,"那些通过了测验并受过相应文学教育的成员,则会成为家庭、宗族和乡村的礼法事务顾问"④。他们都看到了中国礼俗社会的一面,道德伦理是重要的治理规范。费正清在《美国与中国》中提出,中国的法律起源于对"天理"的观念,"统治者是以懿行美德而不是法律来影响百姓的",对于文明人"无须绳之以法",对于不尊教化的人"才需要实施惩罚而使其慑服"⑤。所谓"正明赏罚""国有国法、家有家规""法礼兼济",这是中国治国理政的传统智慧。因此,习近平总书记指出,"法律是成文的道德,道德是内心的法律,法律和道德都具有规范社会行为、维护社会秩序的作用"⑥。在当前历

---

① 《江泽民文选》(第1卷),人民出版社2006年版,第567页。
② 《江泽民文选》(第1卷),人民出版社2006年版,第200页。
③ [德] 黑格尔:《历史哲学》,王造时译,上海书店出版社2006年版,第122页。
④ [德] 马克斯·韦伯:《经济与社会》(第2卷·上),阎克文译,上海人民出版社2019年版,第1153页。
⑤ [美] 费正清:《美国与中国》,张理京译,世界知识出版社1999年版,第109页。
⑥ 《习近平谈治国理政》(第2卷),外文出版社2017年版,第116页。

史条件下,"必须坚持依法治国和以德治国相结合,使法治和德治在国家治理中相互补充、相互促进、相得益彰,推进国家治理体系和治理能力现代化"①。

(三)"箱式治理":"三治"结合的结构体系

自治是在他律原则约束下的自律治理。法律为自治的他律原则,道德为自治的自律原则。也就是说,自治无法脱离法治与德治而存在,三者并非独立互嵌的关系,"三治"结合也不是要将三者毫无区别地融合在一起,而是发挥法治、德治的功能促进自治,以实现有效治理。概言之,自治是在法治底线与德治顶线双重约束下的治理。自治、法治与德治三者结合,构成如图 19-1 所示的"箱式治理"结构。通过这个结构图,可以直观地表示自治、法治与德治三个变量所组成的治理体系,并依据不同的治理结构划分出不同的治理类型。

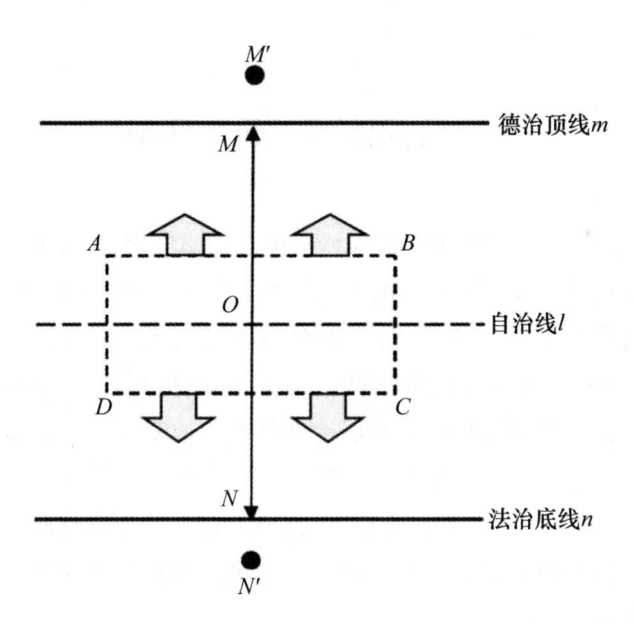

图 19-1　自治、法治与德治相结合的"箱式治理"结构

资料来源:作者自制。

---

① 《习近平谈治国理政》(第 2 卷),外文出版社 2017 年版,第 133 页。

其一，在箱式结构中有两条作用边界与两种治理方式。法治底线（N）以法律为基础，它规定法律边界，具有他律性特征。德治顶线（M）以道德为基础，它规定了道德的边界，具有自律性特征。异常值 M′与 N′分别超越了道德和法律的边界，M′意味着"违德"，N′意味着"违法"。同时，线段 MN 表示由德治与法治所约束的自治全距，它说明自治具有一定弹性空间。也就是说，自治事务不仅可以用法治方式去解决，也可以用德治方式去解决。

其二，虚线四边形 ABCD 为自治框，它在 N 线与 M 线所约束的治理范围内上下位移，反映了道德约束（自律）与法律约束（他律）两条自治原则，也表明自治的自主性。同时，自治线（l）是与治理全距（MN）的交点为中点（O），其意义在于区分治理类型：当自治框骑缝自治线（l），若趋于 M 点为"德主法辅型自治"，若趋于 N 点为"法主德辅型自治"；当自治线（l）将自治框上下平分，则达成了"德法均衡型自治"，亦即"三治"结合的典型形态。

三 "箱式治理"的实践图景

建立由自治、法治与德治三者所构成的"箱式治理"结构，其现实指向在于，需要完整把握自治所内蕴的两条原则，均衡发挥自律与他律的双向约束作用，注重将现代治理理念、手段和传统治理资源相结合，促进乡村有效治理。"箱式治理"结构对于当前基层治理的实践图景具有一定解释意义，本文的经验材料源于湖北省京山市基层治理创新的改革实践。自 2016 年以来，该市以系统改革路径引领乡村振兴，深入推进乡村治理创新，探索实施"信访代理""善行银行"与"湾长理事"，注重发挥法律与道德两种治理规则的作用，结合法治与德治促进自治，健全"三治"结合的基层治理体系，产生了良好的治理效应。

（一）引入法律与积分制度，拓展乡村治理规则

从治理遵循的规则来看，一种是基于法律的外生性约束，一种是基于道德的内生性约束。在传统乡村自治过程中，主要是村规民约、道德伦理在发挥约束作用。在新的时代条件下，乡村社会结构日趋复杂，仅仅依靠

传统自治规则无法有效化解利益矛盾。因此，在发挥内生规则约束的基础上，还需要引入外生性的法律规则，以解决仅靠道德规则无法解决的矛盾。京山市注重发挥法律与道德这两种规则的作用，拓展了乡村治理规则的原有内涵。

一方面，以法律规则化解社会矛盾。京山市注重用法治思维和方式处理信访问题。其一，技术革新凸显法治理念。该市依托互联网技术建立信访代理平台，从源头上对信访案件分流，将涉法、涉诉、涉访事项逐一分类，再转交相应部门处理。其二，方式改进体现法治思维。该市探索让律师顾问参与信访代理工作，并注重将信访工作与平安村、和谐社区、文明单位创建相结合，将其打造成提升社会法治水平的特色平台。其三，流程办理彰显法治精神。信访案件严格按照"登记受理、调查处理、办理答复、上网归档"四项程序办理，通过线上平台实现对信访案件办理进展的全程监督，以此确保信访流程的规范化与法治化。

另一方面，为发挥道德的激励功能，该市在乡村治理中引入积分管理，将个人行为管理与乡村社会治理相结合。积分管理是一种行为管理，通过道德激励影响人的行为。其一，多样化的积分对象。除了个人、家庭和单位三类基本积分对象，各个村（社区）能因地调整。例如，钟鼓楼社区内个体商铺多、退休老党员多，自主增设了个体商户、党员干部两类积分对象。其二，差别化的积分标准。政府制定的积分标准涉及社会治安、公益美德和村（社区）建设等3大类78个子项，不同类型的村（社区）还可以根据实际情况进行修订，如高岭村尝试将秸秆禁烧、美丽乡村建设工作纳入积分标准当中。其三，便捷化的积分方式。京山市注重创新积分申报方式，可以用微信、电话、QQ等多种方式自行申报，方便人们"随处可积、随时可积、随手可积"，真正将积分管理融入村庄（社区）治理。

（二）结合法治信访与德治积分，丰富乡村治理方式

自治规则只有依赖于具体的治理方式才能有效实现。在乡村社会中，有的事情适宜运用法治的方式来解决，有的事情则适宜运用德治方式来解决，德治与法治是促进乡村有效治理的两大方式，两者不可偏废。京山市探索实行信访代理制，以法治方式将社会矛盾化解于法律边界之内，又通过善行银行的德治积分激励人们参与，丰富了"三治"结合的乡村治理方式。

一方面，创新信访代理。信访是重要的民意表达途径，以此防"违法"于未然，将社会矛盾疏解于法律边界之内。京山市通过打通部门间职能壁垒，整合接访职能，横向协同代理，有效提升了矛盾的回应速度。一是依据职能分责代理。市信访代理中心和乡信访代理站收到信访事项之后，会依据部门职责进行事项分派，避免了信访案件的存积问题。在村庄层面，根据信访代理员的专长和性格进行分工，民生、环保、保障、扶贫等各类信访案件都由专人专责专代。二是由多部门会商代理。凡是处理涉及跨领域的疑难杂案，则由市信访代理中心主任、乡镇领导和村支书逐级协调，由主体责任单位牵头，多部门集中会商进行解决。

另一方面，创新德治积分兑换方式。只有积分有效变现才能形成持续的激励动力。各辖区根据实际情况，密切联系群众生活，探索出了多种积分兑换模式。一是积分变福利。在退休老干部、老职工、老党员多的村（社区），为积分靠前的人免费体检、兑换公交IC卡、授予锦旗等。二是积分变折扣。在商业社区结合年轻人对房屋租赁、求职招聘、商家优惠的需求，通过微信群发布信息，招募商家入驻，让积分变为购物的折扣优惠。三是积分变分红。针对集体资产较多的村（社区），当地结合集体资产股份权能改革工作，鼓励以积分兑股份分红。例如，东关社区每年提取5%的集体股红利，按50%、30%、20%的比例依次奖励积分排在前三名的股东。四是积分变信用。将积分兑换与金融扶贫工作相结合，如四岭村通过开具"积分信用证明"，为本村的两户贫困户争取到了5万元的扶贫资金支持。

（三）自治、法治与德治相结合，提升乡村治理效果

在法律与道德所约束的治理结构中，推进法治与德治有助于拓展自治的弹性空间。也就是说，以法治与德治促进自治，建立"三治"结合的治理体系，能够整体提升乡村治理的效果。京山市通过创新信访代理与积分管理，畅通了利益表达，激活了自治参与，促进了乡村善治。同时，又探索实行湾落自治，通过湾长理事巩固并提升法治信访与德治积分的实践效果。

首先，京山市探索实施法治信访，畅通了利益表达途径，降低了信访治理成本，提升了乡村治理效率。一是确保信访工作步入有序轨道。该市将信访工作窗口延伸至群众家门口，干部变被动应付为主动代理，部门从一家独办到集中联办，提高了信访服务效率。这使得信访人更加理性，从源头上根

治违法上访问题。二是法治信访维护了群众合法权益。"接访是交心,大事小事都能说;上访是会友,有事无事欢迎来。"村庄的信访代理员主动对上访人进行心理疏导,使得利益表达更畅通,对群众诉求回应更及时,信访矛盾迎刃而解。三是信访代理制的落实助推了乡村治理提速增效。京山市建立横向到边、纵向到底的信访代理网络,通过源头分流、差别处理、全程督促等方式,既节约了治理成本,也提高了治理效率。通过湾、村、镇、县梯级代理,让矛盾能够逐级消解。2017年全县由湾长参与的纠纷调处达2万余件,调处成功率高达97.10%,将80%的矛盾直接化解在自然湾落里。

其次,京山市通过实行德治积分,规范了个人行为,激活了公共参与,创新了自治规则,推进了乡村善治的长效化发展。一是德治积分有效规范了个人言行。京山市坚持"以奖励为主"的原则,为主动参与环境保洁、维护治安等善举加分,积极引导居民规范其个人行为。二是德治积分有效激活了居民参与。积分管理为居民提供了参与乡村治理的载体,个人、家庭、商户、企业、单位等都能参与自治。随着积分制的推广,居民对村庄事务的参与态度更主动,参与程度更深,参与能力也更强,达到了"人人能参与、人人想参与、人人会参与"的自治效果。三是德治积分建立了长效的自治规则。积分管理转变了唯文本式的考核和空头支票式的奖励,通过数据指标实现了道德量化。同时,德治积分也有效培养了人们的程序意识、契约意识和规则意识,增强了个人的社会价值判断能力,营造了良好的治理环境。

最后,京山市还通过创新湾落自治,促进法治与德治。由于行政村规模大、行政任务重,法治信访与德治积分仅仅在村庄层面难以落实,为此,京山市利用自然湾规模适度、传统延续、利益相连的优势,探索在行政村之下实行湾落自治。由村民自主选举产生湾长,湾长通过参加"碰头会""湾落会"与"邻户会",发挥上下对接沟通,调解信访矛盾,促进德治建设的作用。具体而言,一是湾长定期参加"村两委"组织的"碰头会",收集与反映民情,传达政策,协商决策,由此形成一种便捷、高效和持续的村庄代议机制。二是湾长作为信访代理信息员,具有人头熟、信息灵、情况明的优势。通过召开由户代表参加的"湾落会",将湾落纠纷及时化解在源头。三是湾长在年龄大、原则强、威望高的村庄"五老"的协助下,组织各家庭的家长召开形式灵活的"邻户会",组织邻里间的红白事、农事互帮互助,化解邻里纠纷,结合德治积分制度,激励村民参与湾落事务,促进乡风文明建设。

四 "箱式治理"的效应：失效、低效与高效

京山市推进法治信访、德治积分与湾落自治"三治"结合的治理实践，通过信访代理制兜住法治底线，以积分制管理提升德治水平，以湾长理事制拓展自治空间，兼顾法律约束与道德约束两条自治原则，形成自律与他律相结合的双原则自治模式，取得了良好的治理成效。但是，法律与道德作为两种自治"元制度"①，它们在乡村治理中并不总是均衡的。两者的不同关系会形成多种治理形态，并产生不同的实践效应。"在不同历史时期，经济社会基础不同，治理思维、治理方式不一样，效果也不同。""'德礼'与'刑罚'构成中国古代国家治理的元制度。"② 不过，"礼法不是简单的结合，而是有高有低，有轻重"③。即礼法并用、礼高法低、德主刑辅，这是古代国家治理的制度起点。

在"三治"结合的箱式治理中，依据自律与他律两种自治原则的次序，可以组合成多种治理形态。一是单原则自治，包括以自律为基础的"道德自治"，以及以法律规范为基础的"法律自治"。不过，单原则自治只是理论上的假设，在当下的治理实践中，几乎不可能单靠道德或法律规则实施行为规范，更多的还是在两种原则结合下的治理，也就是双原则自治。在双原则约束下，可能是道德自律强于法律规范的"德主法辅型自治"，还可能是法律规范强于道德自律的"法主德辅型自治"，也可能是两者达成平衡的"德法均衡型自治"。以上的几类治理形式具有不同的边界约束与治理成本，它们在实践效应上也相互区别。

（一）作用边界：有效治理与失效治理

"三治"结合的目标是实现有效治理，这是乡村治理的基本要求。有效治理是相对无效治理而言的，衡量实践效应首先要明确作用边界。在"箱式治

---

① 刘建民提出，所谓元制度，就是制度设计中的第一原理，是所有制度设计的起点。
② 刘建军：《中国古代政治制度十六讲》，上海人民出版社2009年版，第56页。
③ 刘建军：《中国古代政治制度十六讲》，上海人民出版社2009年版，第54页。

理"中，法律底线与道德顶线共同构成自治的边界约束，是有效治理与失效治理的分界线。也就是说，在边界约束内的治理才是有效治理，逾越道德与法律边界的治理为失效治理。这也是京山市协同推进三项治理创新的原因所在，若单独推进湾落自治，既解决不了村中的上访矛盾，也无法激活自治的活力。之所以要明确自治的边界约束，其意义在于以下两方面。一方面，通过法律规范判定"合法"与"非法"，运用道德自律来判别"合德"与"违德"。如果突破了法律底线便构成"违法"，突破了道德底线则构成"违德"。另一方面，不同治理形式的作用边界不同。"道德自治"的边界是道德，"法律自治"的边界是法律，因为可能存在"合德却违法"或"合法却违德"的矛盾情况，所以其约束作用相对有限。不同于单原则自治，双原则自治具有道德与法律两条作用边界，在其所约束的治理空间内"合法也合德"，因而它的约束作用相对更强，更可能是有效治理。

（二）实践效应：高效治理与低效治理

从实践效应来看，有效治理还存在效应高低的差别，既存在高效治理，也存在低效治理，且两者都属于有效治理的范畴。在"箱式治理"中依据自治线来判别治理类型，即自治、法治与德治的组合状况，它们在治理成本上的差异会导致实践效应也各不相同。其一，在"德法均衡型自治"情况下，自治线将自治框上下平分，德治与法治在此达成均衡，自律与他律原则同等发挥作用，德法兼治的治理成本较低，并产生了较大的实践效应，因而是理想的高效治理；其二，当自治框偏离自治线，在靠近德治的一边为"德主法辅型自治"，此时道德比法律的作用更大，自律多于他律，即古代中国礼高法低式的治理。反之，当治理结构趋于法治一边时为"法主德辅型自治"，法律较道德更重要，他律多于自律，即重法轻礼式的治理。后两者的治理成本都相对较高，因而其实践效应一般。不同区域的历史文化传统与社会发展程度各异，因而适宜的治理类型也不相同，在少数民族地区或封闭的传统山区更适合"德主法辅型自治"，而在沿海开放地区可能更适合"法主德辅型自治"。京山市注重发挥德治与法治的均衡效应，通过信访代理抑制违法上访，以善行积分来激励道德风尚，发挥正向约束与反向约束两方面的作用，有效降低了治理成本，因而是相对高效的治理。如表 19-1 所示，三种治理形式在治理原则与主导治理方式上相互区别，由此产生了实践效应的差别。

表 19-1　　　　　　　　"箱式治理"的治理类型与效应

治理类型	德主法辅型	法主德辅型	德法均衡型
治理原则	自律＞他律	他律＞自律	自律＝他律
主导规则/方式	道德/德治	法律/法治	德法兼治
实践效应	一般	一般	高效

资料来源：作者自制。

（三）治理弹性：有效治理的区间

构建自治、法治与德治相结合的治理体系，其目的在于实现乡村善治。善治是国家治理的理想状态，受国家与社会双重因素影响。法治是基于国家法律原则的他律性治理，它是社会的底线。德治则是社会基于道德原则的自律性治理，它是社会的顶线。在京山市的治理实践中，在村—湾—家三级治理单元中，村干部、湾长及家长兼具有信访代理与德治积分的双重角色，因而能灵活运用法律与道德手段。通过"碰头会""湾落会"和"邻户会"进行治理，增强了乡村治理的弹性。法治与德治形塑了治理空间，其中法德均衡型自治是相对高效的治理。不过，"善治类型多样，实现途径多种"[①]。最优治理只是理想的状态，社会治理有复杂的面向。自治更多的时候活跃在"箱式治理"中，法治与德治的全距构成其弹性空间。因此，推进乡村振兴战略，实现自治、法治与德治结合的有效治理，应注意到在"箱式治理"中失效、低效与高效治理的差别，并赋予乡村善治一定的弹性空间。

五　"箱式治理"结构与乡村善治

进入新时代，推进基层治理现代化，实现乡村社会善治，要求建立自治、法治与德治相结合的治理体系。从三者间的关系来看，道德与法律构成自治的边界，自治需要通过法治与德治方式去落实。"法治与德治的最核心内涵都

[①] 邓大才：《走向善治之路：自治、法治与德治的选择与组合——以乡村治理体系为研究对象》，《社会科学研究》2018 年第 4 期，第 32—38 页。

第十九章 箱式治理：自治、法治与德治的作用边界与实践效应 | 309

是规则之治"①，自治包含自律与他律两条自治原则，它是法律与道德规则约束下的弹性治理，三者互构成为"箱式治理"结构。它也体现在国家的治理实践当中。村民自治首先以《中华人民共和国宪法》与《村民委员会组织法》为依据，自治是在法律边界内的治理。同时，村民自治又是群众自我管理、自我教育、自我服务、自我监督的制度，作为一种自律性活动，它也受到社会主义核心价值观、村规民约和家庭伦理等道德规则约束，尤其是在法律力所不及或治理成本很高的情况下，自治更离不开德治规范。因而，在法治与德治所约束的范围内，自治会形成不同的治理类型与实践效应，这也是一种弹性的治理模式。

在"箱式治理"结构中，法治与德治共同约束着自治空间，自治反过来又促进法治与德治的实现，"三治"结合旨在实现乡村善治。促进乡村全面振兴，夯实国家治理的乡村根基，迫切需要健全自治、法治与德治相结合的乡村治理体系，进一步优化治理理念、治理规则、治理方式与治理主体。从湖北京山市基层治理创新的地方经验中可以得到启示，推进有效治理，需要完整把握自律与他律两条自治原则，注重将现代治理理念、手段和传统治理资源相结合，如引入法律与行为积分制度，挖掘乡村传统的村规家训，拓展乡村治理规则。通过寓法于治、寓德于治，丰富自治形式。当然，任何治理方式都依托于特定的治理主体，因而需要进一步加强基层党组织建设，并将乡贤、"五老"（老党员、老干部、老劳模、老退伍军人、老教师）等社区力量吸纳进村庄治理过程，在开展具体的自治活动的过程中，培育并深化人们的现代法律精神与道德文明理念。

---

① 舒国滢、王重尧：《德治与法治相容关系的理论证成》，《河南师范大学学报》（哲学社会科学版）2018年第5期，第43—49页。

参考文献

一　马克思主义经典著作

《邓小平文选》（第3卷），人民出版社1993年版。
《江泽民文选》（第1卷），人民出版社2006年版。
《马克思恩格斯选集》（第1卷），中共中央马克思恩格斯列宁斯大林著作编译局编译，人民出版社1995年版。
《马克思恩格斯全集》（第23卷），人民出版社1972年版。
《马克思恩格斯全集》（第2卷），人民出版社1995年版。
《马克思恩格斯全集》（第3卷），人民出版社2012年版。
《毛泽东选集》（第2卷），人民出版社1991年版。
《毛泽东选集》（第3卷），人民出版社1991年版。
《彭真文选》（一九四一——一九九〇年），人民出版社1991年版。
《习近平谈治国理政》（第2卷），外文出版社2017年版。
［俄］列宁：《国家与革命》，中共中央马克思恩格斯列宁斯大林著作编译局编译，人民出版社2015年版。
《列宁全集》（第37卷），中共中央马克思恩格斯列宁斯大林著作编译局编译，人民出版社1986年版。
［德］卡尔·马克思：《资本论》（第三卷），人民出版社2018年版。
［德］卡尔·马克思：《路易·波拿巴的雾月十八日》，中共中央马克思恩格斯列宁斯大林著作编译局编译，人民出版社2015年版。

二　中文专著

常建华：《宗族志》，上海人民出版社1998年版。

陈华：《吸纳与合作：非政府组织与中国社会管理》，社会科学文献出版社 2011 年版。

陈家刚：《协商民主与当代中国政治》，中国人民大学出版社 2009 年版。

陈剑波、陈锡文：《中国农村制度变迁 60 年》，人民出版社 2009 年版。

邓大才：《小农政治：社会化小农与乡村治理》，中国社会科学出版社 2013 年版。

狄金华：《被困的治理：河镇复合治理与农户策略（1980—2009）》，生活·读书·新知三联书店 2015 年版。

费孝通：《江村经济——中国农民的生活》，商务印书馆 2001 年版。

费孝通：《生育制度》，生活·读书·新知三联书店 2014 年版。

费孝通：《乡土中国》，人民出版社 2008 年版。

费孝通：《乡土中国 生育制度》，北京大学出版社 1998 年版。

费孝通：《乡土中国·生育制度·乡土重建》，商务印书馆 2011 年版。

冯尔康、阎爱民：《中国宗族》，广东人民出版社、华夏出版社 1996 年版。

国务院法制办公室编：《中华人民共和国法规汇编（1953—1955）》（第 2 卷），中国法制出版社 2005 年版。

韩承鹏：《标语口号文化透视》，学林出版社 2010 年版。

贺雪峰等：《南北中国：中国农村区域差异研究》，社会科学文献出版社 2017 年版。

贺雪峰：《治村》，北京大学出版社 2017 年版。

黄光国、胡先缙等：《人情与面子：中国人的权力游戏》，中国人民大学出版社 2010 年版。

金观涛、刘青峰：《兴盛与危机：论中国社会超稳定结构》，法律出版社 2011 年版。

金其铭：《中国农村聚落地理》，江苏科学技术出版社 1989 年版。

金太军、施从美：《乡村关系与村民自治》，广东人民出版社 2002 年版。

金耀基：《从传统到现代》，中国人民大学出版社 1999 年版。

瞿同祖：《中国法律与中国社会》，商务印书馆 2010 年版。

科大卫：《告别华南研究》，载于华南研究会《学步与超越》，香港：文化创造出版社 2004 年版。

郎友兴：《政治追求与政治吸纳：浙江先富群体参政议政研究》，浙江大学出版社 2012 年版。

梁治平：《清代习惯法》，广西师范大学出版社 2015 年版。

林尚立、赵宇峰：《中国协商民主的逻辑》（修订版），上海人民出版社 2016 年版。

林耀华：《义序的宗族研究（附：拜祖）》，生活·读书·新知三联书店 2000 年版。

林语堂：《中国人》，浙江人民出版社 1988 年版。

刘建军：《中国古代政治制度十六讲》，上海人民出版社 2009 年版。

陆学艺主编：《内发的村庄》，社会科学文献出版社 2001 年版。

牛铭实编著：《中国历代乡规民约》，中国社会出版社 2014 年版。

罗平汉：《农村人民公社史》，人民出版社 2016 年版。

秦晖：《传统十论》，东方出版社 2014 年版。

上官莉娜：《走出治理破碎化困境：法国地方政府改革研究》，人民出版社 2012 年版。

孙中山：《三民主义》，岳麓书社 2000 年版。

唐睿：《体制性吸纳与东亚国家政治转型——韩国、新加坡和菲律宾的比较分析》，中央编译出版社 2014 年版。

王沪宁：《当代中国村落家族文化——对中国社会现代化的一项探索》，上海人民出版社 1991 年版。

王浦劬主编：《政治学基础》，北京大学出版社 1995 年版。

王晓毅：《血缘与地缘》，浙江人民出版社 1993 年版。

闻钧天：《中国保甲制度》，商务印书馆 1935 年版。

吴毅：《村治变迁中的权威与秩序——20 世纪川东双村的表达》，中国社会科学出版社 2002 年版。

徐勇：《城乡差别的中国政治》，社会科学文献出版社 2019 年版。

徐勇、邓大才主编：《中国农村调查》（村庄类）第 1—8 卷，社会科学文献出版社 2017 年版。

徐勇：《非均衡的中国政治：城市与乡村比较》，中国广播电视出版社 1992 年版。

徐勇：《国家化、农民性与乡村整合》，江苏人民出版社 2019 年版。

徐勇：《国家治理的中国底色与路径》，中国社会科学出版社 2018 年版。

徐勇：《乡村治理的中国根基与变迁》，中国社会科学出版社 2018 年版。

徐勇：《中国农村村民自治》（增订本），生活·读书·新知三联书店 2018 年版。

徐勇主编、邓大才等著：《中国农村村民自治有效实现形式研究》，中国社会科学出版社 2015 年版。

杨开道：《中国乡约制度》，商务印书馆 2015 年版。

于建嵘：《岳村政治：转型期中国乡村政治结构的变迁》，商务印书馆 2001 年版。

俞可平：《论国家治理现代化》，社会科学文献出版社 2014 年版。

袁方成：《使服务运转起来：基层治理转型中的乡镇事业站所改革研究》，西北大学出版社 2008 年版。

张百顺：《农民有序政治参与研究：实践发展与理论创新》，华中科技大学出版社 2015 版。

张静：《基层政权：乡村制度诸问题》，浙江人民出版社 2000 年版。

张培田主编：《新中国法制研究史料通鉴》（第 5 卷），中国政法大学出版社 2003 年版。

张贤明：《论政治责任——民主理论的一个视角》，吉林大学出版社 2000 年版。

赵鼎新：《社会与政治运动讲义》，社会科学文献出版社 2006 年版。

《建国以来毛泽东文稿》（第 8 册），中央文献出版社 1993 年版。

中共中央文献研究室编：《建国以来重要文献选编》（第 3 册），中央文献出版社 2011 年版。

中共中央文献研究室编：《建国以来重要文献选编》（第 11 册），中央文献出版社 2011 年版。

中共中央文献研究室编：《建国以来重要文献选编》（第 12 册），中央文献出版社 1996 年版。

中国法制出版社编：《中华人民共和国村民委员会组织法》（实用版），中国法制出版社 2010 年版。

中央档案馆编：《中共中央文件选集》（第 14 册），中共中央党校出版社 1992 年版。

周大鸣等：《当代华南的宗族与社会》，黑龙江人民出版社 2003 年版。

三　中文译著

［俄罗斯］B. A. 季什科夫：《民族政治学论集》，高永久、韩莉译，民族出版社2008年版。

［美］威廉·J·古德：《家庭》，魏章玲译，社会科学文献出版社1986年版。

［美］埃莉诺·奥斯特罗姆：《公共事物的治理之道：集体行动制度的演进》，余逊达、陈旭东译，上海译文出版社2012年版。

［法］埃米尔·涂尔干：《社会分工论》，渠东译，生活·读书·新知三联书店2000年版。

［美］艾瑞克·沃尔夫：《乡民社会》，张恭房译，巨流图书公司1983年版。

［英］安东尼·吉登斯：《民族—国家与暴力》，胡宗泽等译，生活·读书·新知三联书店1998年版。

［英］安东尼·吉登斯：《社会的构成：结构化理论大纲》，李康、李猛译，生活·读书·新知三联书店1998年版。

［美］昂格尔：《现代社会中的法律》，吴玉章、周汉华译，译林出版社2001年版。

［美］奥斯特罗姆等：《规则、博弈与公共池塘资源》，王巧玲、任睿译，陕西人民出版社2011年版。

［美］巴林顿·摩尔：《专制与民主的社会起源——现代世界形成过程中的地主和农民》，王茁、顾洁译，上海译文出版社2012年版。

［古希腊］柏拉图：《理想国》，郭斌和、张竹明译，商务印书馆1986年版。

［古希腊］柏拉图：《法律篇》，张智仁、何勤华译，上海人民出版社2001年版。

［美］罗伯特·A. 达尔、爱德华·R. 塔夫特：《规模与民主》，唐皇凤、刘晔译，上海人民出版社2013年版。

［美］加布里埃尔·A. 阿尔蒙德、小G. 宾厄姆·鲍威尔：《比较政治学——体系、过程和政策》，曹沛霖、郑世平、公婷、陈峰译，东方出版社2007年版。

［英］戴维·赫尔：《民主的模式》，燕继荣等译，中央编译出版社1998年版。

［英］戴维·米勒、韦农·波格丹诺编：《布莱克维尔政治学百科全书》，邓正来主编，中国政法大学出版社1992年版。

［美］杜赞奇：《文化、权力与国家：1900—1942 年的华北农村》，王福明译，江苏人民出版社 2010 年版。

［德］恩格斯：《家庭、私有制和国家的起源》，中共中央马克思恩格斯列宁斯大林著作编译局编译，人民出版社 1999 年版。

［德］斐迪南·滕尼斯：《共同体与社会：纯粹社会学的基本概念》，林荣远译，商务印书馆 1999 年版。

［美］费正清：《美国与中国》，张理京译，世界知识出版社 1999 年版。

［美］费正清、［英］罗德里克·麦克法夸尔主编：《剑桥中华人民共和国史》（1949—1965），王建朗等译，上海人民出版社 1990 年版。

［美］弗朗西斯·福山：《政治秩序与政治衰败：从工业革命到民主全球化》，毛俊杰译，广西师范大学出版社 2015 年版。

［英］弗里德利希·冯·哈耶克：《法律、立法与自由》（第 1 卷），邓正来等译，中国大百科全书出版社 2000 年版。

［德］赫尔穆特·沃尔曼：《德国地方政府》，陈伟等译，北京大学出版社 2005 年版。

［德］黑格尔：《历史哲学》，王造时译，上海书店出版社 2006 年版。

［美］吉尔伯特·罗兹曼主编：《中国的现代化》，江苏人民出版社 2010 年版。

［德］卡尔·A·魏特夫：《东方专制主义——对于极权力量的比较研究》，徐式谷等译，中国社会科学出版社 1989 年版。

［美］卡尔·科恩：《论民主》，聂崇信、朱秀贤译，商务印书馆 1988 年版。

［德］卡尔·马克思：《路易·波拿巴的雾月十八日》，中共中央马克思恩格斯列宁斯大林著作编译局编译，人民出版社 2015 年版。

［美］莱斯特·M. 萨拉蒙：《公共服务中的伙伴——现代福利国家中政府与非营利组织的关系》，田凯译，商务印书馆 2008 年版。

［澳］德雷泽克：《协商民主及其超越：自由与批评的视角》，丁开杰等译，中央编译出版社 2006 年版。

［美］李怀印：《华北村治：晚清和民国时期的国家与乡村》，岁有生、王士皓译，中华书局 2008 年版。

［美］理查德·C. 博克斯：《公民治理：引领 21 世纪的美国社区》，孙伯瑛译，中国人民大学出版社 2013 年版。

［加］理查·廷德尔等：《加拿大地方政府》，于秀明等译，北京大学出版社

2005年版。

［法］卢梭：《社会契约论》，何兆武译，商务印书馆2003年版。

［美］路易斯·亨利·摩尔根：《古代社会》，杨东莼、马雍、马巨译，商务印书馆1981年版。

［德］马克斯·韦伯：《经济与社会》（第1卷），阎克文译，上海人民出版社2010年版。

［德］马克斯·韦伯：《经济与社会》（第2卷·上），阎克文译，上海人民出版社2019年版。

［德］马克斯·韦伯：《儒教与道教》，洪天富译，江苏人民出版社2003年版。

［德］马克斯·韦伯：《中国的宗教：儒教与道教》，康乐、简惠美译，广西师范大学出版社2010年版。

［美］曼瑟尔·奥尔森：《集体行动的逻辑》，陈郁等译，格致出版社、上海人民出版社2011年版。

［法］孟德斯鸠：《论法的精神》（上卷），许明龙译，商务印书馆2012年版。

［法］米歇尔·福柯：《必须保卫社会》，钱翰译，上海人民出版社1999年版。

［美］西摩·马丁·李普塞特：《政治人：政治的社会基础》，张绍宗译，沈澄如、张华青校，上海人民出版社2011年版。

［英］莫里斯·弗里德曼：《中国东南的宗族组织》，刘晓春译，上海人民出版社2000年版。

［美］默菲·罗兹：《亚洲史》，黄磷译，海南出版社2004年版。

［美］施坚雅：《中国农村的市场与社会结构》，史建云、徐秀丽译，中国社会科学出版社1998年版。

［法］涂尔干：《社会分工论》，渠东译，生活·读书·新知三联书店2000年版。

［法］托克维尔：《论美国的民主》（上卷），董果良译，商务印书馆1988年版。

［美］托马斯·R·戴伊：《理解公共政策（第十二版）》，谢明译，中国人民大学出版社2011年版。

［美］托马斯·库恩：《科学革命的结构》（第四版），金吾伦、胡新和译，北京大学出版社2012年版。

［美］文森特·奥斯特罗姆等：《美国地方政府》，井敏等译，北京大学出版社2004年版。

［德］沃尔夫冈·鲁茨欧：《德国政府与政治》，熊炜、王健译，北京大学出版社 2010 年版。

［美］小威廉·T. 格姆雷、斯蒂芬·J. 马拉：《官僚机构与民主——责任与绩效》，俞沂暄译，复旦大学出版社 2007 年版。

［古希腊］亚里士多德：《政治学》，吴寿彭译，商务印书馆 1965 年版。

［美］詹姆斯·D. 费伦：《作为讨论的协商》，载［美］约·埃尔斯特主编《协商民主：挑战与反思》，周艳辉译，中央编译出版社 2009 年版。

［美］詹姆斯·博曼：《公共协商：多元主义、复杂性与民主》，黄相怀译，中央编译出版社 2006 年版。

［美］詹姆斯·博曼、威廉·雷吉主编：《协商民主：论理性与政治》，陈家刚等译，中央编译出版社 2006 年版。

四 期刊与学位论文

安福仁：《规制理论与中国政府管制》，《东北财经大学学报》1999 年第 1 期。

白雪娇：《规模适度：居民自治有效实现形式的组织基础》，《东南学术》2014 年第 5 期。

白雪娇：《规则自觉：探索村民自治基本单元的制度基础》，《山东社会科学》2016 年第 7 期。

曹海林、任贵州：《农村基层公共服务设施共建共享何以可能》，《南京农业大学学报》（社会科学版）2017 年第 1 期。

陈寒非、高其才：《新乡贤参与乡村治理的作用分析与规制引导》，《清华法学》2020 年第 4 期。

陈浩天：《民生服务：基层善治与乡村资源整合的政治逻辑》，《河南师范大学学报》（哲学社会科学版）2014 年第 3 期。

陈家刚：《基层治理：转型发展的逻辑与路径》，《学习与探索》2015 年第 2 期。

陈家刚：《协商民主中的协商、共识与合法性》，《清华法治论衡》2009 年第 1 期。

陈军亚：《公理共议：传统中国乡村社会的协商治理及价值——以"深度中国调查"的川西"断道理"为据》，《山东社会科学》2019 年第 1 期。

陈明：《村民自治："单元下沉"抑或"单元上移"》，《探索与争鸣》2014 年第 12 期。

陈燕芽：《关系规则：乡村治理的秩序基础及运行机制——基于赣东北塔湾村的历史考察》，《中国农村研究》2021 年第 2 期。

陈振明、刘祺、邓剑伟：《公共服务体制与机制及其创新的研究进展》，《电子科技大学学报》（社科版）2011 年第 1 期。

崔健、李晓宁、赵杭莉：《农民政治参与的三维空间分析及其对策研究》，《西安财经学院学报》2018 年第 3 期。

崔文博：《"德法兼济"视域下的中国乡村治理研究》，硕士学位论文，中共四川省委党校，2018 年。

崔晓芳：《农村治理主体多元化的现实困境与实现路径》，《山西农业大学学报》（社会科学版）2012 年第 9 期。

单连春、郎娇：《新中国宣传标语的功能演进及其价值诉求——基于标语政治学的视角》，《党政研究》2019 年第 6 期。

党国英：《不可盲目推行"大村庄制"》，《村委主任》2009 年第 12 期。

邓大才：《产权单位与治理单位的关联性研究——基于中国农村治理的逻辑》，《中国社会科学》2015 年第 7 期。

邓大才：《村民自治有效实现的条件研究——从村民自治的社会基础视角来考察》，《政治学研究》2014 年第 6 期。

邓大才：《反向避责：上位转嫁与逐层移责——以地方政府改革创新过程为分析对象》，《理论探讨》2020 年第 2 期。

邓大才：《积极公民何以形成：乡村建设行动中的国家与农民——以湖北、山东和湖南的五个村庄为研究对象》，《东南学术》2021 年第 1 期。

邓大才：《均衡行政与自治：农村基本建制单位选择逻辑》，《中共中央党校（国家行政学院）学报》2019 年第 1 期。

邓大才：《利益相关：村民自治有效实现形式的产权基础》，《华中师范大学学报》（人文社会科学版）2014 年第 4 期。

邓大才：《利益、制度与有效自治：一种尝试的解释框架——以农村集体资产股份权能改革为研究对象》，《东南学术》2018 年第 6 期。

邓大才、唐丹丹：《程序性自治：村民自治有效实现的规则基础》，《学术界》2019 年第 4 期。

邓大才：《有效参与：实现村民自治的递次保障》，《财经问题研究》2019 年第 4 期。

邓大才、张利明:《规则—程序型自治:农村集体资产股份权能改革的治理效应——以鄂皖赣改革试验区为对象》,《学习与探索》2018 年第 8 期。

邓大才:《中国农村产权变迁与经验——来自国家治理视角下的启示》,《中国社会科学》2017 年第 1 期。

邓大才:《中国农村村民自治基本单元的选择:历史经验与理论建构》,《学习与探索》2016 年第 4 期。

邓大才:《走向善治之路:自治、法治与德治的选择与组合——以乡村治理体系为研究对象》,《社会科学研究》2018 年第 4 期。

狄金华、钟涨宝:《从主体到规则的转向——中国传统农村的基层治理研究》,《社会学研究》2014 年第 5 期。

丁波:《驻村帮扶下村庄治理主体结构和行动逻辑——基于 T 县两村的实证研究》,《西北农林科技大学学报》(社会科学版) 2019 年第 4 期。

杜春林、张新文:《农村公共服务项目为何呈现出"碎片化"现象?——基于棉县农田水利项目的考察》,《南京农业大学学报》(社会科学版) 2017 年第 3 期。

范和生、刘凯强:《德法共治:基层社会善治的实践创新》,《浙江学刊》2018 年第 6 期,第 9—16 页。

范和生、唐惠敏:《新常态下农村公共服务的模式选择与制度设计》,《吉首大学学报》(社会科学版) 2016 年第 1 期。

方付建、苏祖勤:《基于整体性治理的农村公共服务信息化研究——以巴东县为例》,《情报杂志》2017 年第 4 期。

费孝通:《简述我的民族研究经历和思考》,《北京大学学报》(哲学社会科学版) 1997 年第 2 期。

冯仁:《村民自治走进了死胡同》,《理论与改革》2011 年第 1 期。

冯石岗、杨赛:《人民公社时期乡村治理模式透析》,《沈阳大学学报》(社会科学版) 2013 年第 5 期。

高其才:《健全自治法治德治相结合的乡村治理体系》,《农村·农业·农民 (B 版)》2019 年第 6 期。

高卫星:《善治视野下的政府责任探析》,《郑州大学学报》(哲学社会科学版) 2008 年第 1 期。

公丕祥：《新中国70年进程中的乡村治理与自治》，《社会科学战线》2019年第5期。

龚晓洁：《我国农村社会治理中的官方话语权困境——基于标语现象的研究》，《山东社会科学》2017第11期。

龚志伟：《近十年来合村并组对乡村治理的影响研究综述》，《中州学刊》2013年第4期。

龚志伟：《农村社会组织的发展与村治功能的提升：基于合村并组的思考》，《社会主义研究》2012年第5期。

谷志军、陈科霖：《责任政治中的问责与避责互动逻辑研究》，《中国行政管理》2019年第6期。

郭亮：《资本下乡与山林流转　来自湖北S镇的经验》，《社会》2011年第3期。

韩承鹏：《标语口号的功能研究》，《思想理论教育》2008年第15期。

韩承鹏：《标语与口号：一种动员模式的考察》，博士学位论文，复旦大学，2007年。

韩瑞波：《替代抑或协助：村民理事会运作的差异化分析——基于广东英德和湖南浏阳的案例比较》，《深圳社会科学》2021年第2期。

韩小凤：《从一元到多元：建国以来我国村级治理模式的变迁研究》，《中国行政管理》2014年第3期。

郝亚光、徐勇：《让自治落地：厘清农村基层组织单元的划分标准》，《探索与争鸣》2015年第9期。

何包钢、黄徐强：《儒式协商：中国威权性协商的源与流》，《政治思想史》2013年第4期。

何包钢、王春光：《中国乡村协商民主：个案研究》，《社会学研究》2007年第3期。

何包钢、吴进进：《社会矛盾与中国城市协商民主制度化的兴起》，《开放时代》2017年第3期。

何包钢：《协商民主和协商治理：建构一个理性且成熟的公民社会》，《开放时代》2012年第4期。

何包钢、周艳辉：《中国农村从村民选举到乡村协商：协商民主试验的一个案例研究》，《国外理论动态》2017年第4期。

何显明：《"三治合一"探索的意蕴及深化路径》，《党政视野》2016年第

7 期。

何阳、孙萍：《"三治合一"乡村治理体系建设的逻辑理路》，《西南民族大学学报》（人文社科版）2018 年第 6 期。

贺东航、孙敬良：《基层治理视阈中的乡村人民调解制度——以一个村庄人民调解文本为例》，《社会主义研究》2015 年第 4 期。

贺东航：《中国村民自治制度"内卷化"现象的思考》，《经济社会体制比较》2007 年第 6 期。

贺雪峰：《论中坚农民》，《南京农业大学学报》（社会科学版）2015 年第 4 期。

胡红霞、包雯娟：《乡村振兴战略中的治理有效》，《重庆社会科学》2018 年第 10 期。

胡鹏辉、高继波：《新乡贤：内涵、作用与偏误规避》，《南京农业大学学报》（社会科学版）2017 年第 1 期。

胡平江、刘思：《"分"与"合"：集体行动视角下社会组织的有效规模研究——基于广东省龙川县山池村谢氏宗族的田野调查》，《南京农业大学学报》（社会科学版）2018 年第 5 期。

胡平江：《自治重心下移：缘起、过程与启示——基于广东省佛冈县的调查与研究》，《社会主义研究》2014 年第 2 期。

黄冬娅：《多管齐下的治理策略：国家建设与基层治理变迁的历史图景》，《公共行政评论》2010 年第 4 期。

黄君录：《协商民主的地方治理模式及其内生机制——基于村民自治地方经验的四种模式》，《南京农业大学学报》（社会科学版）2019 年第 4 期。

黄俊尧：《"服务下乡"的再思考——农村社区服务中心诸问题探讨》，《浙江学刊》2014 年第 3 期。

黄振华：《村民自治研究的范式转换与理论提升》，《理论与改革》2015 年第 6 期。

黄振华：《"家国同构"底色下的家户产权治理与国家治理——基于"深度中国调查"材料的认识》，《政治学研究》2018 年第 4 期。

姜方炳：《"乡贤回归"：城乡循环修复与精英结构再造——以改革开放 40 年的城乡关系变迁为分析背景》，《浙江社会科学》2018 年第 10 期。

姜晓萍：《中国公共服务体制改革 30 年》，《中国行政管理》2008 年第 12 期。

蒋永甫、应优优：《外部资本的嵌入性发展：资本下乡的个案分析》，《贵州社会科学》2015年第2期。

景跃进：《中国农村基层治理的逻辑转换——国家与乡村社会关系的再思考》，《治理研究》2018年第1期。

郎友兴、张品、肖可扬：《新乡贤与农村治理的有效性——基于浙江省德清县洛舍镇东衡村的经验》，《中共浙江省委党校学报》2017年第4期。

李华胤：《可协商性规则：传统村落"田间过水"的秩序基础及当代价值——基于鄂西余家桥村的深度调查》，《社会科学研究》2019年第4期。

李华胤：《农村基层治理体制实践与发展70年：有效的视角》，《中国农业大学学报》（社会科学版）2019年第5期。

李华胤：《我国乡村治理的变迁与经验探析》，《毛泽东邓小平理论研究》2019年第5期。

李华胤、吴开松：《近年村民自治研究的范式转换与趋势展望》，《中南民族大学学报》（人文社会科学版）2020年第1期。

李华胤：《乡村振兴视野下的单元有效与自治有效：历史变迁与当代选择》，《南京农业大学学报》（社会科学版）2019年第3期。

李华胤：《走向治理有效：农村基层建制单元的重组逻辑及取向——基于当前农村"重组浪潮"的比较分析》，《东南学术》2019年第4期。

李鹏飞：《社会联结：探索村民自治基本单元的关系基础》，《求实》2017年第9期。

李蓉蓉：《农民政治效能感对政治参与影响的实证研究》，《深圳大学学报》（人文社会科学版）2013年第4期。

李升、石长慧：《构建"自立型地域社会"：近代日本的基层社会治理及对中国的启示》，《北京工业大学学报》（社会科学版）2015年第5期。

李松有：《群众参与视角下中国农村村民自治基本单元的选择》，《东南学术》2017年第6期。

李增元：《农村基层治理单元的历史变迁及当代选择》，《华中师范大学学报》（人文社会科学版）2018年第2期。

李增元、王岩：《农村社区协商治理：实践动因及有效运转思路》，《行政论坛》2018年第5期。

梁贤艳、江立华：《自治单元下沉背景下的城市社区"微自治"研究——以J

小区从"点断"到"全覆盖"自治的内生探索为例》,《学习与实践》2017年第8期。

林万龙:《中国农村公共服务供求的结构性失衡:表现及成因》,《管理世界》2007年第9期。

刘蓓:《以基层党建为引领优化农村公共服务体系》,《当代广西》2019年第6期。

刘春荣:《国家介入与邻里社会资本的生成》,《社会学研究》2007年第2期。

刘刚、王芳:《乡村纠纷调解中的公共权力与权威——对一起农地纠纷的调查分析》,《中国农村观察》2008年第6期。

刘金海:《村民自治实践创新30年:有效治理的视角》,《政治学研究》2018年第6期。

刘思:《权力与权威:中国农村村民自治基本单元的组织基础》,《东南学术》2017年第6期。

刘义强、胡军:《中国农村治理的联结形态:基于历史演进逻辑下的超越》,《学习与探索》2016年第9期。

龙文军:《构建自治、法治、德治相结合的乡村治理体系》,《农村工作通讯》2017年第22期。

卢明威、李图仁:《农村社会纠纷化解:从传统到法治》,《学术论坛》2015年第5期。

鲁西奇:《散村与集村:传统中国的乡村聚落形态及其演变》,《华中师范大学学报》(人文社会科学版)2013年第4期。

罗万纯、陈怡然:《农村公共物品供给:研究综述》,《中国农村观察》2015年第6期。

骆峰:《论权势话语与语言规范》,《北京化工大学学报》(社会科学版)2005年第1期。

马华:《从制度、组织到能力:村民自治实现方式的发展及其反思——对三个"村治实验"样本的观察》,《社会主义研究》2015年第3期。

马华:《村民自治中的草根式权力平衡与民主能力培育——广东"蕉岭模式"对我国乡村治理的启示》,《河南大学学报》(社会科学版)2011年第2期。

马敏:《政治象征/符号的文化功能浅析》,《华南师范大学学报》(社会科学版)2007年第4期。

慕良泽：《村民自治研究40年：理论视角与发展趋向》，《中国农村观察》2018年第6期。

慕良泽、任路：《惠农政策的嵌入与乡村治理资源重组——基于对新型农村养老保险政策的调查分析》，《理论与改革》2010年第6期。

倪咸林、汪家焰：《"新乡贤治村"：乡村社区治理创新的路径选择与优化策略》，《南京社会科学》2021年第5期。

倪星：《政府合法性基础的现代转型与政绩追求》，《中山大学学报》（社会科学版）2006年第4期。

乔素玲、黄国信：《中国宗族研究：从社会人类学到社会历史学的转向》，《社会学研究》2009年第4期。

任路：《文化相连：村民自治有效实现形式的文化基础》，《华中师范大学学报》（人文社会科学版）2014年第4期。

任中平：《成都市构建新型村级治理机制的经验与价值》，《党政研究》2014年第5期。

任中平、张露露：《新时代基层民主选举与民主治理的均衡发展——以四川省基层民主发展的路径演化为例》，《探索》2018年第6期。

尚虎平、张怡梦：《我国政府绩效问责：实现"绩效型政府"与"责任型政府"的统一》，《南京社会科学》2015年第9期。

邵薪运：《善治式政府责任研究》，博士学位论文，吉林大学，2012年。

申唯佳：《标语口号演变与中国共产党政治传播的战略转型》，《郑州大学学报》（哲学社会科学版）2018年第6期。

时家贤：《马克思主义经典作家政府规制理论探析》，《中国特色社会主义研究》2007年第3期。

舒国滢、王重尧：《德治与法治相容关系的理论证成》，《河南师范大学学报》（哲学社会科学版）2018年第5期。

苏蕾：《标语的社会功能研究——以新中国成立以来的标语变迁为视角》，硕士学位论文，青岛科技大学，2014年。

孙丽珍：《新乡贤参与乡村治理探析——以浙江省为例》，《江西社会科学》2019年第8期。

孙玉娟：《我国乡村治理中乡规民约的再造与重建》，《行政论坛》2018年第2期。

汤玉权、徐勇：《回归自治：村民自治的新发展与新问题》，《社会科学研究》2015年第6期。

唐京华、张雷：《村民自治单元下沉的价值与困境——黑龙江省方正县试点调查研究》，《北方民族大学学报》（哲学社会科学版）2021年第1期。

唐鸣、陈荣卓：《论探索不同情况下村民自治的有效实现形式》，《当代世界社会主义问题》2014年第2期。

唐鸣：《从试点看以村民小组或自然村为基本单元的村民自治——对国家层面24个试点单位调研的报告》，《中国农村观察》2020年第1期。

田修思：《长征标语口号：传播革命真理的通俗文化》，《毛泽东思想研究》2012年第4期。

王海娟、胡守庚：《新时期政权下乡与双层治理结构的形成》，《南京社会科学》2019年第5期。

王建敏：《法治与德治相结合推进国家治理现代化》，《当代世界与社会主义》2017年第1期。

王进、赵秋倩：《合作社嵌入乡村社会治理：实践检视、合法性基础及现实启示》，《西北农林科技大学学报》（社会科学版）2017年第5期。

王柳：《绩效问责的制度逻辑及实现路径》，《中国行政管理》2016年第7期。

王明波、武力：《"五老"参与乡村治理的可行路径探究》，《领导科学》2019年第10期。

王彦：《农村公共服务供给中的村民参与：供给过程与服务类型的二元分析》，《求实》2017年第1期。

王雨磊、廖伟：《服务进站：农村税费取消后国家基层组织建设的新趋向》，《电子政务》2020年第3期。

韦少雄：《"规则—程序"：当前村民自治研究范式的有效选择》，《湖北社会科学》2018年第7期。

吴昊、郑永君：《规则落地与村民自治基本单元的选择》，《南京农业大学学报》（社会科学版）2018年第2期。

吴理财：《合村并组对村治的负面影响》，《调研世界》2005年第8期。

吴理财：《中国农村社会治理40年：从"乡政村治"到"村社协同"——湖北的表述》，《华中师范大学学报》（人文社会科学版）2018年第4期。

吴明华、桑超凡：《从标语讨论中国宣传治理术的话语维度：以生育政策为例》,《现代传播(中国传媒大学学报)》2017年第6期。

吴帅、郑永君:《反贫困治理中"积极农民"何以形成——以湖北省Z县为例》,《西北农林科技大学学报》(社会科学版)2021年第3期。

吴祖鲲、王慧姝:《文化视域下宗族社会功能的反思》,《中国人民大学学报》2014年第3期。

奚广庆:《依法治国需与以德治国相结合》,《中国特色社会主义研究》2015年第1期。

夏晓丽、蔡伟红:《城市社区治理中公民参与能力建设的调查与思考——基于L市社区的问卷调查》,《中南大学学报》(社会科学版)2017年第1期。

夏玉珍、杨永伟:《淡漠与需求:农村公共服务表达问题研究》,《中南民族大学学报》(人文社会科学版)2014年第6期。

向此德:《"三治融合"创新优化基层治理》,《四川党的建设》2017年第20期。

项继权:《乡镇规模扩大化及其限度》,《开放时代》2005年第5期。

肖滨、方木欢:《寻求村民自治中的"三元统一"——基于广东省村民自治新形式的分析》,《政治学研究》2016年第3期。

肖滨:《让公民直面"res publica"——当代共和主义塑造积极公民的战略性选择》,《南京大学学报》(哲学·人文科学·社会科学版)2006年第6期。

肖盼晴:《理性一致:公共水资源的协商治理规则及逻辑——以云南省大具乡的"轮水班"为个案》,《山东社会科学》2019年第1期。

肖唐镖:《乡村治理中农村宗族研究纲要——在实践中认识农村宗族》,《甘肃行政学院学报》2010年第1期。

肖瑛:《从"国家与社会"到"制度与生活":中国社会变迁研究的视角转换》,《中国社会科学》2014年第9期。

谢来位:《惠农政策执行效力提升的阻滞因素及对策研究——以国家城乡统筹综合配套改革试验区为例》,《农村经济》2010年第3期。

谢岳、戴康:《超越结构与行动范式》,《复旦学报》(社会科学版)2018年第3期。

徐瑾、万涛:《由"村外人"到"新乡贤"的乡村治理新模式——以H省G村为例》,《城市规划》2017年第12期。

徐勇:《GOVERNANCE:治理的阐释》,《政治学研究》1997年第1期。

徐勇：《"法律下乡"：乡土社会的双重法律制度整合》，《东南学术》2008年第3期。

徐勇：《"分"与"合"：质性研究视角下农村区域性村庄分类》，《山东社会科学》2016年第7期。

徐勇：《"服务下乡"：国家对乡村社会的服务性渗透——兼论乡镇体制改革的走向》，《东南学术》2009年第1期。

徐勇：《基层民主：社会主义民主的基础性工程——改革开放30年来中国基层民主的发展》，《学习与探索》2008年第4期。

徐勇：《建构"以农民为主体，让农民得实惠"的乡村治理机制》，《理论学刊》2007年第4期。

徐勇：《阶级、集体、社区：国家对乡村的社会整合》，《社会科学战线》2012年第2期。

徐勇：《历史延续性视角下的中国道路》，《中国社会科学》2016年第7期。

徐勇：《论现代化中后期的乡村振兴》，《社会科学研究》2019年第2期。

徐勇：《论中国农村"乡政村治"治理格局的稳定与完善》，《社会科学研究》1997年第5期。

徐勇：《民主与治理：村民自治的伟大创造与深化探索》，《当代世界与社会主义》2018年第4期。

徐勇：《农民理性的扩张："中国奇迹"的创造主体分析——对既有理论的挑战及新的分析进路的提出》，《中国社会科学》2010年第1期。

徐勇：《农民与现代化：平等参与和共同分享——国际比较与中国进程》，《河北学刊》2013年第3期。

徐勇：《区域社会视角下农村集体经营与家庭经营的根基与机理》，《中共党史研究》2016年第4期。

徐勇：《实践创设并转换范式：村民自治研究回顾与反思——写在第一个村委会诞生35周年之际》，《中国社会科学评价》2015年第3期。

徐勇：《县政、乡派、村治：乡村治理的结构性转换》，《江苏社会科学》2002年第2期。

徐勇：《现代化视野中的"三农问题"》，《理论月刊》2004年第9期。

徐勇：《以服务为重心：基层与地方治理的走向——以日本为例及其对中国的启示》，《深圳大学学报》（人文社会科学版）2019年第1期。

徐勇：《用中国事实定义中国政治——基于"横向竞争与纵向整合"的分析框架》，《河南社会科学》2018 年第 3 期。

徐勇、赵德健：《找回自治：对村民自治有效实现形式的探索》，《华中师范大学学报》（人文社会科学版）2014 年第 4 期。

徐勇：《"政策下乡"及对乡土社会的政策整合》，《当代世界与社会主义》2008 年第 1 期。

徐勇：《政权下乡：现代国家对乡土社会的整合》，《贵州社会科学》2007 年第 11 期。

徐勇：《中国家户制传统与农村发展道路——以俄国、印度的村社传统为参照》，《中国社会科学》2013 年第 8 期。

徐勇、周青年：《"组为基础，三级联动"：村民自治运行的长效机制——广东省云浮市探索的背景与价值》，《河北学刊》2011 年第 5 期。

许宝君：《我国城市社区居民自治单元重构——兼对"自治单元下沉"论的反思》，《东南学术》2021 年第 1 期。

晏俊杰：《协商性秩序：田间过水的治理及机制研究——基于重庆河村的形态调查》，《学习与探索》2017 年第 11 期。

燕继荣、梁贞情：《合理强化垂直机制以提高传染病防治反应速度》，《探索与争鸣》2020 年第 4 期。

杨光志：《乡村防疫抗疫宣传标语传播效应研究》，《新闻研究导刊》2020 年第 6 期。

杨开峰：《桐乡"三治"实践的解读》，《党政视野》2016 年第 7 期。

杨磊、徐双敏：《中坚农民支撑的乡村振兴：缘起、功能与路径选择》，《改革》2018 年第 10 期。

杨涛：《共治式协商：跨村河流协商治理的内在机制研究——基于华北席村的形态调查》，《山东社会科学》2019 年第 1 期。

叶江：《对 50 余年前汉民族形成问题讨论的新思索》，《民族研究》2009 年第 2 期。

叶敏：《社区自治能力培育中的国家介入——以上海嘉定区外冈镇"老大人"社区自治创新为例》，《南京农业大学学报》（社会科学版）2015 年第 3 期。

殷民娥：《多元与协同：构建新型乡村治理主体关系的路径选择》，《江淮论坛》2016 年第 6 期。

尹栾玉：《基本公共服务：理论、现状与对策分析》，《政治学研究》2016年第5期。

印子：《乡村基本治理单元及其治理能力建构》，《华南农业大学学报》（社会科学版）2018年第3期。

于立、肖兴志：《规制理论发展综述》，《财经问题研究》2001年第1期。

于语和、张殿军：《民间法的限度》，《河北法学》2009年第3期。

俞可平：《权力与权威：新的解释》，《中国人民大学学报》2016年第3期。

郁建兴、任杰：《中国基层社会治理中的自治、法治与德治》，《学术月刊》2018年第12期。

袁金辉、乔彦斌：《自治到共治：中国乡村治理改革40年回顾与展望》，《行政论坛》2018年第6期。

袁立超、王三秀：《非科层化运作："干部驻村"制度的实践逻辑——基于闽东南C村的案例研究》，《华中科技大学学报》（社会科学版）2017年第3期。

曾鸣：《互联网使用与农村公共文化服务满意度》，《华南农业大学学报》（社会科学版）2018年第4期。

张炳文：《党的政治口号：传统、变革与启示》，《理论探索》2007年第5期。

张厚安：《村民自治：中国农村基层民主建设的必由之路》，《河北学刊》2008年第1期。

张厚安：《乡政村治——中国特色的农村政治模式》，《政策》1996年第8期。

张乐天：《论人民公社制度及其研究》，《华东理工大学学报》（社会科学版）1996年第3期。

张磊、曲纵翔：《国家与社会在场：乡村振兴中融合型宗族制度权威的重构》，《社会主义研究》2018年第4期。

张茜、李华胤：《村民自治有效实现单元的讨论与研究》，《中国农业大学学报》（社会科学版）2014年第4期。

张盛华：《标语与我国公共治理》，硕士学位论文，山西大学，2010年。

张卫静：《我国新时期农村公共服务体制研究》，《山东社会科学》2014年第7期。

张文显、徐勇、何显明等：《推进自治法治德治融合建设，创新基层社会治理》，《治理研究》2018年第6期。

张贤明：《责任政治建设：制度优势转化为治理效能的重要路径》，《新长征》2020年第1期。

张贤明、张力伟：《国家治理现代化的责任政治逻辑》，《社会科学战线》2020年第4期。

张贤明：《政治责任的逻辑与实现》，《政治学研究》2003年第4期。

张新文、戴芬园：《权力下沉、流程再造与农村公共服务网格化供给——基于浙东"全科网格"的个案考察》，《浙江社会科学》2018年第8期。

张新文、詹国辉：《整体性治理框架下农村公共服务的有效供给》，《西北农林科技大学学报》（社会科学版）2016年第3期。

张兴宇、季中扬：《新乡贤参与农村社区治理的路径和实践方式——基于社会关系网络的视角》，《南京社会科学》2020年第8期。

赵大朋：《城乡一体化背景下的服务型村级党组织建设——基于有效服务供给的视角》，《探索》2017年第6期。

赵泉民：《合作社组织嵌入与乡村社会治理结构转型》，《社会科学》2015年第3期。

赵秀玲：《"微自治"与中国基层民主治理》，《政治学研究》2014年第5期。

郑永君：《农村传统组织的公共性生长与村庄治理》，《南京农业大学学报》（社会科学版）2017年第2期。

中共桐乡市委：《积极探索创新基层社会治理新模式》，《政策瞭望》2014年第9期。

钟裕民、邵海亚：《农村公共服务信息化：现实困境与治理图景》，《温州大学学报》（社会科学版）2017年第5期。

周青年：《信息传递视角下的国家惠农政策农民接受研究——以华中师范大学中国农村研究院"百村调查"为分析基础》，《东南学术》2012年第1期。

周铁涛：《村规民约的当代形态及其乡村治理功能》，《湖南农业大学学报》（社会科学版）2017年第1期。

朱新山：《中国乡村治理体系现代化研究》，《毛泽东邓小平理论研究》2018年第4期。

朱艳丽：《积极公民在政治发展中的价值意蕴》，《郑州大学学报》（哲学社会科学版）2014年第5期。

后 记

本书的编辑出版，既是对我个人十多年来从事乡村治理研究的全面总结，也是我未来继续深化乡村治理与中国政治研究的新起点。

笔者2014年9月进入华中师范大学中国农村研究院，跟随导师徐勇教授读博士以来，一边深入全国多个地方的农村进行深度的田野调查，一边围绕村民自治、三治融合、农村基层治理体制等主题对乡村治理进行了深入研究。历史与现实、田野与理论一直是华中师范大学田野政治学研究遵循的两条基本线索。我个人对乡村治理的研究也遵循这样的基本脉络，因而本书也按照这两条基本线索进行梳理和编辑，具体而言，是按照"历史中的乡村治理""村民自治与乡村治理""乡村治理现代化的实践"等三个篇章进行汇编整理的。尽管各章都有相对独立的讨论议题，但是汇总起来，作为一个整体来看，既能从中看到中国乡村治理在历史变迁中的丰富发展，也能看到乡村治理在从"历史上的自治"走向"国家化"的进程中所取得的伟大成就。当然，未来在党建引领基层治理现代化的实践探索中，乡村治理在实践上也会呈现更加丰富多样的形式，乡村治理的理论研究也必然是时代课题。希望本书的出版可以作为自己学术研究之旅的新起点，在进行前期总结和深入思考的基础上，对党建引领乡村治理制度建设进行深入的理论研究，讲好中国式乡村治理现代化的故事，建构中国乡村治理研究的政治学理论。

今年是我进入华中师范大学求学、工作的第十年，十年之间有很多收获，也取得了很大的进步。这些收获和进步都得益于恩师徐勇教授的悉心指导和细心关怀。特别感谢恩师的帮助，恩师的指导让我在学术研究上明确了方向和议题，避免走弯路，也让我在感受老一辈政治学人对于学科、学问的笃志之心的过程中坚定了以学问为志业的追求。坦诚地说，没有恩师的帮助，我个人是不可能进步的。

  本书的每个章节基本都以论文的形式在相关期刊发表，在此特别感谢《东南学术》《社会科学研究》《四川师范大学学报》《南京农业大学学报》《中南民族大学学报》《内蒙古社会科学》《毛泽东邓小平理论研究》《广西大学学报》《民俗研究》《湖北民族大学学报》《中国农业大学学报》《探索》《中州学刊》《理论与改革》等期刊以及各位编辑老师的指导和帮助。有了你们的抬爱，我的学术研究才能一步一步前进。

  另外，本书在出版中得到了华中师范大学政治学一流学科建设经费的资助和支持，在此表示感谢。感谢华中师范大学政治学与国家治理研究院院长陈军亚教授一直以来对个人学术研究的指导和关怀。感谢中国社会科学出版社的李立老师对本书出版的支持，李老师在出版中展现了卓越的专业精神和高效的工作态度，让我敬佩。感谢我的硕士研究生陈文嘉、马懿涵、梅子沫、杨洋、孙欣，他们在文稿的校读和修改中给予了极大的帮助。

  人总是在总结历史和思考历史中前步。最后，希望借助本书的出版，能够深化对乡村治理与中国政治与议题的理论研究。

李华胤
2024 年 9 月于桂子山